VITTORIO DA GAMMA TALONE

A força da memória

lembranças de situações de ferimento, tensão e morte

mórula
EDITORIAL

FAPERJ

REVISÃO
Júlia Greco

IMAGEM (CAPA)
Pawel Czerwinski_Unplash

CIP-BRASIL. CATALOGAÇÃO NA PUBLICAÇÃO
SINDICATO NACIONAL DOS EDITORES DE LIVROS, RJ
Elaborado por Gabriela Faray Lopes — CRB 7/6643

T153f

Talone, Vittorio Gamma

A força da memória: lembranças de situações de ferimento, tensão e morte / Vittorio Gamma Talone. – 1. ed. – Rio de Janeiro: Mórula, 2023.

512 p. ; 21 cm.

Inclui bibliografia

ISBN 978-65-81315-51-1

1. Luto – Aspectos psicológicos. 2. Perda (Psicologia) – Memória. 3. Ferimentos e lesões. I. Título.

23-82717 CDD: 155.937
CDD: 159.942:393

Rua Teotônio Regadas 26 sala 904
20021_360 _ Lapa _ Rio de Janeiro _ RJ
www.morula.com.br _ contato@morula.com.br
/morulaeditorial /morula_editorial

À minha avó Geralda e ao
professor Machado da Silva.

Se queres suportar a vida,
prepara-te para a morte.

SIGMUND FREUD

Sumário

Introdução

Considerações gerais

— A perda de um filho é "algo que ecoa" em nossos corações como uma punhalada. Entramos em choque: meu marido, eu e minha [outra] filha, além de toda a família, inclusive os amigos. Sair desse estado e voltar à realidade foi uma proposta de convivência com o vazio profundo, que tivemos que encarar em nossas vidas. Sofremos muito.

— Pô, vem tudo na cabeça [durante uma troca de tiros]. Minha família, minha filha, minha esposa, minha mãe, meu pai. [...] Você tenta controlar aquele medo porque tem que buscar uma saída. [...] Passa tudo, passa tudo [na cabeça].

— Eu fui baleado. Tomei sete tiros. Tentativa de assalto. Acharam que eu era polícia. Eu era segurança de carro-forte. Os caras acharam que eu era polícia e me balearam. Eu fiquei oito anos sem fazer nada. Só ficava no computador. [...] A dificuldade é foda, cara.

Essas três falas são, respectivamente, de uma mãe cujo filho foi vítima fatal no trânsito carioca, de um policial militar (PM) na ativa e de um homem que trabalhava como segurança, ferido por arma de fogo. A primeira foi assistida pelo Núcleo de Apoio à Vítima de Trânsito (NAVI), do Departamento de Trânsito do Estado do Rio de Janeiro (Detran-RJ)[1]; o PM hoje realiza trabalho administrativo – interno nos Batalhões da Polícia Militar do Estado do Rio de Janeiro (BPM-PMERJ) – devido às experiências de extrema tensão e perigo por ele vivenciadas; e o último é atualmente cadeirante e atleta treinado no projeto Renascer, Servir e Proteger, que funciona no Centro de Formação e Aperfeiçoamento de Praças (CFAP) da PMERJ e atende tanto a civis quanto a policiais.

Em ambos os grupos de apoio e entre os PMs em funções administrativas, encontram-se pessoas com uma experiência em comum: todas vivenciaram situações de contato concreto com a morte – direta ou indiretamente – causadas por terceiros, seja no âmbito daquilo representado mais comumente como "violência urbana", envolvendo signos como trocas de tiro, agressões e balas perdidas (Machado da silva, 1993; Misse, 1999; Porto, 1999), ou da chamada "violência no trânsito" (Russo, 2012), englobando atropelamentos e colisões de meios de transporte nas vias urbanas. Este livro traz os resultados de uma pesquisa conduzida nos grupos citados e com policiais militares que realizam trabalho interno em um BPM da PMERJ[2]. Nela, lidei com as lembranças dessas pessoas, sobretudo em relação às situações de ferimento, tensão e morte vivenciadas, e busquei entender como essas recordações, marcadas por afetos e emoções, atuam multitemporalmente, ou seja, no viver presente-cotidiano e em planejamentos futuros. Mas o livro não busca demonstrar um pretérito que determina o presente – uma

1. Ao longo do livro escreverei apenas "Detran", pois me refiro apenas à sua atuação no Rio de Janeiro.

2. O BPM não pôde ser revelado por demandas da própria PMERJ. Todos os nomes dos/as entrevistados/as são fictícios, exceto os de Maria José do Amaral, Dnilda Cortês e Adinea Trubat, que não acharam necessária a anonimidade.

situação a substancializar uma pessoa — e sim, como sugere Henri Bergson (1999), uma memória ativa, de um passado com forte influência em ações correntes, por lembranças actantes a ingressarem no agora e no porvir, sendo consequentes atuais.

Como escreveu Michael Pollak (1989, 1992), marcada por complexas reconstruções e reconstituições, a memória compreende processos de escolha (não necessariamente consciente, reflexiva e/ou racional), sendo parcial e seletiva. Os elementos selecionados/guardados nas mentes não reproduzem o passado exatamente, mas são relevantes para sustentar uma interpretação presente de situações vivenciadas: o lembrar é essencial para o que está acontecendo correntemente, é parte de cada ação — "a lembrança é sempre agora" (Casey, 2000, p. 22). A partir da presente pesquisa, lido com o conjunto articulado de lembranças actantes (incluindo histórias não vividas por si próprio, como aquelas ouvidas de outrem, em âmbito pessoal ou institucional), experiências correntes sucedendo a cada momento e afetos e emoções vivenciadas (com elementos no mundo que as completam) de um passado, desdobrando-se paralelamente ao esboço de planejamentos para uma ação futura e à sustentação da ação presente. Para me referir à atuação desse conjunto como um todo, irei chamá-lo de *memória actancial.* É actancial no sentido de que os seus componentes comparecem como elementos fortes (isto é, com forte actância) na "definição da situação" (Thomas, 1923, p. 42) em curso — não são apenas elementos de rememoração contemplativa.

Essa memória não é somente uma representação do passado (Ricoeur, 2007) ou coletiva (Halbwachs, 1990), mas engloba afetos e emoções íntimas, que se alteram/variam e se ligam à multitemporalidade das lembranças, incluindo a interpretação de situações vivenciadas no presente. Ela se liga diretamente ao que uma pessoa entende ser possível de efetivar (Werneck, 2012). Assim, busco avançar na compreensão dos elementos cognitivos-afetivos a contribuírem para as ações presentes dos atores e de seus planejamentos, partindo das situações vivenciadas de ferimento, tensão e morte e da constatação dos efeitos (Peirce, 1998; James, 1907) diversos gerados por elas.

Esbocei as bases para falar de uma forma desnaturalizada (*i.e.*, não *taken for granted*) e operacional a respeito da memória, uma propriedade cognitiva-afetiva e pragmática (Ricoeur, 2007) — elemento tão complexo quanto muitas das análises produzidas a seu respeito nas mais diversas áreas ao longo do tempo (Bergson, 1999; e Ricoeur, 2007). Por outro lado, cérebro, imaginação, memória e mente são apenas alguns poucos elementos muitas vezes imiscuídos e/ou dados em diferentes estudos sociológicos, embora normalmente se reconheça a relevância da discussão a respeito deles. Lançar luz sobre a memória actancial daqueles que passaram por situações de ferimento, tensão e/ou morte é uma forma de evidenciar como reminiscências de experiências extremas flutuam multitemporalmente sobre a vida dessas pessoas, exigindo delas uma gestão dos componentes de seus dispositivos mnemônicos para tornar a vida, sua continuidade, possível.

Trata-se do conjunto de lembranças-imagens, afetos e emoções actantes da memória. Mas não abordarei a actancialidade completa da memória, em sua totalidade junto à mente, pois isso implicaria compreender seu funcionamento/operação integral. Reconhecer a mão que escreve esse livro como minha, conseguir redigir o que for, letra após letra, por exemplo, tudo subentende uma actancialidade da memória, incluindo séries de memórias-hábitos (Ricoeur, 2007). Trato, em vez disso, especificamente de sua atuação multitemporal, sobretudo no presente, quanto à definição de situações e a efetivação de ações a partir de ocasiões de proximidade com a morte.

O que veremos no livro são pessoas relatando enfrentar os "piores momentos de suas vidas", seja por perderem entes queridos que amavam (e davam sentido a suas existências, como colocam muitos participantes do NAVI); por terem seus corpos alterados de forma abrupta (como no caso de ex-policiais e civis que se tornaram paraplégicos ou tetraplégicos após algum confronto armado ou acidente), forçando-os a ter de se repensar – a seus *selves* (James, 1890b; Mead, 1934; Cooley, 2017; Archer, 2000) e a todas as suas relações com o mundo externo; ou por sofrerem recorrentemente com pesadelos e serem acometidos por ansiedades e medos de forma repentina em seguida a ocorrências com possibilidades de morte própria e/ou a presença da morte de um terceiro; apenas para citar alguns poucos exemplos. São vítimas indiretas[3], que experienciaram a morte de familiares ou de conhecidos; vítimas diretas, que observaram uma ruptura física-emocional e uma grande mudança em suas vidas; e vítimas diretas e consequentes-próximas, ainda atuando em uma rotina "traumática"[4]. Suas variadas composições de "piores mundos possíveis", vivenciados correntemente, dão forma a distintos processos de luto, ou seja: de rompimento com uma crença antes dada, com uma compreensão da vida "normalizada", *taken for granted* – condição que não suscita grandes dúvidas e mudanças, traduzida na segurança de encontrar estabelecido na nossa natureza algum hábito guiando as nossas ações (Peirce, 1877); e de investigação

3. Terminologia do próprio NAVI, mas aqui analiticamente nomeadas de *vítimas consequentes-próximas*, pois elas são diretamente impactadas pelos acidentes mesmo que ocorridos com pessoas queridas.

4. O termo "vítima" é mobilizado ou rechaçado pelos estudados a depender das situações em que se encontram, inclusive, por uma mesma pessoa. Ele aparecerá aqui quando utilizado pelas próprias pessoas, "referindo-se [àqueles] que se consideram, em um dado momento, vítimas de infortúnios, violência ou injustiça, ou que são confrontadas com dispositivos que as reconhecem como tal" (Barbot, Dodier 2015, p. 92). São pessoas que ocupam, em um dado momento, "o lugar da vítima" (Barbot, Dodier 2015, p. 92).

(Dewey, 1938) da nova vida que se apresenta, das mudanças de compreensão de si, das formas projetadas/possíveis em que se pode reaprender a viver de forma harmoniosa.

Estamos diante de provações (*épreuves*)[5] quanto à própria humanidade, como Lemieux (2008) destaca a respeito da pesquisa conduzida por Pollak com sobreviventes do campo de concentração de mulheres de Auschwitz-Birkenau. Nesse caso, as pessoas têm de realizar um esforço para dar continuidade a seus próprios *selves*, a uma ideia delas mesmas como um todo minimamente coerente que, embora enfrente percalços mais ou menos graves, perdura no tempo de suas vidas. Obviamente, não busco comparar e/ou nivelar a gravidade das fenomenologias presentes em ambas as pesquisas, mas de reconhecer que se localizam em um âmbito de incertezas/mudanças/violências intensas mais do que em um de estabilidade e de momentos críticos — no sentido de Boltanski e de Thévenot (1999), em que uma crítica tem lugar[6]. Ao falar de "experiência extrema", me refiro a vivências de violação mais graves e/ou penosas (não hierarquizáveis entre si) em relação ao curso de experiências correntes tidas como "normais" ou mesmo não ideais, mas aceitáveis na vida cotidiana — como se dariam as

5. Werneck, em sua tradução de *A Justificação: Sobre as Economias da Grandeza*, traduz *épreuves* como "comprovações", termo mais adequado ao modelo de Boltanski e de Thévenot. "Provação" explicita um caráter de sacrifício de um determinado processo, o que nem sempre é o caso na obra dos autores — a fórmula de sacrifício é, para eles, uma fórmula de investimento (Boltanski; Thévenot, 2020, p. 255). Por outro lado, na obra de Pollak, e no caso desta pesquisa, as pessoas passam por processos mais próximos de 'provações', não implicando necessariamente 'comprovação'. Com isso, minha opção por esse termo.

6. O nazismo foi uma experiência coletiva única cuja compreensão foi a razão do estudo das recordações nos campos de extermínio. Não busco comparar, em uma "escala" de experiências limites nas sociedades modernas, os fenômenos aqui observados com o Holocausto.

"ações violentas" em um regime no qual a violência seja entendida como advérbio (Werneck; Teixeira; Talone, 2020), *i.e.*, uma modalidade de prática de ação.

Neste estudo, figuram pessoas no dia a dia deparando-se com diferentes situações, qualificações de si e possibilidades de efetivar ou não determinadas ações. Mas tal efetividade está ligada a como as experiências extremas são lembradas, elaboradas, narradas, mobilizadas, sentidas etc. Lido aqui com uma fenomenologia para a qual a sociologia pragmática, sobretudo levando em consideração o trabalho de Michael Pollak, oferece um instrumental substantivo. A ideia de memória actancial permite acompanhar as operações de um ator que teve contato com a morte para manter-se ao longo da vida, seja buscando estabilizar a sua história ou a modificar, ressignificando-a, silenciando-a, narrando-a, entre tantas outras possibilidades de que se pode dar conta analisando a operação das lembranças.

Assim, sigo as seguintes perguntas: qual é o peso de uma situação de ferimento, tensão e morte nas mais diversas situações vividas correntemente por uma pessoa (como se dá a continuidade de sua vida)? Quais são as aproximações e as diferenças entre os distintos tipos de contato com a morte (diretamente, indiretamente, com mudança radical do próprio corpo, entre outras possibilidades)? Como tais lembranças são mobilizadas ou surgem repentinamente, sustentando ações e planos futuros? Como vivências de contato com a morte são trabalhadas por grupos de apoio e qual é o efeito causado por esses? Quais são as distopias realizadas (Talone, 2015, 2020) — conceito definido adiante — e os processos de luto? Como esses caracterizam a vida das pessoas que, por sua vez, (con)formam as distopias por suas lembranças-imagens e por suas tonalidades afetivas? E, de forma mais geral, como é a atuação da memória em todo esse processo e como para os atores é possível vislumbrar um "futuro melhor" (algo estimulado pelo NAVI e pelo Renascer[7])? A seguir, após breve consideração a respeito do fim da vida, divido a Introdução de acordo com os capítulos e os principais tópicos em que o livro está organizado.

Sobre a morte

Falo de um contato concreto com a possibilidade de óbito próprio ou de falecimento de um conhecido, pois a qualquer momento ao longo da vida, ainda que em atividades corriqueiras, podemos estar de alguma forma ligados à morte — seja pela mera lembrança de sua existência ou pela reflexão sobre ela, causando efeitos como medo ou angústia (Peters, 2017). A morte é tão complexa quanto à experiência de cada pessoa com ela — cada ser tem a sua própria história autobiográfica com a morte (Davies, 2005)[8] — e ela é "especialmente importante porque fornece um contexto primordial no qual a esperança humana enfrenta uma crise potencial, [de forma que] a motivação pela vida pode ser verificada" (Davies, 2005, p. 12).

A morte, assim como o nascimento, é tida por Edmund Husserl (*apud* Steinbock, 1998) como uma "ocorrência essencial para a constituição do mundo". Ela se estende para antes e para depois de nós em uma comunidade de gerações (Husserl *apud* Steinbock,

---

7. A partir daqui, passarei a me referir ao Renascer, Servir e Proteger apenas como Renascer. No entanto, não se deve confundir esse com o outro grupo Renascer que também funciona na PMERJ, para tratamento de dependência química de policiais, no Hospital Central da Polícia Militar (HCPM). Esse segundo grupo não será abordado.

8. Para uma "história" da morte e as distintas abordagens da filosofia, da sociologia, da antropologia e da religião a seu respeito, ver Davies (2005) e Kellehear (2008). Sobre a morte e as várias formas de lidar com ela, ver Aries (2000).

1998), é a realidade inexorável de toda vida humana, ao menos em sua dimensão física e é onipresente (Kearl, 1989). De maneira geral, a morte seria uma situação limite e inescapável, traduzida em um status de passagem/transição "não agendado" (Glaser; Strauss, 1965) para a própria pessoa em vias de óbito e para seus amigos, familiares e profissionais lidando com a situação (médicos, enfermeiros, técnicos, cuidadores). Nesse sentido, a morte é um problema dos vivos (Elias, 2001): apenas os humanos sabem conscientemente que morrerão e almejam conseguir prever o próprio fim para adiá-lo ou evitá-lo o quanto possível, ou, então, para causá-lo por motivos diversos (Durkheim, 2000). No entanto, ainda que, consequentemente, estejamos cientes do que pode acontecer a qualquer momento, levando-nos a tomar precauções especiais de abrigo contra a ameaça de aniquilação (Elias, 2001), esse conhecimento não é viável de ser exercido a todo instante na vida cotidiana. Nós não refletimos ininterruptamente sobre isso, alertas a cada possível causa de decesso. Na maior parte do tempo, operamos em um estado de crença, no sentido de Peirce (1877).

O argumento de Elias (1994, 2001) expõe como, nas "sociedades civilizadas", a morte e as doenças foram se tornando mais previsíveis, exigindo de cada indivíduo um grau mais elevado de antecipação e de controle das paixões. Mas, na presente pesquisa, são analisadas mortes (ou proximidades com elas) bruscas, em que o rompimento é repentino, impossibilitando qualquer preparação prévia. Nesses casos, há uma enorme "força emocional de [...] morte" (Rosaldo, 1993, p. 167), rompendo drástica e permanentemente com uma relação íntima particular. Seriam diferenciadas as experiências de descobrir, por exemplo, que uma criança recém atropelada por um carro é a sua filha. Nessas situações, "[em] vez de falar da morte em geral, deve-se considerar a posição do sujeito dentro de um campo de relações sociais, a fim de compreender a sua experiência emocional" (Rosaldo, 1993,

p. 167). O rompimento bruto e sem "aviso prévio" tem uma força cujo papel é central.

Em seus estudos relativos a pacientes internados em hospitais em uma situação de proximidade com a morte (por doença, velhice, acidente etc.), Glaser e Strauss (1965) destacam a emergência de uma série de questões. Por exemplo, como as pessoas — aquelas encarando a possibilidade de falecimento próprio e a de seus próximos — definem a sucessão de status transicionais (principalmente entre vivo e morto) de modo a estabelecer: a) onde a pessoa está quando em passagem; b) quando a transição pode ocorrer; c) aonde tal transição o levará; e d) como a pessoa deve agir e ser tratada por outros em vários pontos da passagem? O "status de passagem não agendado", provocado repentinamente, pode não ser aceito ou compreendido pelas pessoas envolvidas, provocando confusão, angústia e dor. E tal transição pode, inclusive, ser negada. É o caso, ao menos em algum momento de suas vidas, de muitos cadeirantes e PMs alvejados em confrontos armados.

Além do fim efetivo da vida de forma repentina, aqueles que sobrevivem podem morrer gradualmente (Elias, 2001). As pessoas não apenas envelhecem e adoecem, mas, igualmente, podem sofrer com acidentes graves e/ou fatais gerando uma série de efeitos duráveis sobre si e sobre terceiros, afetando a continuidade de suas existências. Um dos diagnósticos de Elias em seus estudos encontra eco em reclamações de integrantes do NAVI e do Renascer (de assistidos a psicólogos ou policiais coordenadores): para eles, na sociedade, a morte é recalcada, não é abordada, seja em nível individual ou social, de forma que é desconfortável falar sobre ou a ela aludir. Como uma das consequências disso, a coordenadora do NAVI coloca que as pessoas em geral não sabem como conversar sobre a morte, levando-as a se afastarem dos enlutados/acidentados ou a reproduzirem lugares-comuns, segundo ela, potencialmente ofensivos. Por exemplo, "Deus quis assim",

"Era para ser", "Espero que você esqueça rápido", como também é relatado por assistidos do Renascer. Apesar das "boas intenções", esse seria um momento de difícil "ressonância afetiva" (Peters, 2019). Os moribundos, nos termos de Elias, são afastados para os bastidores da vida social, já que há um desconforto sentido pela maioria das pessoas em relação à morte. E essa condição, mesmo se alguém consiga sobreviver, resulta no isolamento e no abandono, como é atestado pelos coordenadores sobre muitos dos participantes antes de suas chegadas ao Renascer.

Segundo Freud (2009), a uma tal atitude convencional da civilização moderna perante a morte, complementada pelo "colapso" de uma pessoa quando ocorre o falecimento de uma pessoa amada (pai, mãe, esposo, filho, irmão, amigo querido etc.), somam-se possíveis dimensões de recusa de qualquer tipo de consolação e/ou dificuldades de lidar com possíveis "substituições" do ente perdido. Ou seja, também "morremos" no falecimento de entes queridos, no sentido de que eles são parte de nossos próprios *selves* e geram mudanças em nós mesmos.

Gabriel Peters (2017, p. 133) afirma:

> Embora a morte seja o inevitável destino que o ser humano compartilha com os animais e todas as demais formas de vida, é nesse âmbito que suas faculdades de conhecimento reflexivo e conceitual o expõem a uma forma biologicamente nova de angústia. [...] A novidade biológica que a espécie humana traz ao mundo, no entanto, é a possibilidade de que um animal passe toda uma vida, mesmo na ausência de quaisquer ameaças presentes, com a consciência de que a morte é seu destino último, como a caveira que abre seu sorriso sinistro nos dias mais felizes e ensolarados para envenenar suas pretensões de alegria e expansão (James, 2008, p. 109). Veremos, todavia, que os atores humanos tecem

> complexos arranjos socioculturais seja para ocultar as aparições dessa caveira, seja para aplacar o impacto existencial dos momentos em que ela se mostra.

A morte e a sua possibilidade – sobretudo, quando é abrupta, "violenta", repentina, "[despedaçando] a ordem do mundo em que todos acreditavam, instrumento absurdo [do] acaso" (Aries, 2000, p. 19) – dão origem a redefinições particulares de *self* e de situações, englobando todos os seres a cercar a vítima de um dado acidente. Todos sabem intelectualmente da mortalidade, mas é um fenômeno distinto quando, pela experiência de acidentes e de confrontos armados causados por terceiros, efetivamente encaramos a nossa própria "e absolutamente irrevogável mortalidade" (Peters, 2017) e a de um ente querido.

Trabalho empírico

A realização de observação participante, conversas informais e entrevistas com os diferentes grupos citados não implica a condução de três trabalhos de campo distintos e desconexos entre si. Trata-se de uma única pesquisa empírica, envolvendo três agrupamentos distintos de pessoas, tratados simetricamente (Latour; Woolgar, 1997), cujo objeto são as vivências e as lembranças de situações de ferimento, tensão e morte violenta causadas por outrem, tendo como consequência o contato com o óbito de terceiros próximos ou a possibilidade própria de falecimento. São as experiências com esses tipos de situação que conferem unidade aos dados deste trabalho.

Na cidade do Rio de Janeiro não há iniciativa ou projeto que vise conceder espaço para conversas, apoio psicológico e jurídico para pessoas que passaram por situações que suscitaram lesões e traumas "em geral". O que temos são grupos específicos: de apoio a mães cujos filhos foram mortos por PMs; de policiais e de civis feridos em confrontos armados; de vítimas diretas e consequentes-próximas da violência no trânsito; de mulheres vítimas de violência doméstica; a respeito da violência moral no trabalho; de crianças sujeitas a abusos sexuais etc.[9] Almejei não dar ênfase a um conjunto e suas questões específicas. Selecionei os agrupamentos da pesquisa no intuito de compreender as consequências das distintas "experiências extremas" e como memórias são exercitadas e continuidades de vida tornam-se possíveis.

Glaser e Strauss (1967) colocam que uma pesquisa qualitativa é o produto de pesquisas com áreas substantivas. Nessas, os grupos observados são grupos conceituais (Glaser; Strauss, 1967), relevantes devido à comparação de evidências diversas e similares que indicam categorias e propriedades de interesse. Esse tipo de análise, que realizei entre os três grupos citados, se aproveita da intermutabilidade de indicadores e de dados recolhidos, mobilizando-os para alcançar as categorias e propriedades mais pertinentes possíveis para o trabalho empírico.

É uma análise simétrica (Latour; Woolgar, 1997, p. 23-24), pois trata de coisas distintas com as mesmas ferramentas analíticas. Logo, não é apenas uma análise comparativa. Por exemplo, não comparo como os PMs tratam a morte em relação a como as mães do NAVI tratam a morte; mas analiso como PMs e mães compõem um mesmo universo de "pessoas lidando com a morte", estudando-os da mesma maneira. Pensando a simetrização junto da *Grounded Theory* (Glaser, Strauss, 1967), como faço aqui, temos o "método comparativo constante" como um tipo específico de comparação, o cotejamento, que é a verificação de algo vis-à-vis e um padrão,

---

9. Para um breve histórico sobre paradigmas de reparação de infortúnios e de injustiças (abarcando grupos para apoio judicial, médico, social e compensações extrajudiciais), ver Barbot e Dodier (2015).

buscando a conexão entre eles. Distancio-me da pesquisa comparativa que parte de um estatuto aberto da comparação, sem construir uma amostra comum. O que a *Grounded Theory* (GT) faz é constantemente comparar aquilo observado para estabelecer um padrão regular.

Operar pela GT permite, dessa forma, comparar todos os dados recolhidos para conceituar uma teoria emergente (Glaser, 2007). É um processo de modificação contínuo da teoria a partir da proliferação de novas propriedades de categorias que resultam da comparação constante, visando a saturação conceitual[10]. Agora, apresento brevemente cada grupo, aprofundando-me em seus detalhes e na base da análise simétrica apresentada no Capítulo 1.

No momento da pesquisa, o NAVI era formado por psicólogos (quatro estagiários e uma supervisora, essa também coordenadora do grupo) e por funcionários do Seguro de Danos Pessoais Causados por Veículos Automotores de Via Terrestre (Seguro DPVAT). O núcleo visa oferecer apoio psicológico e jurídico para vítimas diretas e indiretas de acidentes de trânsito – seja motorista, ciclista, pedestre ou o parente mais próximo do acidentado. As vítimas indiretas são maioria, consistindo majoritariamente em mães que perderam filhos. "As mães", como essas se denominam, e outros participantes relatam lidar com a perda de uma

10. A GT opera como um modo de aprendizagem sobre os mundos estudados e como um método para a elaboração de teorias para compreendê-los (Leite, 2015). Entretanto, Kathy Charmaz interpreta que Glaser e Strauss falam sobre "descoberta da teoria" como algo que surge dos dados, isolado do observador científico. Afirmando que teorias e dados não são "descobertos" em si, pois pesquisadores são parte do mundo estudado e dos dados coletados, a autora destaca que qualquer versão teórica oferece um retrato interpretativo do mundo estudado e não um quadro fiel dele (Charmaz, 2009). Para além da indução, ela inclui na GT a abdução de Peirce (2005) – que é a forma pela qual se introduz uma ideia nova. Explorarei isso à frente

parte de si mesmos após o falecimento de um ente querido, tendo de "reaprender" a viver, reformular como dão prosseguimento à rotina e ressignificar as suas experiências. "Ressignificar" — termo ensinado para elas pelos psicólogos, por mais que o objetivo final seja anteriormente almejado pelas assistidas[11] — é alcançar uma mudança na forma de como pensar (no sentido de "definir" para si) e se sentir em relação à experiência de morte. Isso as permite auxiliar outras pessoas vivendo o luto e se engajar em ações de conscientização/educação no trânsito.

O núcleo foi fundado em 2003 por Maria José do Amaral, psicóloga que três anos antes havia perdido a sua mãe e a sua única filha em um mesmo acidente de trânsito, tendo enfrentado as dificuldades do luto e da busca por justiça (*i.e.*, localizar um responsável pela situação e encaminhar uma condenação). O NAVI, inclusive, procura acolher pessoas que perderam entes queridos para além do trânsito.

O Seguro DPVAT foi criado com o objetivo de garantir indenizações em casos de morte e/ou invalidez permanente às vítimas de acidentes causados por veículos, também incluindo o reembolso de despesas médicas[12]. Um dos pontos para se dar entrada em processos visando esse tipo de remuneração é o próprio Detran. No órgão, há funcionários trabalhando exclusivamente na mediação vítima direta/indireta ↔ indenização pela seguradora, uma ocupação estritamente burocrática. Quando o NAVI foi criado, em 2003, viu-se a necessidade de sua operação conjuntamente com o DPVAT, pois muitos o buscando acabavam por

11. Algumas mães descobrem, chegam e buscam apoio no núcleo justamente por já terem decidido mudar a forma como estão conduzindo a própria vida após a morte do ente querido.

12. No momento da pesquisa, o seguro DPVAT era administrado pela Seguradora Líder dos Consórcios DPVAT S/A.

sofrer e chorar no lidar com os documentos de óbito e com as lembranças despertadas, tendo dificuldades de dar continuidade aos processos ao se depararem com a burocracia dos procedimentos. A atuação de psicólogos e de vítimas "estabilizadas"[13] visa dar um suporte pontual e/ou contínuo àqueles vivenciando situações de ferimento/perda recentes.

A psicóloga Dnilda Cortês, ao assumir o NAVI no final de 2011, propôs que todas as pessoas passassem por um atendimento inicial com os psicólogos, antes de serem encaminhadas ao DPVAT, para avaliação do emocional — mesmo que rapidamente —, preparando-os para lidar com o prosseguimento do processo:

> — Porque a dificuldade maior da pessoa é assinar um papel para ganhar R$13.500 [valor da indenização para casos de morte]. Uma troca, né? Uma troca bem injusta. Trocar dinheiro por uma vida. É dinheiro, seja lá quanto for, é dinheiro por uma vida. Tem mães que esse dinheiro está na poupança até hoje, que não consegue usar. "Dinheiro maldito", essas coisas. [...] É o caso de morte que as pessoas têm mais dificuldades para lidar.[14]

Uma das estagiárias psicólogas explica que a função do NAVI é o acolhimento: "Para abraçar, para ouvir [...]. Porque, assim, logo que a gente perde um ente querido, tem muita gente ao nosso redor. Depois cada um segue sua vida". O "ouvir sem julgar", compreender o sofrimento de cada um e com respeito às várias crenças,

---

13. Como será demonstrado, são pessoas cujas perdas são mais longevas; que já elaboraram substancialmente sobre a morte (o que não significa uma aceitação ou menor sofrimento em relação a ela) e apresentam maior "força" para auxiliar, conversar e prestar apoio a outros participantes do núcleo.

14. Reproduzo a transcrição das falas como elas foram ditas. Mas, por vezes, edito-as pontualmente para dar maior clareza ao leitor.

é colocado pelos psicólogos estagiários como um dos principais guias de suas funções.

O projeto Renascer atende a policiais militares e a civis que, no decorrer de suas vidas, sofreram algum incidente que tenha resultado em uma mudança na estrutura de seus corpos. Em sua maioria, são pessoas alvejadas por tiros em confrontos no exercício da profissão (PMs e seguranças) ou atingidas por balas perdidas na cidade (civis) — embora haja também casos de acidentes de trânsito, mutilações etc. Os participantes do grupo relatam a dificuldade em aceitar/entender o próprio corpo em suas mudanças imediatamente após o incidente, tendo também (assim como as mães citadas acima) de reformular como vivem as suas vidas cotidianas e as atividades exercidas. Muitos não conseguem mais realizar as atividades antes desempenhadas e buscam outras possibilidades de ocupação/profissão, pois a maioria conta com baixa fonte de renda para manter a si mesmos e as famílias. No caso desse projeto, a reabilitação é baseada na transformação pelo esporte. O objetivo é, como diz uma das PMs criadoras do grupo, promover a resiliência: mostrar à pessoa que ela ainda conta com um grande leque de possibilidades de ação na vida e força para buscá-las, levando-a a se engajar em diferentes atividades no grupo e, com isso, passar também a ajudar outros.

O projeto foi criado em 2009 e ainda é coordenado pela subtenente PM Adinea Trubat, auxiliada por outros policiais militares na ativa[15], que o fazem sem qualquer tipo de remuneração ou contabilização de hora-extra. Também há a presença de civis profissionais de educação física auxiliando os atletas do grupo. Como explica Adinea, a respeito da criação do grupo e suas preocupações:

15. Em geral, também praças, categoria que engloba os cargos mais baixos da hierarquia da instituição.

> — Existem uma série de coisas que acontecem com o policial quando ele é ferido, que ele fica sem assistência. [...]. Primeiro, a parte financeira que é bastante atingida. O policial, normalmente ele tem uma outra função quando ele tá bem, né? Ele faz segurança... [...] E o praça [todos os PMs que frequentam o projeto são praças], que tem a condição mais precária, é pobre? Moram, de vez em quando, em lugares horríveis. Não têm nem como se locomover, às vezes. Os hospitais não têm nada que eles precisam. Os praças têm condição social ruim. Sem dinheiro para tratamento, remédios que não tem na área pública. Vivem em lugares muitos ruins. Tem intolerância a certos remédios. Isso acontece muitas vezes. É um acúmulo de problema que podem ter. Então, nós temos que dar ajuda a eles.

Por meio do atletismo, por exemplo, e, sobretudo, das rodas de conversa que os próprios atendidos realizam espontaneamente quando estão juntos (sem supervisão psicológica, na maioria das vezes), busca-se prestar apoio mútuo, atentando para as necessidades de cada um; partilhar e trabalhar as lembranças de "como a vida era antes" dos acidentes sofridos e projetar novos objetivos para cada um seguir, dando sentido a suas vidas.

Por fim, temos os PMs na ativa que realizam trabalho interno em um BPM na Zona Norte da cidade[16], que, em suas missões

16. Uma das áreas mais populosas da capital, com 87 bairros e 42% da população do município. A região tem localidades com índices de criminalidade altos em relação à média da cidade. A área em que se localiza o BPM estudado, por exemplo, liderou o ranking de tiroteios no início de 2018, registrando mais de 300 ocorrências, de acordo com o aplicativo "Onde Tem Tiroteio" (OTT) — ferramenta digital que colhe, analisa e divulga ocorrências desses episódios e de arrastões em tempo real, operando por redes sociais e contando com mais de 4 milhões de usuários. De acordo com o Instituto de Segurança Pública (ISP), um dos bairros da região também chegou a liderar os casos de roubo de veículos e arrastões nesta época.

pela PMERJ, rondas rotineiras ou mesmo nas folgas, vivenciaram momentos de extrema tensão, experienciaram a possibilidade real da própria morte e/ou presenciaram o falecimento de algum colega de profissão. Com isso, optaram ou foram direcionados por médicos/psicólogos/superiores para trabalhos administrativos. Embora continuem lidando com os perigos do andar fardado e/ou armado pelas ruas, um risco na própria folga[17] pela identificação como PMs, essas pessoas deixam de presenciar parte das "situações insólitas, descontínuas, contingentes e emergenciais" (Muniz, 1999, p. 266) com que costumavam se deparar durante o trabalho.

Diferentemente dos grupos anteriores, esses PMs não contam com um espaço para conversar entre si e/ou com profissionais os guiando — embora muitos reconheçam enfrentar problemas emocionais e psicológicos. Quando realizei a pesquisa, a PMERJ tinha 93 psicólogos atendendo a mais de 44 mil agentes na ativa. Logo, a mudança no engajamento com seu mundo (Thévenot, 2006) ocorre de forma distinta à dos participantes dos grupos citados, pois há pouca reformulação do ambiente/clima vivido — não se observa uma ressignificação coletiva da experiência de trauma/perda como nos outros conjuntos. Mesmo para aqueles que buscam sustento emocional em suas famílias e religiões, alguns qualificam como "incomunicáveis" certas dimensões das experiências policiais e, com isso, "deixam de lado". Muitos PMs afirmam continuar atuando sob a mesma forte tensão a que antes eram submetidos, inclusive podem ser mandados de volta às ruas

---

17. Foram registradas 138 mortes de PMs em 2017 no Rio de Janeiro. Desses, 81 foram mortos durante folgas. Em 2018, foram 92 agentes assassinados, 55 estavam de folga no momento do crime. Em muitos dos casos, os agentes estavam armados e tentaram reagir a algum crime ou a arma foi localizada pelo autor do crime durante um roubo (no porta-luvas do carro ou na cintura da pessoa, por exemplo), executando o policial em seguida.

a qualquer momento, caso seja considerado necessário por seu comando. Ao mesmo tempo, o trabalho interno também passa a ser uma fonte de sofrimento, pois muitos relatam que ficam marcados como "malucos", "preguiçosos" e/ou "covardes", sobretudo por seus oficiais, por não estarem mais nas ruas com seus colegas.

Na ocorrência de "situações extremas", podem desenvolver problemas físicos e/ou emocionais limitando as capacidades de operação, de forma que podem ser categorizados na corporação como aptos B ou C — levando-os aos trabalhos administrativos —, ou até mesmo forçados a tirar licenças médicas para se recuperarem dos problemas acarretados.

O psicólogo Fábio, com experiência interna na PMERJ desde 2002, busca explicar o que se passa na cabeça do praça com base em seus anos de atendimento:

> — O policial, aquele lá na ponta [o praça], ele entra e vai morrer. Já escutou falar em peça de reposição? Então, é peça de reposição. Eles mesmo falam isso. É quando você vai mandando o cara para um combate onde na maioria das vezes ele não vai ter chance. Não vai ter. É muito cruel. Ele provavelmente vai morrer, passar por alguma situação de ferimento. Mas o ferimento que falo é diferente do seu. É da possibilidade de ferimento, de ferir alguém ou ver um colega morto. A realidade da morte existe.

Esse costuma ser o tom das falas dos próprios PMs estudados ao relatarem suas histórias/lembranças, interpretando o que pode vir a ocorrer com eles mesmos a qualquer momento no realizar de suas funções.

De cada grupo mencionado, destacarei no Capítulo 1 as pessoas específicas que acompanhei com mais atenção. Demais entrevistas e dados serão mobilizados de forma comparativa e para contextualizar as falas, cenários e *backgrounds* relatados. Para além desse material, serão utilizadas duas fontes de entrevistas/relatos não produzidas no âmbito desta pesquisa (estando assim discernidas): o livro *Seguindo a estrada: Trajetórias de perdas repentinas/precoces no trânsito*, de 2012, organizado pela criadora do NAVI, compreendendo relatos diversos de pessoas atendidas pelo núcleo ao longo dos anos 2000; e a tese *Transtorno do estresse pós-traumático em policiais militares do Rio de Janeiro*, de 2013, defendida pela psicóloga Letícia Freire da Rocha – que na época de sua defesa contava 11 anos de experiência na PMERJ –, apresenta diversas descrições e relatos de policiais sobre situações de contato com a morte/perigo extremo imediatamente após as suas ocorrências.

Trata-se de agregar volume de um material substantivo à pesquisa visando um método comparativo constante, aberto a observações, entrevistas, documentos, artigos, livros e toda fonte possível de dados, contribuindo o melhor possível para uma abordagem qualitativa (Glaser, 1965). Essa escolha auxilia na delimitação das categorias que surgem para a codificação do material recolhido, colaborando para saturar teoricamente as categorias emergentes do trabalho empírico (Glaser; Strauss, 1967). Cada pessoa com que lidamos e seus mundos sociais (grupos, núcleos, projetos, corporações, família etc.) tem a sua própria história, modelando e afetando sua vida e identidade (Kaufmann, 2015). Os pesquisados passaram por situações abalando, modificando, quebrando, demandando reformulações, entre outras possibilidades, dessas histórias/narrativas. Como escreve Strauss (1995, p. 5):

> Histórias pessoais são biografias: isto é, identidades pessoais vistas analiticamente ao longo do tempo. Então, quando pensamos nas muitas conexões possíveis das biografias para as histórias, estamos falando tanto dos aspectos temporais das identidades pessoais quanto

> do fluxo e da reconstrução repetida dos eventos históricos. Eles estão conectados analiticamente por vários processos biográficos.

Deve ser levado em conta que são entrevistas, relatos, testemunhos, conversas e leitura de documentos produzidos por pessoas que sofreram ou que ainda sofrem com situações de possibilidade de proximidade com a morte. O próprio contato com o pesquisador e as condições de recolhimento de informações devem ser considerados (Capítulo 1), mesmo se tratando dos testemunhos espontâneos, como já haviam destacado Pollak e Heinich (1986). Pollak (1990) coloca que o caráter excepcional de uma dada experiência torna problemáticos dois fenômenos centrais na pesquisa, justamente a identidade e a memória. A experiência extrema os torna visíveis. As histórias de vida conjugadas com a diversificação do material recolhido e com a comparação constante dos dados, em uma pesquisa de GT, auxilia no desenvolvimento de uma conceitualização empiricamente consistente com o relato/testemunho/narrativa obtida, mesmo com suas condições de verbalização e/ou escrita variadas, e das possíveis reformulações e revisões a respeito de uma mesma experiência vivida.

Memória e abordagem pragmatista

Para realizar uma análise de algo tão complexo e multiforme como a operação da memória, a sociologia pragmática pode oferecer suportes e formas de investigação/compreensão relevantes (Capítulo 2). Primeiramente, em vez de falar em indivíduos, optarei — seguindo a direção tomada por Luc Boltanski e Laurent Thévenot (2020) — por tratar os entes em análise como seres. Com esse termo, lida-se com uma multiplicidade de pessoas/

humanos[18] e de não humanos que tomam forma quando qualificados em estados segundo os quais intervêm em uma situação. Os estudados desta pesquisa sempre se pensam, lembram, agem e projetam seus futuros em termos de situações: situações anteriores ao acidente/evento de tensão/perda de um ente, traduzindo o estado de normalidade, de crença, passado (almoços e jantares em família ou a prática de algum esporte com amigos, por exemplo); a situação de ferimento, tensão e morte (a principal a distinguir o objeto de estudo, paradigmática na memória das pessoas); as primeiras situações de luto; situações de busca por apoio; situações de recebimento de ajuda; situações de apresentação de si para buscar recursos para o grupo (integrantes do NAVI e do Renascer procuram apresentar-se em reuniões, palestras e congressos em diversos lugares e contam as suas histórias de forma a angariar para suas causas mais apoio, sobretudo financeiro); situações projetadas de perigo futuro à própria vida (PMs na ativa receosos de estarem nas ruas e de serem mortos a qualquer momento); situação de ingresso em/percepção de um novo estado de normalidade (no qual já se veem capazes de ajudar a outros passando por experiências recentes semelhantes e/ou ganhar medalhas em competições, estar mais uma vez ativos profissionalmente) etc.

Em cada uma dessas situações, vivenciadas e recuperadas pelas lembranças, presentes ou projetadas no porvir, uma enorme quantidade de seres não humanos também é envolvida: as pessoas

18. Lemieux (2018, p. 56-57) coloca que o uso da palavra "pessoa", para Boltanski e Thévenot, visa afirmar o caráter "infinito", impossível de reificar, dos indivíduos quando em ação. Diferencia-se do individualismo metodológico, pois não concebe os indivíduos *in abstracto*, mas por obrigações morais — distintivas de sociedades modernas — que os constitui em "pessoas", como membros de uma sociedade, reconhecendo-se como tal.

tiveram/terão que os mobilizar, com eles estar em coordenação (Thévenot, 2002) no ambiente, a fim de efetivar ações. Exemplos: para PMs, suas armas e fardas têm de estar sempre bem escondidas em situações de deslocamentos pela cidade, pois são o suficiente para a identificação deles como policiais, o que pode custar-lhes a vida — algo que comunicam passar em suas mentes a todo momento. As mães devem lidar cuidadosamente com os objetos remanescentes de seus filhos e filhas, podendo encarar um desapego forçado (situações de parentes coagindo-as a se desfazerem de tais pertences no intuito de "esquecer logo"), viver a dificuldade de enfrentar/sair do processo de luto (deixar o quarto da vítima idêntico e intacto por anos) ou a ressignificação (poder doar as roupas, por exemplo, assegurando-se de que mantêm uma lembrança saudável do ente querido). Os ex-policiais e demais assistidos do Renascer têm de lidar com seus corpos agora mediados por uma série de itens até então estranhos, como cadeiras de roda, sondas ou próteses. São objetos os quais compõem as situações — mesmo que apenas pelas lembranças — e influenciam as emoções, algo central para compreendermos o processo de efetivação de ações presentes e futuras.

O modelo das economias da grandeza (EG), de Boltanski e Thévenot (2020), busca compreender como as pessoas vivem em um estado de concórdia, com tendência ao acordo, interessando-se majoritariamente pelo que chamam de regime de justiça ou do justo[19]. Neste, pessoas e coisas apresentam-se quando qualificadas

---

19. Deve-se destacar que a "normalidade" e o "acordo" avaliados pelos autores se dá em função de um registro marcado por "repertórios republicanos franceses" (Freire, 2014a). Embora me inspire nessa abordagem, não a aplico ao contexto urbano carioca e à fenomenologia analisada. Suas contribuições são aproveitadas pelos "conceitos de sensibilização" (Freire, 2014a) fornecidos. Uma série de seus pressupostos não caracterizam o cenário das metrópoles brasileiras e suas ordens sociais, onde o universal não é dado (Freire, 2013).

em estados pelos quais intervêm em um dado momento. É a relação entre vários (e distintos) estados-pessoa e entre esses e estados-coisa o que constitui, para os autores, uma situação. Nesse quadro, a operação cognitiva da qualificação consiste em uma das atividades sociais mais fundamentais. Ela tanto precede qualquer classificação quanto evidencia a resistência dos seres às categorizações operadas. Os autores atentam justamente para os momentos críticos (Boltanski; Thévenot, 1999), em que "algo dá errado" e é exigida a realização de comprovações e novas aproximações para se retornar à normalidade (acordo). A aproximação é uma operação realizada tanto por leigos quanto por cientistas e consiste em alocar objetos particulares em um mesmo conjunto sustentado por características comuns, definindo-os como um mesmo — alcançando uma designação comum, uma categoria. Tais considerações são relevantes aqui, pois lidamos com pessoas que frequentemente se deparam com qualificações (por vezes de si mesmas) cambiantes de seus estados passados, presentes e futuros: "mãe de vítima"; "traumatizados"; "malucos"; "coitados/as"; "cadeirantes"; "deficientes"; "aleijados"; "guerreiros"; "brutos"; "ingratos" etc. Os seres lidam, adotam e/ou alteram tais qualificações de acordo com o que acham possível de ser efetivado a cada momento. Por exemplo, por vezes, uma assistida do NAVI pode se dizer profundamente enlutada, logo, em dor diária e com uma lembrança constante e pulsante da morte do familiar, sem forças para retomar atividades diversas, antes "normais". Às vezes, ela se diz estabilizada, carregando a dor da experiência, mas conseguindo focar nas lembranças de "alegria" com o ente querido e seguir com uma vida cotidiana não mais marcada pelo sofrimento.

Esses diferentes estados são conformados, entre outros elementos, pela memória de cada um, pelas lembranças surgidas (de forma espontânea ou ativamente no exercício de conversas entre grupos), por como elas fazem as pessoas sentirem-se, o efeito corporal causado, entre outros elementos. Isso tem base em bagagens de experiência sempre em vias de atualização no viver presente. Não lidamos, então, com pessoas em um estado fixo de luto ou permanente de sofrimento (*i.e.*, traumatizadas). A memória não é aqui abordada a partir de uma estrutura subjetiva de motivação e de conhecimento a orientar tacitamente a experiência (Bourdieu, 2002). Uma "praxiologia estrutural" (Peters, 2013) não é o mais adequado para abordar a memória actancial. O ponto central de meu argumento é: estados/qualificações variam de acordo com a situação em que as pessoas se localizam e, o que é mais relevante aqui, com os elementos de suas memórias a atuarem[20].

Mas pensemos a situação não apenas em termos de qualificação/aproximação. William e Dorothy Thomas (1928, p. 561) afirmam:

> A abordagem [situacional] estuda as reações de comportamento e formação de hábitos em uma grande variedade de situações comparativamente. O que pode ser aprendido [...] será revelado em suas reações a essas várias situações.

Nesse sentido, a possibilidade de estudo se dá na visualização das reações de comportamento nas mais diversas situações, pois o comportamento imediato de alguém estaria intimamente relacionado com sua definição da situação — ao "como se" de sua compreensão situacional (algo finito e possível de ser mapeado).

---

20. Em sua pesquisa sobre a experiência de sobreviventes de campos de concentração na Segunda Guerra Mundial e sobre como ela permanece na memória dessas pessoas ao longo do tempo, Pollak (1990) evidencia situações extremas em que princípios morais universais — como aqueles explorados por Boltanski e Thévenot (2020; 1999) — não tomam forma, de maneira que arranjos circunstanciados são buscados para a manutenção da própria vida. É um dos efeitos das experiências extremas de contato com a morte.

No entanto, não se trata do "como se" de Bourdieu[21], em que a realidade se ocultaria. E sim de um elemento pragmático: uma situação se define porque a pessoa se comporta como quem está nela. Em outras palavras, sabemos que tal pessoa está em uma dada situação porque a vemos agir e, conhecendo o modelo daquela situação, traçamos comparações. Por exemplo, achando que está em uma conversa, uma pessoa age como quem está em uma conversa, age como se faz em uma conversa. Com isso, Thomas e Thomas afirmam (1928, p. 152): "Se as pessoas definem situações como reais, elas são reais em suas consequências". A definição da situação é preliminar a qualquer comportamento (Thomas, 1923). Ora, as definições de situação operadas pelas pessoas, influenciando o que pensam ser possível de concretizar em um dado momento, dando preensão à realidade vivida (Chateauraynaud, 2011), relacionam-se justamente com seu conjunto de experiências passadas e presentes (situações já vivenciadas e o que observam em suas vidas) e projeções futuras, de forma conjunta com sensações corporais e emoções despertadas situacionalmente.

Compreende-se o interior do mundo social em pesquisa pela maneira como os atores definem a situação em que se encontram e a análise volta-se às consequências práticas das definições

---

21. Que está ligado à *illusio* (Bourdieu, 2007, p. 123-124), isto é, às crenças compartilhadas em um campo, com uma relação encantada, uma relação de "cumplicidade ontológica entre as estruturas mentais e as estruturas objetivas do espaço social" (Bourdieu, 2007, p. 123-124). Os atores, como integrantes de um campo, não poderiam ver com clareza as suas determinações. A *illusio* faz dos jogos sociais algo tomado como evidente. Ela se liga às leis gerais que governam um campo e contempla tudo aquilo admitido como "sendo assim mesmo".

comunicadas (Lemieux, 2018, p. 19-20)[22]. Por exemplo, alguns PMs na ativa, ao fazerem rondas à noite por uma localidade em que colegas já tenham sido alvejados, não interpretam estar simplesmente cumprindo a função corrente/normal de uma profissão, mas relatam enfrentar "uma guerra" — "como se" aquela situação fosse uma situação de batalha. As histórias ouvidas e os relatos de perigo (pairando sobre suas lembranças) fazem com que se sintam em imediato de risco de vida. Eles podem assumir um "estado 100% alerta", de tensão e uma desconfiança em relação a todos os barulhos e movimentações. As ações concretizadas por eles nos momentos de atuação podem estar ligadas aos efeitos constatados/comunicados de operações passadas e correntes, fazendo-os projetar futuros imediatos mais ou menos prováveis. O que pode ser absolutamente problemático pelo choque com as "definições de situação" dos outros entes envolvidos nos momentos de atuação dos PMs.

Por meio de uma abordagem pragmática e situacional, pode-se observar a efetividade (Werneck, 2012) das situações a partir da constatação das consequências dos atos das/pelas pessoas e pela observação dessas consequências produzidas pela ação. A concepção do efeito é a concepção do objeto (James, 1907; Peirce, 1998). Trata-se de constatarmos as consequências práticas (Peirce, 1998, 2008) do que é efetuado (e de alguma forma comunicado) pelos atores. Leva-se também a sério os princípios do antifundacionalismo e do consequencialismo da filosofia pragmatista

22. Lemieux (2018) compreende essa questão como intrínseca ao princípio de internalismo da sociologia pragmática, que estabelece uma "passarela" com a tradição compreensiva da sociologia de Max Weber. O principal ponto é a prioridade teórico-metodológica de compreender como os atores vêm a agir e a julgar como fazem. A indicação de "seguir os atores" não é um fim, mas um meio de produzir explicações adequadas de fenômenos sociais.

(Pogrebinschi, 2005), que irão configurar como centrais neste livro. Esses são os primeiros passos para chegar aos principais componentes da memória actancial e a como eles se ligam ao cenário vivido. Concomitantemente, uma compreensão mais apurada da atuação dessa memória pode justamente auxiliar na compreensão de como as pessoas entendem algo como passível de ser efetivado.

Por exemplo, um praça com quem conversei nos corredores do BPM conta a respeito de algumas de suas experiências e o peso dessas em suas ações futuras:

> — É horrível, pô! Tem situação que você não pode ir um centímetro pro lado que eles acertam tiro em você. O rádio tá difícil de ser usado, o colega tá caído ou até morto. Como vai proceder? Cara, respira. Primeiro de tudo vai cuidar de não ser ferido. De vez em quando, tem que se arriscar mesmo, dar um jeito de chamar ajuda. Atenção total, total. Até chegar o reforço e te ajudar a sair dali. [...] Ainda te colocam em serviço normalmente depois. Você tá lá em cima [de adrenalina], nem entendeu direito ainda o que aconteceu e vai ter que patrulhar com outro colega. Como se esquece isso em duas horas, em uma semana? Não dá. Seu corpo fica alterado, duro. Nem todo mundo aguenta isso. [...] E, como a gente sabe tudo o que acontece hoje, tamos sempre esperando o pior, sabe?

Um dos efeitos das atuações policias mais comunicados pelos praças é a tensão a todo momento devido a um risco de morte na situação corrente, sempre lembrado a partir de elementos de experiências passadas e/ou recorrentes, e histórias escutadas. Por exemplo:

> — Que nem o rapaz ali falou da panela de pressão ["a cabeça do PM funciona igual a uma panela de pressão"]... É limite o tempo todo. Não tá acontecendo nada? Você tá numa esquina tranquila? Há quatro horas? Não tem

ninguém? Não importa! Não importa. Piscou o olho, você pode morrer, ser ferido, deixar um colega na mão. Isso é que as pessoas não entendem. Eu tô no limite toda hora.

As consequências de situações passadas de perda ou de ferimentos também estão sempre presentes na fala de integrantes do NAVI: "Como qualquer pessoa, a vítima de trânsito tem um rosto, um nome e uma história de vida que a diferencia das demais, e ter sua trajetória interrompida de forma repentina, violenta e, muitas vezes, precoce, gera incontáveis prejuízos" (Amaral, 2012, p. 12-13). A presença da dor e da indignação no luto das vítimas consequentes-próximas as faria "parecer vivas" no prosseguimento da vida. Mas "podem [na verdade] levá-las a atuar como verdadeiros mortos-vivos, vitimados pela opressão e pela depressão, como consequência da perda de uma pessoa querida ou em função de uma lesão permanente" (Amaral, 2012, p. 12-13). Uma situação presente torna-se, com a emergência de certas lembranças, uma situação de sofrimento — algo constatado nas ações e nas tonalidades afetivas correntes. Landes Borges, uma das mães que escreveu um relato no livro *Seguindo a estrada*, diz: "As pessoas que comigo conviviam percebiam meu descontrole. Eu procurava trabalhar para esquecer, mas há coisas de que, no máximo, conseguimos desviar o pensamento, porque elas logo retornam". Esse tipo de sentimento altera a atenção nas atividades cotidianas, o prazer de encontrar outras pessoas, o apetite, a vontade de viver e muitos outros elementos.

Lembranças, cognições, afetos e emoções: continuidade do *self*

A memória actancial não é composta apenas por lembranças actantes como imagens do passado, tais como fotos ou filmes que podemos acessar de forma neutra para saber "o que se passou". Ela também é formada por lembranças-afetos e lembranças-emoções: ver os pertences guardados e intocados de um ente falecido pode levar à tristeza, alterando a saúde da pessoa; elaborar por anos sobre uma perda pode levar alguém a recorrer a situações marcantes como aniversários e feriados com o finado e se sentir alegre; lembranças de trocas de tiro em certas operações ligam-se a tremedeiras no corpo, a ansiedades extremas etc.

Há uma dimensão da memória como pensamento "não representativo" (Deleuze, 1978), voltada sobretudo para os afetos/emoções e para como esses se ligam ao organismo dos entes, influenciando as potências de agir situadas. Elementos como estresse, medo, tristeza, terror, esperança, desânimo, depressão, por exemplo, e todos os fatores que os circundam, dão forma e influenciam a atuação policial, o deslocamento de cadeirantes por uma cidade "pouco acessível e preconceituosa" (como coloca uma atleta do Renascer) e a vivência diária das vítimas consequentes-próximas.

A respeito dos efeitos perenes de suas atuações "de risco", influenciando até os seus sonhos, pesadelos e pensamentos espontâneos, um PM coloca:

> – Você trabalha com a cara e coragem no meio de uma selva que é você sozinho. [...] Eu te falo, o PM é uma pessoa como qualquer outra pessoa. Uma hora você sofre. Não é máquina. Uma hora você vai parar. Vai surtar psicologicamente ou vai baixar algum tipo de doença. Entendeu? Você não é máquina. Até panela de pressão,

> ela dá pressão e tira daqui a pouco para funcionar. Você trabalha na pressão o tempo inteiro, vai explodir alguma coisa num tempo ou outro. Ou pressão ou coração, ou algum tipo de doença tu vai ter.

A partir das lembranças-afetos e das lembranças-emoções comunicadas em relatos e nas descrições dos entrevistados, dialogarei com a discussão de Dewey (1894, 1895, 1896) sobre processos mentais e emoções[23]. Para James (1890b), as emoções a serem levadas em consideração são aquelas dotadas de uma "expressão corporal distinta", com estados corporais subsequentes à percepção — do contrário, teríamos apenas processos cognitivos "incolores". A emoção começaria e terminaria por efeitos ou manifestações, pois a vida mental é entrelaçada à nossa estrutura corporal (James, 2013). Um primeiro indicador de como trabalhar essas questões, então, se dá pelo consequencialismo, pelos efeitos constatados pelos seres, chamando-os de "dor", "tristeza", "raiva", "uma coisa esquisita", "um formigamento nervoso", "ansiedade extrema" etc.

Mas não será estipulada uma possível "ordem de fatores" entre percepção, cognição, mente, afeto, emoção, sentimento e pensamento, ou seja, não será dito "o que vem primeiro". Pensarei esses elementos — partindo daquilo constatado e comunicado pelas pessoas no exercício de suas lembranças —, como sugerido por Dewey (1896), como um circuito completo, rejeitando a noção de um arco ou um segmento quebrado de um círculo — como seria o caso das obras de Darwin e de James para o autor. A proposta de Dewey é interessante a esta pesquisa pela centralidade do

23. Torres (2009) coloca que grande parte das divergências quanto às abordagens atuais da sociologia das emoções referem-se, ainda hoje, às concepções de emoções como as propostas por William James e por John Dewey, indicando a relevância atual de seus escritos.

afeto em ação na teoria da emoção (Garrison, 2003)[24]. Nosso foco deve ser o que direciona e molda a ação: os movimentos e os seus efeitos explicam atitudes emocionais, não o inverso. Evitarei separar as atividades em fases (pensamento, afeto e ação), enfatizando o afeto ou a cognição. Como veremos, esses tomam forma como fases dentro de um mesmo processo duracional-extensivo dos esforços dos seres para coordenar seus comportamentos nas situações em que se encontram no presente: seja em reuniões de apoio, na atuação policial em ruas perigosas, no deslocamento por uma cidade pouco acessível, no "aniversário de morte" de um parente ou ferimento de si próprio etc.

Mostrarei no Capítulo 2 como a lembrança-emoção (de tristeza, dor e/ou raiva, por exemplo) está ligada a um modo de conduta, a um modo de se comportar e à qualidade de uma situação (como ela está sendo definida pela pessoa) — pois emoções não têm uma existência autônoma. Quanto às sensações de "vazio interior" ou de algo ruim "inominável" sentido e comunicado por muitas mães em luto; à dormência nos braços e a torpeza constante como constatadas por PMs na ativa; e a pulsação forte do coração quando se desloca pela rua, como dito por alguns atletas paraolímpicos, são *afetos* estritamente ligados a certas lembranças recuperadas ou despertadas repentinamente em certas situações. Como destaca Quéré (2018, p. 33): "O afeto corresponde [...] ao sentimento de tensão em uma coordenação problemática de atividades". Por ser essa uma categoria saturada, inclusive tomada como algo

---

24. Quéré (2018) define os elementos centrais à teoria de Dewey: seus textos de 1894/5 explicam como as emoções são modos de comportamento na qual uma coordenação de atividades está em jogo e como o objeto e o sujeito da emoção emergem de uma mesma experiência de adaptação ao ambiente. No livro, *Arte como Experiência*, o pensamento seria complementado ao se desenvolver a questão da expressão das emoções e atribuir à emoção um trabalho real na experiência.

pré-reflexivo, anterior à emoção ou separada dessa (Massumi, 1995), por vezes optarei por falar em tonalidades afetivas (Corrêa; Talone, 2019; Corrêa, 2021) — termo que dá conta dos diferentes efeitos e intensidades sentidas no corpo e suas modificações/alterações/reinterpretações. As lembranças-afetos/emoções também são energia, emergindo quando o organismo se defronta com alguma resistência (Dewey, 2010).

A partir das situações de ferimento, tensão e morte, as pessoas deparam-se em suas vivências correntes e cotidianas com outras situações e circunstâncias cujos elementos podem suscitar uma variedade distinta de lembranças, apresentando fortes elementos afetivos e emotivos levando a alterações nas potências de agir/de efetivação de ações no presente. Essas mudanças na forma de agir, na energia para concretizar projetos, ligam-se à própria forma como um ser interpreta a sua continuidade e mudança(s) como alguém no mundo, como um *self* mais ou menos estável ou completamente disperso, implicando processos investigativos de luto visando a própria redefinição sobre "quem sou eu?" e "que objetivos tenho no mundo?".

Um dos PMs com quem tive mais contato explica que, ao ingressar na PMERJ, contava com um forte sentimento de vocação para ser policial, seu desejo de profissão desde a juventude. Mas após vivenciar inúmeras situações de grande risco de vida e a percepção de que seus superiores pouco se importam com as sequelas geradas (físicas ou emocionais), sua concepção anterior sobre "fazer polícia" (Muniz, 1999) é alterada e suas próprias escolhas de vida, seus desejos atuais, são colocados em xeque. Ele comenta como ser policial o alterou para "além da farda", sendo outro agora, tenso e atento às coisas em seu entorno.

Pollak (1990) afirma que a pesquisa sobre experiências limites evidencia o quão difícil é a manutenção das próprias continuidade e coerência, seja para um indivíduo ou para um grupo.

A ordem mental seria fruto de um trabalho permanente de gestão da identidade, consistindo este em

> interpretar, ordenar ou reprimir (temporariamente ou definitivamente) toda experiência vivida de maneira a dar conta dela coerentemente com suas experiências passadas assim como com as concepções de si e do mundo que elas moldaram: trata-se, em nome do domínio do porvir, de integrar o presente no passado (Pollak, 1990, p. 258).

A conduta dos atores, como a percebemos por seus efeitos, é de natureza temporal e serial, sendo necessário um sentido de *self* (Quéré, 2018), ainda que variável. O *self* de um ser seria a soma total de seu corpo, seus poderes psíquicos, suas posses, relações, emoções, hereditariedade, reputação e tudo o que lhe disser respeito (James, 1890a)

O *self* precisa ser gerido a partir de uma administração dos elementos da memória, como coloca Pollak (1990). Os elementos da memória actancial, como estão atuando em cada situação, em quais qualificações resultam aos seres em questão, afetam, alteram e/ou reformulam o *self* de uma pessoa. Mas não estamos falando aqui de uma "identidade líquida" (Bauman, 2001) ou sempre em alteração, pois as pessoas podem voltar a se sentir como antes ou mesmo sempre manter uma noção de si estável, contando apenas com "percalços" ao longo da vida. Deixarei de lado noções de substância do ser ou de uma flutuação extrema-contínua de identidade. Lido, na pesquisa, com as distintas "situações biográficas" (Schütz, 1979) dos estudados, tensionadas por suas lembranças e pelas condições de suas vidas no presente.

Acompanharemos noções de "ser" passadas, quebras de crença, processos investigativos de luto, lembranças e emoções alterando potências de agir presentes, a sensação de mudanças significativas no âmago do *self*, tentativas de costurar narrativas coerentes de si (incluindo permanências e mudanças de identidade) e a projeção de futuros possíveis.

E, concordando em parte com Merleau-Ponty, são nossas memórias — para ele "incorporadas"; nesta pesquisa, "actanciais" — que nos dão o sentido de nossa continuidade. O conjunto dando forma à memória actancial oferece, justamente, uma saída, ao englobar distintas composições do *self* sem forçar a busca por uma primazia dos fenômenos de sua constituição: seja por considerar o senso contínuo de *self* (a autoconsciência de *self*) como desenvolvido de nossa emergência das formas em que somos biologicamente constituídos e da necessidade de interação humana com o ambiente externo (Archer, 2000, 2003); seja por considerar o homem mais do que um objeto físico, sendo essa "extrapolação" o que constitui um *self*, relacionando-o "àquela conduta peculiar que pode ser chamada de conduta social" (Mead, 1912, p. 402), colocando o *self* como *self* social, "refletido na mente por um mundo de impressões pessoais" (Cooley, 2017, p. 178). O que interessa compreender é a efetivação (ou não) de ações, como constatadas pelos seres, e de que maneira se tornaram possíveis.

Mundos, distopias e processos de luto

A autocompreensão e as tonalidades afetivas tomam forma em experiências sempre adaptadas ao ambiente. Levá-lo em consideração é uma das condições para conseguirmos entender as interpretações variantes que os seres têm de si mesmos. Uma pessoa está sempre em relação com um "meio ambiente onde deve coordenar sua própria conduta" (Thévenot, 2006), englobando uma relação estreita entre humanos e não humanos (Calon; Latour, 1981; Latour, 1987). Nos relatos deste livro, veremos como é pujante a percepção da vida presente e/ou passada como em um ambiente "o pior possível". No Capítulo 3, descrevo os mundos objetivos com o qual as pessoas se relacionam, os quais compõem as suas experiências, despertam emoções e alteram as tonalidades afetivas. Eles suscitam (e/ou são suscitados por) determinadas lembranças, influenciando a efetivação de ações imediatas.

Tais mundos serão divididos em dois, analiticamente nomeados como hostil (pois as pessoas estão em risco, físico e psicológico, de vida) e como penoso (pois carece de sentido, tornando dolorosa a existência de si mesmo nele). Seja em um pós-acidente imediato, com sequelas físicas múltiplas e permanentes, em um processo longo de luto ou na sequência de se presenciar a morte de um colega, por exemplo, o mundo passa a se apresentar como temerário, fornecendo provas de seus diferentes potenciais lesivos, percebidas e/ou lembradas pelas pessoas. O mundo hostil [25] relaciona-se com as evidências de uma realidade fisicamente "violenta", em que a vida está sob a constante ameaça de terceiros cuja força é extremamente desproporcional. O mundo penoso consiste na falta de vontade de viver e/ou na dificuldade em prosseguir após certas mudanças físicas e emocionalmente bruscas, onde as pessoas deparam-se com situações de uma dor imponderável, enfrentando depressões e apatia.

Marcela, uma das assistidas do NAVI com quem conversei, fala de sua vida logo após a morte de seu filho caçula:

> — Minha cabeça estava um branco que, meu deus... [...] Sempre lutei mesmo para não entrar na depressão. Foi o momento que eu me agarrei, mais ainda, com Deus.

---

25. Deve-se ressaltar que não há diálogo aqui com a ideia de "mundos hostis" de Zelizer (2011a).

> Porque a vontade que eu tinha era de estar deitada na cama. No quarto, né? Quieta, na minha. Chorando num quarto escuro e não sair de lá.

Como diz uma das mães frequentadoras do núcleo, no pós-morte de um ente querido, "o mundo torna-se preto e branco" e coisas banais do cotidiano – como preparar refeições, trabalhar, visitar familiares – tornam-se desagradáveis. É uma noção do mundo como penoso/desgostoso/maçante, de forma que a pessoa se enxerga à parte dele, sendo uma fonte de apatia ou sofrimento.

Já o mundo hostil é aquele de "muitos acidentes", "onde ninguém mais se respeita" ou tem consideração pela vida alheia. Nesse caso, além das experiências pessoais com acidentes e crimes de trânsito e de todos os seus efeitos e consequências, uma série de dados estatísticos, observados na mídia ou produzidos pelos próprios agentes do DPVAT, por exemplo, somam-se como provas de sua vigência, entrando em "ressonância afetiva" (Peters, 2018, 2019) com o lembrado/sentido pelas pessoas. Estatísticas e dados de funcionários do DPVAT reverberam entre as assistidas, entram em consonância com suas experiências e memórias: "O óbito, principalmente, aumentou muito"; "Perda de familiares, a gente sempre vê aqui, né? Aumentou principalmente" – comentam algumas mães a respeito de acidentes de moto, por exemplo[26].

---

26. Mesmo tratando aqui da memória em dimensão íntima, uma sociologia abrangendo dimensões cognitivas (Zerubavel, 1997) não abarca apenas o mundo como experimentado individualmente e pelos próprios sentidos, mas também por meio da participação mental em variadas "comunidades sociais", localizando-nos em grupos cognitivos de referência com o qual partilhamos características, ou seja, dialogamos. Temos "diversidade cognitiva" (Zerubavel, 1997, p. 11). As nossas formas de lembrar e de pensar são (in)formadas também por conjuntos referenciais compondo nossa capacidade mental íntima e individual.

O mundo penoso e o mundo hostil, como os piores cenários possíveis para se viver, e as provas da existência dos mesmos, emergem do forte incômodo pessoal sentido em relação a situações e a ambientes antes tomados como "normais" (o próprio apartamento e as lembranças de seu uso pelo ente querido, seguidas da recordação de sua morte), da sensação de apatia ou de medo (ataques de pânico na rua devido ao barulho de escapamentos de carros ou à forte movimentação de pessoas) e das estatísticas de acidentes/tiroteios, depreendidos de testemunhos e conversas nos três grupos citados. As características de cada mundo, acentuadas de formas distintas por cada pessoa, influenciam o processo de luto.

Melissa, uma das cadeirantes civis do Renascer, comenta sobre algumas situações que vivenciou após tornar-se cadeirante:

> — Não é [o cadeirante] nenhum bicho, sabe? Às vezes, eu me sinto um avatar [refere-se aos humanos híbridos do filme Avatar, de 2009], um mutante. Quando eu chego numa festa e para todo mundo para ficar me olhando... Horrível. Tudo bem que eu sou nova... As pessoas se espantam: "Pô, uma deficiente novinha, uma garota nova". Muito chato, né? Tu chega para curtir uma festa, todo mundo parando para ficar olhando, entendeu? E é sempre assim. Às vezes, eu tô tomando uma cerveja, aí alguém fala: "Mas você bebe?". Ué, gente, mas só não funciona as minhas pernas. É como se eu fosse doente. A pessoa vê o cadeirante, o portador de deficiência, como se fosse uma doença. Não é uma doença. Não tem nada que seja contagioso, não tem nada que... O que faz a gente sofrer é que a gente fica sentado o tempo todo em cima de uma cadeira. Lógico que vai vir dores, lógico que vai ter problemas, entendeu? Todo mundo tem problemas. [...] Mas é mais o ser humano que causa dor. As dores do corpo, a cadeira, a gente leva de boa. O problema é o ser humano.

Para Melissa, apesar das dificuldades e das dores surgidas no seu processo de perda do movimento das pernas, isso se "superaria" com o tempo (com apoio do grupo e da família). A grande fonte de sofrimento são as pessoas com quem se relaciona nas ruas e em seu próprio condomínio. A pesquisada conta sobre diversos casos em que terceiros "definem" sua identidade pela cadeira de rodas. Como Erving Goffman (2008) designa pelo termo "estigma", trata-se de algo cujo efeito de descrédito é grande e constitui uma discrepância específica entre a identidade social virtual e a identidade efetiva de uma pessoa, influenciando as situações de interação cotidianas. Esse tipo de incômodo é relatado por outros frequentadores do Renascer. Ele pode ser uma fonte de dor pela lembrança da situação, por levá-los a comparar o presente com "como as coisas eram antes", pelo tratamento desrespeitoso de terceiros – por não os levarem a sério em seus novos objetivos, por empregarem categorias como "aleijados", por se incomodarem com suas necessidades – ou pelas dificuldades encontradas no ambiente urbano relativas ao deslocamento.

Lucas, atleta de uma modalidade esportiva no Renascer[27], diz ter ficado mais de sete anos sem sair de casa após o acidente, tendo perdido toda sua vontade de realizar qualquer atividade. À época de nossas conversas, frequentando o Renascer duas ou três vezes por semana, muitas situações ainda lhe causavam incômodo por evidenciarem como os participantes do projeto estão "largados", dependendo das próprias forças (apesar das experiências sofridas), mesmo sendo atletas com ótimas marcas nos esportes que praticam. Ainda que, atualmente, não mais carregue o peso de ter sido baleado – diz não ter qualquer problema para falar a respeito –, certos fatores o levam a vivenciar o mundo

27. Opto por não revelar o esporte para preservar o máximo possível a identidade do entrevistado.

penoso, onde deve se esforçar para não "desistir, jogar tudo para o alto e voltar a ficar em casa no computador". Por isso, Adinea, PM criadora do grupo, defende ser tão importante a "promoção de resiliência" e tentar motivar os atletas, pois sabe dos "altos e baixos" vividos, buscando ao máximo evitar casos de depressão e de suicídio. O mundo penoso aparece, sobretudo, com os assistidos pelos grupos.

O mundo hostil toma forma constantemente e principalmente na fala de PMs (embora muitas mães do NAVI o comuniquem), seja aqueles na ativa ou os que estão hoje no Renascer, pois atuaram em conflitos armados, presenciaram a morte de colegas, foram alvejados, entre tantos outros riscos possíveis, que permanecem atuantes em suas lembranças, como uma fonte de tensão constante. Como colocam dois praças com quem conversei no BPM:

> — Na hora do vamos ver mesmo [troca de tiros], não vai ter ninguém lá por você, não. Só teus companheiros, mas de vez em quando é só mais um. E, dependendo da gravidade da coisa, tem que chamar reforço e esperar o reforço. E a prioridade? São vários tiroteios, toda hora. Tem que ir atender nosso socorro. Aí, pega trânsito. E você fica lá no meio de não sei quantos tiros. Todo mundo doido pra te ver morto. Olha, é difícil demais, demais.
>
> — Porque hoje em dia o bandido acha, só acha, que tu é policial e tu já tá morto. Então, o perigo é desde sair de casa até chegar aqui [no batalhão], a cada centímetro que você atravessa da cidade indo pro trabalho. Até em casa mesmo! Porque tem muita história aí de policial que fica marcado e até é morto no bairro dele porque viram a farda estendida. Isso, em varal, para secar. Nem em casa tem sossego.

As próprias experiências dão forma ao "ambiente de perigo" em que esses PMs estão coordenando suas ações, onde suas condutas estão sempre sob risco de serem interrompidas por situações de ferimento, tensão e morte — o que permanece em suas memórias e os influencia afetivamente/emocionalmente. Em diversas conversas no BPM e com policiais no Renascer, também vem à tona em suas lembranças supostos números de tiroteios e de policiais mortos em conflito no Rio de Janeiro, compondo esse mundo em que estão. Falas como a do psicólogo Fábio da PMERJ são comuns e reverberam entre os praças:

> — E os números são de guerra, né? É uma guerra. [...] Resultado: os caras não estão aguentando, cresce o número de aptos C, o de licenciados. Eles não podem falhar, tudo pode falhar, mas eles não. É que nem o goleiro de um time. O policial é o goleiro da sociedade. Se falhar, perde. Aí, perde a vida, perde a cabeça. Olha a pressão, olha o estresse. É um problema da realidade mesmo, não é da cabeça deles. O problema tá na própria situação, na atuação, nas condições. É uma carreira de margem de erro zero com humanos que vão errar.

Segundo Weber (2001), para uma ação acontecer, tornar-se compreensível, é necessário que a(s) pessoa(s) com quem se interage permita(m) o seu desenvolvimento e as bases para tal. As pessoas aceitam as nossas ações — o que, em última instância, significa que elas aceitam a base moral que as sustentam — na medida em que nelas alocamos um sentido (Weber, 2001). Por esse ponto de vista, o que está em jogo é a maneira como as pessoas mobilizam valores e conferem sentido a suas ações. Trata-se da compreensão, das motivações subjacentes à ação observada. Os atores compreendem a necessidade de preenchimento das ações práticas com um conteúdo abstrato (Weber, 2001), alocando-as em uma lógica garantindo sua efetividade, sua geração de consequências[28].

Aprofundo-me na mecânica dessa operação. Para tal, recupero novamente o modelo das EG, atentando para a sua dimensão morfológica. Boltanski e Thévenot afirmam que os atores sociais contam com uma "capacidade metafísica", ou seja, geram e/ou acessam quadros de referências/formas abstratas cuja manifestação no mundo é buscada e observada por eles. Tais quadros apenas efetivam-se nas possibilidades de haver no mundo real dispositivos os concretizando. As pessoas estudadas acreditam (o "como se" antes destacado) ou acreditaram, em algum momento de suas trajetórias, vivenciar um cenário "o pior possível" de suas vidas. Elas concretizam ações com base nessa interpretação e compartilham do sentimento com outros, existindo uma série de elementos lembrados/visualizados no mundo que a confirmam. Esses elementos ganham sentido conjuntamente em quadros gramaticais [29] aos quais os seres estudados se referem, comunicando-os como a realidade em que vivem. Boltanski (2000) nomeia

---

28. Reconhecendo a sociologia como capaz de compreender o espírito (no sentido de Weber), concordaria com Bergson (1999, p. 77-78) que "[sendo] o espírito [...] uma realidade, é aqui, no fenômeno da memória, que devemos abordá-lo experimentalmente".

29. Gramática é, do ponto de vista pragmático, um quadro generativo das indicações e orientações para a agência, podendo dizer respeito tanto à dimensão criativa da expressão de linguagem quanto à expressão do agir. Trata-se de algo plural que configura repertórios de ação, interpretação e interação, o que se liga à prática. Para um melhor entendimento do conceito – sobretudo, ligado a um tratamento pragmático –, ver Werneck (2014a) e Werneck e Talone (2019).

os quadros de referência, capazes de sustentar a justificação de uma ação, como *cité*, associando-os à ideia de "utopia realizada"[30].

A *cité* comporta uma lógica abstrata que dá sustentação de sentido para ações situadas, no mundo. Em Boltanski e Thévenot (2020), é exibida, a partir de uma grande matriz de trabalhos empíricos anteriormente conduzidos pelos autores, uma pluralidade finita de ordens. Falar de *cité* é tratar sobre os ordenamentos das ações de forma abstrata. O esforço de Boltanski (2000) de caracterizar uma *cité* como uma "utopia realizada" consiste, como resume Werneck (2018, p. 95), na "ideia de uma construção ideal de que os atores sociais possam lançar mão para dar conta das situações que definem [...] quando são chamados a fazê-lo em termos de justiça e sua possibilidade de ser mobilizada no mundo prático, afirmando o laço entre utopia imaginada e vida social pragmática"[31].

Há metafísicas morais que orientam a utopia das ações sociais e os mundos que, por meio delas, constituem-se (Werneck, 2012, 2016a). O que é chamado de "mundo" (Boltanski, 2000; Boltanski; Thévenot, 2020) corresponde a uma dada *cité*; é o rebatimento prático e necessário dessa utopia na existência e na mobilização de dispositivos pragmaticamente estabelecidos. As atividades no mundo são orientadas tanto por demandas situacionais quanto por metafísicas morais que guiam e oferecem sustentação a diferentes formas de efetivação.

---

30. A ideia de *cité* tem "por escopo identificar a constituição interna das metafísicas ordinárias mobilizadas no dia a dia pelas pessoas que recorrem a princípios lógicos e a valores que no Ocidente se tornaram hegemônicos e explicitar quais os critérios que marcam sua legitimação no espaço público" (Corrêa; Dias, 2016, p. 74). Werneck (2018) afirma que a categoria tem um caráter singular como "lógica de ordenamento", propondo integrarmos seu uso no português sem recorrer a traduções que seriam imprecisas.

31. Logo, entre a dimensão pragmática (traduzindo-se nas ações práticas) e a dimensão metafísica (os quadros valorativos/de sentido que as preenchem).

E, como coloca Werneck (2014a, p. 46 – grifo meu),

> [As] metafísicas morais recorrentemente mobilizadas pelos atores, podendo ser entendidas mesmo como representações, se apresentam na vida social como formas consolidadas, como aparatos formais e, por isso mesmo, dotados de (previsível e) considerável actância. *Ela, entretanto, evidentemente não é oriunda de uma energia própria, e sim da memória dos próprios atores e da própria história, que as tornou reconhecidas e recorrentes.* (Grifo meu)

Em pesquisas anteriores (Talone, 2015, 2018; Werneck; Talone, 2019), propus que a vida na cidade carioca tem muitas vezes, por parte dos seres, procedimentos de ação e justificações operadas/sustentadas por meio de uma abstração negativa, uma "distopia realizada". Tal distopia não é apenas uma abstração, e sim corresponde a um mundo de dispositivos, sendo uma metafísica de efetivação (Werneck, 2012). No Capítulo 3, procuro demonstrar como os atores mobilizam provas no mundo de diferentes contextos "os piores possíveis", rebatendo na prática mais do que apenas uma distopia realizada[32]. Assim como o modelo das EG reconhece operações no mundo relacionadas a uma pluralidade finita de *cités*, as distopias realizadas – como as traçadas a partir da pesquisa em questão – parecem compostas por princípios distintos quando vinculadas ao mundo penoso ou ao mundo hostil, caracterizando diferentes metafísicas morais aos quais os atores se referem para o agir.

O mundo hostil compõe-se de dispositivos efetivamente empregados pelos atores caracterizando uma distopia realizada fundada

---

32. Para um quadro mais abstrato e abrangente sobre distopias realizadas, ver Talone (2020).

em uma dada compreensão da violência [33]. Essa constitui um quadro referencial a carregar distintos signos (práticas violentas urbanas) de um perigo social difuso em termos de "força desproporcional inaceitável" cujos efeitos tomam forma no mundo real, são nele ancorados, e não apenas em fantasias. A distopia realizada referente ao mundo hostil é uma projeção dos problemas que dizem respeito à "violência urbana" — e sua radicalização como uma forma de vida, a sociabilidade violenta (Machado da silva, 2004, 2010; Werneck; Talone, 2019) — com que os atores acreditam lidar em suas rotinas. Tal distopia realizada é a versão mais ideal, mais pura, desse tipo de uso absoluto da força — é a distopia da sociabilidade violenta.

Em muitos dos casos aqui estudados, lido com a violência como ação de uso desproporcional da força não admissível, impossível, para os observadores, de ser dotada de um sentido — fenomenologicamente, a ação é classificada como "violenta", portanto, inaceitável. PMs interpretam existir pessoas, situações e procedimentos de ação que exigem deles atenção máxima pelo perigo constante as suas vidas (algo presente em suas mentes por lembranças, histórias escutadas, notícias lidas etc.). É uma força capaz de alterar seus estados "normais" e que se

33. Há muito já se mostrou que o termo "violência" é um significante multissêmico (Misse, 1999, 2016), ocupando o lugar de outras positividades (Werneck; Teixeira; Talone, 2020). Aquilo descrito sociologicamente por esse termo são ações e representações classificadas socialmente como tal e o fenômeno social dessa classificação. Werneck e Talone (2019) reconheceram, a partir de suas pesquisas empíricas, o operador força como o recurso analítico e objeto empírico em si subjazendo as discussões variadas sobre "violência urbana", em que "tudo começa com a força quando percebida como desproporcional pelos atores sociais" (Werneck; Teixeira; Talone, 2020). Para dar conta dessa análise, inclusive, propusemos uma abordagem pragmática da violência (Werneck; Teixeira; Talone, 2020).

concretiza na "bandidagem", no "traficante", na "vagabundagem" que visa os matar. No caso de algumas mães, nega-se a existência de "acidentes de trânsito", chamando-os de crimes, elementos centrais da "violência no trânsito" (Russo, 2012), cometidos por criminosos soltos no mundo e que não prezam pela vida alheia (mesmo que não tenham a intenção de matar). Essa distopia realizada, atualizada no mundo hostil, leva a processos de luto ligados à procura por justiça, dificuldades de estar na rua (como civil ou PM), sensações de perigo constante, raiva contínua, entre outros elementos semelhantes. Ela paira sobre os estudados pelas reminiscências de suas experiências e por suas atividades correntes.

No mundo penoso, a distopia realizada relaciona-se com efeitos como depressão, afastamento de quaisquer atividades (isolamento), tristeza aguda, apatia, sensação de falta de sentido na própria existência. Isso guiará o processo de luto, em grande parte, na busca por atividades que forneçam uma nova motivação para a vida (como a prática de esportes e a participação em ações de conscientização no trânsito, por exemplo), muitas vezes potencializadas pelo apoio inicial de parentes e de amigos. A força também atua nessa distopia, mas ela "não tem rosto". Seus efeitos são objetivos, mas não seu executor. Com isso, surgem os questionamentos dos pesquisados a respeito, por exemplo, das ações de Deus: "Me perguntava por que Deus fez isso comigo?", "Eu briguei com Deus depois que ele tirou minha filha de mim", "Eu xinguei muito Deus". Ou trata-se de algo amorfo: "Foi algo impensável", "eu simplesmente não sabia o que pensar desta coisa". É uma distopia existencial.

De toda forma, parecemos lidar com a interpretação de uma força como fenômeno negativo por alterar um "estado ideal/normal", como uma violência no sentido mais comum dado nativamente ao termo, apresentando como efeito a "redução do ser"

(Shinkel, 2010)[34]. Tomo essa expressão pelo efeito comunicado pelos seres, que veem reduzidas as possibilidades de efetivar seus diferentes *selves*. Esta violência é tomada como generalizada, atuando como uma metafísica moral (Werneck; Teixeira; Talone, 2020) informada pelas vivências e as lembranças imediatamente despertadas.

Por fim, o par utopia/distopia não é uma antinomia, com uma excluindo a outra (Werneck; Talone, 2019). Mas sim, regimes complementares – ou mesmo coordenados em uma situação – "de gestão abstrata da intervenção dos atores sobre o mundo, como formas de conferir sentido amplo aos fenômenos situados" (Werneck; Talone, 2019, p. 44). Os atores fazem referência a *cités* (a utopias realizadas) em seus cotidianos e a distopias realizadas, sustentando suas ações nessas metafísicas morais – acionadas pelos dispositivos mnemônicos de suas memórias actanciais, dispositivos no mundo. Isso diz respeito tanto às ações presentes quanto ao porvir. O passado pode ou tomar forma "negativamente" pelas lembranças de morte e de ferimento que surgem, ou positivamente idealizado, próximo do que é caracterizado por Bauman (2017) como retrotopia. Nesse último sentido, o presente e os possíveis futuros não seriam confiáveis e exigiriam árdua administração. O passado (pelas lembranças do ente querido em vida, do funcionamento ideal do corpo, da empolgação em início de carreira) torna-se o *lócus* das esperanças e felicidades. Retrotopias são "visões [ideais] instaladas num passado perdido/roubado/abandonado, mas que não morreu, [...] e, por isso, é inexistente" (Bauman, 2017, p. 10). Elas manifestam-se no desejo consciente de iteração desse "antes", existente ou imaginado.

---

34. Deve-se destacar que não adoto esta definição, como o autor, que a enxerga como o horizonte ontológico comum a todos os aspectos possíveis da "violência". Trata-se, na verdade, de um de seus possíveis regimes interpretativos (Werneck; Teixeira; Talone, 2020).

Utopias, distopias ou retrotopias, como metafísicas morais, podem ser potencialmente mobilizadas em situações da vida social em que as outras também estão presentes. A compreensão própria de continuidade de um *self* envolve as experiências e as reminiscências correntes de cada um, acessando diferentes mundos que, por sua vez, os levam a variados processos de luto. Esses estão integrados a metafísicas morais compostas pelas experiências de vida e pelas lembranças ativas das pessoas — a memória actancial —, além de suas representações sobre como o mundo é, influenciando as decisões de como "prosseguir com a vida". Assim, as pessoas vão "escrevendo e reescrevendo" suas histórias (passando por "crises de identidade", releituras, reformulações, revisionismos), passando a fazer sentido no mundo para elas mesmas, algo necessário para que efetivem ações a cada momento e consigam projetar presentes e futuros melhores.

Alterando as cores do porvir

A memória também diz respeito ao tempo futuro. A mente atua multitemporalmente: ela é ativa na composição da ação também como projeto (Schütz, 1945, p. 539), *i.e.*, antecipação do resultado de uma ação. Abarcarei, finalmente, os esforços empreendidos pelos seres (individualmente ou por influência dos grupos e/ou colegas) para construir um futuro — em todas as suas possibilidades — melhor do que o presente, ou, como alguns dizem, para "dar uma outra cor" à vida. Por outro lado, a falta de perspectivas de mudanças ou de melhoras quanto ao sofrimento corrente pode se somar como mais um elemento de dor no presente.

Na página do NAVI na rede social Facebook, Dnilda e os psicólogos estagiários publicaram o seguinte texto:

> O atendimento à vítima de trânsito consiste em acolher e identificar a extensão dos danos causados pelo trauma, respeitando a particularidade de cada indivíduo ao vivenciar seu luto, *auxiliando-o no processo de reencontro com a esperança, com os sonhos e com os projetos para o futuro.* Os integrantes são convidados, ainda, a participar das ações da Coordenadoria-Geral de Educação para o Trânsito do Detran, passando a atuar como agentes educativos na busca por um trânsito mais justo, solidário e seguro (Grifo meu).

Muitas mães e outros participantes do NAVI integram as ações de conscientização e de educação no trânsito. Como exemplos: no Dia das Mães, elas descem na Av. Presidente Vargas (localizada no Centro do Rio de Janeiro, onde há grande fluxo de automóveis) com a foto de seus falecidos filhos estampada em suas camisas, distribuindo panfletos e contando sobre suas histórias, para chamar a atenção de motoristas diversos para a causa. Com isso, também se preenche com atividades o feriado de celebração das mães, evitando que elas fiquem sozinhas e/ou em situações que propiciem lembranças-dor. Elas visitam orfanatos e levam caixas de bombons a crianças órfãs; dão palestras sobre as consequências dos acidentes de trânsito na vida das pessoas para motoristas que cometeram infrações nas vias urbanas, mostrando que estes crimes não são apenas números/estatísticas ou eventos isolados/pontuais, mas mexem para sempre com vidas e histórias etc.

São ações presentes auxiliando na projeção de ações futuras "de superação", de forma que o trabalho com a memória e seus efeitos correntes ligam-se ao porvir. No Renascer, Adinea comenta a respeito das mudanças promovidas pelas conversas em grupo e a observação da prática de esportes no espaço do projeto a partir de um rapaz que, quando lá chegou, queria se matar:

— Aí, pensei: "Bom, vamos dar uma perspectiva de futuro pro garoto para ver que talento ele tem". Aí, fomos percebendo o quê que ele gostava. Ele gostava de desenho. Aí, a gente foi envolvendo ele em outras coisas. Deu uma rede social de apoio. Pessoal do rúgbi [...]. O rúgbi, ele inclui pessoas com três membros comprometidos. Então, normalmente, quem entra no rúgbi é o paralisado cerebral ou a pessoa que teve algum tipo de acidente que lesionou, ficou paraplégica, ou lesionou uma das mãos, ou o tetraplégico. Esse nosso grupo aqui é formado por muitos tetraplégicos. E eles dão um banho, eles dirigem, eles estudam, eles casaram, tiveram relacionamentos novos. Então, é um grupo que é uma referência para quem de repente começou... Tá numa nova situação, num acidente. Porque, assim, quando a gente fala em promoção de resiliência, a gente pensa em que? Em dar uma perspectiva de futuro, em ampliar a rede social de apoio, de ele perceber que ele tem uma dimensão diferente do problema que ele tá passando. E isso o esporte traz. Então, baseada nesse conceito de promoção de resiliência, é como a gente trabalha aqui. Então, assim, eu analisei o que ele estava passando: "O que ele está passando? Bom, ele está com essa dificuldade porque ele está sem rede social de apoio, está sem perspectiva de futuro". Então, vamos tentar mostrar isso a ele vindo para cá, para o esporte. E os meninos do esporte, eles têm, assim, essa visão de "Pô, eu passei por isso, alguém me ajudou e eu vou ajudar alguém". [...] Aí, ele olha o cara que é tetraplégico e pensa: "Caramba, o cara dirige". Então, isso tudo, você vai acabar atingindo também um dos pilares da promoção da resiliência que é dar uma perspectiva diferente do problema.

Os próprios atletas entrevistados comentam que um recém-chegado no Renascer (seja qual for a lesão causada pelo seu acidente) normalmente não teria noção da gama de atividades e desafios ainda em seu alcance. Principalmente por meio das conversas com participantes mais antigos do projeto, toma-se uma nova perspectiva de suas experiências e situação atual, pois tem-se contato com pessoas que, por exemplo, sabem onde comprar sondas e próteses por um preço razoável, dominam as formas como se deve ou não utilizá-las, deixam para trás dificuldades antes tidas como insuperáveis (como ser capaz de manter relações sexuais). No grupo, há pessoas paraplégicas, tetraplégicas, entre outras, atuando no mundo de forma independente. Como completa Adinea: "Isso muda a perspectiva de quem tá chegando, de quem é novo, ou tá passando por uma fase ruim".

As lembranças de situações de ferimento, tensão e morte são partilhadas e discutidas em rodas de conversa (em ambos os grupos). As pessoas percebem vivenciar as mesmas questões, mudanças físicas, desânimos, falta de sono, dificuldades de prosseguir com a vida etc. E, observando membros antigos do núcleo e do projeto que hoje levam uma vida autônoma e saudável, começam um processo de retrabalhar a própria narrativa, procurando definir um futuro não marcado pelo forte sofrimento do presente. Busca-se um outro *self*, não igual ao anterior do contato com a morte, mas coerente e sustentável com a própria história (ou seja, duradouro, que não padecerá no mundo hostil ou penoso), sem estar marcado por um "trauma" — a não ser como um *self* engajado, que mobiliza a própria experiência em ações de conscientização. Como colocam alguns pesquisados, busca-se conferir uma "cor diferente" a acontecimentos passados, dar outro sentido para eles, alterar o próprio porvir. Na tradição da fenomenologia, influenciada pelos escritos de Husserl, o conceito de humor (*mood*) consiste naquilo "que parece dar uma cor, mas uma cor uniforme, como o vislumbre uniforme de alegria, ou uma cor escura uniforme de tristeza" (Lee, 1998, p. 115). O humor teria a função de "iluminar o mundo" de diferentes formas, gerando efeitos diversos.

O NAVI e o Renascer visam promover a ressignificação ou a resiliência justamente incentivando seus assistidos a recuperarem suas lembranças e a partilharem-nas com outros, almejando uma redefinição do que elas significam. Isto é, em vez de pensar em um ente querido a partir de sua morte violenta, lembrá-lo pela felicidade da partilha de anos de vida com ele; no lugar de pensar em um acidente e no que não se pode mais fazer, concentrar-se na quantidade de desafios ainda possíveis e em sua força de vontade. As lembranças-sofrimento e as lembranças-dor seriam abandonadas (não no sentindo de apagá-las, pois "nunca se esquece" de um falecido ou de um grave acidente, mas no de tirar a pujança e a forte recorrência delas), dando lugar às lembranças-felicidade e ao foco em novas atividades.

Esses grupos, então, atuam sobre a memória de seus assistidos e como ela é ou pode ser exercitada, ou seja, também geram efeitos sobre as lembranças dos seres. O que não significa, obviamente, que definam a memória individual ou a manipulem de alguma forma. Inspirado nos estudos de Émile Durkheim (1996) e de Erving Goffman (2013), Randall Collins (2004, p. 35) destaca os efeitos e a relevância da "participação em grupos" e a energia emocional gerada/alterada:

> Movimentos levados em comum operam para focar a atenção, para fazer participantes conscientes uns dos outros de que fazem a mesma coisa e, então, pensam da mesma forma. Movimentos coletivos são sinais pelos quais a intersubjetividade é criada. A atenção coletiva realça a expressão da emoção compartilhada; e, por sua vez, a emoção compartilhada age ulteriormente para intensificar movimentos coletivos e o sentido de intersubjetividade.

A mudança gerada pelo grupo e a emergência de uma energia emocional compartilhada calharia em um sentimento de convicção, coragem de agir, em uma audácia para se tomar iniciativas. É uma energia "moralmente transbordada" – ou seja, essa energia emocional tem um efeito motivante intenso sobre o indivíduo. A participação em grupos e a energia produzida é algo que parece alterar a própria perspectiva de futuro dos seres. Não se trata de algo a ser incorporado por eles, mas sim de um elemento novo a ser actante em suas memórias, alterando suas lembranças-imagens e suas tonalidades afetivas como uma "força" à procura de novos objetivos ou na retomada de atividades antigas. Busca-se permanecer vivo harmoniosamente como for possível, desvinculando-se da idealização do passado e/ou da vida regularmente entre distopias e retrotopias.

Quanto aos PMs na ativa que fazem trabalhos administrativos devido a problemas físicos/emocionais, pela observação em campo e seus relatos, pode-se dizer que eles não formam e nem contam com um grupo de partilha de experiências buscando elaborar suas vivências com outros que tenham experimentado os mesmos tipos de situações. Eles também não são acompanhados, em sua grande maioria, (e alguns não acham necessário) por profissionais, como os psicólogos e professores de educação física nos outros casos. Dadas as situações de alta tensão e contato com a morte que vivenciam, ao destrato histórico de praças por oficiais (Muniz, 1999) e a falta de acompanhamento médico/psicológico somam-se fatores compondo esta como uma das profissões mais afligidas por suicídios (Miranda, 2016)[35]. As situações de risco (confrontos

---

35. Dayse Miranda realizou o estudo partindo de, e, levando a sério, Durkheim (2000, p. 14): "Chama-se suicídio todo caso de morte que resulta direta ou indiretamente de um ato, positivo ou negativo, realizado pela própria vítima e que ela sabia que produziria esse resultado. A tentativa é o ato assim definido, mas interrompido antes que dele resulte a morte". Após o período coberto pela pesquisa de Miranda, os números permaneceram altos, segundo o Anuário Brasileiro de Segurança Pública. Dados esses que ainda são subnotificados, pois alguns estados não reportam as estatísticas e outros nem as contabilizam.

físicos e armados) e as perdas de colegas em serviço, muitas vezes socorridos pelos próprios policiais autores dos relatos, que são encaminhados a novos trabalhos na rua em seguida, compõe um conjunto de lembranças-imagens e de tonalidades afetivas que circulam "negativamente" – no sentido de "travar" possibilidades ideais de ação – por suas cabeças, de forma que eles não conseguem mais carregar armas, realizar exercícios físicos, se comunicar com a família etc.

A saúde mental do policial pode ainda se deteriorar a depender do número de anos de sua carreira (Rocha, 2013; Miranda, 2016; Miranda; Guimarães, 2016). Nesse caso, o futuro torna-se assombrado pela possibilidade de morte (em um mundo hostil), sendo, por vezes, vagamente esboçada uma vontade de se aposentar o mais rápido possível, tornar-se oficial (evitando ser enviado para situações de risco no presente), sair do Rio de Janeiro, entre outras possibilidades, marcadas por desânimo e falta absoluta de certeza (em um mundo penoso). Entre eles, é comum não haver a mudança da energia emocional como nos outros grupos – o futuro continua cinza ou, como coloca um PM, referindo-se aos ferimentos e ocorrências sanguinolentas que já presenciou, pintado de vermelho. Os planejamentos dos atores refletem as práticas atuais, sustentadas por lembranças de situações de ferimento, tensão e morte, partilhem eles suas experiências ou não, participem de grupos de apoio ou não, atuem em situações de risco ou não.

Mesmo quando inteiramente voltados para o passado, os seres atribuiriam um tempo futuro a suas questões, deliberações e operações interpretativas: eles constroem visões plausíveis do porvir. Francis Chateauraynaud (2011) propõe levarmos a sério os processos pelos quais são elaborados cenários e visões do futuro. Para compreender cada acontecimento, cada prova, precisamos remobilizar histórias, compreender configurações atuais e descrever os ângulos de futuro que se tenta abrir ou fechar

(Chateauraynaud, 2011; Corrêa, 2014). Recusando estabelecer de antemão e no lugar dos atores, as relações entre séries passadas, situações presentes e trajetórias futuras, Chateauraynaud (2016) desenvolve uma pragmática das transformações. As próprias pessoas exploram continuamente os possíveis em processos contingentes e com futuros indeterminados.

Múltiplos autores/atores embarcam na fabricação de visões do futuro, incluindo psicólogos de grupos incentivando participações em atividades para mirar em um futuro "mais alegre" e oficiais da PMERJ afirmando que, com o tempo, praças acostumam-se com situações de extrema tensão, deixando essas de serem um incômodo e causa de sofrimento. Há a capacidade de (se) projetar no futuro, de superar ou afrontar a indeterminação e o sombrio do que vai acontecer, em um prazo próximo ou distante. Essas são as condições pragmáticas de fabricação e de difusão das visões de futuro. O último tópico do livro lida justamente com as condições de projeções plausíveis de futuro nos três grupos e como elas se ligam ao exercício da memória actancial (individualmente, e/ou de forma repentina, e/ou em um exercício proposto pelo NAVI ou pelo Renascer, e/ou devido há algum elemento de uma situação presente etc.).

Para finalizar a Introdução, segue um modelo com os principais componentes do livro:

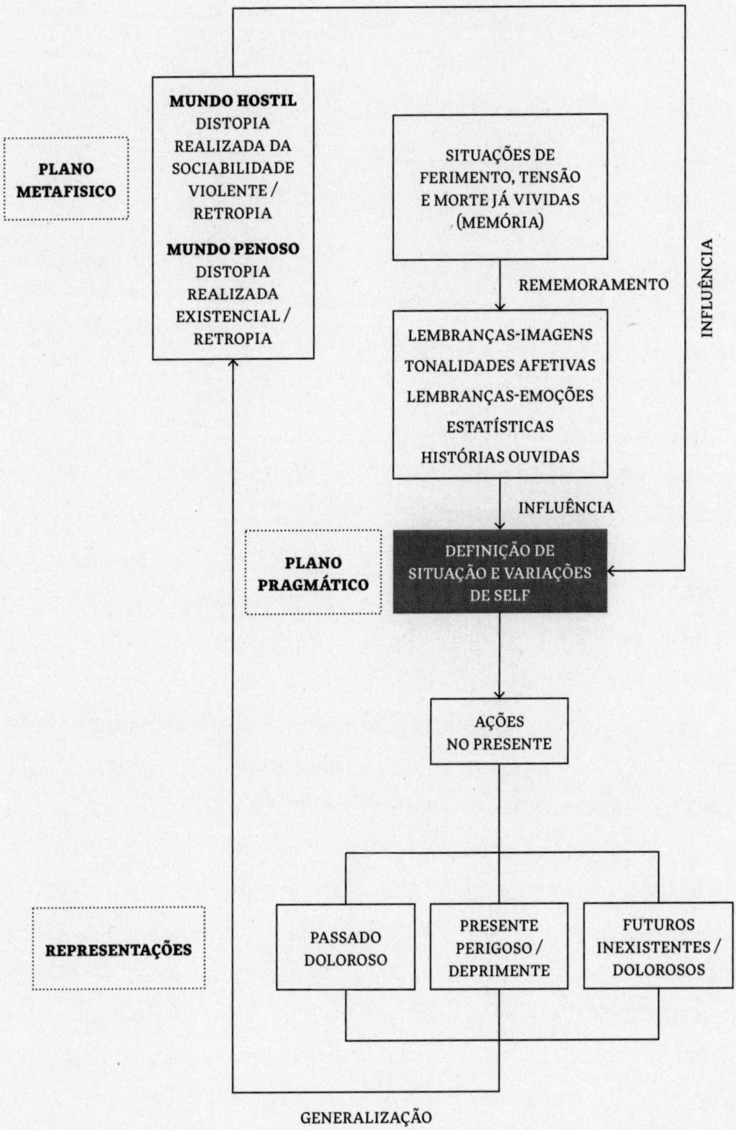

FIGURA 1 | Esquema com os principais tópicos. FONTE: O autor, 2023.

Capítulo 1

NAVI

Fundado em 2003 por Maria José do Amaral, uma vítima consequente-próxima de um acidente de trânsito, em seis anos o núcleo já registrava aproximadamente 7 mil usuários (Amaral, 2012, p. 11). Para a fundadora, ele atende a "uma população quase esquecida, [pois] depois da ocorrência do fato, essas pessoas caem na solidão de sua dor" (Amaral, 2012, p. 11). Além do "esquecimento", outro problema apontado por Maria José que o NAVI busca resolver é a quantidade constante de vítimas carecendo de orientação legal quanto a seus direitos, principalmente em relação ao seguro DPVAT – indenização que pode ser o único auxílio de uma pessoa para os diversos custos surgidos no rescaldo dos acidentes –, pelo medo de serem enganadas por parentes ou por advogados e terem lesados os seus benefícios. Os objetivos declarados de origem do núcleo são o acolhimento e a orientação dos assistidos – que, "fortalecidos", poderiam ajudar novas vítimas diretas e consequentes-próximas. Uma das principais forças do grupo, reconhecida por Maria José, é a mobilização dos próprios assistidos "em uma ação restauradora e reconstrutora".

Após a saída da fundadora, em 2009, que deixou a cidade do Rio de Janeiro, a coordenação do núcleo foi assumida durante curto período de tempo por uma profissional de serviço social, que mudou a abordagem do grupo — desagradando a algumas das mães integrantes. Quando ela deixou o projeto, a Coordenação de Educação do Detran decidiu convidar uma psicóloga, assim como Maria José, para gerir o núcleo. Dnilda Cortês havia chegado ao órgão em 2009 e foi indicada para o NAVI em 2011. Ela descreve o seu trabalho com as vítimas como "de formiguinha" frente às dimensões do problema: ele atenderia a poucas pessoas, considerando o número de acidentes diários nas vias urbanas cariocas, mas seria algo valioso para os assistidos, reverberando em outros pelas ações de conscientização.

Dnilda era a coordenadora do núcleo quando lá cheguei em 2017. Meu contato se deu a partir de uma pesquisa maior envolvendo o Detran (Werneck, 2016b), cujo objetivo era "analisar as práticas situadas e efetivas dos atores sociais no trânsito, com ênfase no mapeamento de seus regramentos práticos e na compreensão da tensão deste e daquelas práticas com as leis de trânsito — codificação formal de um conjunto de normas legais" (Werneck, 2016b, p. 1). Um braço específico da pesquisa, dentro do chamado "Detran Social", ligava-se a meu projeto de doutorado. Após uma primeira reunião conjunta com a Coordenação de Educação do Detran, fomos apresentados à Dnilda. Conversei com ela diversas vezes e combinamos o trabalho específico a ser realizado no NAVI. Passei a frequentá-lo durante aquele ano e o seguinte para realizar o trabalho de campo.

O núcleo localiza-se em uma das salas do oitavo andar do prédio do Detran. Ao abrirmos a sua porta, logo à direita da entrada há um psicólogo estagiário sentado atrás de uma mesa com um computador. Na proximidade há cadeiras de espera, um galão de água e, fixado à parede, um mural com fotos de eventos e palavras-chave do núcleo:

FIGURA 2 | Mural do NAVI. **FONTE:** O autor, 2017.

É nessa mesa da entrada que se realiza o primeiro atendimento. No computador, uma tabela é preenchida com os dados básicos daqueles que chegam no núcleo para dar entrada no seguro. Depois, a pessoa pode ser encaminhada diretamente aos funcionários do DPVAT ou para a sala de acolhimento, conforme julgamento do psicólogo estagiário. Esta sala fica à esquerda da entrada. Ela é pequena e há uma grande mesa no meio, com cadeiras em lados opostos, e, a sua direita, uma janela com persianas fechadas com vista para o restante da sala. Após esta parte inicial, há a maior área do núcleo, onde ficam os estagiários de psicologia distribuídos em quatro mesas à direita e os funcionários do DPVAT à esquerda. Essa parte é equipada com computadores, impressoras e há uma enorme quantidade de papel sobre as mesas: de processos a anotações de atendimentos psicológicos. Ao fim, temos a sala de Dnilda e, a sua direita, um espaço para reuniões — onde tem lugar as atividades, os encontros diversos e as reuniões mensais com as assistidas.

Durante o período de realização da pesquisa, sempre havia quatro psicólogos estagiando no núcleo. Cada um podia ficar até dois anos: eles recebem, a depender de suas escalas e de quem fica na mesa de entrada, todos os que ali ingressam. A partir disso, decidem a sequência de seus atendimentos. Quando optam pelo acolhimento, conversam com a pessoa em particular para traçar aproximadamente a gravidade da situação por ela vivida. Relatam dar atenção às falas (o que é dito e como), aos gestos (se a pessoa está hiperativa, sem concentração ou com o olhar perdido) e às emoções (se chora ou não, se parece estar fazendo grande força para "se segurar" e parecer não abalada etc.). A partir disso, apresentam o NAVI e todas as suas atividades, convidando as pessoas a participarem dele e destacando os seus possíveis benefícios. Estimulam, principalmente, as pessoas a falarem ou, ao menos, procuram as deixar à vontade para tal.

Como explica Dnilda:

> — Então, em caso de morte [com a vítima consequente-próxima ou] em caso da vítima direta, como a gente fala quando a própria pessoa sofreu o acidente, ela pode estar desestruturada emocionalmente. Então, ela vai ter primeiro o atendimento da psicologia, tá? Ali, no caso de morte, principalmente, [o psicólogo] já leva para a sala, faz um atendimento inicial. E, aí, oferece ela mesma os atendimentos do núcleo [...]. Aí, ela vai fazer o atendimento inicial, né? A sensibilização. [Vai] explicar como a pessoa está e oferecer o nosso trabalho, que é reuniões mensais uma vez por mês e, caso ela necessite, o atendimento individual — que é feito pela estagiária e eu dou a supervisão.

Aqueles que optam por sessões individuais são distribuídos entre os estagiários de forma a não sobrecarregar esses com atendimentos. Um assistido permanece sempre com o mesmo psicólogo.

Os funcionários do DPVAT recebem as pessoas após terem sido atendidas inicialmente por um desses profissionais (com ou sem acolhimento), analisando a documentação levada, para entrar ou não com o pedido do seguro. Com todos os registros demandados em mãos e sem erros de preenchimento nos arquivos, eles dão prosseguimento ao processo até enviá-lo para a seguradora Líder. No caso de pessoas sem a documentação completa ou com Comunicações de Ocorrência[36] mal escritas, por exemplo, elas são orientadas sobre como proceder corretamente. Esses casos são frequentes e há, inclusive, pregado no mural de entrada um cartaz com os documentos necessários para dar continuidade ao processo do seguro[37]:

Os funcionários do DPVAT também recebem documentação relativa a acidentes no trânsito — pedidos de indenização — de outros municípios do estado, alguns bem distantes, considerando a entrega dos documentos pessoalmente pelos usuários no Centro da cidade. No período em que realizei idas ao NAVI, eram quatro os funcionários do DPVAT.

Pude acompanhar algumas vezes o atendimento inicial, na mesa de ingresso. Quando a pessoa não apresenta luto (por ser parente distante ou não próximo) e não é vítima direta, o processo de entrada pode ocorrer rapidamente. Por exemplo, um senhor bem idoso e morador de Nilópolis foi recepcionado por um dos psicólogos (Thiago), que solicitou ao usuário que se sentasse à mesa

36. Por eles ainda chamados de Boletins de Ocorrência (B.O.), como antes era comum.

37. Um dos desejos dos integrantes do núcleo é fazer circular o máximo possível as informações a respeito da entrada no DPVAT (os valores definidos e os documentos necessários), evitando deslocamentos para o Detran por pessoas em situações de dificuldade — por um forte processo de luto ou por serem cadeirantes, por exemplo — e que nada lograrão na visita, podendo ser para elas fonte de mais estresse.

FIGURA 3 | Cartaz de informações do NAVI. FONTE: O autor, 2017.

de entrada. Thiago se pôs a realizar seu cadastro: nome, telefone de contato e tipo de acidente. O senhor estava vindo no lugar de sua mulher e sequer lembrava o nome do falecido — seu cunhado, morto em um atropelamento por carro. Todos os documentos foram entregues ao psicólogo, que verificou se as informações estavam todas corretas. Assim, direcionou-o para o DPVAT e um funcionário o atendeu na sala de acolhimento, mas apenas por comodidade e espaço. Lá foram checados e verificados todos os documentos, conversas foram estabelecidas com o senhor, alguns arquivos foram copiados e outros impressos para dar entrada no processo junto à seguradora. Tudo durou aproximadamente quinze minutos. Em seguida, o senhor foi embora. Como expôs o psicólogo, ele não precisou ser atendido no acolhimento pois não demonstrou sinais de abatimento pela morte do cunhado. Aparentemente não eram pessoas próximas.

A importância do acolhimento, como explicou o próprio Thiago, relaciona-se ao fato de aquele ser:

> — Um espaço para você estar colocando ali todas as suas emoções antes de ser passado para o DPVAT. É um espaço para você poder se colocar numa situação, que você tá... Delicada, que você tá emotivo. E você, no acolhimento, é um espaço para você botar tudo para fora e recompor, né? Você tem um espaço para você jogar toda a tua amargura, toda aquela culpa, aquela raiva, o sentimento de depressão, falar ali, e esperar um tempinho para depois se direcionar ao DPVAT, para que isso não se torne algo mais maçante e bruto. Porque quando você vai na maioria das instituições aí resolver coisas documentais, né, seja velório, seja seguro de vida e tudo mais, não se tem certa sensibilidade com a pessoa, com os familiares. Então, a gente promove ali no acolhimento esse espaço que se torna mais humano, um atendimento mais dedicado.

Caso, no atendimento inicial ou no acolhimento, os psicólogos detectem forte desânimo, abatimento, melancolia, prostração ou até depressão em alguém; ou observem falas erráticas, olhares perdidos e considerável desconcentração, a pessoa é convidada a voltar e a se consultar com um dos psicólogos do NAVI. Ela é, então, apresentada à ideia das reuniões mensais com outros em processo de luto. As pessoas podem aceitar imediatamente ou não, voltando dias, semanas ou meses depois (seja presencialmente ou telefonando e perguntando por consultas com psicólogos), e, por vezes, nunca voltam — não há padrão verificado sobre isso. Uma das mães participantes do NAVI há mais tempo, naquele momento, e uma das mais ativas nas ações do grupo, é Joana, funcionária do Detran que trabalha em uma sala ao lado do núcleo. Por vezes ela é chamada para conversar com um recém-chegado ao NAVI-DPVAT e em um grande estado de tristeza. Como Dnilda relembra de uma situação:

> — Eu tive o caso uma vez da estagiária estar atendendo uma senhora e a senhora virou para a estagiária e falou assim: "Você acha que dá para sobreviver depois de ter perdido um filho?". Então, assim, para uma menina que não tem filhos responder isso é complicado. Ela falou assim: "Você espera só um instantinho?". A gente tem uma mãe que faz parte aqui do grupo, que ela trabalha aqui do lado. Ela perdeu a filha aqui na Presidente Vargas. Aí, ela foi lá e chamou. Ela disse, ó: "A senhora podia fazer essa pergunta para ela, porque ela também perdeu". Aí, [Joana] disse: "Olha, você usou a palavra certa, porque é sobreviver mesmo. Mas dá, dá, sim". Aí, ficaram conversando bastante tempo. Essa senhora saiu daqui já um pouco mais leve. Tipo, é literalmente uma luz no final do túnel. Tipo: "Eu não vou morrer". Porque a impressão que dá quando você perde um filho é que você

> vai morrer junto, né? Como dizem normalmente, é parte da gente. Então, você vê alguém que já passou e tá conseguindo te dar esperança de você conseguir também.

É um exemplo relativo ao auxílio "imediato" para a pessoa. Há um grupo fixo de assistidas frequentemente em consulta com os psicólogos, sempre presentes nas reuniões mensais e que desenvolveram grande amizade entre si e com os funcionários do NAVI. Minhas principais entrevistas, conversas, trocas de contato e acompanhamento em atividades diversas foram com essas pessoas. Apresentarei outras questões gerais e centrais do núcleo antes de me aprofundar nas histórias de cada uma delas.

Dnilda comenta sobre as reuniões mensais:

> — É feita aqui a reunião [mensal], tá? E cada reunião a gente tenta colocar um tema. Às vezes, nem é de interesse das pessoas, [então] a gente deixa fluir, né? Mas a gente procura, além de ouvi-los, dar a eles as informações sobre o luto. Porque lá fora ninguém tem muito saco, como a gente diz, para falar sobre isso, né? Nossa cultura não foi feita para falar sobre a morte, né? E quando acontece alguma coisa, o que elas mais querem é falar, o que elas mais precisam é falar. Então, hoje eu tenho um grupo com... Acho que a maior parte do grupo é frequentado por mães, que é o que mais... Como elas dizem, né, quem perde pai e mãe, fica órfão, quem perde marido, fica viúvo ou viúva. E quem perde filho? Não tem nem nome. Então, é mais difícil da pessoa lidar com isso. Então, o maior número de pessoa que se interessa pelo nosso trabalho são mães.

As reuniões mensais são encontros, sobretudo, de mães que perderam os seus filhos. São momentos para partilha de histórias, troca de conselhos e de experiências. Nelas, aprendem que não são as únicas passando por certas mudanças antes imaginadas como assustadoras (quedas de dente e de cabelo, perda ou ganho expressivos de peso, insônia ou sonolência diária etc.), tomam coragem para falar sobre a morte e se sentem escutadas. Elas comunicam não conseguir (ou não estarem seguras) para fazer o mesmo com suas famílias e grandes amigos — mesmo que tenham o apoio desses.

Devido ao fato de a partilha de questões pessoais, muitas vezes ainda em elaboração com os psicólogos nas sessões individuais, e reuniões colocarem juntas pessoas em diferentes momentos do processo de luto, funcionários do NAVI julgaram ser melhor que eu não participasse das reuniões mensais. Eu pude estar no NAVI, conhecer as assistidas e acompanhar as atividades, mas não presenciei tais reuniões — ficava sabendo de seus detalhes apenas pelos relatos das próprias atendidas. As pessoas com quem realizei entrevistas, em sua maioria, me eram apresentadas por Dnilda (exceto as que conheci nas aulas de dança, como será descrito adiante), ela elegendo aquelas em estado emocional mais estável.

Todas as assistidas acompanhadas em mais detalhe também frequentavam consultas individuais. Após realizarem essas sessões, os psicólogos fazem supervisão com a coordenadora no núcleo, que os ajuda a compreender seus pacientes e os guia quanto ao atendimento e ao prosseguimento das consultas, independentemente da abordagem psicológica-teórica preferencial de cada um:

> **EU:** — Como é a supervisão que você falou? Você acompanha ou eles te repassam depois?
>
> **DNILDA:** — Não, não. Eles que me repassam. Por isso que já pego normalmente estagiário acima do sexto período [no curso de Psicologia]. Porque, aí, já tem uma noção de abordagem, já é uma coisa independente da minha abordagem, né? Uma coisa que eu costumo passar muito para eles. Coloco isso aqui já quando começa a briga de

> abordagem. Porque, dentro da psicologia, você tem a psicanálise, você tem junguiana, você tem TCC. Você tem, então, "a minha é melhor". Não, não! [Aponta para um papel colado na parede da sala de reuniões com uma frase de Carl Jung:] "Conheça todas as teorias, domine todas as técnicas, mas ao tocar uma alma humana, seja sempre outra alma humana".

O NAVI tem uma proposta para os assistidos em duas fases: o acolhimento e o engajamento. Esses seriam dois passos de um mesmo trabalho. Após a realização de consultas e atividades no núcleo, cada um, respeitando o próprio tempo de luto — como eles mesmos colocam —, pode ingressar nas diversas atividades e ações organizadas pelo grupo, ajudando a construir material e a fazer circular informações (distribuindo panfletos na rua, dando entrevistas para revistas e jornais, compartilhando o conteúdo em suas redes sociais etc.). E, principalmente, estar junto de assistidos recém-chegados (e que provavelmente precisarão de mais atenção e apoio). O engajamento, como afirmam, é também uma forma de "desviar o pensamento da dor". Como coloca uma das mães, "ocupando as mãos, ocupa-se a cabeça". Evitam-se situações em que possam surgir lembranças-dor.

Enquanto estive no NAVI, foram duas as principais ações organizadas pelo núcleo, uma voltada estritamente para as assistidas e outra para toda a sociedade: aulas de dança e o ato inter-religioso. Esse ocorre anualmente desde 2005 (excetuando 2016, por falta de verba) no terceiro domingo de novembro, o Dia Internacional em Memória às Vítimas de Trânsito. Organizado em diferentes locais ao longo de sua existência, em 2017 e 2018 o evento foi realizado no teatro João Caetano, na praça Tiradentes (Centro do Rio de Janeiro, bem próximo ao Detran). No ato, a maior parte do tempo é dada para representantes de diversas religiões falarem de morte e de luto no trânsito sob a perspectiva de seus conhecimentos/ensinamentos. Representantes do Detran, cadeirantes da Operação Lei Seca[38] e mães que perderam filhos nas vias urbanas também discursam no evento, cada um relatando suas histórias e clamando por um trânsito em que as leis sejam mais respeitadas para que tais narrativas não se repitam com outros. Por fim, o coral do Detran executa uma canção em homenagem aos falecidos enquanto os presentes — sobretudo vítimas consequentes-próximas — dirigem-se ao palco para deixar flores para aqueles. É um momento em que todos se emocionam, choram e se abraçam.

O ato, pela quantidade de pessoas que busca reunir e pelas atividades envolvidas, normalmente ocupa os membros e as assistidas do NAVI por muito tempo ao longo do ano: ficam na expectativa pela aprovação de orçamento para a sua realização; certificam-se de que todos consigam se deslocar ao local (fazendo arranjos de carona, táxi, ou pesquisando como ir de transporte público, pois muitos moram longe do Centro); preparam cartazes e camisas; convidam parentes etc.

Em 2017, foram organizadas aulas de dança — ministradas por um funcionário de outro departamento do Detran, também professor dessa atividade. Como a maioria dos integrantes do NAVI são mulheres (psicólogas e parentes de vítimas), elas buscavam por maior participação masculina. Tendo já conhecido algumas das assistidas, fui convidado a participar da atividade. Nesse período, algumas mães ainda não me conheciam. Então, foi o momento em que pude travar mais contato com elas, conhecê-las, conversar e combinar entrevistas. As assistidas, quando iam dançar comigo

38. Lei nº 11.705 do Código de Trânsito Brasileiro, promulgada em 2008. Seu objetivo é reduzir os acidentes devidos à condução de motoristas embriagados no trânsito brasileiro, tornando mais severas as punições contra quem bebe e, em seguida, dirige.

ou em conversas no intervalo das atividades, perguntavam sobre mim e se eu era um funcionário novo do núcleo — chegando a indagar se era um novo psicólogo. Expliquei para elas a minha pesquisa e meus objetivos ali. Elas decidiram me chamar de amigo do núcleo. Ao final das aulas, todos se reuniam para uma foto em grupo para registrar o encontro e o divulgar nas redes sociais. As aulas foram interrompidas em dezembro de 2017 devido aos horários conflitantes das atividades com as ocupações do professor.

Um último ponto, antes de enfatizar as vítimas consequentes-próximas, é a questão da indenização. Quando alguém morre em um acidente de trânsito, seu parente próximo tem direito a dar entrada no seguro DPVAT por indenização de morte (como pode ser visto na imagem exibida acima)[39]. O valor pago é de R$ 13.500. Muitas mães deparam-se com novos problemas nesse momento, principalmente por sentirem culpa em receber o dinheiro — tendo dificuldades em utilizá-lo — ou devido às demandas de seus cônjuges e outros familiares exigindo frações do valor. As assistidas que acompanhei não passavam por essa questão durante o momento da pesquisa, mas afirmavam ter sido essa uma dificuldade em algum momento de suas vidas e que hoje buscam auxiliar quem está passando pelo mesmo. Dnilda analisa essa situação com base em sua experiência e orientação profissional:

> — A gente tenta minimizar a culpa que a pessoa sente ao receber. Porque é uma troca, né, no fundo. No inconsciente, vem como uma troca. A troca: "Eu perdi Fulano, tô sofrendo e vou receber um benefício em relação a isso". Então, existe uma tentativa nova de tentar naturalizar isso, porque não tem como você separar. Existe

---

39. Há outras modalidades de sinistros e de prêmios. O NAVI funciona, sobretudo, em relação ao DPVAT.

> necessidade, sim. A morte de alguém sempre traz prejuízo de alguma forma. Então, não é uma compensação. É uma ajuda. Só isso que a pessoa vem buscar. Muitos... Acho que a Joana deve ter falado isso com você, né? A dificuldade que ela teve, dos anos que ela ficou sem botar a mão nesse dinheiro. Doloroso. Como elas chamam, "dinheiro maldito".

A culpa estaria relacionada à ideia de troca do ente falecido pelo dinheiro ou de que a morte será esquecida após a utilização da quantia. O trabalho dos psicólogos, nesse caso, é demonstrar o quanto equívoca é essa "equação" na cabeça das assistidas, evidenciando os custos com os quais devem arcar com o falecimento de alguém próximo, colocando o dinheiro apenas como uma ajuda para tal. A relação com o DPVAT muitas vezes pode ser dolorosa nesse sentido: mexer com dinheiro relacionado ao ferimento e à morte, ter de reler o B.O. e a certidão de óbito, faz com que as vítimas consequentes-próximas relembrem os acidentes. Como diz uma das mães, "ler esses documentos me fazem ver meu filho estirado na rua novamente". E, estando um dos documentos acima "malfeitos"[40], deve-se voltar à delegacia ou Instituto Médico Legal (IML) para demandar documentos adequados.

Um documento, nesse sentido, como o B.O. e a certidão de óbito, seria produto de encontros entre pessoas "que se dirigiram a delegacias para comunicar [ocorrências] e policiais civis que

---

40. Um dos funcionários do DPVAT afirma que isso é muito comum: "o maior problema é o boletim de ocorrência [...]. Tem muito boletim de ocorrência muito ruim, de vez em quando nem tem. O policial muitas vezes não sabe redigir direito. A gente não consegue saber o que aconteceu. Não adianta mandar para Líder, vai voltar para a gente. O B.O. tem que estar detalhado, especificado, com a ocorrência dita certinho ali. Isso é um problemão".

[as] registraram, além de servidores públicos e funcionários de instituições diversas" (Ferreira, 2011, p. 11). A documentação de um ente falecido faz suscitar novamente todo o imediato pós-acidente, em que o susto, a dor intensa, a torpeza e o choque se fazem massivamente presentes. Essa situação faz retornar lembranças-imagens e tonalidades afetivas daquele momento, afetando a potência de agir no presente das assistidas.

As peças documentais implicam um efeito das respostas oferecidas por poderes institucionais a problemas sociais variados (Ferreira, 2011.), podendo intensificar experiências de sofrimento. Um exemplo, no caso específico desta pesquisa, é a tabela de consulta a valores de indenização parcial ou total, apelidada de "tabela do açougueiro" pelos funcionários do DPVAT:

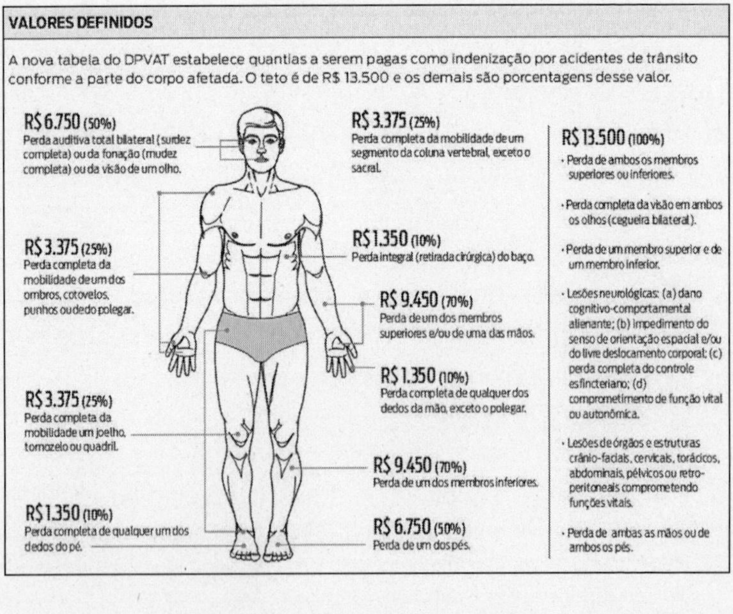

FIGURA 4 | A "tabela do açougueiro".
FONTE: Medida Provisória nº 451/2008, 2008. INFOGRÁFICO: Gazeta do Povo.

Todo esse detalhamento e minúcia da tabela teria como objetivo evitar avaliações subjetivas e fraudes. Como citado, o valor por morte é de R$ 13.500, o de invalidez permanente de até esse mesmo valor e o de Despesas de Assistência Médica e Suplementares (DAMS) de até R$ 2.700. No caso da perda de um ente, explica um funcionário do DPVAT: "Se tiver cônjuge, vai para ela. Se tiver cônjuge e filho, é 50% para cada. Se tiver cônjuge e filhos, é 50% pro cônjuge e os outros 50% para dividir entre os filhos. Se não tiver nenhum dos dois, vai para os pais. Se não tivesse pais, vai para os irmãos. Se não tiver irmãos, para os tios. Entendeu? Vai sempre para os parentes mais próximos"[41]. Finalmente, a "tabela do açougueiro" e os diversos documentos acabam sendo uma fonte de dor para os assistidos pelo NAVI.

Frequentei o NAVI ao longo de 2017 (maio a dezembro), realizando a maior parte das entrevistas. Mas ainda conduzi conversas com membros do grupo em 2018, também comparecendo em seus eventos (ato inter-religioso e confraternizações). Passarei agora a tratar especificamente de algumas das assistidas pelo núcleo.

---

41. Seja por morte ou por algum tipo de invalidez, alguns funcionários do DPVAT comunicam certa "injustiça" no cálculo dos valores (para além do fato de não serem reajustados há anos): "Vamos supor, reembolso é só de medicação, fisioterapia, exames complementares e consultas. Táxi [como outras formas de deslocamentos necessários pela cidade] não entra. E no caso da invalidez permanente, tem que comprovar. O médico tem que comprovar. 'Olha só, eu fiquei hospitalizado 30 dias, mas saí e fiquei bom. [Mas] perdi o trabalho'. A seguradora Líder não ressarce. Só ressarce se o médico colocar lá a sequela devido a esse acidente. Se ele colocar uma sequela, aí beleza. Aí, com esse laudo, a gente faz um processo, manda para a Seguradora Líder e lá eles vão fazer um cálculo. Agora, às vezes, a pessoa tem 60 dias internada no hospital, mas ficou bom. Então, se ficou bom, não há sequela. Então, a seguradora Líder não vai ressarcir". Haveria uma série de custos não previstos pela seguradora que afetam negativamente as pessoas envolvidas em acidentes.

JOANA

Joana trabalhava no Detran havia 21 anos. Ela conhece o NAVI desde a sua inauguração e travou contato com Maria José antes de perder a própria filha. Sobre isso, ela comenta:

> – Eu cheguei a participar de uma reunião para ver. Porque acho que todo mundo deveria participar. Sei lá, acho que Deus tava me prevenindo. E participei de um ato inter-religioso que teve num dia em 2010, como funcionária. E 2011, dia nove de maio de 2011, a minha filha, saindo da faculdade, foi atropelada aqui em frente à [Fundação Departamento Estadual de Estradas de Rodagem, pertíssimo do Detran], sendo arremessada a 15 metros, morrendo na hora.

O dia de morte de sua única filha é também o do aniversário da mãe de Joana. Elas são bem próximas, moram juntas há anos e a avó também nutria grande carinho por Mariana, a vítima do acidente – convivia muito com ela. Joana separou-se ainda grávida do marido, que chegou a dar atenção à filha por um tempo, mas a partir de seus 15 anos nunca mais a procurou – quando Joana diz ter se tornado "pai e mãe". Nesse momento, a avó passou a cuidar de Mariana para que Joana pudesse ir trabalhar e sustentar a todas. Com essa proximidade, a assistida diz ter buscado "ser forte" pela mãe, por vezes evitando extravasar sua própria dor para não deixar sua progenitora "mais triste".

No dia do acidente, Joana recorda, elas se preparavam para o casamento de sua sobrinha. Mariana seria a madrinha, fato que era um motivo de alegria para elas. Mas isso foi interrompido por "uma tragédia". Em suas palavras: "E como segurar essa tragédia, né? [...] Como conseguir... Minha filha única, né... 22 anos, se foi. No primeiro momento eu fiquei entorpecida, que é o primeiro momento mesmo. Então, a gente não quer acreditar". Com isso, ela se lembrou do NAVI, que funcionava ao lado de seu local de trabalho. Porém, ficou reticente por não gostar muito da forma de trabalhar da coordenadora anterior, evitando Dnilda em um primeiro momento:

> — Mas eu comecei a frequentar o NAVI porque o NAVI tinha mudado de coordenadora. Era a Dnilda, eu não conhecia. [...] Mas era, assim, nessa transição, mesmo. E a anterior, eu não gostei muito do trabalho [...] E eu, com a Dnilda, tive uma resistência, né? Aí, um dia encontramos no corredor. Ela ficou conversando comigo, me sondando para participar do grupo. [...] Quando ela começou a comentar da vida dela, uma coisa de problema, de gente mesmo, não falando como profissional, falei: "Pera aí, tô julgando mal". Aí, vim na reunião. A minha irmã veio junto comigo: "Não, vou participar com você da reunião". Veio junto. E, dali, nunca mais... Acho que desses seis anos, acho que tem seis anos. Acho que eu faltei uma reunião, duas no máximo.

Até o momento de realização da pesquisa, Joana era ativa no NAVI, participando de reuniões mensais, apresentando relatos no Curso de Reciclagem para Condutores Infratores (CRCI) e, inclusive, concedendo entrevista ao jornal *O Globo* sobre as consequências em sua vida causadas pelo acidente com Mariana. Tendo vivido essa situação extrema em sua vida, coloca como central buscar e tentar manter o equilíbrio:

> — Eu me separei grávida. Então, eu falo que tive de ter equilíbrio para tê-la, para criá-la e para perdê-la. Equilíbrio é tudo na vida. Você não pode perder o equilíbrio nunca na sua vida. E eu tive. Até para perdê-la eu tive que ter equilíbrio, entendeu?

Aquilo que a entrevistada chama de *equilíbrio* é a capacidade de conseguir sustentar-se em momentos de grandes dificuldades, permitindo-se sofrer e procurar ajuda, encontrando motivações e força nas novas ocasiões que se apresentam. É conseguir se desprender do estado de crença passado (de uma retrotopia), enfrentando o processo investigativo de luto em busca de novas situações, nos termos expostos anteriormente. Joana diz ter sorte de poder contar com bons amigos no ambiente de trabalho (seu chefe, por exemplo) e na família (como sua mãe e seus sobrinhos), que a ajudaram a prosseguir com sua vida após a morte de Mariana.

Joana afirma ter se identificado com o caso da atriz e apresentadora Cissa Guimarães[42], procurando a mesma terapeuta do luto que a atendeu. Apesar de ela não dispor de recursos suficientes para arcar com os seus serviços, a terapeuta a convidou para se encontrarem diversas vezes e foi muito importante para Joana — até mesmo pela amizade que ela pôde construir com as outras mães de vítimas atendidas pela terapeuta. Em todo o seu processo de luto, nas situações em que se encontrou após a experiência extrema, e considerando as formas como se sente até hoje, Joana identifica-se fortemente com um poema de Bruno Gouveia que fala de "gravidez às avessas" — conceito mobilizado por Joana. O autor, vocalista da banda de rock Biquini Cavadão, formado em 1983 no Rio de Janeiro, perdeu o filho Gabriel Kfouri Gouveia, de

---

42. O filho da atriz — o estudante e músico Rafael Mascarenhas — foi atropelado no Túnel Acústico (na Gávea, bairro na Zona Sul do Rio de Janeiro), hoje chamado Túnel Acústico Rafael Mascarenhas. Ele morreu no dia 20 de julho de 2010. O túnel estava fechado para manutenção, porém dois carros entraram e um deles atingiu o rapaz com uma velocidade de aproximadamente 100 km/h. O caso teve bastante reverberação e se tornou bem conhecido na época. Segue uma matéria sobre o caso: https://www1.folha.uol.com.br/fsp/cotidian/ff2107201008.htm. Acesso em: 26 out., 2020.

dois anos, e a mulher, Fernanda Kfouri, em um acidente de helicóptero na Bahia, em 2011 — mesmo ano da morte de Mariana. Reproduzo o poema abaixo:

> A morte de um filho
> é uma gravidez às avessas
> volta pra dentro da gente
> para uma gestação eterna
>
> Aninha-se aos poucos
> buscando um espaço
> por isso dói o corpo
> por isso, o cansaço
>
> E como numa gestação ao contrário
> a dor do parto é a da partida
> de volta ao corpo pra acolhida
> reviravolta na sua vida
>
> E já começa te chutando, tirando o sono
> mexendo os órgãos, lembrando o dono
> que está presente, te bagunçando o pensamento
> te vazando de lágrimas e disparando o coração,
>
> A morte de um filho é essa gravidez ao contrário
> mas com o tempo, vai desinchando
> até se transformar numa semente de amor
> e que nunca mais sairá de dentro de ti. (Gouveia, 2011)

Joana diz que as representações no poema quanto ao corpo, pela ideia de uma "gestação ao contrário", seriam perfeitamente cabíveis, dando conta das formas como ela experiencia seu luto e como hoje busca nutrir uma lembrança-feliz de Mariana.

CLÁUDIA

Enquanto eu entrevistava um funcionário do DPVAT na sala do acolhimento, Dnilda – antes presente – pediu licença para atender a uma mãe que marcou um encontro individual com Verônica (uma das psicólogas estagiárias) na sala de reuniões e que ela queria acompanhar. Era Cláudia. Ela teve dois filhos nos anos 1980, segundo ela, concedidos por Deus, "uma princesa" (a primogênita) e "um príncipe" (o filho caçula). Esse veio a falecer em um acidente de moto em meados de 2014. Ela chegou ao NAVI apenas no final de 2016, por indicação de uma amiga que conhecia o grupo. Em suas primeiras visitas, ela chamou a atenção por ter abdicado de almoçar e de jantar desde a morte de seu filho, ou seja, estava há dois anos e meio apenas comendo pão, biscoitos e bebendo água. Afirmava ter perdido o apetite completamente. A decisão de parar de comer, em primeiro lugar, foi interpretada por familiares, médicos e psicólogos como algo "ligado ao psicológico", impedindo-a de ter a sensação de fome. Mas ela comenta ter feito um teste proposital para ver se merecia morrer e encontrar o filho.

Residente de Campo Grande – um grande bairro da Zona Oeste do município do Rio de Janeiro, a aproximadamente 56km do Centro –, ela frequentou inicialmente um grupo de apoio em uma unidade de saúde próxima a sua residência, em Inhoaíba. Mas estava em processo de deixá-lo, pois a coordenadora brigava com ela e a ameaçava de expulsão do grupo caso não voltasse a comer prontamente, coagindo-a a superar rapidamente a perda, dizendo que ela "ficava de palhaçada". Ademais, quando foi apresentada ao NAVI, foi forçada por aquela coordenadora a escolher apenas um dos dois grupos para frequentar. Cláudia argumentou que queria frequentar ambos porque estava muito deprimida, precisando do máximo de auxílio possível. Mas, nas palavras da própria, não respeitaram o luto dela, ainda a expondo aos outros membros, deixando-a mais triste.

Quando nos conhecemos, Dnilda já havia comentado sobre "os avanços" da assistida, como conseguir ir sozinha ao Centro e almejar voltar a comer. Cláudia comenta sobre esse momento:

> – Eu me tratava com outro grupo de psicólogos [...]. Aí, foi uma menina que trabalha aqui lá, a Catarine. Aí, ela chegou perto de mim e falou: "[Cláudia], eu estou achando que você está no grupo errado. Você não quer conhecer o grupo da gente, não?". Eu falei: "Aonde?". Ela falou: "Lá embaixo". Eu falei: "O que? Eu vou sair daqui para ir lá para a cidade, menina?".

Uma vez indo ao NAVI com sua amiga, esta ficou tão feliz que "mexeu com os sentimentos" de Cláudia. Decidida a voltar mais vezes, o esforço tornou-se conseguir se deslocar sozinha pela cidade:

> – Aí, eu comecei vindo naquele dia. Aí, sempre que tinha reunião eu tava vindo, né? E tô vindo até hoje. E tô gostando muito de estar participando aqui, da reunião aqui. Eu vinha era uma vez por mês aqui. Aí, a Dnilda pegou e falou: "[Cláudia], tem como você vir uma vez por semana?". Aí, quando eu vinha com a minha colega, quando ela não podia, eu vinha com a minha prima, né? Porque eu sempre fui assim, eu nunca quis andar sozinha. Aí, a Dnilda foi e falou: "[Cláudia], eu gostaria que você passasse a vir sozinha aqui". [Pensei:] "Vir aqui sozinha? Eu vir de Campo Grande sozinha?". Eu venho de trem, né? Salto na Central. De lá para cá são uns 15 a 20 minutos. Aí, eu: "Como é que eu vou vir sozinha?". Aí, ela: "meu amor, você pode tudinho. Se você quiser, você pode tudinho". [Eu disse] "É verdade, vou tentar". [Dnilda respondeu:] "Olha, tal dia eu vou mandar [uma mensagem pelo WhatsApp] para você e vou marcar um dia com você". Ela pegou, marcou e eu vim. E hoje acho que já é a quinta

vez que eu venho sozinha. E tô bem sentindo muito bem. E eu não me alimentava, não sei se ela chegou a comentar alguma coisa com você. Eu não me alimentava.

Cláudia diz pensar a todo momento em seu filho e na fatalidade que tirou sua vida. A experiência e a lembrança da perda são, segundo ela, tão dolorosas que ela diz ter morrido "um pouco de si", isto é, uma parte física dela (de seu corpo, de seu *self*) teria falecido juntamente — um elemento comum nesse tipo de experiência de luto. No momento pós-morte imediato, Cláudia ainda descobriu que estava sendo traída pelo ex-marido, que a agrediu quando ela descobriu sobre os casos dele. Ela estava em processo de divórcio quando nos conhecemos, enfrentando sozinha todos os problemas havia um ano. Cláudia recupera a perda de seu filho e todos os problemas emergentes a partir disso:

> — Eu perdi meu filho dia 1º de junho de 2014 e não me alimentei mais. Só me alimentava de pão, fruta e biscoito. Parei no tempo para tudo. Parei minha vida para tudo. (...). Aí, né, nisso eu era casada. Fui casada 32, 33 anos. Aí, meu esposo me traía muito. Aí, com cinco meses que eu perdi meu filho, descobri uma nota de compra de churrasco do meu ex-marido. Assim, ele tinha saído, eu achei no carro. Eu achei. Eu falei: "Eu não acredito que você tá fazendo churrasco para a amante com cinco meses que eu perdi meu filho". Aí, eu só fiz assim no braço dele [demonstra segurá-lo] e ele me espancou. Eu fiquei cheia de hematoma roxo. Eu falei: "O casamento de 32 para 33 anos acabou. Você sabe que acabou o nosso casamento". Ele não levou fé porque ele me traía e eu ficava passada por cima. Mas só que eu perdi meu filho. Eu falei: "A dor pior é a perca do meu filho". Né? Então, eu acabei com o casamento também. Eu entrei na Justiça para o casamento, me separei, só que tá para sair o divórcio ainda, né?

> Ainda tá para sair, ainda. Não saiu o divórcio ainda. Aí, eu vivo sozinha. Porque eu tenho uma filha ainda também. Porque eu perdi meu filho.

Além dos colegas do NAVI, Cláudia diz ter sido essencial — em todos esses momentos — o apoio de sua irmã e de sua filha mais velha. Essa é casada e tem um casal de filhos, um menino, à época, de dois anos e uma menina de sete. Os netos ocupam positivamente o tempo de Cláudia, que afirma os amar e gostar de brincar com eles e deles cuidar. Seu filho não deixou netos — comenta mais de uma vez repentinamente. Ela diz ter parado no tempo, mas que agora está "voltando".

ROBERTA

Em meados de 2017, perguntei a Dnilda sobre as assistidas que frequentavam as aulas de dança, pedindo permissão para convidar algumas para conversar. Ela permitiu que eu falasse com qualquer uma das alunas, contanto que elas aceitassem sem relutar. Especificamente lembrou-se de Roberta, uma amiga de Joana, que perdeu o "namorido" em um atropelamento por motocicletas logo após a morte de sua mãe. Ela enfrentou momentos bem difíceis.

Roberta e sua mãe sempre moraram juntas, tinham muito carinho uma pela outra e eram melhores amigas. Mas a saúde da segunda foi se deteriorando no avançar da idade. Carlos, o namorado (de 30 anos de relacionamento) de Roberta, estava finalmente planejando casar e morar com ela, ajudando-a a cuidar de sua mãe e respeitando a relação de ambas. Em 2013, a mãe veio a falecer por complicações de saúde e ele foi atropelado em data próxima, por um comboio de motos no Aterro do Flamengo — Zona Sul da cidade — em um dia em que o local é fechado para automóveis, morrendo na hora. Esperando encontrar com ele ao longo do dia, Roberta descobriu sobre seu falecimento por reportagens na televisão.

Após o grande choque com as mortes de seus entes queridos, ela diz ter ficado arrasada e com alterações em seu corpo. Mas pensou: "Não, eu não posso ficar doente, não posso ficar aí não. Não quero ter depressão". "Aí, foi quando eu resolvi procurar ajuda e, graças a Deus, para mim foi ótimo. Foi muito importante", conta. Roberta já havia trabalhado no Detran anteriormente, quando conheceu Joana. Elas trabalhavam juntas e eram vizinhas em Vila Isabel (Zona Norte). Tinham, então, construído uma amizade. Joana, que perdeu Mariana anteriormente, indicou o NAVI para a sua amiga. Ela relutou no início e não quis ir, mas diz: "Depois eu comecei a perceber que eu não estava bem".

Roberta comenta sobre esse período:

> EU: – [Então,] só em 2014 a Cibele foi falar com você?
> ROBERTA: – Não, ela já havia comentado comigo em 2013 mesmo. Mas eu achava que não seria necessário, né? Aí, eu fui pro NAVI em 2014. A mamãe faleceu em maio e ele faleceu em setembro, dia 1º de setembro [de 2013], entendeu? Mas, aí, eu comecei a frequentar o NAVI, em 2014. Em maio de 2014 que, aí, eu comecei a sentir a necessidade de uma ajuda. Fiz também um acompanhamento psicológico... Tinha um hospital aqui, IGG [Hospital Municipal de Geriatria e Gerontologia Miguel Pedro], lá perto do Pedro Ernesto. Mamãe ficou até internada lá. Aí, com a psicóloga, também fiz um acompanhamento lá também, também individual, em 2014. Foi ótimo! Só que a psicóloga também saiu. Ela se aposentou, entendeu? Então, foi a partir daí que eu quis dar continuidade, pois eu ainda estava precisando de ajuda. [...]
> EU: – Você diz que relutou antes em que sentido?
> ROBERTA: – Ah, no sentido de não querer ir. Eu falei: "Ah, eu não vou, não preciso. Para quê?". Mas depois eu comecei a sentir de que estava precisando de ajuda porque eu tava entrando numa depressão etc. Eu falei:

> "Não, preciso de ajuda, porque senão eu vou entrar numa depressão, não vou ficar bem". E eu não queria. Eu pensei: "Quem é que vai me acudir? Não tenho marido, não tenho filhos", né? Só tenho sobrinhos. A maioria é casado, cada um tem sua vida, tem sua família. Então [pensou]: "Quem vai cuidar de mim? Como é que eu vou ficar?".

Um ano após a morte da mãe e sete meses após o falecimento de Carlos, Roberta foi ao NAVI. A grande tristeza sentida e seus efeitos a fizeram procurar apoio: "Já tive dois atendimentos individuais com psicólogos. [...] A terapia também em grupo é muito importante. Já tivemos também musicoterapia, né? A parte de artesanatos, trabalhos manuais... Ah, isso tudo é muito importante, isso tudo ajuda muito. Ajuda muito a sua mente, a sua cabeça". Roberta é uma das grandes entusiastas das atividades do NAVI envolvendo ações de pintura, música, dança e artesanato, pois "ocupam a cabeça", evitando lembranças-dor de seus entes queridos.

Roberta foi uma das assistidas que me recebeu em sua casa para conversarmos. Ela, orgulhosamente, possui um móvel com porta-retratos contendo fotos, sobretudo de sua mãe e de Carlos, compreendendo momentos de alegria com eles, de quem procura lembrar com muito carinho ao longo das atividades cotidianas — embora a sua ausência seja muito sentida. Ela buscou modificar a casa completamente em relação à antiga disposição dos móveis e dos objetos, deixando a porta do quarto de sua mãe sempre fechada. Com a organização anterior, ela comenta que "quase via" eles lá, sentados no sofá como antes, vendo televisão como antes, deixando-a triste.

Roberta é católica, mas chegou a ir em um "centro kardecista linha branca" para fazer tratamento após as experiências vivenciadas. Por fim, afirma que ir ao NAVI tem grande importância, pois lá:

> – Não é para ficar triste e se lamentando com outros – como muitos acham e até deixam de ir por isso. Nós temos nossos momentos de alegria também, de divertimento, de descontração, de distração. E uma tá ali para dar apoio a outra, entendeu? Incentiva a outra para não ficar naquela, né? Para não ficar deprimida e tal.

MARCELA

Nas aulas de dança também pude conhecer Marcela. A morte de seu filho caçula era a mais recente dentre as ocorrências que observei no NAVI. Em uma das conversas, em meados para o fim de 2017, ela conta:

> – Estou no NAVI desde janeiro, fevereiro [de 2017]. Acho que foi fevereiro desse ano. Vai fazer um ano ainda que eu perdi meu filho [...]. Eu fui dar entrada no DPVAT, fui perguntar como é que fazia. Aí, logo de cara, aí os psicólogos já vêm, entendeu? [...]. Aí, eu logo frequentei reunião mensal. Aí, eu já fui fazendo também individual. Aí, eu já comecei com o Thiago. Aí, comecei com o Thiago. Aí, fiquei fazendo toda semana. Aí, depois, fiquei fazendo de 15 em 15 dias. Depois fiquei um tempinho sem.

Marcela é evangélica e era muito atuante em sua igreja, assumindo o papel de puxar cânticos, organizar eventos e dar suporte a todos que a procuravam. Ela era muito demandada por pessoas e conhecidos, pois gostava sempre de ajudar e orar pelos outros: "Pelo fato de eu ser evangélica, que eu já sou uma missionária, então muitas pessoas vêm em cima de mim querendo a minha ajuda. E eu tô ali para também ajudar aquelas pessoas". Mas diz que isso pesou após a morte de seu filho caçula. Aos 11 anos, em dez de dezembro de 2016, ele foi atropelado perto de casa por um caminhão. O baque em Marcela, seu marido e seus outros dois filhos foi enorme. Ela permanecia o dia inteiro em sua residência, não conseguia mais ter forças para realizar as tarefas de casa que antes assumia e sentia o peso de sua atuação religiosa. Ela ainda dizia sentir a existência de "pessoas contra ela" após a morte do filho, desejando o seu mal.

Indo ao NAVI-DPVAT para dar entrada no processo de indenização, logo se engajou nas atividades do grupo, estabelecendo grande amizade com Cláudia. Antes do ato inter-religioso de 2017, os participantes do NAVI prepararam um vídeo a ser exibido no evento contando sobre suas histórias e o impacto no núcleo em suas vidas — as conversas eram conduzidas de forma a enfatizar as ações sociais do Detran na vida dos cidadãos. Primeiramente, foi simulada uma reunião mensal, depois foram realizadas entrevistas individuais com perguntas padrão feitas por uma das organizadoras do evento. Marcela foi uma das que participaram. Reproduzo brevemente suas falas:

> **ENTREVISTADORA:** — O que você acha desse lado [social] do DETRAN?
> **MARCELA:** — Ah, muito bom, né? Mostra um lado humano, um lado que se importa. E se importa com a gente, que teve essas experiências na vida. Porque no início a gente acha que a gente está sozinho e não tem ninguém para a gente. Aí, quando você vem aqui, isso muda.
> — Há quanto tempo vem ao NAVI?
> — Desde janeiro, nove meses.
> — E descobriu como?
> — Ah, eu vim dar entrada aqui no DPVAT para ver a questão da indenização. Aí, logo de cara fui recebida por dois psicólogos que já fizeram o acolhimento ali comigo. E eu justamente estava procurando psicólogo. Eles que

> me acharam. [...] Ah, é muito bom. Você poder falar tudo aquilo que está na sua cabeça, o que está pesando no seu coração. Você poder chorar. Você vira outra pessoa. Você não fica chorando em casa sozinha, triste. Você pode seguir sua vida, fazer outras coisas.
>
> — Recomendaria a alguém?
>
> — Claro, quem passou por isso tem que vir para cá. Eu recomendo. Os psicólogos são maravilhosos. Temos as atividades. Eu amo as reuniões mensais. Queria que tivesse mais. Todo mundo se encontra, você escuta as histórias daquelas pessoas que passaram pela mesma coisa que você, outras pessoas sofrendo com as mesmas coisas. Eu tinha perdido o apetite, tava deprimida. Você vê que outros pais também tiveram isso. A gente partilha muito e brinca muito também, se abraça, ri. É muito bom. [...] Eu diria para a pessoa: se permita. É isso: se permita. Vem para cá e vamos fazer muitas coisas, descobrir coisas. Você não precisa ficar no seu quarto sofrendo sozinha. Se permita seguir. Tem muita coisa para fazer ainda.

O grupo de pessoas com experiências comuns, o espaço direcionado para relembrar, chorar e elaborar as reminiscências e as atividades/brincadeiras surgidas ao longo das ações e reuniões teriam dado outra perspectiva de vida para Marcela — no sentido relatado por ela, de que antes enxergava apenas a depressão como caminho possível. Mesmo carregando lembranças e amargura pela morte do filho, o engajamento em diversas atividades e as amizades do núcleo a abriram para vivências no presente, não reduzidas ao sofrimento, e a futuros de novas possibilidades. Como exemplo, visando mudar de casa, pois o local do acidente de seu filho era próximo de sua residência e sempre a deixava deprimida, e almejando conhecer membros de sua família com quem nunca teve contato, ao final de 2017, Marcela decidiu se mudar para o Rio Grande do Norte. O momento culminou também com a saída de Thiago do NAVI, pois cumprira os dois anos permitidos — ela era mais ligada a esse psicólogo. Marcela chegou a brincar com Thiago em uma das aulas de dança: "Aí, com quem que eu vou falar agora?! Vai me abandonar. Vou parar de vir antes para abandonar você primeiro".

Logo depois, Marcela anunciou que realmente ficaria um tempo distante do NAVI devido à viagem:

> — Gente, lá no ato inter-religioso vai ser tipo uma despedida de vocês para mim. Claro que eu vou voltar, né? Mas quero ficar um bom tempo lá no Rio Grande do Norte. Eu sou de lá, né? Quero visitar o meu irmão. [...] Quero bem passar uns seis meses lá. Mas, se deixarem, eu vou ficando. Quero ver a questão da herança também, né? Minha mãe tinha uma herança da minha avó, que morreu muito cedo. Minha mãe tinha só sete anos. Então, dividiram a herança e esqueceram da parte da minha família, da minha mãe. Agora vai ter esse valor para mim e meu irmão. E vou aproveitar lá, né? Conhecer o pessoal. Casar com um fazendeiro [todos riem].

Sempre buscando ser a brincalhona do grupo, as outras assistidas aparentavam se divertir com ela. Marcela gosta de "animar o local", como diz fazer na igreja. Apesar da grande pressão de seu pastor para permanecer no Rio de Janeiro e continuar ativa nas atividades do local, Marcela de fato rumou ao Rio Grande do Norte. Ela permaneceu lá até o momento de escrita da tese que antecedeu este livro.

MARIA JOSÉ DO AMARAL

Maria José perdeu a sua mãe e a sua filha em um mesmo acidente em dezembro de 2000, fundando o NAVI em março de 2003. Ela trabalha hoje em um hospital em Cabo Frio (município da Região dos Lagos, no estado do Rio de Janeiro) e nosso contato se deu por indicação de Dnilda e por buscas realizadas por mim no Facebook – encontrei seu perfil na rede social e entrei em contato com ela. Toda a comunicação foi por internet e por telefone. Ela ainda me enviou o livro, por ela organizado, *Seguindo a estrada* em PDF (embora anteriormente Dnilda tivesse me concedido uma cópia). No começo dos anos 2000, pensando diariamente sobre o desejo de punição quanto ao responsável pelo acidente com sua família, ela conta: "um dia eu tava voltando do Detran para o hospital que eu trabalhava em São Gonçalo, aí, na ponte Rio-Niterói, exatamente em cima da ponte, eu tive um *insight*. O *insight* me gerou aquele negócio: NAVI, grupo de apoio a vítimas". Com isso, ela desenvolveu a ideia e a apresentou ao Detran, que a concedeu um espaço.

> – Aí, nessa época eu já tinha sido chamada a compor a Comissão Cidadã do Detran, que era um setor que levava em consideração o artigo 160 do código de trânsito, que era justamente mandar os condutores envolvidos em acidentes graves em passagem no trânsito a fazer novos exames e reciclagem. Entendeu? Então, eu fazia parte... Eu representava o Detran nesse grupo. E depois, inconformada, né, por estar fazendo só isso e tal. Aí, eu já estava lá no Detran, eu comecei a criar essa ideia do NAVI. E, graças a Deus, foi uma coisa bem recebida. Porque o Detran, você sabe, é um órgão que nem sempre tem uma visibilidade, assim, tão positiva diante de algumas pessoas. Então, o que aconteceu? Você tinha

> dentro daquele órgão um setor que humanizava, né? Quer dizer, uma coisa diferente. Foi muito bem aceito. Aí, o NAVI foi crescendo. Mas a minha motivação principal foi essa, entendeu? Foi poder acolher as outras pessoas que estavam passando por situações como a minha.

No começo, o NAVI funcionava por subprojetos, como a Rede de Solidariedade Telefônica (quem dava entrada no DPVAT era apresentado ao NAVI e fornecia telefone para contato, com isso, as assistidas mais "estabilizadas" ligavam periodicamente, ao longo do tempo, para saber da saúde física e mental das pessoas), as doações e os empréstimos solidários (ajuda entre os assistidos para arcar com custos de funeral e possíveis questões burocráticas etc.), o encontro mensal de vítimas e uma grande confraternização ao final do ano. O objetivo do NAVI era encontrar pessoas (vítimas diretas e indiretas) e oferecer um espaço para confraternização e troca de experiência, respeitando o processo de luto de cada um. Como vítima consequente-próxima e psicóloga, ela comenta:

> — O tempo é o de cada um. Uma coisa muito subjetiva. Entendeu? Mas foi muito importante. Assim, eu fiquei lá vários anos. Nesse período que eu fiquei lá, eu acho que eu cheguei a atender em torno de 9 mil pessoas, vítimas diretas e indiretas. Entendeu? Algumas pessoas aderiram mais ao movimento, outras menos. A gente tinha a parte também de sensibilizar.

Após todo esse tempo construindo projetos de apoio mútuo e lutando para ajudar os outros, Maria José decidiu "mudar de ares". Mudou-se primeiramente para Brasília e hoje reside em Cabo Frio. Antes disso, condensou toda a sua experiência no livro mencionado, deixando-a registrada e, então, permitindo-se procurar outros rumos. Apesar do tempo passado e de todo o auxílio prestado, ela confessa que a cidade carioca "desperta muitas lembranças", é um lugar "carregado, pesado" pela própria experiência extrema e as de tantas pessoas escutadas. Ainda atuante em grupos de apoio, ela me contou sobre a história de Zélia, uma mulher que frequentou o NAVI após o assassinato de sua filha nos anos 2000, e que fundou a sua própria associação, anos depois, para dar apoio a mães de policiais mortos.

ZÉLIA

Como ela se apresentou, é uma advogada que trabalhou em um projeto da Ordem dos Advogados do Brasil (OAB) de "acesso à justiça para todos", tendo atuado por 30 anos em favelas da área da Tijuca. Ela chegou ao NAVI após perder a sua filha caçula (Ludmila), uma policial civil de 24 anos, em um violento crime na cidade do Rio de Janeiro. Zélia conta ter tido muita raiva e "vontade de explodir tudo" após a morte da filha. Naquele momento, o NAVI foi o único espaço que ela – e outras mães de policiais – encontrou para conversar, falar sobre sua perda e luto. Ela, inclusive, tornou-se muito amiga de Maria José, a quem chama de Zezé. Elas falavam sobre qualquer assunto e choravam juntas pensando em seus entes queridos. Zélia conta sobre a difícil situação de sua chegada no NAVI:

> – Olha, a minha salvação foi o NAVI. O que que acontece? [...] Para mim, até hoje, foi o que me equilibrou melhor. Também porque a morte da Ludmila, para mim... [...]. Eles quando viram que ela era policial, aí, levaram ela para dentro da favela. Ela foi dirigindo no carro porque eles queriam roubar o carro. [...]. Assim, aí mataram, né, ela. Como ficaram com medo de ser pegos, por causa

> da impressão digital que tava na porta do carro, eles botaram ela dentro do carro e tacaram fogo. A Ludmila, uma jovem de 1 metro e 78, né? E a gente só conseguiu um saco de supermercado, que é o que está enterrado. Um saco de supermercado de ossos carbonizados. E a gente só conseguiu descobrir que aqueles ossos eram dela por causa da gestação. Ela tava grávida. Com o calor do fogo, o útero dela atrofiou e deu para salvar [o feto]. Eles tentaram fazer exames em todas as partes, não conseguiram porque os bandidos botaram gasolina em cima. Então, descaracterizou, não conseguiram fazer exame de DNA pelo osso. E, aí, descobriram, [...] tinham levado uma bolinha de pingue-pongue. Foi aonde eles abriram a tal da bolinha que eles encontraram lá na época. Quando abriu, apareceu o feto. Realmente, de uns dois meses e pouco. Aí, tiraram líquido do pescoço dele, eu doei sangue. Foi onde a gente pôde conseguir fazer tudo.

Zélia reclama de nunca ter tido apoio da polícia civil após a morte de sua filha, tendo corrido sozinha atrás da resolução do crime e por apoio, chegando ao NAVI nesse momento: "cada mãe [...] de policiais [que morriam] a gente levava para lá, para ter esse apoio psicológico. [...]. Foi para onde eu fui. Quando aconteceu comigo, logo em seguida eu conheci a Zezé, que também estava lá porque também tinha perdido a mãe e a filha". Zélia se identificou rapidamente com Maria José porque ela poderia compreender a sua dor e Maria José sabia do caso de Zélia pela televisão, quando foi divulgado na imprensa. Como Zélia comenta: "Eu, naquele desespero de saber quem tinha feito isso com a Ludmila: quem matou Ludmila?!. Saímos com faixas. [...] Corremos quase que o Rio de Janeiro quase todo, fomos para vários lugares fazer".

Zélia, quando travamos a maior parte de nosso contato, estava voltando a consultar um psicólogo. De acordo com ela, suas ideias ainda estavam "muito embaralhadas", sua memória estava "apagada", fazendo-a reconhecer a necessidade de ajuda. Quanto ao ano de morte de Ludmila e seus efeitos, por exemplo, em uma das conversas ela comenta: "[Em] 2006 a Ludmila morreu. 2009, 2010, não sei bem. Eu não tenho mais lembrança de nada. Se eu não escrever, eu não lembro". Depois firma: "Foi em 2006 que mataram ela. Mas a gente começa a campanha em 2007, 2008, 2009, 2010".

Durante um tempo, ela participou de um grupo de mulheres mães de vítimas com outras mães de policiais e conta: "[Muitas] saíram porque ficam com medo de falar que é mãe de polícia, entendeu? Então, eu e a Francisca [colega da associação criada], foram as duas que começaram, foram as duas primeiras que começaram e somos nós duas que estamos até agora [na associação]". Carregando a lembrança dolorosa de ter perdido uma das filhas em um crime violento, encontrando percalços para receber e dar apoio, inclusive, de manter a associação e fazê-la ativa, Zélia traçou algumas mudanças em sua vida.

Uma delas foi mudar-se do apartamento onde residia no Grajaú (Zona Norte da cidade) para outro na Zona Sul da cidade, devido ao grande movimento de pessoas a qualquer hora do dia, julgando ser algo essencial para não pensar na morte da filha a cada momento. Em uma de nossas conversas, nos reunimos em seu apartamento. Ao entrarmos na sala, reparamos um grande quadro na parede com uma foto centralizada de Ludmila. A foto é de sua formatura como advogada. Entre a moldura e a foto centralizada, no contorno da imagem, há um espaço branco com diversas anotações/assinaturas à caneta. São frases de apoio à Zélia e de saudades da Ludmila, vindas de colegas, parentes e conhecidos em geral. Abaixo, há uma estante com diversas fotos em porta-retratos, muitas delas de Ludmila. Em um de nossos encontros, Zélia pegou uma foto de Ludmila bebê, exibindo-a para mim com muito orgulho. Porém, sente-se triste ao pensar o destino: "Quem diria que esse bebê lindo ia ser morto da forma como foi". Diversas vezes ao longo das conversas, ela relaciona uma lembrança de orgulho e de felicidade com a forma brutal de seu assassinato. É algo muito presente em sua mente.

Ela conversa com Maria José por telefone até hoje, elas "se escutam e choram juntas", pois "ninguém mais aguentaria" dar ouvidos à dor, inclusive o pai da falecida, não estando ele e Zélia mais juntos. Seus esforços estão todos investidos na associação que criou de suporte para mães de policiais mortos, em que busca auxiliar essas mulheres e conseguir ajuda para os próprios policiais feridos no decorrer de suas ações pelo Rio de Janeiro.

COMPLEMENTOS

As conversas com Dnilda e com os estagiários de psicologia, à época, Thiago, Simone, Fernanda e Verônica, além das entrevistas com funcionários do DPVAT, Celso, Antônio, Marcelo e Júlio, e as observações quanto às suas atividades em 2017, foram mobilizadas para compreender como as lembranças das assistidas, por vezes, são recuperadas — algo relevante para entender o impacto da atividade dos psicólogos no próprio exercício de memória daquelas — e como ocorrem conflitos diversos nas situações pós-morte imediatas (procurar ajuda, dar entrada em um processo etc.).

BPM

> — Não dá muito tempo. A gente pensa rápido. Tem que socorrer. Põe o cara [ferido] na viatura e ocupa o espaço. Não tem muito o que pensar. Você tá andando, mas recebeu ordem e tem essa ordem. Não tem muito o que pensar, não. Você tem que agir. [...] Mas com cautela, claro. Com cautela. [...] Tem policial que sabe administrar isso, tem policial que não sabe administrar isso. Isso muda de pessoa para pessoa.

Essa fala é de Antony, policial com sete anos na PMERJ – e, na época de realização do estudo, com 37 anos –, a respeito do socorro prestado a colegas feridos. Como a grande maioria dos policiais entrevistados neste trabalho, ele é um praça – categoria referente àqueles que, na hierarquia militar, ocupam os cargos mais baixos da corporação, compreendendo em ordem crescente: soldado, cabo e sargento.

O policial militar é um ente privilegiado para o estudo relativo a situações de ferimento, tensão e morte e os efeitos causados. Em uma simples conversa com policiais, seja com dois ou 20 anos de atuação, em uma entrada de batalhão, proliferam histórias sobre trocas de tiro, perda de colegas (desde o curso de formação), sequelas físicas, novas armas potentes, operações "[que sujam] a rua toda de sangue" etc. O BPM onde realizei o trabalho de campo localiza-se na zona norte da cidade e é responsável por oferecer serviços a muitos bairros em que conflitos e operações policiais tinham sido constantes desde meados dos anos 2010, despertando a atenção de policiais: "Todo dia tá apreendendo arma [aqui]. Todo dia. [...] A área do batalhão é complicada demais. É muito roubo, muito roubo"; "Pô, [...] tá muito perigoso!"; e "É área vermelha o tempo inteiro que a gente chama, né? Área verde é área de tranquilidade, [como a] área próxima ao Batalhão. O que não existe mais porque tão roubando aqui atrás". O BPM engloba áreas representadas nativa e socialmente como violentas (Machado da silva; Leite, 2008).

No entanto, independentemente da escolha de um BPM responsável pela segurança de bairros mais ou menos seguros/perigosos, os policiais que o dão forma têm rodagem em diferentes áreas, circunscrições, regiões e funções ao longo de suas carreiras na PMERJ. No BPM estudado, por exemplo, nenhum dos policiais com os quais conversei havia trabalhado somente ali. Abordo os policiais compondo o BPM, não o batalhão em si. A ação, como orientação compreensível dotada de sentido, somente existe na forma de comportamento de um ou de vários atores (Weber, 2000). Para uma interpretação compreensível das ações, a "polícia" e o "batalhão" seriam os desenvolvimentos e as concatenações de ações específicas de pessoas — essas sim portadoras compreensíveis de ações orientadas por um sentido. Falar da atuação de um batalhão ou da PMERJ refere-se a determinado curso da ação social de indivíduos — efetiva ou construída como possível. São representações localizadas na mente de pessoas reais e pelas quais orientam suas ações (Weber, 2000; Porto, 2006). Embora essa dimensão do trabalho esteja centrada em policiais de um BPM, esses têm experiências não reduzidas às localidades sob jurisdição desse. As ações, considerações, lembranças e sentidos orientando-os ultrapassam este mapa.

Inclusive, muitas de suas falas reverberam jargões comuns a toda corporação policial, englobando "experiências comuns". Como Rocha (2013, p. 11) destaca: "somos peça de reposição", "somos apenas um número", "estragou, deu defeito, tira e põe outro no lugar". Tanto a autora quanto um dos psicólogos da PMERJ com quem pude conversar afirmam ser comum que os policiais em geral coloquem certas emoções/estados, como o medo, *e.g.*, como necessários para se atuar em qualquer rua de uma cidade como o Rio de Janeiro. Reproduzo a fala de um PM da tese de Rocha (2013, p. 60), afirmando algo normalmente abordado pelos integrantes da corporação: "Tem que ter medo. Se não tiver medo, não consegue trabalhar. [...] [Mas] o medo não pode influenciar na ação do policial. Ele tem que estar ao lado, controlado e sempre a postos, mas não ao ponto de impedir que o policial trabalhe". Diversas noções, como as de "controle das emoções", a autopercepção de "super-homem" e de "peça de reposição", permeiam as falas e as narrativas de vários PMs compondo os BPMs distribuídos pela cidade.

Especificamente em relação ao presente trabalho empírico, para o realizar, tive de entregar à corporação uma série de documentos:

termos de compromisso (garantindo a anonimidade das pessoas e dos lugares estudados para evitar qualquer tipo de vazamento de informações confidenciais) e o termo de proposta da pesquisa — indicando o(s) lugar(es) a ser(em) pesquisado(s) e os métodos a serem utilizados. Trata-se de um processo estabelecido pela Coordenação de Assuntos Estratégicos (CAE-PMERJ). Quando (e se) aprovada a proposta, somos direcionados ao Quartel-General (QG) da PMERJ — na Cinelândia, centro da cidade — para recolher os ofícios relativos à autorização. Passei por esse processo tanto com o BPM quanto com o Renascer ao longo de 2017.

Chegando ao BPM em questão[43] com o ofício em mãos, o andamento de minha pesquisa foi registrado e fui direcionado ao oficial-do-dia, cargo ocupado a cada jornada por um soldado que deve cuidar de quaisquer coisas acontecendo no batalhão, algo como um faz-tudo. Esse me apresentou ao coronel do BPM, ainda no pátio, que — solícito em sua escuta — me pediu uma rápida explicação sobre o projeto. Tendo ele definido o meu tema de pesquisa como de "saúde física e mental" pediu ao oficial-do-dia que me levasse ao soldado Antony, um policial e professor de educação física deste batalhão. Antony falou rapidamente comigo: "Você quer conversar com gente que tá na rua? Porque eu agora tô na parte de educação física". Expliquei para ele o interesse da pesquisa também por relatos e experiências passadas e "em geral" de policiais, ao que me respondeu: "Ah, eu já fui! Posso conversar com você agora, então". Quando pedi para gravar a conversa, garantindo que na aprovação de meu projeto há o comprometimento de não divulgar dados e de presar pela privacidade dos policiais, ele demonstrou incômodo: "Não posso ser gravado. Acho que só com a autorização do meu superior imediato. É assim no militarismo,

43. Uma policial do BPM me informou que o contingente dele girava em torno de 500 pessoas, com 300 na ativa.

não sei se você conhece o militarismo. Se eu falar alguma coisa errada ou que não podia falar, vou ter que responder ao comandante lá do centro de educação física da polícia". Assim sendo, ele me direcionou para outra policial.

As visitas, entrevistas e conversas realizadas se deram em meados de 2017, todas realizadas na parte interna do Batalhão. Por vezes, me eram direcionados PMs com "tempo livre" em uma sala de espera no térreo, onde havia pouca movimentação; em outros momentos busquei interagir com os policiais na entrada do BPM. A estrutura do batalhão é similar à de qualquer unidade militar. Ele é comandado por um tenente-coronel, tem um pátio central e a construção de seu entorno forma um retângulo — cada um dos quatro lados com salas (dormitórios, secretarias, academia, depósitos etc.) em poucos andares e quadras; há carros e viaturas estacionados no espaço. Frequentei basicamente a estrutura inicial do BPM, logo ao lado direito, em uma sala de espera e na própria entrada do local.

NÁDIA

Fui recepcionado pela policial Nádia. Naquele momento, ela atuava na P5, seção da PMERJ presente em cada batalhão e chamada por alguns de "Relações Públicas", cuja a função é tratar de assuntos relativos a atividades sociais, contatos com a imprensa e civis. Nádia, naquele momento, era uma praça com dois anos e meio de atuação na polícia. Ela fez concurso primeiramente para oficial, mas não conseguiu a aprovação. Ela tem como policiais na família o pai, o cunhado e o esposo. Atuou por um ano e meio na rua, em Inhaúma (zona norte da cidade), e perdeu um colega ainda em seu período de formação no CFAP. Ele foi roubado e os criminosos acharam a sua farda, executando-o na hora. Essa lembrança permanece forte na memória de Nádia. Hoje ela faz trabalho interno (administrativo) e apenas vai para a rua em missões ou para fazer trabalho extra — garantindo-lhe uma renda a mais no final do mês. Não tem vontade de continuar na PMERJ devido ao perigo da profissão na cidade e à baixa remuneração. Ela é católica e frequenta a igreja Batista.

Além de me conceder várias conversas e algumas entrevistas, Nádia também me aconselhou na montagem da pesquisa no respectivo batalhão, ajudando-me a selecionar policiais para entrevistar: pessoas com experiência de rua, PMs normalmente ativos que podiam atuar em qualquer função, mas que hoje exercem trabalho administrativo no BPM por diversos motivos — desde à ocorrência de problemas físicos impedindo o correto uso de algo obrigatório para a atuação policial, como o coturno, a policiais que, após alguma situação ou evento, foram considerados como sem condições psicológicas de portar arma, então direcionados ao trabalho interno, e, finalmente, também a policiais cujas ordens recebidas simplesmente os obriguem ao trabalho administrativo.

Ela afirma que "essa questão do trauma [é] muito comum":

> — O policial atendido no setor de perícia médica recebe [...] quatro tipos de avaliação: apto A, apto B, apto C ou licença. Apto A [são] pessoas em condições de realizar o trabalho normalmente. É quando não há nenhuma restrição para o serviço PM. Apto B significa que há alguma restrição para a atividade. Normalmente física: machucou o braço, em algum serviço feriu o ombro, não pode então carregar o fuzil — que pode impedir o serviço de rua ou não, depende da restrição [...]. Mas há todo um acompanhamento para isso. O policial tem que ir no médico, fazer o exame, pegar o laudo do médico, levar de volta e mostrar ao superior. E onde ele trabalha ainda vão definir a quantidade de dias necessários — uma semana, duas semanas. Não é qualquer um que pode

> decidir pegar e falar, "vou tirar uma licença agora", "vou ficar umas duas semanas em casa". Eles ficam de olho nisso, tem todo um controle. Pode ser uma restrição ao uso de coturno ou de serviço noturno, [outras coisas]. Apto C significa que o policial está apto para o SINA [serviço interno não armado], neste caso sem poder trabalhar na atividade-fim nas ruas por não poder portar arma de fogo. [Tem] que trabalhar em serviços internos burocráticos ou no rancho, na faxina, por exemplo. É quando alguma coisa já deu muito errada, o cara chegou no extremo, fica sem capacidade de portar arma. É do estresse, da carga horária, dos problemas pessoais. O psicólogo vê. E "LTS" significa Licença para Tratamento de Saúde, quando o policial fica liberado de comparecer (...) Esse está sem condições de trabalhar, a cabeça já não tá mais funcionando direito[44].

Nádia era muito ativa no batalhão. Realizava funções diversas para além da P5 e suas conversas conjugavam experiências próprias, a recuperação de situações vivenciadas, informações gerais sobre o funcionamento da PMERJ e os problemas resultantes na saúde policial. São elementos de seu conhecimento pela grande gama de serviços cumpridos por ela diariamente, chegando a acompanhar o comandante em missões, reuniões e eventos por mais de uma vez.

Durante o planejamento da pesquisa com Nádia, ela me contou que o subcomandante administrativo do BPM havia mudado. O cargo tinha sido assumido pelo major Hélio. Logo, tudo o que havíamos combinado (conseguir entrevistas com policiais em trabalho interno, mas com atuação passada na rua) seria reavaliado por ele. Responsável pelo funcionamento interno do batalhão, desde

44. Para uma melhor discussão sobre os aptos A, B e C, ler o trabalho de Rocha (2013).

a limpeza dos banheiros aos corretos procedimentos das atribuições de cada policial, à verificação da barba rente dos homens etc., Hélio deveria analisar e permitir a realização do trabalho novamente. Ele aceitou o formato sugerido por mim e por Nádia, pedindo-me, apenas, para conversar com ele primeiramente. Acabamos por dialogar algumas vezes e fizemos duas pequenas entrevistas (utilizadas apenas na contextualização e na compreensão dos mundos construídos/representados pelos policiais).

PEDRO

Após nossa primeira conversa, Hélio me direcionou à sala de espera da P5 e mandou um dos praças em serviço na entrada do BPM para conversar comigo — apesar de meu pedido para não ordenar ninguém a fazer parte da pesquisa, poder que ele tinha por ser subcomandante. Sentou-se comigo o policial Pedro. Na PMERJ há 15 anos, ele decidiu entrar na carreira pois "tinha que arranjar emprego". Prestou o concurso, foi aprovado e, segundo o próprio, "to aí até hoje, graças a Deus". Esse era o seu primeiro dia naquele BPM. Tinha sido transferido de um serviço que ficava a uma distância de apenas dez minutos de sua casa, mudança gerada após sua classificação como apto B: "trabalhava no BPVE [*Batalhão de Policiamento em Vias Especiais*]. [...] Aquela área ali de Guadalupe, Irajá, Deodoro". O BPM estudado ficava muito longe de sua residência, forçando-o a ir de carro para o trabalho, algo ruim pelo dinheiro gasto em estacionamentos; ou de trem, ruim devido ao risco para a sua segurança em casos de roubo, pelos identificadores de sua pessoa como policial. Ele comenta sobre a transferência:

— É porque eu tenho hérnia de disco. Então, eu não posso ficar muito tempo em pé. [Aí,] eu já não posso ficar muito tempo na rua. Porque, na rua, você fica muito tempo em pé. Entendeu? Às vezes, tem que ficar muito tempo em pé. E eu tenho hérnia de disco, eu sinto dor. Mas, tipo assim, eu não pedi para ter isso.

Essa última frase reflete um incômodo e preocupação comum entre praças. Os oficiais podem ver a realização de trabalho interno por um praça, alguém que se tornou apto B ou C, como "sacanagem" ou "armação". Isso aconteceu com Pedro, traduzindo-se na sua transferência para um BPM distante de sua casa como "punição informal".

Em pesquisa do Núcleo Central de Psicologia da Diretoria Geral de Saúde da PMERJ, intitulada "A Vitimização Psicológica do Policial Militar: diagnóstico e manejo institucional", de 2016, evidencia-se que um dos maiores motivos para um policial receber LTS são transtornos mentais e comportamentais. A pesquisa mostra — a partir de entrevista com 425 policiais afastados por junta médica — o grande aumento do afastamento pela psiquiatria nos últimos anos devido ao estresse. Uma das maiores fontes desse seria a pressão interna, dentro da própria corporação[45]. Um dos efeitos disso se reflete nos praças escondendo seus diferentes problemas por receio da reação dos oficiais. "Acham que é mentira nossa, corpo mole", diz um PM do BPM estudado. Pedro, durante o início de nossa conversa, demonstrou muita cautela ao abordar esse assunto, preocupando-se com a gravação de suas falas. No começo de nosso contato, por exemplo, comentava sobre problemas na corporação como ocorridos a terceiros: "escutei de

---

45. No período de 2013-2016 teriam sido 9.058 afastamentos por LTS. Desses, 2.751 foram pela psiquiatria.

um colega", "dizem por aí", "mas isso nunca aconteceu comigo". No decorrer do tempo, abordou os mesmos temas/problemas em primeira pessoa.

Vejamos rapidamente algumas falas colhidas da própria pesquisa da PMERJ: "Estou de licença e já falaram para mim: você vai ser bicado [prejudicado por algum oficial]"; "Muitos comandantes acham que você pega licença e tá de brincadeira. Quando volta, ele te bota para trabalhar no pior serviço. Aconteceu comigo e baixei de novo [entrou de licença novamente]!"; "O coronel falou comigo: 'você está de licença? Eu vou botar você na rua! Vou mandar a P2[46] atrás de você!'"; "Quando você adoece te olham de cara feia! Você entra na P1[47] e já te olham: 'quando você voltar está ferrado'! O que eles fazem: te colocam numa escala extra, te trocam de ala etc. A polícia faz questão de botar o profissional doente".

Esse tipo de problema incomoda Pedro, somando-se aos riscos de vida que já sofreu atuando como policial — ele chegou a ficar sitiado com um colega em um restaurante sob tiros, a "situação mais marcante de sua carreira". Seu planejamento na PMERJ é: "só completar meus anos. Eu pego mais duas promoções, eu vou embora para casa... Eu sou terceiro-sargento. Eu vou embora para casa primeiro-sargento mesmo e, se deus quiser, sair do Rio". Com uma esposa, duas filhas e a mãe com mal de Parkinson, seu desejo é apenas cumprir seu tempo, se aposentar e sair da cidade.

---

46. P2 é a seção de inteligência da PMERJ. Composta por agentes trabalhando à paisana, sua função é levantar em campo informações para que o comando planeje ações policiais, como a prisão de criminosos, apreensão de drogas ou desocupação de uma área; e averiguar a veracidade de denúncias contra PMs.

47. P1 é a seção da PMERJ que trabalha com toda a documentação e os processos dos policiais sob sua jurisdição: controlam o efetivo, a distribuição das funções, escalas de serviço, dispensas e transferências.

Sobre o dia a dia de sua profissão ao atuar na rua, comenta sobre a enorme pressão sentida:

> — É rezar para nada acontecer. Porque você não pode errar. Olha o que eu te falei: você tá na rua, você pode errar a qualquer momento. [...] Por exemplo, eu falei para você que eu procuro não errar. Eu PROCURO não errar, mas eu posso errar a qualquer momento. Entendeu? A gente procura não errar para não perder nem a vida, nem a liberdade. Mas se eu errar: já era! Que que a gente... Né. Eu posso errar, todo mundo pode errar. Entendeu?[48]

O trabalho interno, ao menos, seria uma forma de evitar situações extremas e os cálculos que elas exigiriam dos PMs — em suas próprias elaborações — para permanecerem vivos e "agir corretamente".

EDUARDO

Posteriormente, vim a conhecer e ter a oportunidade de conversar com o policial Eduardo. Praça há 18 anos na PMERJ, tendo escolhido a profissão "por vocação", ele conta ter observado no passado colegas e pais de seus amigos como policiais, despertando a vontade nele: "Inclusive [saí] de um emprego que ganhava muito mais que a polícia. Trabalhava na Caixa Econômica, escriturário". Na maior parte de sua carreira atuou nas ruas — pelo 41º BPM em Irajá, 3º BPM no Méier, 14º BPM em Bangu, 9º BPM em Rocha Miranda e 4º BPM em São Cristóvão — com atividades-fim, na sua definição,

48. Utilizo caixa-alta na transcrição das falas para traduzir os momentos em que os entrevistados enfatizam determinada palavra ou expressão.

no "combate direto ao roubo, na comunidade". Ele estava apenas há três anos trabalhando internamente e no presente BPM. Sua escala era "dia sim/dia não" e afirmava não mais se deparar com "uma pressão psicológica grande".

Insatisfeito com um regulamento da PMERJ mantido "idêntico em 100 anos", afirma que um avanço em relação aos problemas que observa trabalhando pela instituição seria alcançado com a revisão de obrigações ultrapassadas. Ele diz: "Todo e qualquer lugar, de empresa de sucesso, de qualquer lugar, tem evoluções, né? Tem reformulações. [...] Então, acho que se mudasse esse regulamento aí ia dar uma melhorada, com certeza". Geraria avanços, inclusive, na relação entre oficiais e praças, algo essencial para Eduardo, pois as diferenças de tratamento "[causam] um mal-estar, causa uma divisão dentro da corporação que não deveria ter. Que até então como tamos trabalhando é todo mundo junto, né? [...] Uma bala não escolhe atingir as cabeças por hierarquia". Os problemas internos à corporação, opina, se somariam (e fariam pesar mais) aos grandes desafios da carreira: as situações envolvendo trocas de tiro e risco de vida. Queixando-se da falta de acompanhamento quanto à saúde física e mental pela própria instituição para com seus empregados, ele gosta de malhar e fazer treinos autonomamente, para ficar em boa forma e "preparado para qualquer situação".

As questões internas seriam um imprevisto para ele:

> — Você na rua, você não tem muito acesso a isso. Porque na rua, quando eu trabalhava, a gente ficava na rua, é 24 [horas] na rua. Era 24 horas na rua. Deu 10 horas da noite, você não pegava o expediente do batalhão. Você trabalha dentro do batalhão, você começa a ver as coisas que você antigamente não via, entendeu?

Pai de um filho de 14 anos almejando carreira policial — para seu desespero — e de uma filha de 17 anos diagnosticada recentemente com leucemia — em tratamento pelo plano de saúde particular da família, pois pela polícia não teria o mesmo suporte, como ele conta[49] —, tais elementos o preocupam e tomam sua atenção no dia a dia, fazendo-o confirmar a vontade de "permanecer interno". É como ele evita as preocupações antes vividas de tiroteios, perseguições e de presenciar mortes. Seu planejamento é continuar no trabalho administrativo, aproveitando a escala menos penosa em relação à de atuação na rua para estudar e se tornar oficial, garantindo uma melhora de remuneração na aposentadoria.

Quando perguntei, no início de uma entrevista, qual foi a atuação, feito, acontecimento ou situação mais marcante de sua carreira na PMERJ, ele detalha uma ocorrência (abarcada em mais detalhes adiante):

> — Foi na Vila Aliança. Nós fomos encurralados, eu e mais dois colegas. [...] Numa operação. Umas duas horas mais ou menos. Encurralados. Só saímos porque o blindado chegou, senão a gente não tinha saído não. Nós ficamos deitados umas duas horas e pouca só tomando tiro. Sem conseguir se mexer, caindo reboco na cabeça. A gente não conseguia se mexer. Foi muito muito muito tiro mesmo. Tipo, assim, eles armaram tipo uma emboscada. A gente entrou num local, aparentemente tudo

---

49. Ele diz: "[Descobri em 2016 que tenho] uma filha com leucemia. Por aqui, se fosse pela polícia, marcaram para abril desse ano [2017]. Eu tenho plano de saúde, eu tenho UNIMED. Se eu não tivesse, ela ia ser atendida esse ano, em abril. E é desde o ano passado. Ou seja, graças a Deus eu tenho o plano de saúde. Inclusive, pelo plano de saúde, ela tá em tratamento ainda. Mas, por exemplo, se eu não tenho, o que eu faria? Que suporte daria para minha filha? Como é que eu trabalho com a minha filha com leucemia?".

tranquilo. Quando a gente foi sair, tava tudo cercado. Ficamos no meio de um troço... foi complicado. Ali foi Deus [que nos salvou].

COMPLEMENTOS

Embora saia do âmbito do BPM no que diz respeito a sua atuação efetiva, conversei e entrevistei o psicólogo da PMERJ Fábio — que ocupa um cargo na alta hierarquia militar. Na PMERJ desde 2002, principalmente no HCPM, atendeu a diversos PMs enviados ao local. Ele tem experiência de longa data quanto aos problemas centrais a infligirem mais recorrentemente os praças. Nossas comunicações e a consulta de suas pesquisas/dados foram utilizadas no intuito de dar um contexto mais amplo à composição das situações vividas por PMs na cidade nos últimos anos.

O policial Antony, antes mencionado, estava sempre envolvido em tarefas diversas no BPM. Embora tenha conversado algumas vezes com ele, não chegamos a realizar entrevista(s) — nos moldes como fiz com os demais. Logo, suas falas e relatos também serão auxiliares aqui. Com sete anos na corporação, diz ter entrado na polícia por identificação com a profissão: "Porque quando a gente entra para essa corporação, tem que gostar. Porque, se não gostar, não dá certo". Ele também afirmava frequentemente ter vocação para ser policial. Apesar de ter pai e um irmão como PMs, afirma não ter sido incentivado ou ter se espelhado neles para virar policial, incialmente — as histórias do pai o estimularam um pouco, confessa depois. Antony, anteriormente, atuou na rua, no morro do Fallet e Fogueteiro (em Santa Teresa, região central da cidade), agora faz trabalho de educação física e ajuda com serviços internos do BPM. Suas falas eram bem cuidadosas, assim como as de Hélio, afirmando reiteradamente almejar realizar prova, virar oficial e chegar aos mais altos cargos da corporação.

Hélio — um oficial — também figurará no texto para iluminar questões específicas. Ele tem 37 anos, 17 na PMERJ, e decidiu seguir a carreira porque era seu sonho desde jovem — seu pai era militar, mas não teria o influenciado. Já atuou em lugares como Méier, Irajá, Nova Iguaçu, São João de Meriti, Centro e Tijuca; inclusive pelo Batalhão de Choque. Tem desejo de "seguir o curso natural da carreira", ou seja, o de "cumprir suas funções corretamente", esperar o tempo estipulado para fazer prova e ser promovido. Sendo major, almeja virar coronel. Com o desejo de continuar na profissão, diz que uma melhora em relação às dificuldades enfrentadas pelos policiais viria com uma justiça que "podia ser mais rígida", no sentido de mais efetiva: "Acho que se fossem mais rígidas as leis por aqui, o crime diminuiria bastante, entendeu?". Sua fala foi bastante zelosa em relação aos problemas internos da corporação, algo regular no discurso daqueles com pretensões de subir na hierarquia da PMERJ, direta e rígida em relação ao "combate à criminalidade" — ao falar sobre riscos de vida.

Essa parte da pesquisa foi realizada por meio de visitas ao longo de quatro meses ao BPM em 2017, onde busquei realizar conversas individuais com diferentes PMs e mais de uma vez com cada — algo bem difícil por relutância deles —, além de participar de suas interações no interior do batalhão, algo também essencial para captarmos informações substanciais quanto às suas preocupações. Por exemplo, normalmente de um a três praças costumam ficar na entrada do batalhão pela manhã e/ou no início da tarde. Eles observam o vai-e-vem da rua, controlam a entrada e a saída de PMs e de civis no interior do local — registrando todas as pessoas, suas funções e veículos — e conversam entre si. Principalmente pelas manhãs, uma televisão fica ligada no local. Os policiais amiúde dividiam suas atenções entre o cumprimento da função e um jornal televisivo cobrindo atividades policiais — normalmente transmitido pela Rede Record.

Em uma semana, ao fim de maio, às 9h45min, três PMs acompanharam uma reportagem cobrindo uma perseguição recente feita pela polícia em um determinado morro "buscando por traficantes", resultando na morte de pessoas. O armamento policial foi especificado na reportagem, provocando comentários: "Essa daí abriu um buraco no vagabundo" e "Deve ter sujado a rua toda de sangue". Um terceiro chega e conta: "Pô, já vi dispararem de perto. O marginal voou, ficou com tudo [aponta para a barriga] pendurado... De perto você não acredita naquilo, parecia quando acontece em filme de terror. É muita potência". Outro, atuante no âmbito interno do BPM, responde: "Porra, com certeza. Mas, pô... Meu negócio agora é tranquilidade. Essas cenas só na tv e filme mesmo [risos]". O terceiro a chegar o provoca: "Afrouxou, né?!", recebendo a tréplica: "Porra nenhuma, já fiz o que tinha que fazer mesmo. [...] Não devo nada para ninguém". São momentos de descontração entre os policiais, de zoação (Werneck, 2015) entre eles. Por meio deles, são evidenciadas críticas e problemas dificilmente comunicados — em outras situações — por vergonha ou por receio de "serem vistos como fracos", como diz um PM sobre o jeito "durão" dos policiais. Fábio exprime sua visão sobre esse tema, muitas vezes comentado por PMs apenas para os psicólogos, devido à garantia de confidencialidade dos profissionais:

> — [Vive-se] uma situação de tensão extrema. [O policial] simplesmente pode morrer ali. É aquilo ali e acabou. Como eles lidam com isso? Tem essa coisa do "forte", do "brucutu". Se eles não fizerem assim, ainda mais aqui no Rio de Janeiro, acabou para eles.

Os momentos de descontração e de piadas também forneceram um material relevante ao estudo, jogando luz a certas informações.

Renascer

No âmbito da pesquisa no BPM, o policial e psicólogo Fábio, com quem conversei e troquei mensagens a respeito do trabalho conduzido, contou para mim sobre o Renascer, apresentando-me para Adinea, uma subsargento da PMERJ. Inspirada em projetos e experiências anteriores, ela criou o grupo em 2009 para dar apoio a policiais após incidentes sofridos no exercer de suas funções. Tal apoio se dá pela prática esportiva e por conversas entre os próprios feridos e a equipe compondo o grupo. Apesar de tê-lo criado, ela nem sempre esteve à frente dele, pois trabalhou em diversos lugares como PM, mas vendo o grupo "decair de qualidade e número de atendimentos", voltou para auxiliar no funcionamento do Renascer, mesmo aposentada. O projeto é fruto de iniciativas pessoais de alguns PMs, principalmente de Adinea, cujo maior desejo é justamente de a PMERJ assumir a responsabilidade sobre o grupo, tornando-o uma iniciativa da corporação, garantindo a sua continuidade para além de seus criadores — o que, opina, parece longe de acontecer. Frequentei o Renascer no segundo semestre de 2017, mas fiz entrevistas até o primeiro semestre de 2018.

O projeto funciona no Centro de Educação Física (CEF) do CFAP — localizado em Sulacap, bairro da zona oeste do município do Rio de Janeiro, onde há diversas unidades militares e grande área verde, a aproximadamente trinta e sete quilômetros do centro da cidade. O CEF compreende um grande ginásio coberto com academia, quadra, arquibancada de cimento, aparelhos de musculação localizados nos extremos da quadra, banheiros, uma sala onde acontecem aulas de judô e outra em que fica a equipe do Renascer — um pequeno espaço separado por divisórias a meia--altura com policiais em computadores lidando com documentações ou voltados para as necessidades do grupo. Ao lado de fora, à direita do ginásio, há um enorme campo. Parte dele é utilizada para arremesso de peso, disco e dardo, categorias praticadas por participantes do grupo.

Adinea conta um pouco a respeito do projeto:

> – Em 2009, eu trabalhava na Diretoria de Assistência Social [DAS] com a coronel Viviane e a coronel Aziza. [...] Os policiais que eram muito mais vivos, assim, a gente olhava de primeira e via um brilho diferente, [diferente daqueles] que estavam mais deprimidos. E, aí, comecei a perceber o que que fazia a diferença. E uma coisa que eu fiquei impressionada era como o esporte mudava a vida deles. Aí, comecei a pensar nisso. E aqui, na época, no Centro de Educação Física, tinha um comandante que a gente já tinha trabalhado junto num outro setor de polícia. E, aí, eu resolvi procurá-lo para saber se havia essa possibilidade de a gente fazer um projeto em dupla, a DAS e o Centro de Educação Física, que pudesse trabalhar a atividade física desses policiais. E, assim, porque alguns já faziam atividade física fora. [...] Então, nessa leva, veio o Jonas Licurgo [um dos principais medalhistas do projeto], o Hugo chegou a vir, mas ele começou a fazer universidade de Direito na época e quase não tinha tempo. Enfim... E, aí, a gente começou a trabalhar.

Para ela, a prática do esporte era essencial na recuperação da autoestima dos acidentados, fazendo-os se dedicar a novos projetos ao longo de suas vidas. Inicialmente havia uma equipe de *handball* que deixou o projeto ao longo do tempo. No entanto, alguns dos atletas decidiram ficar e optaram pelo atletismo: "Eles começaram a experimentar porque o esporte de equipe depende de muita coisa: primeiro que é mais caro e depende de todo mundo estar com disposição. E nem sempre as pessoas da equipe estão com a mesma disposição. Então, tinha muitos conflitos", conta Adinea sobre a possível preferência pelo esporte individual. O grupo logo passou a aceitar civis (pessoas feridas em assaltos, acidentes etc.) devido aos vários contatos recebidos e por demandas desses.

Ao esporte somam-se as rodas de conversa e o apoio dos profissionais, elementos entendidos como fundamentais devido à série de problemas conseguintes e prováveis em relação aos graves acidentes. Adinea lembra sobre como foi lidar com um recém-acidentado chegando ao Renascer:

> — Ele recebe esse auxílio do governo federal e ele mora numa casa que ele comprou com o dinheiro do DPVAT. Porque ele queria independência e ele era casado. Ele se casou com 19 anos. Depois que ele sofreu o acidente, a menina não suportou a barra. Enfim, não sei, não gosto de julgar porque, enfim, eles ficam intolerantes demais, né? Alguns ficam intolerantes. Os que se acidentam. E, às vezes, eles até afastam a pessoa que está próxima. [...] Acontece, acontece muito. Eles ficam muito intolerantes. Então, é difícil você lidar com uma pessoa que está totalmente... Você está querendo ajudar, apoiar, mas a pessoa tá intolerante. Não é fácil. [...] [E] quando um cara passa por um problema desses, cara, ele não consegue se concentrar naquilo que é burocrático [por exemplo]. Ele se concentra na dor dele. [...] Imagina só, você está em cima de uma cadeira de rodas, sem controle de urina, sem controle de fezes, tendo escada... Você vai pensar em documento?

Quando ferido, um PM é encaminhado para o hospital da PMERJ. Um médico irá analisá-lo e fará os procedimentos necessários. Depois, direciona-o para a DAS, como relata Adinea: "tem o apoio, [e] eles veem o que pode ser feito, como fazer. Mas muitas vezes não é o suficiente. Tem aquele primeiro contato, depois o policial fica em casa, parado, sem saber como tocar a vida".

As conversas com pessoas vivenciando as mesmas dificuldades físicas, por acidentes semelhantes, carregando lembranças de situações extremas, e o esporte seriam "grandes promotores de resiliência", pois atingem vários de seus pilares: a perspectiva de futuro e a ampliação da rede social de apoio.

Com isso, os PMs e os civis trabalhando no Renascer realizam um trabalho diário: "É grupo do WhatsApp, um passa contato para um outro, falando do grupo. Aí, liga para a gente, a gente chama, convida, conhece os problemas. Todo dia. Os atletas vêm mais terça, quarta e quinta. São os dias mais movimentados". Um dos PMs na ativa auxiliando o projeto conta em torno de 50 atletas "flutuando" pelo Renascer. Uns frequentam com mais assiduidade, outros com menos. Oscilação devido à própria dificuldade desses atletas de se locomoverem pela cidade. Eles moram em lugares tão distintos quanto Volta Redonda, um município do estado do Rio de Janeiro, e Jardim Primavera, bairro localizado no município de Duque de Caxias, estado do Rio de Janeiro. Muitos não contam com transporte próprio e o Renascer nem sempre dispõe de viaturas ou de pessoal para os buscar em lugares distantes e variados. As caronas dependem do dia a dia de cada um e o transporte público pode ser inviável pelo custo e pelas dificuldades implicadas. A frequência também é afetada devido aos repentinos problemas de saúde e na família. Quanto às situações extremas vivenciadas: "As datas [de ferimento] deles variam. Tem cara até de 2000, gente que foi esse ano ainda", diz o mesmo PM.

Como explica outro dos policiais auxiliando o Renascer:

> — Olha, tem uns 12 ou 13 que vem sempre, que são atletas mesmo, fazem esporte, disputam. Mas nós atendemos cerca de 50 pessoas aqui. Algumas vem de vez em quando, nem todas podem sempre. O maior problema é vir para cá. O cara é cadeirante, como vai chegar aqui, né? E eles têm uma série de problemas. Renal, por exemplo.

Tem problema urinário, já não vem mais. E dinheiro... A gente não tem dinheiro para ajudar em nada. A gente não tem dinheiro nenhum.

Adinea comenta sobre o mesmo tópico:

— Porque muitas [das pessoas acidentadas] não têm como chegar aqui. Justamente pelas dificuldades da limitação criada no corpo, pois é difícil sair de casa, pegar ônibus, a rua é esburacada. Antigamente a gente tinha uma van, aí dava para ir buscar todo mundo. Alguém da equipe dirigia, abastecíamos aqui no próprio CFAP e íamos. Agora não tem mais nada disso, não tem mais dinheiro. Aí, contamos com as ações individuais das pessoas da equipe. [...] Muitos deles precisam de transporte, de equipamento, alguns precisam de tratamento porque não tem nos hospitais. Aí, fica pipocando de hospital em hospital sem conseguir o que precisa e o problema vai crescendo. A gente já aciona nossos contatos e manda para lá, para resolver o problema. Muitas vezes o problema estoura já aqui na gente. Muitas vezes a pessoa já está desesperada, está há anos precisando de apoio, mas não chega. Aí, quando vem para cá é que nós vamos ver a gravidade da coisa, daí tentamos com todas as medidas ajudar.

Uma das grandes preocupações de Adinea é a continuidade do projeto para além de sua atuação no grupo: "Eu, quando decidi me aposentar [...], já pedi logo ao comandante indicação de alguém com uma sensibilidade, sabe? Aí que me indicaram o Capitão [...], que tem formação em Serviço Social, tem experiência em prestar ajuda". Adinea procura PMs com "sensibilidade com as pessoas", direcionando-os para prestar apoio àqueles frequentando o Renascer, mantendo as atividades do projeto ativas.

Outra busca constante é por PMs e por civis feridos que estejam deprimidos, em casa, e/ou parados, mas sem saber da existência do grupo. A intenção é fazer circular a informação a respeito do Renascer, até dentro da própria polícia, nos diversos batalhões e grupos, atraindo pessoas antes "fora do radar". Com isso, busca-se sempre visibilidade (e fontes de financiamento para tal) através da participação em programas, entrevistas e pela divulgação das atividades e dos êxitos do grupo, como viagens para disputas de campeonato. No grupo do Renascer no Facebook, por exemplo, um atleta publica vídeo estimulando outros cadeirantes a procurarem o projeto ou, ao menos, a praticarem atividades físicas:

> São 8h40min da manhã, estou aqui no CFAP, aqui na Sulacap. Já percorri aqui 10km. E gostaria de estar passando uma mensagem para vocês aí, né? Todos aqui que me conhecem, muitos aqui que me conhecem, sabem que eu sou deficiente físico, eu sou cadeirante. Eu poderia muito bem enumerar uma série de dificuldades aqui para que eu não estivesse praticando um esporte, para que não tivesse praticando uma atividade física. Mas eu resolvi não fazer isso. Eu resolvi dar a volta por cima, eu resolvi querer viver, eu resolvi fazer algo por mim mesmo. Até mesmo porque ninguém pode querer fazer a não ser você, né? Faça aí! Faça por você, né? Faça uma atividade física. Você que não tem condições aí de vir sozinho, de fazer alguma coisa sozinho, precisa, né, de alguém, de um amigo. Chama o amigo que está na mesma situação que você. Vamos lá, galera! Vamos dar uma volta, vamos andar, vamos caminhar.

Finalmente, um problema comentado por todos – de atletas a PMs na ativa – é a falta de dinheiro para realizar as atividades. O material é precário e escasso; não há mais transporte comum no grupo; a participação em eventos de disputas para se entrar nos rankings de determinado esporte – algo essencial para as suas práticas – demanda custo de viagens e de despesas; a treinadora de atletismo, responsável por deixar atletas do grupo "nos seus auges", deixou de ser paga por uma determinação da PMERJ de não remunerar mais civis (como relataram os atletas do grupo); dentre outros elementos. Os atletas podem até receber uma bolsa-pódio ou procurar financiamentos individuais, "mas até o cara chegar lá, a gente fica aqui fazendo rifa e vaquinha" – afirma um dos PMs. Esse mesmo policial ajuda na continuidade do projeto e conta demonstrando cansaço na voz:

> – Viagem, quando eles têm que viajar para São Paulo [onde aconteceu uma das disputas para fazer ranking], a gente tem agora aqui um carro que foi cedido por um comandante desses aí. Tinha um carro velho, todo caído, eles mandaram o carro para cá. Aí, juntaram vaquinha, amigo que tem mecânica, consertaram o carro. Entendeu? Então, a gente vive assim há nove anos. E tem esse resultado todo [atletas medalhistas]. A Jurema [professora e atleta civil,] é paga com rifa.

A despeito dessas dificuldades, todos buscam sempre comunicar os triunfos alcançados pelo grupo e procuram mobilizar no discurso esses obstáculos diversos no sentido de engrandecer suas conquistas.

ADINEA

Adinea encerrou o ensino médio aos 16 anos. Logo prestou concurso e entrou na PMERJ, em 1984, estimulada por uma colega. No momento da pesquisa, ela tinha 33 anos na polícia. Ela já trabalhou em diversos batalhões e funções ao longo dessas três décadas, inclusive, no BPM mencionado anteriormente. Sua história irá compor esse estudo tanto em relação à vivência de situações de ferimento, tensão e morte quanto como prestadora de auxílio e guia dos atletas do Renascer. Ao longo de sua carreira, Adinea formou-se em psicologia e mobilizou o seu conhecimento para auxiliar e dar apoio àqueles que são o foco do projeto. É notável a força da ideia de resiliência, promovida pelos coordenadores do grupo, para a continuidade da vida das pessoas feridas e para como elaboram suas lembranças a respeito de situações extremas.

Como funcionária da PMERJ e considerando a representação comum a respeito de policiais na sociedade[50], ela comenta: "[Eu] sempre tive uma cabeça, assim, um pouco desfocada com essa coisa de estar só tiro, porrada e bomba. Então, eu queria fazer outras coisas. Aí, pensei em fazer um trabalho de prevenção pelo teatro. Porque eu acho que a linguagem lúdica, ela transforma também". Ela comenta sempre ter procurado se envolver com a "parte humana" da corporação, almejando melhorar as condições de vida de todos e se interessando pelas ideias de promoção de saúde mental e física.

Ao longo de sua atuação na PMERJ, perdeu colegas, teve amigos feridos e sempre esteve atenta para as consequências dessas ocorrências em suas vidas e/ou nas de suas famílias. Apesar de nunca ter sido ferida, comenta:

> — Eu trabalhei no 9º [BPM], como eu te falei. Na minha guarnição de trabalho, todos tinham ferimento à bala. Eu era a única que não tinha. Aqui também me chamou

---

50. A noção compartilhada por alguns dos pesquisados sobre como a polícia é "julgada negativamente" pela sociedade muitas vezes se baseia no fato de a atividade policial estar diretamente ligada ao "crime violento", combatendo-o ou compondo-o, ou ao uso "desproporcional da força" — mobilizada em nome da "ordem" na sociedade ou para ganhos ilícitos. Encontra eco no descrito por Machado da Silva (2011, p. 75): "Por um lado, sua atribuição [de polícia] de mantenedoras da ordem pública converte-se em uma atividade quase patriótica, acompanhada com imensa esperança; por outro lado, como as expectativas são sistematicamente frustradas, a avaliação da atividade policial é sempre negativa, gerando forte desprezo por ela".

atenção porque, assim, era eu e uma colega que não éramos feridas. E [em] um dia de serviço eu me incomodei e não queria ir para a rua naquele dia. Tinha uma ocorrência no Morro São José Operário e o Morro do Fubá. Não me senti bem, não me senti bem. Ela estava na permanência – permanência é a gente ficar no telefone. [E disse]: "Você [Adinea] fica no telefone que eu tenho que ir para rua mesmo". Ela tava na equipe de serviço, mas a gente revezava: ora uma ficava na permanência... Ela falou: "Faz o seguinte, você fica na permanência e eu vou para a rua porque eu preciso fazer outras coisas, vou aproveitar que estou na viatura e já faço porque eu tenho que fazer". Eu falei: "Beleza". E, aí, ela não voltou, né? Foi pro hospital. Porque levou um tiro nessa história, nesse dia. Então, aquilo me marcou muito. Falei: "Caramba". E, assim, aí você vê um levar um tiro aqui... Várias coisas. Você fica pensando assim: "Caramba, né, trabalho ali com vida, com morte". [...] Aí, tinha filhos, né? Aí, você já pensa no filho, né? Aí, você também pensa que não tem nada que te ampare. Entendeu? Aí, você fica pensando: "Pô, vou trabalhar, vou tomar um tiro, vou ficar aí debilitada. E que que vai ser de mim daqui para minha filha?"

O contato com tantas mortes e ferimentos e seus efeitos sobre os colegas, estimularam-na a pensar na saúde dos PMs a longo prazo. O apreço e a admiração que os aletas têm por ela é grande, muitos – independentemente da idade – a chamam de tia[51]. Quando anun-

51. Em suas pesquisas envolvendo "coletivos de vítimas", Barbor e Dodier (2010) mostram como, no funcionamento de tais grupos, há uma hierarquia em que a 'potência benfeitora' institui um "sistema de lugares da democracia interna" (Barbor e Dodier, 2010, p. 87). Adinea, Dnilda e Maria José são levadas em alta conta por todos do grupo que estão/estiveram à frente, são vistas como "líderes" cujas ações são as mais prováveis de gerarem bens ao coletivo em questão.

ciou que iria se aposentar, a maioria dos atletas demonstrou tristeza e preocupação com o futuro do projeto, embora compreendessem sua decisão. No momento em que frequentei o grupo, inclusive, foi um período de menor atuação dela e os atletas comentavam que as "coisas estavam andando mais devagar". No entanto, após a sua aposentadoria, Adinea resolveu voltar e continuar apoiando e atuando no projeto.

Sua grande preocupação, durante o período do trabalho de campo, era conseguir verbas para manter o grupo. Com isso, corria atrás de reuniões com empresas e bancos, como o Itaú e o Bradesco, para apresentar o Renascer e conseguir patrocínios para os atletas, mas sempre esbarrava no receio dos possíveis investidores "de estarem ligados à polícia militar" e, logo, a casos de excesso de uso da força, execuções etc. Apesar de todas as dificuldades, ela coloca a experiência de as vivenciar — para os próprios atletas — como essenciais para se retomar o espírito de "batalha", mergulhar em novos desafios e conseguir superá-los. Assim, relembra de um caso:

> — Porque veio uma galera de basquete que queria fazer *handball*, que era uma modalidade nova, que no Rio de Janeiro não tinha. Tinha muito no Sul. E essa história do *handball* cresceu, criamos uma equipe. Já [...] três meses após a Olimpede [Olimpíada da Pessoa Deficiente] tinha uma competição no Sul. O comandante-geral nos deu apoio com carro, com viatura. Fomos com dificuldade, mas fomos. Fomos de van. [...] 20 horas [de viagem] na estrada. Mas foi uma experiência ímpar, cara. Assim, acho que ali, a gente como equipe cresceu muito. Porque a gente aprendeu muito um com o outro. As pessoas que não tinham experiência foram e as pessoas que tinham experiência, juntas, trocaram muito. E a gente aprendeu muito ali.

LUCAS

Em uma de minhas visitas ao Renascer, Adinea observa um rapaz chegando no CEF e comenta: "Ele agora trabalha, mexe com computador. Depois do acidente, ele não queria mais fazer nada, achava que não dava. Ficou sete anos jogando vídeo game em casa. Agora tá sempre vindo aqui, olha lá. Faz musculação, o que é muito importante para eles". Lucas, me contam, chegou muito acima do peso ideal no projeto. Ele evitou de se movimentar por quase uma década em sua própria casa. Sem religião e fanático por futebol, diz que aceitou conversar comigo por ter mudado muito recentemente – "há um tempo atrás, nem ia olhar para sua cara. Hoje até para tevê eu falo".

Lucas era segurança de caixa-forte e foi baleado por ter sido confundido com policial enquanto era roubado no exercício de sua ex-profissão. Ele diz não ter se deprimido tanto quanto outros com seu acidente por ter conseguido permanecer vivo. Ele conta: "Cara, quando acordei [no hospital] o médico me disse: 'Tenho duas notícias. [...] 'Você não vai voltar a andar'. Eu disse: 'Foda-se, tomei uma porrada de tiro e estou vivo'. Ele falou: 'A segunda é que você está vivo e já pode sair do hospital'". Ele não se importa em falar do acidente, embora prefira pensar no presente e em seus planejamentos futuros. Apesar de ter permanecido por anos em casa, sempre contou com apoio de sua família, sobretudo de sua esposa, para seguir procurando por novas atividades e, depois, para permanecer no esporte: "Minha família, minha esposa, meus amigos: 'Pô, você tá fazendo esporte, cara? Pô, não abandona não'. Minha família também: 'Pô, vai lá, cara. Faz mesmo'. Tem competição em Volta Redonda, minha família foi toda".

Lucas se apaixonou por um dos esportes praticados no Renascer. Venceu um antigo receio de conseguir "botar o corpo para frente" e acabar tombando. Hoje em dia, contam seus colegas, "ele pega a peteca dele, [...] ele vai lá no chão". Lucas preocupa-se primordialmente com a prática do esporte, com os treinos, as competições e a vontade de crescer na carreira. Seu desejo maior é levar o esporte que pratica às escolas e às universidades, divulgando sua prática para o máximo possível de pessoas, o que já busca fazer com seus parcos recursos. Ele comenta: "Cara, para mim uma das melhores coisas foi ter vindo para cá. Eu já acordo querendo vir para cá".

Colegas do projeto estavam sondando uma cadeirante para praticar esporte em dupla com ele — aumentando a possibilidade de apresentações e de competições. Lucas conversava com ela por celular. Os atletas e os coordenadores do grupo perguntam para as mais diversas pessoas se elas conhecem cadeirantes para os apresentar ao projeto, tentando os atrair ao jogo. Sua principal motivação hoje é o foco no esporte: "Se eu não cumprir meu objetivo primeiro, eu posso parar [logo]. Vou fazer outra coisa. Vou dar aula de informática porque eu manjo de informática", comenta ele, inclusive, chamando a atenção de colegas que se dividem entre muitos esportes e tarefas, prejudicando o rendimento deles em cada uma das coisas.

Sua principal preocupação é a de buscar recursos para competir, mesmo para além do Renascer:

> — Meu patrocínio que eu consegui agora que é de material de construção. O cara tem uma escola de criança. E a esposa dele tem uma escola de criança com deficiência lá em Nova Iguaçu. Aí, ele me fez uma proposta: "Eu não posso te bancar. Eu não posso te dar novecentos reais por mês. Eu posso fazer um negócio contigo: tu bota o nome da minha empresa na tua camisa durante o campeonato, tu bota o nome e eu te dou duzentos reais todo mês na tua conta". Ajuda para caralho. Por quê? É a manutenção que tem na cadeira, uma viagem que tem, uma competição que tem que pagar. A gente vai juntando. [...] Eu e o rapaz

> [conta sobre outro caso], cento e cinquenta reais para cada um durante seis meses. cento e cinquenta reais. Você bota aí seis meses, é um dinheiro. É um sufoco que tu sai. É uma cadeira que tu precisa comprar um pneu – isso daí é trezentos reais cada um, cara. [...] Por isso que hoje em dia a gente procura patrocínio individual. [...] Eu procuro individual. O que que acontece? Procurando individual é eu que vou escolher, vou no mercado, em tal lugar e tal e tal. O cara: "Não posso te ajudar por dentro, mas posso te dar aqui quinhentos reais. E bota o nome na camisa". A camisa que eu tô usando. Três, quatro meses. Tu bota o nome lá, trezentos por mês. E vai vivendo assim, tu vai juntando.

Suas chateações são despertadas pelos limites impostos pela própria estrutura da cidade a seu deslocamento e pelos problemas financeiros acarretados pela situação vivida, relacionando-se com dificuldades relativas a seu corpo: "Tem a academia que é para tu malhar, entendeu? Mas tu tem que vir para fazer isso. Mas como é que tu vai vir? O cara vai sair de casa, aí, pô, gasta combustível; aí volta, tem que voltar para casa para almoçar. Tem que voltar para cá para treinar. Tem gente que não aguenta, cara". A preocupação, como refletida em falas da própria Adinea, é que aconteçam recaídas, de ficar "parado em casa", brigado com a família e em condições "propícias à depressão" (uma vivência no mundo alheio, como veremos).

Sobre a equipe do Renascer, sobretudo Adinea, Lucas se mostra muito agradecido: "Cara, se existe uma pessoa que é em prol do deficiente, é ela. Não só para quem é policial, não. Eu não sou policial, tem mais uma pessoa que não é policial. Ela apoia". A maioria dos atletas a reconhecem por todo esforço, mesmo que seja apenas para conseguir pequenas coisas: "arranjar sonda para alguém. [...] Ela não tem obrigação nenhuma de fazer isso para a gente. [...]

Mas ela faz. E ela não faz porque ela tá precisando. Ela faz porque ela gosta". Fred, um de seus colegas de Renascer, comenta sobre Lucas: "Esse daí é um cara muito guerreiro. Ele vem treinar todo dia. Todo dia! [...] A mulher dele trabalha no Albert Einstein e deixa ele aqui. Ele é muito batalhador, corre muito atrás". O mesmo foi dito de Lucas a respeito de Fred, de quem trato agora.

FRED

Logo que cheguei no Renascer, Adinea me direcionou a Fred, um dos atletas mais ativos do projeto, frequentando-o constantemente. Ele é medalhista e busca sempre ajudar outros cadeirantes. Fred era PM e seu acidente foi em 2009. Adinea o acompanhou desde o ocorrido, quando foi baleado. Ela entrou em contato com ele por telefone e o chamou para o grupo. Fred estranhou muito as atividades no Renascer, pois estava acostumado a praticar vôlei convencionalmente. Ele demorou de aceitar ser cadeirante e ter deixado de praticar alguns esportes. A chegada ao projeto, inicialmente, foi um baque: "Ele não aceitava. Não aceitava", comenta a subsargento.

Com grande apoio de sua mulher e de seu filho, treinado por uma profissional em lançamento de dardo, ele era atleta de alto rendimento há três anos, o 2º colocado no país (durante a pesquisa) – o que o deu direito a receber o bolsa-atleta naquele ano, "algo como um salário mínimo", como comenta – e 10º do mundo[52].

52. Atingindo o índice paraolímpico, Fred chegou à marca de 3º lugar nas Américas na modalidade de lançamento de dardo F54. Tal categoria refere-se às sequelas de poliomielite, lesões medulares e amputações. Diz respeito a atletas que apresentam "força muscular normal do braço sem atividade muscular abdominal e sem atividade muscular espinhal. Geralmente tem controle lançando o implemento. Não tem movimentos ativos de tronco ao lançar. Limitação de atividade equivalente ao atleta com lesão completa da medula espinhal no nível neurológico T1-7" (FREIRE, 2018, p. 32).

Essas conquistas o mantêm motivado para participar de atividades, eventos e para buscar novos membros para o Renascer. Ele valoriza muito as rodas de conversa entre os assistidos, reconhece que o ajudaram bastante quando chegou ao projeto. Nas rodas há conversas sobre como realizar certos movimentos sem fazer certas partes do corpo doerem, a respeito de onde conseguir próteses e sondas por preços razoáveis, que abordam a possibilidade de relações sexuais e/ou apenas a respeito de dificuldades diversas, "aliviando os pensamentos pela fala", afirma.

Por toda a agitação e o dinamismo de suas atividades, por vezes conversávamos enquanto ele treinava arremesso de dardo, intercaladamente às rodas com outros assistidos ou mesmo por celular. Seus relatos e considerações foram apenas anotadas em caderno de campo, por trechos, fragmentos e detalhes que pude lembrar logo após as situações. Fred foi um dos meus principais interlocutores no grupo, apresentando-me a outros atletas e abordando detalhadamente os problemas vividos.

MELISSA

Em uma das vezes em que tentei entrevistar e gravar os relatos de Fred, ele teve problemas com o carro e chegou tarde no CFAP. Lucas, que já me conhecia, estava na quadra conversando com Melissa, uma assistida civil. Eles falavam sobre os problemas com as cadeiras de rodas — desejavam adquirir novas e mostravam propagandas um para o outro de preços bons por cadeiras de segunda mão — e as dificuldades que Melissa enfrenta no condomínio onde reside por esse não ser acessível. Ela estava há cinco anos na justiça contra o síndico e o condomínio para conseguir fazer a obra de acessibilidade. Engajei-me na conversa com ambos e pude conhecer Melissa com mais profundidade.

Ela havia chegado ao Renascer há pouco mais de um ano. Melissa foi atropelada em cima de uma calçada. Ela não sentiu grandes efeitos do impacto no momento. Porém, ficou com uma ferida na medula e foi atacada por um vírus (presente em seu sangue hereditariamente) após o acidente, piorando sua condição aos poucos — sem que ela ou os médicos soubessem o que estava acontecendo durante bastante tempo. Tratava-se de uma infecção pelo vírus linfotrópico da célula T humana (HTLV), uma doença rara que sua bisavó pegou e, como comenta, "Transmitiu através do leite materno para a minha avó e ela para minha mãe. [...] Assim foi, sucessivamente. Sendo que minha avó, minha bisa, não evoluiu nenhuma doença, minha avó não evoluiu nenhuma doença, nem minha mãe. Eu sou a quarta geração, eu sou a primeira na família a ter a doença".

Por estar mancando, ela decidiu frequentar um ortopedista que constatou o problema como escolioses e lhe recomendou fisioterapia. Melissa fez quase um ano, e não apresentou melhoras. Com isso, sua fisioterapeuta, que acabou se tornando amiga, desistiu de trabalhar com Melissa, pois observou que a condição dela estava piorando com o tempo, indicando-a para outro médico. Nesse meio tempo, Melissa fez prova para concurso de bombeiro, passando na fase escrita e na prova física. No entanto, ela precisava enfrentar o exame médico. Antes do teste, ela tomou dois remédios para aliviar a dor dos exercícios físicos e foi vista, nesse momento, por uma sargento do corpo de bombeiros. Ela foi reprovada por doping: "ali o meu humor caiu, porque eu passei a porra toda para chegar lá na hora de fazer o troço e ser reprovada por doping. Aí, ela falou que era para eu não ficar chateada com ela porque, se ela não me reprovasse ali, eu poderia ter um problema maior depois".

Essa sargento trocou contatos com Melissa, cada vez com mais dor. O médico indicado pela nova colega analisou a ressonância e observou problemas na medula. A médica indicada pelo doutor era justamente a sargento que a tinha reprovado, descobrindo o verdadeiro problema por exames de sangue. Ela cuida de Melissa até hoje. Apesar do choque, ela ter se tornado paraplégica e não tetraplégica, como previram alguns médicos, foi motivo, ela comenta, "Para tentar não me deprimir. Podia ter sido pior, engoli aquilo"[53].

Ao longo desse processo, Melissa manteve tudo em segredo. Chegou a se separar de seu marido por achar que estaria o "prendendo" com sua nova condição, o que não seria justo com ele "pois ainda era um rapaz novo", mas quando ele descobriu o que aconteceu, conversou com ela e ambos estão juntos até hoje. Por se tratar de uma rara doença hereditária por parte de mãe, essa se sentiu culpada e chateada. Logo, Melissa teve de lidar com uma série de questões em família enquanto aprendia sobre a doença lhe afligindo. "Tudo por causa de um mísero carro que me atropelou", pensa ela, sentindo-se azarada por ser a primeira na família a ter ativamente a doença.

Tendo se acertado com seus pais e seu marido, todos cuidaram para tornar o dia a dia o melhor possível. Sua casa logo foi toda adaptada. No entanto, Melissa vem de anos de conflitos com os seus vizinhos: seu condomínio tem sessenta degraus até a sua casa, apesar de ser a primeira do local. Ela precisa fazer uma obra para tornar o ambiente acessível e não depender da ajuda de porteiros, zeladores ou familiares para conseguir sair ou chegar em casa.

---

53. A palavra *plegia* significa falta de movimentação, paralisia dos movimentos. A paraplegia é caracterizada pela não movimentação da cintura pélvica para baixo, enquanto a tetraplegia trata-se de uma paralisia a qual afeta todas as quatro extremidades, os quatro membros, juntamente à musculatura do tronco. Geralmente causada por lesões medulares, esse tipo de mudança física relaciona-se à alteração completa ou parcial de um ou mais segmentos do corpo, comprometendo o "estado físico ideal", o que pode se dar em diferentes graus.

Ao lutar por isso, ela passou a ser malvista por algumas pessoas que não querem arcar com novos gastos, ofendendo-a de "defeituosa", "abusada" e fazendo afirmações como "ela já chegou debilitada, portanto, não pode pedir acessibilidade". Pelas ofensas e acusações, Melissa já esteve na justiça, teve de chamar a polícia em uma situação e está com novo processo em andamento, o que pesa em sua vida cotidiana — sobretudo por lidar com pessoas acometidas e que não a respeitam.

Adinea era amiga de longa data da mãe de Melissa. Ela viu uma foto dessa em cadeira de rodas no Facebook e, assustando-se, perguntou sobre o ocorrido. Ao tomar conhecimento de toda situação, falou do projeto.

> — [A Adinea] que me ajudou em todo esse processo, de falar: "Não, nem que vou pro botequim, hoje eu vou sair de casa entre oito da manhã e as quatro da tarde". Foi ela que me deu essa força. Porque, não vou dizer que meu marido não dava, ele simplesmente me tirava dali: "Vamos passar o final de semana em Saquarema". Mas ele tava vivendo demais para [mim].

Hoje, Melissa trabalha na contabilidade de um salão de beleza. Sua grande chateação é com o "ser-humano que não respeita os outros", representados por aqueles a ofendendo por ser cadeirante. À época, Melissa estava indo ao Renascer para malhar e conversar com seus colegas, pois a pessoa que a treinava não estava podendo ir ao CFAP devido a problemas de saúde e de tempo — configurando um conflito, pois não se pode competir sem treinador.

Grounded Theory

A GT é uma metodologia indutiva flexível que almeja a geração de conceitos a partir de dados coletados sistematicamente, os quais dão forma a uma teoria emergente. Uma GT não é a teoria em si, mas o resultado da abordagem: a teoria produzida é *grounded*, "fincada no chão", ancorada no campo. Ela está abarcada no próprio processo da pesquisa. Portanto, a GT compreende um método estratégico cujo principal propósito é a obtenção de evidências e a descoberta de teoria. Conceitos e categorias são gerados por meio dos dados e são utilizados para ilustrar a tese emergente.

Corbin e Strauss (1990, p. 5) evidenciam como

> [A GT] deriva seus fundamentos teóricos do Pragmatismo (Dewey, 1925; Mead, 1934) e do Interacionismo Simbólico (Park e Burgess, 1921; Thomas e Znaniecki, 1918; Hughes, 1971; Blumer, 1969). Embora não seja necessário adotar essas orientações filosóficas e sociológicas para usar o método, dois importantes princípios extraídos deles são incorporados. O primeiro princípio diz respeito à mudança. Como os fenômenos não são concebidos como estáticos, mas continuamente mudando em resposta às condições em evolução, um componente importante do método é construir a mudança, por meio do processo, no método. O segundo princípio diz respeito a uma posição clara sobre a questão do "determinismo". O determinismo estrito é rejeitado, assim como o não-determinismo. Os atores são vistos como tendo, embora nem sempre os utilizando, os meios de controlar seus destinos por suas respostas às condições. Eles são capazes de fazer escolhas de acordo com suas percepções, que são frequentemente precisas, sobre as opções que encontram. Tanto o Pragmatismo quanto o Interacionismo Simbólico compartilham essa postura. Assim, [a GT] procura não apenas

> descobrir condições relevantes, mas também determinar como os atores respondem às condições de mudança e às consequências de suas ações. É responsabilidade do pesquisador capturar essa interação. Essa abordagem interativa é necessária seja o foco de um estudo microscópico, digamos, das interações dos trabalhadores em um laboratório, ou macroscópico, como em um estudo da indústria da saúde ou da arena da política de AIDS.

Partindo desses princípios basilares, uma das principais características da GT é a possibilidade de generalização de suas propostas pelo estudo comparativo sistemático, aplicado a unidades sociais de qualquer tamanho. Cotejar situações, relatos, lembranças e suas consequências, por similaridades ou por distinções, gera as propriedades de categorias com maior poder de generalização, pois esta comparação constante nos força a considerar a diversidade dentre as informações. O propósito desta forma de análise comparativa é o de obter evidências que sustentem conceitos emergentes do campo. Cada caso deve ser comparado com outro, ou com propriedades da(s) categoria(s) gerada(s) desde o início da análise, buscando o máximo de similaridades e de diferenças possíveis. A metodologia da GT compara todos os fenômenos iluminados pelas técnicas de pesquisa para conceituar um lugar na teoria emergente (Glaser, 2007).

Os conceitos são abstrações teóricas relevantes sobre o que se passa na área estudada – e não os fatos em si – e tal natureza abstrata da GT propicia a formação de conceitos aplicáveis como explicações/compreensões. Os conceitos (como memória actancial, mundo hostil e alheio, distopias realizadas) dão forma e são integrados à teoria, resultando em categorias inter-relacionadas cujas propriedades refletem os dados empíricos. Um fenômeno observado diversas vezes, comunicado pelos entes de certa maneira, dá forma à categoria, ilustra os conceitos gerados. Esses têm características basais: são analíticos; generalizáveis para designar características concretas de entidades e não as próprias entidades; e são figuras significativas.

Assim, além do processo constante de comparação, a generalização de uma GT também é buscada por meio do processo de abstração no curso da pesquisa: quanto mais abstratos os conceitos, mais ampla é a aplicabilidade da teoria. Ao mesmo tempo, operar uma GT nos leva a especificar as condições sob as quais um fenômeno foi observado, gerando dados específicos — herança do consequencialismo pragmatista (Pogrebinschi, 2005) — e uma gama de situações às quais se aplica ou tem referência:

> [Uma GT é] generalizável na medida em que especifica condições que são ligadas por ação/interação com consequências definidas. Quanto mais sistemática e difundida a amostragem teórica, mais as condições e variações serão descobertas inteiramente, permitindo maior generalização, precisão e capacidade preditiva (Corbin; Strauss, 1990, p. 15).

Optei por selecionar três grupos distintos de pessoas que enfrentaram situações de ferimento, tensão e proximidade concreta com a morte, ainda destacando os relatos indiretos contidos nos livros mencionados na Introdução. A partir das situações observadas, das narrativas e das histórias contadas (tanto os seus conteúdos quanto as suas formas), emergiram categorias relativas a lembranças-imagens, tonalidades afetivas, autoconcepções de sofrimento, por exemplo, sustentando os conceitos de memória actancial, mundo hostil/alheio e distopias realizadas: "um conceito mais abstrato deve ser desenvolvido em termos das propriedades e dimensões do fenômeno que representa, das condições que o originam, da ação/interação pela qual é expresso e das consequências que produz" (Corbin; Strauss, 1990, p. 7-8). A comparação tratou-se do desenvolvimento de um nome ou de uma categoria comum para variados incidentes ou observações nos dados levando ao desenvolvimento de "termos mais gerais" (Egan, 2002).

Isso posto, a abstração e a análise comparativa dão ênfase à geração de teoria como um processo, uma entidade em desenvolvimento contínuo. Os procedimentos da GT são simultâneos e/ou sequenciais, de forma aleatória ou programados, conforme seja demandado pelo trabalho de campo e pela análise emergente. Ou seja, o processo de coleção e de análise de dados para gerar a teoria se desenvolveu e foi moldado pelos próprios dados. Tal processo, por sua vez, é delineado pela teoria emergente.

Essas considerações nos levam a um dos pontos mais importantes da GT. A análise comparativa pode ser utilizada para gerar dois tipos básicos de teoria: a teoria formal e a teoria substantiva. Essa última diz respeito ao desenvolvimento de categorias e de propriedades diretamente a partir de dados de uma área da pesquisa sociológica substantiva/empírica, como os auxílios concedidos por grupos ou projetos de apoio a seus assistidos ("apoio a vítimas de violência"). No caso deste trabalho, lido com as lembranças de situações de ferimento e tensão voltado para a continuidade de vida de pessoas que tiveram contato concreto/grave com a possibilidade de morte causada por terceiros. A teoria substantiva é "adequada" pois é construída com conceitos e categorias emergentes dos termos que os próprios seres mobilizam para interpretar e para organizar o seu mundo.

A comparação nesse âmbito foi fulcral para se chegar a categorias conceituais e para sustentar o aprimoramento da nomenclatura dessas: gera-se uma teoria abstrata para explicar a ação na área substantiva. A teoria formal se liga à parte da pesquisa sociológica a qual busca desenvolvimento conceitual a nível mais abstrato, por exemplo, estigma, comportamento desviante, poder. Aqui dirá respeito à genética/mecânica da memória actancial e aos mundos revelados pelos seres (iluminados pelas distopias realizadas) – mais exatamente, no segundo caso, ao par metafísica-pragmática.

Ambas são "teorias da vida cotidiana" (Glaser; Strauss, 1967, p. 24). Elas podem ser desenvolvidas de forma independente uma da outra de acordo com as técnicas aplicadas, ambas integralmente baseadas nos dados coletados. Trabalhei com o desenvolvimento primeiro da teoria substantiva para chegar à teoria formal. Esse *design* demarca o efeito cumulativo natural do conhecimento e da teoria, pois permite uma construção progressiva de fatos. Estar *grounded* marca essa teoria formal como diferente de teorias geradas de suposições lógicas ou teóricas e de especulações sobre os "deveriam ser" da vida social. A memória actancial e os mundos/distopias foram propostos de acordo com aquilo que emergiu como dado, código substantivo e código teórico da área substantiva – como delinearei nos próximos capítulos.

Em uma GT, as hipóteses têm status de relações sugeridas e não testadas, entre as categorias e suas propriedades, verificadas quantas vezes possível no decorrer da pesquisa. Elas são justamente a comparação de diferenças e de semelhanças entre grupos que geram categorias e relações generalizantes entre elas. Nesse sentido, as hipóteses são constantemente revisadas durante a pesquisa até que suas propriedades sejam válidas para as evidências relativas aos fenômenos em estudo, conforme reunido em entrevistas, conversas, relatos, observações ou documentos. Incorporadas nos procedimentos de verificação, são uma busca por evidências negativas – isto é, que demandam a alteração da categoria ou da teoria – e qualificativas (Glaser; Strauss, 1970; Corbin; Strauss, 1990; Becker, 1993).

Grupos e saturação

A análise comparativa da GT se aproveita da "intermutabilidade" do que é analisado, ao longo de suas fases, para desenvolver uma ampla gama de referentes aceitáveis ao desenvolvimento de categorias e de propriedades pertinentes ao campo estudado. A sua abrangência é ampliada ao serem eleitos diferentes grupos para comparação — grupos conceituais. Esses são selecionados e/ou elaborados visando a comparação de evidências diversas e similares quanto a um mesmo tema de interesse e podem indicar as mesmas categorias e propriedades conceituais — não se compara as evidências por elas mesmas, mas como interpretadas e compreendidas pelos grupos conceituais. Os grupos, o NAVI, Renascer e BPM foram escolhidos pelas comparações possibilitadas. Apesar de os dois primeiros serem, de fato, um núcleo e um projeto onde os assistidos e os atletas partilham de uma categoria comum, realizam as mesmas atividades recorrentemente, sendo mais claramente um "grupo" (em um entendimento comum); os dois últimos também partilham de um sentimento de proximidade em suas experiências de perigo, de contato com a morte e de desconsideração por superiores na hierarquia militar, dividindo lembranças-dor comuns além de efeitos físicos, carregando a vivência urgente de um presente distópico, em que o passado é idealizado e o futuro "cinzento".

Tratou-se de "seguir os atores", nos termos de Latour (2012), ou seja, de identificá-los e agrupá-los por meio do que os próprios comunicam, "rastreando suas pistas" (Latour, 2012, p. 51). A forma como considero os grupos e os seres parte da construção de um tipo para auxiliar a análise da presente pesquisa, que, mais uma vez, é o de: pessoas vivenciando situações de ferimentos e/ou proximidade com a morte causadas por terceiros. Esse tipo foi selecionado pela relevância ao futuro desenvolvimento de "teorias emergentes" (Glaser; Strauss, 1967, p. 45), um recurso para lidar com a realidade das ações das pessoas, algo impreciso de ser captado. Utilizo-o como um artifício lógico pelo qual os sentidos das ações recebem uma significação coerente e concisa, adquirida mediante acentuação mental de determinados elementos da realidade considerados relevantes (Weber, 2001; 2004). Da realidade empírica, extraí os grupos de assistidos do NAVI, os atletas do Renascer e os PMs dos batalhões: grupos de pessoas que vivenciaram direta e/ou indiretamente situações de ferimento, tensão e morte. O foco não está no indivíduo, como já destacado, mas nas ações dos seres, nas suas experiências e nas consequências dessas, nos eventos e questões (presentes, recuperadas ou projetadas), ou seja, nos dados fornecidos e que compuseram a teoria substantiva.

Essa liga-se a cada visita, entrevista e conversa nos grupos estudados. Cada relato, mesmo que modificado/reelaborado posteriormente pelos próprios assistidos, e as novas situações vivenciadas em deslocamentos e operações pelas ruas, comunicadas em conversas e testemunhos em seguida, forneceram padrões próprios constatados pelos seres por meio dos efeitos gerados — e a mim comunicados. Cada padrão percebido formou sucessivamente a teoria substantiva um, diferente da teoria substantiva dois e das tantas quanto foram necessárias até que se chegasse a uma operação da memória, por parte dos estudados no dia a dia, em que o modelo começou a se repetir, induzindo à saturação: o ponto em que novos dados não alteram substancialmente a teoria produzida (Glaser; Strauss, 1970). Enquanto tais teorias substantivas se mostravam distintas, traduziam a necessidade de ajuste e, logo, de continuidade do trabalho de campo. Para a teoria substantiva, seus primeiros conceitos, propriedades e categorias, precisou-se do máximo possível de dados à análise comparativa: estudo etnográfico, observação participante[54], entrevistas, conversas informais, leitura de relatos e testemunhos, todas essas fontes de grande relevância ao propósito da presente obra. Teorias substantivas e o recolhimento direto de dados são, por sua vez, necessários para construir, pela análise comparativa, a teoria formal[55].

A saturação é apontada pela repetibilidade procedural do observado. Ela indica que o material necessário para pensar uma teoria formal que venha a sustentar a GT foi atingido: é o momento em que certo padrão é percebido. Considerando o objetivo da pesquisa, é o ponto para cessar a coleta de amostras pertinentes a uma categoria, "não havendo mais dado novo sendo encontrado capaz de desenvolver propriedades" (Glaser; Strauss, 1967, p. 61). As categorias desenvolvidas são atingidas a partir da saturação pois elas se mantiveram diante da maximização das diferenças entre os tipos estudados — tão distintos quanto a recuperação de lembranças de vivências por mães que perderam seus filhos no trânsito, por atletas paraolímpicos vítimas de variados acidentes e por policiais militares encarando possíveis trocas de tiro, por exemplo, e os efeitos presentes para cada um. Satura-se categorias justamente pela acentuação do contraste entre grupos.

Portanto, com uma teoria substantiva baseada na pesquisa de uma área substantiva particular, ela pode ter implicações gerais

---

54. Como descreve Becker (1993, p. 47): "O observador participante coleta dados através de sua participação na vida cotidiana do grupo ou organização que estuda. Ele observa as pessoas que está estudando para ver as situações com que se deparam normalmente e como se comportam diante delas. Entabula conversação com alguns ou com todos os participantes desta situação e descobre as interpretações que eles têm sobre os acontecimentos que observou".

55. Para Glaser (2007), uma GT ainda é destacável dos dados de que foi gerada. Ela perdura, por sua generalidade conceitual, para muito depois da coleta de dados, que se tornam obsoletos devido a mudanças.

relevantes, tornando-se um passo para o desenvolvimento da teoria formal. Essa está presente na discussão acerca da actância de lembranças-imagens e de suas tonalidades afetivas, dando forma a autocompreensões mais ou menos variantes de *self* – Capítulo 2; e sobre como os seres se percebem no mundo e que mundos são caracterizados por eles, seja pelo sofrimento ou pela apatia, levando a um trabalho de delineamento de "novas possibilidades de futuro" – Capítulo 3.

Mudanças e abdução

Glaser (2007) argumenta que a GT não almeja – ainda que constituída pela emergência da teoria a partir dos dados recolhidos relativos à própria vida dos estudados – à "verdadeira verdade", uma verdade última – influência antifundacionalista da filosofia pragmatista (Corbin; Strauss, 1990). Os dados são recolhidos e sua saturação é constatada por um pesquisador "humano" (Glaser, 2007), ou seja, são dados interpretados profissionalmente. Assim, busca-se afastar de um possível caráter "objetivista" da GT (Charmaz, 2009). Deve ser levado em conta que os seres envolvidos neste livro, com quem pude lidar ao longo dos anos de 2017 e 2018, passavam muitas vezes por momentos de mudanças. Quando proponho a existência de uma memória actancial, viso justamente captar as variadas formas de lembrar e de sentir e como isso influencia as ações presentes e futuras dos seres e suas próprias concepções de si. Nessas mudanças, eles procuram grupos de apoio (Cláudia), reelaboram experiências passadas (todos os estudados, embora os PMs em menor escala), buscam afastamento de cargos presentes ou passados (Pedro e Eduardo) etc. As próprias lembranças dando forma a histórias e a narrativas podem mudar, ganhando sentidos distintos (novos): a morte da mãe e da filha, antes intolerável e incomunicável, pode ser mobilizada dispositivamente na procura por justiça (Maria José); a situação de tiroteio, antes ignorada em conversas comuns e/ou com psicólogos, pode ser destrinchada para chamar atenção a uma causa ou para tornar público um grande sofrimento emocional (Fred e Lucas), agora "contada sem problemas".

A autora Kathy Charmaz propõe recuperarmos a ideia de "abdução" de Peirce para aprimorar a GT. A abdução desempenharia um papel-chave na construção de GTs, pois sua lógica articula nas investigações os ângulos racional e imaginativo (Leite, 2015). Inferências lógicas, como a dedução e a indução, não abarcariam um processo criativo, pois qualquer coisa a se saber estaria pressuposta nas premissas, como uma questão de necessidade ou de probabilidade – como se pudéssemos, então, ter acesso aos reais pensamentos e lembranças das pessoas (e essas de suas próprias memórias), conseguindo compreender cada operação fixa de suas mentes para atuar no presente a partir de consequências constatadas. A abdução é a forma inferencial que faz com que a aquisição de novos conhecimentos seja possível (Peirce, 2005; Cocchieri, 2015) – tanto para o pesquisado, o principal para este estudo, quanto para pesquisadores.

Peirce evidencia como "conhecemos" a realidade de forma mediada, por representações dessa mesma realidade que se busca conhecer e por como a experimentamos imediatamente. Nossa acessibilidade à realidade é falível (falibilismo), mas moldamos nossa conduta com base nela. Peirce entende a natureza de nossa cognição como semiótica: as relações de significado do mundo só podem ser conhecidas porque são sígnicas e porque nosso pensamento é sígnico, de forma que interpretamos estas relações e adquirimos hábitos da natureza para nos adaptarmos a ela. Ou seja, e o que é aqui importante, temos a capacidade de aprender (novos) hábitos, por mais variados que sejam, devido às mudanças nas formas de compreensão e representação[56] dos mais diversos signos; e de adaptar nossa conduta. A abdução é um tipo de raciocínio capaz de introduzir uma ideia nova justamente por meio da geração de hipóteses provisórias, porém plausíveis (como destacado anteriormente) — também aos próprios seres/leigos. Sem esse tipo de inferência não poderíamos avançar em nossas vidas.

O processo do pensamento indutivo ao abdutivo na GT deve ser observado com flexibilidade e considerar sempre os participantes da pesquisa (Charmaz, 2009): pelo raciocínio indutivo, parte-se ao movimento comparativo entre os dados fornecidos pelos participantes e pelos informantes; depois, considera-se a ação iterativa; e, finalmente, deve-se ir e voltar aos dados coletados e às fontes, atualizando a análise dos dados construídos. As próprias pessoas estudadas estão em mudança: relatam novas situações de surpresa e de dúvida; questionam a própria forma como se sentiam; abandonam o hábito anterior; e, com isso, geram e selecionam hipóteses que poderiam solucionar um dado problema — processo passível de ser constatado pelo pesquisador pelos efeitos gerados e/ou a ele comunicados. A GT, a saturação de dados e a lógica abdutiva, conjugadas com entrevistas compreensivas — destacadas a seguir — tornaram essa pesquisa e sua teoria formal possíveis.

---

56. Mobilizo o conceito de 'representação' aqui de forma breve, reconhecendo a pujança de percepções e de operações de categorização, qualificação, interpretação e julgamento, em contraste à concepção das coisas como "algo em si". Nesse sentido, um pesquisador deve explicitar os conjuntos de representações, destacando a lógica interna, a coerência e o sentido deles. Considera-se os atores "não como vítimas de crenças errôneas, mas como autores ou manipuladores de sistemas coerentes de representação" (Heinich, 1998, p. 33). Essa postura de pesquisa se apoia em uma descrição concreta, *in situ*, dos atores.

O fundamento de entrevistas, narrativas e testemunhos

Ao abordar uma forma de rememoração em que pessoas operam seus dispositivos mnemônicos e lançam mão de suas reminiscências para efetivar ações, torna-se central expor aqui como me aproximei dos pesquisados e como as conversas/entrevistas foram conduzidas. A partir de minha chegada ao NAVI, como exposto no início do capítulo, fui apresentado às assistidas como um pesquisador da Universidade do Estado do Rio de Janeiro (UERJ) estudando grupos de apoio. Minha primeira entrevista foi com Joana, que trabalha ao lado do núcleo, o que facilitava nossos encontros. Tive a oportunidade de ver vídeos de divulgação do NAVI e uma reportagem com a história do acidente envolvendo sua filha – reparei uma grande semelhança de sua fala em nosso primeiro encontro com aquilo relatado nessas outras fontes. Por vezes, por terem vivenciado situações/experiências extremas, as pessoas encontram certas e limitadas formas como possíveis para narrar o evento (Pollak, 1990), para expor a respeito do(s) acontecimento(s) com um "mínimo de dor" – o que pode tomar forma pelas lembranças recuperadas. É o caso de Joana, Marcela, Lucas e Fred, por exemplo.

Com Joana, *e.g.*, decidi conduzir outra entrevista abordando justamente suas falas passadas, na qual ela elaborou sobre as suas próprias exposições – o que foi complementado também por conversas em confraternizações e em aulas de dança. Claudia, Regina e Marcela foram a mim apresentadas da mesma forma. No início das conversas, quando nos conhecíamos, busquei explicar a minha pesquisa em termos do interesse pelo dia a dia dos grupos de apoio a vítimas de "violências", com foco nos assistidos e em suas vidas cotidianas. As entrevistas eram semiestruturadas, ou seja, eram compostas por um guia de perguntas definido anteriormente, mas essas não eram enumeradas sempre em uma mesma ordem para os pesquisados, funcionando no esquema pergunta → resposta. As entrevistas eram sempre iniciadas com: "como você chegou ao NAVI?" – o mesmo no caso do Renascer, citando-o no lugar. Essa primeira pergunta abria a um grande leque de possibilidades de respostas e o restante das conversas era conduzido a partir desse pontapé inicial. Por vezes, as mães e os atletas iam direto à situação de ferimento/morte, delineando o caminho até o NAVI-DPVAT ou ao Renascer; em outras, começavam anteriormente aos acidentes, traçando uma narrativa mais longa da própria vida; outros respondiam mais diretamente: "Perdi meu filho e vim dar entrada no DPVAT" ou "Cara, me acidentei, fiquei anos em casa sem fazer nada. Aí, vi que tinha esporte aqui [no Renascer] e me interessei".

No Renascer também fui apresentado como pesquisador de grupos e de projetos de apoio. Em nenhum dos dois casos os pesquisados tinham ciência do interesse específico pelas situações de ferimento, tensão e morte, ou por determinadas lembranças mais do que em outras, sequer pela "mecânica da memória" – o que poderia induzi-los a certas falas, julgando-as de meu interesse. Dependendo das respostas iniciais, eu colocava, "Você pode falar um pouco mais sobre isso?", "Mas como isso veio a ocorrer?", "Como ficou sabendo do grupo?", "Como você se sentiu em relação a isso"? (em casos de longa elaboração inicial), dentre outras variações, por vezes mais pessoais: "Quantos anos o seu filho tinha?", "Há quanto tempo você trabalhava na polícia?" (perguntas levando, em muitos casos, as pessoas a abordarem o contexto de ocorrência da situação de proximidade com a morte). Logo, nenhuma pergunta, incluindo as direcionadas aos PMs do BPM, foi colocada diretamente como: "O que você costuma lembrar?", "Essa dor foi a mais marcante?", "Como isso te afeta no dia a dia?". Evitou-se usar os termos-chaves da pesquisa nas perguntas a menos que as pessoas estivessem os mobilizando espontaneamente em suas falas ou temas próximos – muitas vezes foi o caso das "lembranças atuando hoje em dia".

Sempre foram almejadas outras tentativas de conversas ou de continuidade sobre elas, sobretudo quando as primeiras eram interrompidas por motivos diversos, as lacunas nas narrativas eram grandes ou simplesmente porque novas entrevistas tornavam-se uma possibilidade aberta ou desejada pelas próprias pessoas. Troquei contatos com cada pesquisado individualmente e busquei manter comunicação com cada um. Essas conversas tinham duração variável, assim como os seus conteúdos. Por vezes, também foram estabelecidas conversas por telefone/internet, como no caso de Cláudia, Zélia, Adinea, Fred, Marcela e Maria José.

No âmbito da PMERJ, meus projetos, os objetivos, a metodologia (incluindo possíveis perguntas) e a duração da pesquisa deviam ser expostos à CAE para aprovação, mas tal documentação não era acessada pelos pesquisados. Nas conversas com Nádia e com os outros policiais entrevistados – que não tinham contato com o projeto aprovado –, não indiquei que a pesquisa era diretamente sobre memórias ou que privilegiasse narrativas a respeito do contato com a morte – isso poderia induzir suas falas, histórias e conversas na direção do que julgassem ser "mais interessante" ao estudo. No caso do BPM, particularizei os objetivos da pesquisa, comunicando-a por seus propósitos de compreender a experiência policial cotidiana, as situações características do ofício e as considerações a respeito da saúde mental e física. No BPM as perguntas iniciais eram: "Há quanto tempo você é policial?", "Como decidiu virar policial?" e "Qual foi a situação/ocorrência/feito mais marcante para você em sua profissão?". Essas perguntas normalmente forneciam os diferentes contextos de suas atuações em variadas funções pela PMERJ, assim como elegiam uma situação de ferimento, tensão ou proximidade com a morte para a última resposta. As exceções foram Antony e Hélio, o primeiro dizendo não ter "nada demais" em sua carreira, o segundo falando sobre "algumas prisões que fiz" — sem elaborarem detalhes (nos seus casos as vivências de proximidade com a morte de terceiros foram comunicadas como o decorrer normal de "experiências policiais"). Por mudanças em suas cargas horárias, de função dentro da PM ou por receio de estarem se expondo demais, conversas subsequentes eram difíceis de realizar ou eram muito curtas — com exceção de Eduardo e de Nádia.

A pesquisa foi iniciada no BPM, depois realizada simultaneamente junto ao NAVI, posteriormente envolvendo o Renascer (já sem visitas ao batalhão). Não exponho aqui um "guia de perguntas" por completo, pois ele foi desenvolvido e alterado ao longo do recolhimento de dados, por meio dos conceitos e da teoria emergente — apontando os próximos passos, as lacunas e as perguntas mais férteis (Glaser; Strauss, 1967) —, embora os temas centrais tenham sido mantidos. A todo momento foi considerada a posição dos seres em seus grupos, suas interpretações e seus possíveis motivos para determinadas falas — buscando a perspectiva do entrevistado (Becker, 1993).

Optou-se, sobretudo, por perguntas "como?", evitando as "por quê?". Como argumentou Becker (2007, p. 85-88), embora "por quê?" pareça buscar um significado mais profundo das coisas, em contraposição à possível narrativa simples do "como?", o primeiro pode provocar respostas defensivas — como um pedido de justificação, de uma razão inequívoca à "ação indagada". Nas perguntas "como?", as pessoas delongavam-se nas respostas ao comunicarem histórias, detalhes, lembranças de ações de outros, o ambiente em que tomou forma a situação etc. Concordando com Becker, são perguntas menos restritivas, deixando aberto para as pessoas os caminhos a seguir, os elementos para compor o sentido da fala, e sem preocupação com uma resposta "certa".

Os entrevistados forneciam distintas narrativas. Como destaca Elliott (2005, p. 3): "Uma narrativa pode ser entendida como a organização de uma sequência de eventos em um todo de forma que o significado de cada evento possa ser entendido por sua relação com o todo". Na construção de uma narrativa, busca-se transmitir um ou mais significados dos eventos e das situações contadas, uma projeção de como algo se procedeu sob um *set* específico de circunstâncias. Formar narrativas permite uma pessoa a organizar "suas experiências de forma que provê um indivíduo com um senso de si como um agente intencional com continuidade pelo tempo" (Elliott, 2005, p. 26). Ela é uma ferramenta privilegiada para atentar às nuances da memória dos seres e estratégica para apreender as variações de *self*. São características comuns também aos testemunhos (Elliott, 2005), em que pessoas se preocupam com o "quem fez", "quando fez", "como fez", "onde" etc. No caso das narrativas e dos testemunhos, a pergunta "como?" busca exercitar a reflexão sobre os sentidos de ações e de práticas, almejando a compreensão das formas como as pessoas participam na construção de suas vidas. Interessa-se no esforço interpretativo para construir histórias de vida coerentes.

A narrativa não captura o passado como uma gravação, como seria o efeito de uma câmera, remetendo-nos apenas a lembranças-imagens. A pesquisa, composta das narrativas e dos testemunhos em seu âmbito, liga-se aos sentidos dados às experiências recuperadas, às tonalidades afetivas constatadas, aos efeitos gerados e como tudo é comunicado a outros. Como já havia constatado Elliott (2005), torna-se mais produtivo fazer perguntas rondando a vida cotidiana das pessoas, deixando as falas substantivas nascerem espontaneamente delas. Aos PMs, visando entender melhor o "estado alerta" que comunicavam após a experiência com conflitos armados, por exemplo, perguntava como eram os momentos de lazer, dirigir o próprio carro para visitar familiares, sobre o que faziam na folga, dentre outras atividades rotineiras em que relatavam permanecer receosos de serem vitimados fatalmente por "criminosos" (efeitos do "mundo hostil" por eles vividos). Aos atletas no Renascer, questões quanto a seus deslocamentos para o local de treino podiam remeter a dificuldades objetivas e emocionais com os quais se debatem diariamente, por vezes despertando saudosismo do "anteriormente", logo combatido pela resiliência incentivada no projeto. Com as assistidas do NAVI, muitas vezes conversei sobre atividades corriqueiras dentro de casa, ambiente normalmente com muitas lembranças físicas dos falecidos (porta-retratos, roupas, sapatos, o quarto usado por anos etc.). As narrativas, compostas por lembranças, cuja medula no caso desta pesquisa são situações de ferimento, tensão e morte, foram traçadas em torno desses elementos da vida cotidiana.

O que interessa pode ser compreendido pelos quadros de referência da pessoa, comunicados em dimensões diversas de sua vida. Como coloca Paul Ricoeur (2003), a narrativa é um esforço de construção do carácter durável de um ser, embora envolva um tipo de identidade dinâmica própria.

O relato na forma do testemunho — em que se recupera uma situação de proximidade com a morte em primeira pessoa — seria justamente, em certo sentido, uma extensão da memória, tomada na sua fase narrativa (Ricoeur, 2003): uma pessoa afirma a alguém ter presenciado alguma coisa que teve lugar. O caráter seletivo da memória, expresso nas narrativas, implica testemunhos necessariamente seletivos. Não somos como Funes (Borges, 1979), lembrando de cada situação e seus detalhes com uma riqueza singular (e problemática), mas sim incapazes de nos lembrar de tudo em seus mínimos detalhes, e, logo, incapazes de tudo narrar. Nesse sentido, o ato do testemunho (Das, 2011) é uma maneira (parcial) de compreender os sentidos dados à relação entre uma violência sofrida e a própria subjetividade.

Mais especificamente, relativo às experiências extremas, Pollak e Heinich haviam demostrado como todo testemunho coloca em jogo não somente a memória, mas também uma reflexão sobre ela. A história individual permite retraçar importantes articulações, trazendo consigo uma reflexão sobre os efeitos desse tipo de situação sobre a vida psíquica do sobrevivente. Quanto aos possíveis "silêncios" e/ou "esquecimentos", Pollak (2010, p. 9) coloca que "o silêncio pode ser facilmente, mas falsamente, assimilado ao esquecimento". Lidamos com seres cujos passados podem permanecer difíceis de comunicar (pela dor causada, por exemplo) e/ou de fazer compreender a terceiros. Assim, um "passado (...) mudo" (Pollak, 2010, p. 43) também pode ser fruto de uma gestão da memória segundo as possibilidades de comunicação, pois modificamos o que dizemos em função da variação de contextos (Pollak, 2010; Becker, 2007). Com isso, a liberdade concedida pelas perguntas "como?", dando espaço ao pesquisado para abordar o assunto conforme fosse possível para ele, somada à busca por estabelecer contatos para conversas subsequentes, mostraram-se o ideal.

Como uma reconstrução *a posteriori*, o relato de vida ordena os eventos dando forma a uma vida e, "além disso, recontando nossa vida, nós tentamos geralmente estabelecer certa coerência por meio de ligações lógicas entre eventos-chave [...] e uma continuidade pelo ordenamento cronológico" (Pollak, 2010, p. 45).

Entrevistas compreensivas

Acessei a maior parte dos discursos dos atores, suas histórias, lembranças e emoções a partir das narrativas e dos testemunhos fornecidos em conversas individuais. Apesar de agora estarem no trabalho administrativo, por exemplo, os comportamentos dos PMs quando atuavam na rua e suas linguagens — repertórios de ação e interação — tomam forma a partir das histórias contadas.

Assim, foi possível considerar a efetivação de ações (em situações de ferimento, tensão e possibilidade de morte) no desenrolar de momentos descritos em suas próprias ambivalências, densidades e inconstâncias, em que "as apreciações dos protagonistas [dão] lugar às incertezas e às dissonâncias próprias das práticas reais" (Gayet-viaud, 2008, p. 64).

Pessoas que enfrentaram uma situação extrema, com perda de amigos, colegas, familiares, portando possíveis sequelas físicas, mas que sobreviveram e deram continuidade as suas vidas, fazem uma gestão específica da memória (Pollak, 1990) e uma reflexão sobre ela. As entrevistas as quais buscam lembranças dos seres individualmente e, no caso de conversas com mais de um membro do grupo, suas memórias coletivas, permitem-nos acessar as narrativas de pessoas afligidas por algum evento (ou eventos) gerador de uma grande quebra na continuidade de vida. Isso exige um grande trabalho de readaptação para retomar um dia a dia minimamente "como antes" ou, ao menos, possível/saudável.

Optei pela condução de entrevistas compreensivas (Kaufmann, 2013). Essas são baseadas na ideia do artesão intelectual de Wright Mills (1965), em que um pesquisador precisa compreender a realidade do seu entrevistado, entendendo as pessoas como depositárias de um saber substantivo a ser apreendido por meio de seus quadros de valores. Esses são acessados pelo aprofundamento fundamentado em dados recolhidos no campo e pela compreensão das categorias nativas mais próximas do cotidiano de quem fornece as informações – procedimento inteiramente conjugado à GT. A entrevista compreensiva não é apenas uma técnica, mas um método de trabalho visando a produção teórica a partir de dados recolhidos "no chão", em que se destaca a relação dialógica com o entrevistado e a interação global com o universo nativo. Ela é flexível e voltada à produção de teoria.

A entrevista compreensiva se inscreve em uma dinâmica do entrevistador participando ativamente das conversas, estimulando o engajamento do pesquisado. Por isso, mesmo com uma semiestrutura de guia, novas perguntas eram elaboradas – muitas vezes no decorrer das próprias entrevistas. Transcrições, análises de conteúdo e interpretação de material ao longo do trabalho de campo não foram evitadas, mas constituíram um elemento central.

Kaufmann também retoma de Wright Mills (1940) a expressividade dos motivos para fundamentar as entrevistas compreensivas. Se Weber (2001) evidencia que as ações sociais não são despidas de conteúdo abstrato, havendo orientação de sentido entre as pessoas, pois a ação praticada depende dela; elege-se o valor como o motor das coisas. Procuramos captar os valores que permitem as coisas de acontecerem (Ringer, 2004; Werneck, 2022). O que está em jogo é a maneira como as pessoas mobilizam tais valores e conferem sentido, motivo, a suas ações – o que se dá *a posteriori* (Ringer, 2004; Werneck, 2022). Wright Mills opera uma leitura de Weber tentando pensar as ações humanas com base em gramáticas, propondo um estudo sobre vocabulários de motivos, pois esses seriam alocados pelas pessoas em diferentes línguas. O autor se preocupa com a organização das mais diferentes ações de acordo com suas regras formais, propondo a existência de uma pluralidade de vocabulário de motivos:

> O processo compreensivo apoia-se na convicção de que os homens não são simples agentes portadores de estruturas, mas são produtores ativos do social, portanto depositários de um saber importante que deve ser assumido do interior, através do sistema de valores dos indivíduos; ele começa, portanto, pela intropatia. Mas o trabalho sociológico não se limita a essa fase: ao contrário, consiste na capacidade de interpretar e de explicar a partir de dados recolhidos. A compreensão da pessoa é apenas um instrumento, o objetivo do sociólogo é a explicação compreensiva do social (Kaufmann, 2013, p. 47).

Na prática, tratou-se de entrevistas buscando os sentidos dados pelos seres a suas próprias experiências e vivências, sustentadas pelas lembranças específicas mobilizadas por cada um, e de encontros repetidos com informantes sempre que possível ou necessário. Aqui reside a importância de explorar em esmiuçadas conversas os momentos marcantes das vidas de cada ser, atento para como as experiências vividas eram amarradas pelos mesmos em narrativas com início (passado), meio (passado-presente) e fins (diferentes futuros possíveis lidos à luz dos eventos presentes) – não necessariamente seguindo uma ordem cronológica. Os pesquisados abarcavam suas vidas como teóricos de suas próprias histórias, apresentando ideias e suposições a respeito de suas trajetórias e das situações vivenciadas. Coube a mim ressaltar na análise – como a sociologia do conhecimento de Karl Mannheim (1986), mas sobre os "cientistas" de Harold Garfinkel (1967): as pessoas em suas vidas cotidianas, partilhando e produzindo um conhecimento comum, cobrando lógica nas ações umas das outras, em que a chave para a compreensão das ideias e suas mudanças foi encontrada nas circunstâncias/situações sociais vividas e comunicadas pelos "portadores" dos pensamentos considerados.

Deu-se atenção à reflexividade dos seres e dos grupos (Corrêa; Talone, 2021) pensando e processando explicações sobre si (estimulados pelo pesquisador)[57], construindo versões de sua vida em

57. Natalie Heinich (1998) discorre sobre os argumentos de possibilidade ou não da neutralidade científica ao lidarmos com os valores mobilizados pelos atores. Considerando que todos teríamos valores, inclusive os pesquisadores, como há muito Weber demonstrou, ela afirma, "a neutralidade weberiana não é um fato, uma realidade estabelecida, mas um valor, isto é, um programa de ação e julgamento" (Heinich, 1998, p. 71). Para a autora, a neutralidade dos pesquisadores é apenas um julgamento de proximidade ou de adequação entre um objetivo e sua realização, tratando-se de um "objetivo de neutralidade". Isso se traduz em uma questão de se ter em mente e se gerenciar os efeitos causados pelos sociólogos, o que busquei delinear neste capítulo.

um movimento de autoconhecimento, também como uma espécie de autoconstrução. Compreende-se, aqui, os atores como competentes: não há uma força externa os determinando, "não [são] dopados culturais" (Garfinkel, 1967). Boltanski e Thévenot (2020) entendem a competência como uma faculdade apresentada pelos atores para a desenvoltura em uma determinada lógica de ação: é "uma capacidade de reconhecer a natureza de uma situação e de pôr em ação o princípio [...] que a ela corresponde" (Boltanski; Thévenot, 2020, p. 183). Como mostra Werneck (2014a), é um traço demonstrado nas próprias ações localizadas, alocado em determinada gramática actancial moral, com desenvoltura em regras que verificam critérios de efetividade da ação. Esmiuçar a atividade mental dos atores (Archer, 2016) torna possível entender como pensam, planejam, preparam, ensaiam, efetivam ações, decidem e se projetam no mundo (esse mesmo também concebido de formas variadas).

Demais relatos

Glaser e Strauss (1967) enfatizaram a importância da coleta de dados a partir de uma variedade de fontes tanto como uma maneira de variação para a comparação quanto como uma forma de fortalecer *frameworks* conceituais. Embora as entrevistas sejam os métodos empregados mais comuns, a pesquisa de dados da GT pode abarcar coletas por meio de uma combinação de métodos, incluindo recursos de observação e documentais (Egan, 2002), como é o caso do livro de relatos e da tese mencionados na Introdução.

Pollak e Heinich (1986) colocam que cada um dos documentos contendo testemunhos de experiências extremas resulta da reunião entre a disposição do sobrevivente de falar e das possibilidades de ser escutado. Isso varia segundo as condições de sua comunicação: entrevistas para acadêmicos, falas com psicólogos, testemunhos judiciais, relatos na forma de autobiografias e outros meios. A perspectiva de tornar as lembranças públicas por iniciativa própria molda o próprio trabalho realizado (Pollak; Heinich, 1986) – característica do livro de relatos e da tese que mencionei na introdução, compondo meu corpus de análise. Portanto, o tipo de situação destacada, a relevância dada a cada elemento da memória, o forte controle narrativo, todos esses são itens que variam em relação às entrevistas compreensivas conduzidas por mim. Aqui, eles compõem qualitativamente a variedade do material recolhido visando a comparação sistemática de dados. A pesquisa exigiu, considerando o presente trabalho de campo, acumular

> o maior número possível de relatórios produzidos pelos próprios atores. [Assim, como um sociólogo da crítica, coloca-se] o processo em cena recolhendo e registrando o relatório dos atores, e seu relatório de pesquisa é um processo verbal de registro, um relatório dos relatórios (Boltanski, 2016, p. 146).

Atenta-se para como os próprios atores constroem seus relatos e relatórios – aqui levantados – visando à objetividade.

Capítulo 2

Lembranças de situações devastadoras

Meu propósito nesta seção é destacar uma das bases da memória actancial, ressaltando como os estudados abordam suas próprias vidas e recuperam, especialmente, suas "experiências extremas" em termos de situações, delineando seus elementos e o seu curso. Inicialmente analiso as lembranças de situações em sua forma mais evidente, a imagem (um dos elementos da memória), mais especificamente, uma lembrança-imagem estática ou móvel. Embora as lembranças, na realidade, estejam preenchidas também por outros elementos — como será analisado ao longo deste capítulo —, as imagens são pujantes na memória e na percepção atual dos atores. Percepções sempre estariam carregadas de lembranças na forma de imagens (Bergson, 1999)[58], as quais não reproduzem o exato momento passado como reminiscência (Mead, 1929).

---

58. Obviamente, quando lembramos e/ou ensinamos a passagem: "Os homens fazem a sua própria história; contudo, não a fazem de livre e espontânea vontade, pois não são eles quem escolhem as circunstâncias sob as quais ela é feita, mas estas lhes foram transmitidas assim como se encontram" (Marx, 2011, p. 25), não nos é suscitada — ao menos, não necessariamente — a exata imagem do livro com a redação dessas palavras ou como — não necessariamente — nos sentimos ao ler isso. Mas o sentido transmitido pode se fixar em nossas cabeças e nós podemos compreendê-lo, aceitando-o, modifican-

Para falarmos de "situação", inicialmente recupero Dodier (1993). O autor destaca como estudiosos que trabalham com sequências curtas de ação são frequentemente acusados de "esquecer a história". Mas, como argumenta, o sociólogo atento — no caso de sua discussão, mobilizando o modelo pragmático — não ignora a existência de longas sequências históricas e de sua compreensão, e sim adota uma abordagem contrastante entre elas, visando apreender a importância relativa de diferentes pontos no tempo. Nas próprias disputas de justiça, como delineadas no modelo de Boltanski e Thévenot (2020), as pessoas realizam um movimento reflexivo "para dentro", isto é, reconstroem experiências, contam histórias e narram vivências em suas justificativas. Elas olham e fazem referência ao passado, buscando encontrar situações/momentos/eventos, permitindo a elas a construção de julgamentos sobre o presente. Tais eventos passados, para alguns dos atores, podem conter as origens ou as causas da disputa vigente.

---

do-o ou o refutando, quando há situações (incluindo lembranças-imagens) no mundo em que se mostre efetivo ou não, de forma que determinados exemplos podem tornar-se paradigmáticos para nós. Proponho aqui justamente saber, para vítimas diretas e consequentes-próximas de situações de ferimento, tensão e morte, quais são essas lembranças-situações paradigmáticas, como se atualizam no presente, enviesando o porvir e sustentando o passado. Há vários elementos atuantes em nossas memórias, mas busco aqui uma memória nomeada de actancial porque suas lembranças-situações, compostas por imagens e tonalidades afetivas, operam como elementos fortes na definição de situações presentes. Nesse sentido, voltando à passagem de Karl Marx, o que seria importante para nós é como seus conceitos fixam-se mais ou menos na cabeça daqueles que o estudam — interpretados e atualizados no mundo de formas distintas — com base na forma como os veem como reais na vida. Tais exemplos flutuam nas mentes e sustentam compreensões; abertas, claro, a reinterpretações, redefinições e, no limite, a serem abandonadas.

Estuda-se, assim, as ocasiões, as formas formais[59] e os dispositivos (materiais ou não) que os próprios atores mobilizam para se referir ao passado, interpretando-o e o reinterpretando (Barthes *et al.*, 2016). A partir do exercício da capacidade crítica, por exemplo, as histórias podem se estender ao longo do tempo – o tempo histórico tem seu lugar. Ainda segundo Dodier (1993, p. 569), os sociólogos:

> "Delegam" a tarefa de reorganizar eventos em prazos mais longos aos outros. A linguagem do "indivíduo" encontra uma justificativa poderosa aqui para atos "individuais" em sequências de ação e assim configuram sua própria identidade e lidam com a dialética entre a fragmentação dos momentos e a potencial unidade de seu ser. Assim, o objetivo é observar os processos pelos quais os indivíduos relacionam os testes do presente a diferentes períodos de tempo. Essa divisão entre diferentes vozes é uma primeira resposta à afirmação de que a história foi esquecida.

Pensar história, passado e memória, mesmo que em suas particularidades, por meio da sociologia pragmática nos leva, incontornavelmente, ao trabalho de Pollak. Não apenas o autor dedicou-se ao tema da memória, como pesquisou (e publicou obras) a respeito de experiências extremas: em seu caso, a experiência de sobreviventes de campos de concentração da Segunda Guerra Mundial (estudou, por exemplo, mulheres sobreviventes do campo de Auschwitz-Birkenau). Pollak chamou a atenção para como as pessoas moldam o que dizem em função da "variação de

59. Segundo Werneck (2012, p. 40): "[U]ma forma formal (...) [é] uma consolidação como prática de uma situação cujos elementos são reprodutíveis em diversas situações práticas: se foi inventado algo para dar conta dessa situação, é porque ela é recorrente".

contextos" (Pollak, 2010, p. 43) e de suas interpretações correntes dela. Quanto ao presente trabalho, por exemplo, em uma aula de reeducação promovida pelo Detran para motoristas que se envolveram em acidentes de trânsito, algumas mães do NAVI falam aberta e detalhadamente sobre as lembranças de (situação de) morte de seus filhos, com o objetivo de demonstrar a dor gerada e a gravidade desses acontecimentos para as pessoas que causam/causaram acidentes nas vias urbanas. Essa recuperação de experiências pode ser tida como insuportavelmente dolorosa/inviável em outras situações para essas mesmas mães. É uma tensão constitutiva da própria pessoa e de sua maneira de ser nas situações em que se localiza, pois pode lembrar repentinamente, lembrar de forma planejada para exposição, pensar e refletir sobre as situações de morte ou de proximidade com ela, sobre o que fez e nas alternativas possíveis (o que poderia ter feito). Por isso é importante considerar as falas e as narrativas a seguir de acordo com a exposição do Capítulo 1.

Lembranças-imagens das situações de proximidade com a morte e seus efeitos

Um dos primeiros tópicos de conversa estabelecido com os policiais abordava o momento mais marcante em suas carreiras – deixando a fala em aberto em relação a fatores positivos (como recebimento de medalhas, reconhecimento pelo trabalho), negativos (trocas de tiro, mortes de colegas) ou nenhum dos dois ("Não vem nada à minha mente."). Em geral, as respostas oferecidas foram sustentadas em situações apresentadas como significativas por envolverem um perigoso conflito armado, possibilidades imediatas de morte, lesões ou óbito de colegas, preocupação com a família em caso do próprio falecimento, "sustos" na atuação cotidiana e a necessidade de continuar trabalhando após esses eventos – elementos componentes do que chamei de mundo hostil.

Mesmo ainda em treinamento, os PMs já carregam memórias de situações de perigo específicas à ocupação. Nádia diz:

> "Mesmo com pouco tempo de rua, a gente sabe dos amigos antigos, do que circula aqui dentro, são coisas infelizmente comuns na nossa vida. Se você, civil, sabe, imagina a gente. É toda hora, isso. É, é muita coisa ruim. Então, todo mundo sabe, tem experiencia".

O efeito dessas informações é potencializado pelos acontecimentos correntes que se sucedem. Nádia, por exemplo, perdeu um colega em seus primeiros anos de formação e depois teve de servir à corporação em uma "área perigosa" na Zona Norte da cidade, "no início da carreira, sem nenhuma experiência", em suas palavras. As situações de tensão vivenciadas, somadas àquelas ouvidas quando ainda em formação e à lembrança da morte do colega, a fizeram optar pelo trabalho interno mesmo com apenas dois anos de atuação.

Eduardo, em uma de nossas conversas na entrada do BPM, desabafa detalhadamente a respeito da situação de perigo específica (o ponto de referência de sua fala) da emboscada na Vila Aliança (cf. Capítulo 1), quando diz ter sobrevivido graças a Deus. Conjugando essa experiência a problemas de saúde/estresse que desenvolveu, ao longo da conversa ele imagina uma série de situações possíveis de perigo, comentando sobre os cuidados adotados no presente:

> **EDUARDO:** — [Quem] tá na rua tá de parabéns. Isso aí que é complicado demais. [...] A gente enfrenta um cara que tem uma arma que lançou ontem e você usa um fuzil que é de [19]62, que foi para marinha fazer um reparo e volta para você. Você usa lá. E a arma do teu inimigo é dez vezes mais potente que a tua e do próprio ano. [...] Então, o colete

não segura um tiro de fuzil. Tiro de fuzil pode ser o colete mais novo que tu tem que não segura. E o colete [mais avançado] a gente não tem. E muitas coisas, né? A munição é contada, entendeu? Enquanto eles dão 200 tiros, tu tem que dar um, dois, para segurar para munição não acabar.

EU: — [Você havia falado da] questão de andar pela rua com farda, com arma...

EDUARDO: — É. A farda é sempre o máximo escondido para você ter chance [de viver]. Para ele [o inimigo] não saber antes que você é policial. Se ele souber, não vai te dar chance de defesa nenhuma. Vai te matar logo. [...] É a vocação de estar na padaria e de estar atento. Sempre tem que tá [100% atento], sempre tem que tá. O tempo inteiro. Tem que tá o tempo todo, senão vai perder sua vida. [...] [Onde eu moro, o] tempo inteiro [fico de olho], o tempo inteiro. Lá é uma área que tem muito roubo. Não tem favela nenhuma, mas é muito roubo. É muito roubo lá. Então, tem que ficar o tempo todo ligado. [...] Quando eu saio com a minha família, já saio desarmado. Não saio armado. Até porque você não tem chance de defesa porque você tá preocupado com sua esposa, com teu filho. Então, você não vai conseguir ter a mesma capacidade de reação, entendeu? Então, [com a família], é arma em casa, carteira [de trabalho] em casa...

A imagem dos "inimigos", de suas ações e de seus armamentos emerge recorrentemente. Por outro lado, ao longo da longa conversa, perguntei a ele diretamente a respeito de alguma situação marcante em termos de orgulho ou que o tenha feito se sentir realizado como policial. E ele me respondeu curta e brevemente: "Ah, várias ocorrências. Quando tu pega e tu prende. [Quando tu] livra alguém, então... De um cara aí que tá com uma família e tu recupera. É muito gratificante".

Suas narrativas foram semelhantes às de Pedro. Esse iniciou a nossa conversa da seguinte forma: "Na rua, a nossa profissão, ela é muito ruim. Ela é muito perigosa. Requer o máximo de atenção. Ali, você não pode errar. Um erro teu vai te custar tua vida ou tua liberdade. E, às vezes, o policial [...] não tá capacitado para estar ali no momento". Convencido de que foi transferido de unidade por punição de um superior hierárquico que o teria interpretado como preguiçoso, quando recebeu a classificação de apto B, ele demonstra em sua fala uma preocupação em demonstrar a grande possibilidade de, nessa atividade, se cometerem erros, sobretudo, por se vivenciarem situações de risco de vida, deixando-o sujeito a perigos e punições a todo momento. Quanto ao elemento mais marcante de sua carreira, ele relembra uma troca de tiros com traficantes em seu horário de almoço, acompanhado de apenas um colega:

> PEDRO: — Eram seis caras mesmo. Tipo, assim, eu tô te falando, mas foi uma coisa inacreditável. Eles deram [para cima de mim e de meu colega], eles recuaram, correram [para o outro lado]. Aí, entraram para dentro da favela aqui do lado — a Aldeia, sabe na Avenida Brasil em Santíssimo? Tem uma rua. Eles entraram na rua. Aí, saíram lá na frente. Quando eles saíram lá na frente, como a Vila Kenedy tava em guerra, chegou um pessoal do 14º [BPM]. Eles trocaram tiro com o pessoal do 14º. Quando eles passaram... Aí, nós ficamos aqui parados aqui em frente a Aldeias. Entendeu? Quando eles passaram [por nós], eles deram uns dez tiros pra dentro do restaurante. Mas, graças a deus, não pegou em ninguém. Não pegou nem na gente que tava ali na frente, abrigado, nem no pessoal que tava lá dentro.
>
> EU: — Isso tudo foi em quanto tempo?
>
> PEDRO: — Ah, bota de cinco a dez minutos. [Conta bem rápido como se estivesse na situação:] Eu olhei, eles

> correram, foram lá para trás. Aí, daqui a pouco trocaram tiro com o pessoal lá, entraram dentro de um ônibus, pegaram, passaram em frente ao restaurante, deram tiro. Não tinha nem como você entrar [no restaurante] porque tinha muita gente. [...] Já tinha tudo ido lá para trás. [Todo mundo] percebeu. Porque tamos num restaurante, tamos almoçado. Aí, você é policial. As pessoas veem a polícia correr, né? [Logo, percebem que] aconteceu alguma coisa. O pessoal pegou, foi lá para trás [se esconder]. Restaurante grande, bonito lá na Aldeia. E a gente não chegou nem a sentar na mesa para comer. Se a gente senta na mesa para comer, a gente tava morto. [...] Eu entrei. Aí, parei na frente do balcão. Aí, parei para falar com o rapaz. Aí, eu tava... Eu tava, de costas para a rua. Entendeu? Quando peguei, olhei assim [para trás, gritei]: "Caralho!". Me assustei, tava de fuzil, botei o fuzil assim [representa o empunhar]. Aí, o cara que tava comigo pegou [a arma também]. E agente tava com o rádio portátil pedindo prioridade. Ninguém conseguiu chegar. Porque a [Avenida] Brasil estava praticamente em guerra, qualquer viatura que chegasse ia tomar tiro, entendeu?

No final de sua narrativa, ele diz ser ela algo "horrível, horrível". Por vezes, ao longo da mesma conversa, ele lembra de sua família e de sua mãe doente e me pede para não divulgar a fala com o seu nome real[60]. Com isso, perguntei a ele se costumava pensar em sua família mesmo no decorrer de sua atuação (como também relatado por Eduardo e Antony): "Com certeza. Sempre mesmo. [...] É o que me move, né? Entendeu? E a gente, nós policiais, estamos sujeitos a errar a todo momento". Diversas vezes, Pedro relaciona as situações de perigo a possibilidades de erro e de punições subsequentes, projetando a respeito dos efeitos causados em

60. Na última vez em que nos vimos, Pedro me pediu para procurar outro PM para conversar. Disse já ter se exposto demais.

sua família — de quem já está mais distante por ter sido transferido de BPM. Quanto a situações de orgulho e realização, também tive de perguntar diretamente. Ele respondeu: "Mais orgulhoso... [fica pensativo]. Ó, tem prisão. Mas... Mais orgulhoso? Não, nada demais assim, não. Nada demais".

Pedro, Eduardo e Nádia também relatam situações em que colegas foram alvejados e/ou mortos em sua frente — o que será explorado ao longo do capítulo. Adinea, no âmbito de nossas conversas a respeito de sua atuação na rua como PM, comenta que as situações de troca de tiro "ficavam em sua cabeça" quando mais jovem, atrapalhando-a na hora de dormir. As possibilidades do que poderia ter acontecido "[passavam] na mente, o cérebro fica ativo, o organismo muda". Mas sua principal lembrança era justamente a situação do primeiro ferimento de uma amiga policial em um tiroteio. Sua antiga colega ficou lesionada ao atuar no lugar de Adinea, que estava se sentindo mal no dia. Com isso, ela diz ter começado a sempre pensar na filha ao ir trabalhar nas ruas e no futuro dela caso fosse alvejada.

Esse é o único ponto colocado por Hélio — um oficial com pretensões de se tornar coronel — como ruim na profissão de policial militar: a perda e o ferimento de colegas. Esse tema foi abordado por ele após falar sobre o "processo de brutalização" do policial (quando se torna alguém "duro", uma "máquina", para aguentar os perigos da profissão): "A morte do companheiro, né? Isso abala muito a gente, né? Perder um companheiro. Ainda mais alguém que você conhece, trabalhou. Isso abala muito, entendeu? Talvez seja o que mais abale os policiais hoje em dia". Mas, breve em todas as respostas, não chegou a recuperar/desenvolver uma lembrança-situação. Apenas conversou positivamente sobre a experiência policial contando sobre ocorrências "de elementos" que prendeu, por exemplo, afirmando ser este tipo de situação a ficar "mais na lembrança" dos PMs — estando, então, em desacordo com seus colegas de BPM.

A situação mais marcante da carreira relatada por Antony, que a descreveu muito brevemente, é uma troca de tiros no morro do Fallet em uma ronda pelas ruas. Enquanto estava patrulhando o local, ele e seus colegas "bateram de frente" repentinamente com um grupo armado. Eles ficaram presos em uma rua, pois a saída ficou na linha dos tiros. Considerando a alta tensão do momento, Antony afirma ser necessário aos PMs um esforço para "não ficar maluco", tomando tal situação como parte da carreira e algo a ser superado. Ele definia a profissão de PM como "de risco": o profissional deveria aceitar isso e superar/tolerar para seguir (e crescer) na carreira.

Fred, no momento em que finalizava esta pesquisa, ainda pensa nas possibilidades de ferimento e de morte devido a situações vivenciadas quando era PM, como contou a partir de um bate-papo trivial no CFAP, por exemplo, a respeito de sua atuação tensa junto a torcidas organizadas de futebol no Rio de Janeiro:

> Pô, quando eu tava na ativa nas ruas... Pô, tenho 1,91m, sempre tive essa carcaça boa, grossa. Pô, sempre fui grande. Mas vocês já viram esses torcedores de torcida organizada? [...] Um cara desses, com uma garrafa, ele me mata. Com uma garrafa, quebrada ou não, ele me mata na hora.

Mas, diferentemente de Antony, não pensa em se tratar de algo a ser superado, e sim de uma coisa a ser verbalizada e elaborada com colegas e profissionais da saúde.

O psicólogo Fábio afirma ser recorrente esse tipo de experiência, sendo compreensível que ela "marque" os PMs e cause efeitos em suas ações: "Você já viu uma atuação policial? Já viu algum vídeo de atuação policial? [...] Ele [resolve situações] sem saber se vai [ser ferido] ou não... É uma situação de tensão extrema". A tese de doutorado de Letícia Freire da Rocha (2013) traz diversos relatos e narrativas de PMs nesse sentido. Há o caso de um policial que mudou de comportamento repentinamente, chamando a atenção de sua família e da própria psicóloga/pesquisadora que o atendia. Posteriormente, ela descobriu a situação extrema vivenciada por ele (o relato a seguir é feito pela autora a partir de suas recordações do atendimento):

> Retornando para casa após o trabalho, sempre passava por uma área perigosa onde já havia visto "bondes" (grupo armado de bandidos [...] que fecham a rua para atravessar para o outro lado da comunidade) passando. E eis que foi parado por um desses "bondes" e sua recarga da pistola estava no console do carro e a mochila com a farda atrás do banco do motorista. O bandido colocou a arma encostada em sua cabeça enquanto o "bonde" passava. Não era uma ameaça pessoal, não era um assalto, era "apenas" para ele ficar com o carro parado enquanto os bandidos atravessavam. Após isso, o bandido que parou o trânsito seguiu com os outros e o trânsito pôde fluir naturalmente. Mas a vida deste policial não fluiu naturalmente como antes. Ele me relatou que continuava sentindo a sensação de gelado do cano da arma em sua têmpora e, quando o bandido liberou o trânsito, ele levou alguns segundos para conseguir seguir com seu carro. Suas pernas tremiam, ele tinha achado realmente que iria morrer ali, que o bandido veria seu carregador da pistola e ele seria identificado como policial e morto. Teve certeza disso e, a partir dali, continuou tendo lembranças daquela vivência acompanhadas de todas as sensações do momento em que a vivenciava pela primeira vez. Passou a ter taquicardia e os episódios de desmaio, sem contar as alterações de comportamento com a esposa.[61] (Rocha, 2013, p. 68-69)

61. Realizei pequenas alterações na pontuação por julgar que facilitariam a leitura do relato.

Como também vemos com os PMs e ex-policiais abordados nesta pesquisa, tratam-se de situações de perigo, tensão e ferimento que se estendem para além da atuação oficial, espraiando-se para os deslocamentos cotidianos pela cidade. Eduardo, Nádia, Pedro e Adinea comentam sobre o mesmo tipo de preocupação, de andar com a farda escondida e a tensão experimentada. As informações de experiências de morte de terceiros nessas condições chegam até eles, fazendo-os projetar tais situações como possíveis para si – a memória atua multitemporalmente. A partir disso, considero que, para falar desse tipo de "experiência" – a "experiência extrema" – é adequado ponderar sobre três formas como as experiências podem afetar as pessoas, segundo Cefaï (2009, p. 32):

a. como prova estética, pois sentidos afetivos e estéticos nos dariam acesso ao mundo, articulando experiências e nos colocando em contato direto e ativo com as situações que nos "tomam";
b. como experimentação prática, pois o reconhecimento do real é provado por testes submetidos às situações e pelos resultados aos quais devemos acessar;
c. como troca interativa, pois "nosso acesso à verdade, ao bem e ao direito nunca é solitário, [mas] passa por interações com os outros e com as coisas, via processos de cooperação e de comunicação" (Cefaï, 2009, p. 32).

Quanto aos atletas do Renascer, Adinea comentou em nosso primeiro encontro, quando me apresentava ao projeto, a respeito das rodas de conversa e de trocas de experiência. Mas ela reconhecia um certo "esquivo" dos assistidos de relembrar a situação de ferimento, por ser algo muito penoso. Ela diz: "Acaba trabalhando [sobre as situações de ferimento, sim], mas, engraçado... Assim, alguns até preferem não lembrar". E complementa: "[Mas] lembro que um deles, a primeira vez que a gente entrou numa viatura, ele ficou completamente gelado. Ele não queria nem entrar na viatura depois do acidente. O que o fez se abrir sobre a situação". As rodas de conversa se concentram principalmente em consequências do ferimento: dificuldades de deslocamento, de lidar com o próprio corpo, de lidar com terceiros etc. Dentre os que conversaram mais longamente comigo, Lucas e Fred comentavam rapidamente a respeito da situação de seus ferimentos, preferindo falar dos contratempos correntes e das projeções futuras de melhoras. Eles retomavam o passado, por meio das diversas situações que o dão forma, apenas para compará-lo com o tempo presente e/ou com as experiências de terceiros.

Lucas, por exemplo, contou, de súbito e sem uma pergunta direta, sobre ter sido baleado e sobre seu ferimento. Em seguida, passou logo para as dificuldades de acessar o Renascer e de dar prosseguimento a suas atividades. Suscitaram-se, principalmente, situações (suas imagens) de dificuldades do pós-acidente, quando Adinea o chamou para o projeto: "Cara, eu não tinha carro. Eu moro em São João de Meriti. [...] [A Adinea] disse: Olha, a gente vai fazer o seguinte: se tiver uma viatura para te buscar, nós vamos botar você no meio. Só que tinha viatura, mas a viatura não tinha combustível". Com isso, conversamos sobre sua primeira reação ao chegar no Renascer, após ter ficado sete anos em casa:

> — Cara, para mim, na realidade, eu conheci outro mundo. Um mundo diferente. Porque, assim, quando tu chega aqui, tu vê que tem gente pior do que você, primeiro. E, às vezes, mais dificuldades do que você. E eles não tão reclamando. Então, para mim, foi assim. Outro mundo que conheci. Eu pesava... Eu não cabia nessa cadeira. Eu não cabia nessa cadeira. Era muito gordo. Então, melhorou minha saúde, melhorou minha autoestima.

Ele poucas vezes abordou a situação de ferimento, pois queria "deixar [este] passado para trás" e "se aceitar": adaptar-se ao presente, concentrando-se completamente nos desafios presentes e futuros. Ainda assim, buscou comunicar situações (por lembranças-imagens) ligadas à "experiência extrema", relatando dificuldades consequentes, possíveis motivos de desmotivação e a chegada ao projeto.

Dos atletas do Renascer, Melissa foi quem mais detalhadamente acessava lembranças por situações, descrevendo sequencialmente as imagens do que lhe acontecera desde o acidente de carro até a descoberta do HTLV, recorrendo mais de uma vez a elementos desse contexto para falar de sua vida:

> — Eu descobri [a doença] porque eu sofri um acidente de carro. Acidente não, eu fui atropelada em cima da calçada. Sendo que eu só machuquei algumas coisas. Ralei. Tanto que eu fui [sair] à noite. [...] Eu comecei mancando. Aí, o ortopedista falou assim: "Vamos [...] ver os exames". Viu os exames e deu umas escolioses e tal. [Ele falou]: "Vamos fazer fisioterapia". Fomos fazendo fisioterapia e nada de melhorar, quase um ano de fisioterapia. Até que a fisioterapeuta virou amiga da família... Porque fiquei muito tempo fazendo. Aí, ela virou e falou: "[Melissa], eu não vou mais mexer em você. Porque já é a terceira vez que eu mando você para o ortopedista e o ortopedista diz a mesma coisa e você tá piorando. Você não tá melhorando". Falei: "Bom, e agora? O que que eu vou fazer da minha vida?". Aí, ela me passou um médico e eu não fui no médico. Fui fazer uma prova pro concurso de bombeiro. [...] [Passei em tudo e só] faltava a [prova] física. Eu fiz tudo o que eu tinha para fazer, tudo, eu passei em tudo. Eu só ia fazer o exame médico naquele mesmo dia. Eu fui almoçar. Como eu estava com muita dor, eu resolvi tomar dois dipironas com um copo de Coca-Cola. Que não era correto [o remédio] para aquele tipo de dor,

> mas era o que eu tinha na hora. Falei: "Vou tomar dois e vai dar uma aliviada", né? Aí, uma sargento do corpo de bombeiros me viu fazendo aquilo. Chegou para mim e falou: "[Melissa], por que que você tá tomando isso?". Aí, eu falei para ela – ela tinha acabado de me avaliar no treino: "É porque eu tô com um pouquinho de dor". Mas eu não tinha falado que era nada na minha perna. Tanto que a gente tava treinando com aquele sapato da polícia, coturno. E eu apertei bem o coturno para minha perna não ficar balançando, não tremer nem nada. Fazia essas coisas. Aí, eu falei para ela que tava com dor, que eu tinha uma escoliose e tal. Ela falou assim: "Não, acho que é bem mais difícil do que isso. Eu vou te reprovar por doping". [...]. Aí, ela me deu o cartão dela. Aí, eu voltei para a minha fisioterapeuta chorando para caramba, falando com ela muito mal de dor, porque eu tinha feito aqueles exercícios todos. Ela foi, olhou novamente o cartão. Pensei assim: "Bom, vou lá". Aí, quando cheguei lá, o médico me avaliou andando. Falou que eu tava andando dando passo tesoura. Aí, falou: "Vou fazer uma ressonância no teu corpo inteiro. Se der cerebral, eu vou cuidar de você. Se der medular, minha filha vai cuidar". Aí, falei que ok. Aí, ele foi e mandou chamar a filhar dele [quando diagnosticou ser problema medular]. Quando entra a filha dele, era a sargento do corpo de bombeiro que tinha me reprovado. Foi uma coincidência enorme. Até hoje ela cuida de mim. Entendeu? E, aí, ela descobriu através do exame de sangue. Ela descobriu através da ressonância que eu tava com um machucadinho na medula. Aí, ela fez a sorologia, deu a doença. [...] Tudo isso por um acidente de carro.

Melissa se lamentava ao lembrar de toda a situação causada pelo atropelamento sofrido. Seguindo cronologicamente com as situações após o evento inicial, ela enumera uma sucessão de situações "ruins":

— Aí, quando eu me mudei [para o condomínio onde moro hoje], demorou uns seis meses, eu tomei o tombo. Que é onde terminou de lascar tudo. Aí, nesse tombo quem tava me socorrendo era meu pai e minha mãe. Aí, o médico falou para eu ficar na cadeira de rodas e tal, não sei o que. E fez exame na perna e, com uma semana, meu pai enfartou. E minha mãe já tinha dado surtos de perda de memória, né, de sumir. [...] Então, quando meu pai enfartou, ela ficou pior. Aí, ele tinha parte de uma empresa de seguro, de plano de seguro. Aí, ele perdeu [a parte de] sócio dele.

Com isso, seu marido se demitiu para cuidar deles com o dinheiro que tinham juntado para o casamento, mas não haviam usado porque sua irmã tinha morrido de câncer (deixando-os sem "clima" para realizar a cerimônia). Por fim, ela fala da situação de desrespeito em seu condomínio, de pessoas a chamando de "aleijada", tratando-a como um "ser inferior", mexendo muito com ela. Ou seja, uma série de situações são recuperadas para explicar sua chegada ao Renascer. A sequência de "desgraças", cada uma detalhada pelo efeito nela gerado, parte do atropelamento e compõe a experiência que mudou completamente sua vida.

Casey (2000) coloca que lembrar é tão polimórfico que nenhum conjunto único de estruturas intencionais ou características eidéticas poderiam capturar o fenômeno em sua totalidade. No máximo conseguimos abordar certas dimensões da memória. A lembrança de uma pessoa em uma situação recuperada fica mais clara ou mais obscura a depender de vários elementos: a condição de seu relato e o momento de vida em que se encontra (como vimos com Pollak) e, no interior das próprias lembranças, se as falas são claramente rememoradas, se rostos e reações são mencionados, se o cenário é descrito, se emoções são sentidas novamente etc. Parece haver, como recupero livremente de Schütz (1979), um ato de atenção, nos momentos de conversas e de entrevistas, levando à acentuação de uma experiência do passado por alguns de seus elementos constitutivos. E apreendemos experiências passadas por meio de um ato de atenção no sentido de dar à própria experiência retrospectiva um significado (cambiável) no curso da vida.

A memória tem como temática certa representação do passado (Ricoeur, 2007). Mas não consiste necessariamente no ocorrido de fato, como mostra Alexander (2012) ao pesquisar a passagem do trauma individual para um trauma coletivo. A narrativa criada retrospectivamente e os elementos rondando sua maior ou menor disseminação, por exemplo, são mais relevantes que o acontecimento "verdadeiro"[62]. Nas falas aqui expostas, pode-se observar narrativas diversas com diferentes acentuações de situações (pelos elementos e imagens variadas as compondo) e sentidos atribuídos posteriormente, como parte do exercício da memória. Uma lembrança comunicada, com isso, pode ser considerada como um "momento objetal da memória" (Ricoeur, 2007, p. 23), no sentido de que lembrar-se é ter uma lembrança ou ir em busca de uma lembrança em um momento presente (destacada por um "ato de atenção")[63].

A lembrança detalhada (com grande foco de atenção) de situações tensas e de proximidade com a morte e de situações subsequentes é bem comum entre as assistidas pelo NAVI. Um dos propósitos da conversa em grupo é justamente a partilha da gravidade extrema

---

62. Alexander (2004), ao pesquisar sobre trauma coletivo, aborda o que seria vigente ou invisibilizado. Ou seja, considera que indivíduos e grupos procuram destacar os elementos concorrentes para a formação de uma identidade positiva aos mesmos – ainda que não de forma consciente e calculada –, auxiliando a manutenção de uma posição privilegiada de poder e status.

63. No tópico seguinte, caracterizarei as lembranças-imagens como um dispositivo da memória actancial.

do sofrimento — algo objetivado no livro de relatos organizado por Maria José. Marcela diz existir uma “força” negativa/ruim na situação vivida, origem de dores intensas decorrentes do falecimento do filho. Um exemplo, para ela, do peso negativo de sua experiência e das imagens detalhadas dessa estaria expresso em seu primeiro contato com uma psicóloga estagiária do NAVI (que deixou o núcleo antes do início deste trabalho de campo):

> — [Acho] que quando ela escutou eu ali falando, acho que ela chorou, entendeu? [...] Acho que ela não aguentou porque é forte quando você dá os detalhes, assim, do acidente, entendeu? E, para isso, você tem que ter um coração... Você tem que ser muito forte. Entendeu? Porque você escutar cada pessoa, ela vem ali sobrecarregada de dor, né? Então, acho que, assim, ela não aguentou. Então, eu sei que eu também contei detalhes do acidente do meu filho que era o que tava pesando na minha mente, entendeu? Aí, uma [estagiária] saiu. Aí, eu peguei, fui e participei da reunião em grupo.

Posteriormente ao atropelamento de seu filho por um caminhão e de ter presenciado o seu corpo machucado, e revivendo a situação ao lidar com documentos de óbito e com o B.O., Marcela recupera situações do comportamento de seu marido na sequência, tendo-a deixado: “[Na] hora que o médico falou que meu filho tinha falecido, a primeira coisa que a irmã dele foi fazer foi me chamar de assassina, entendeu? Daí, ficou falando um monte de coisa, falou um monte de merda para ele. E ele decidiu, né? Ele escolheu entre a família dele lá, né?”. Segundo ela, seu marido se comportou de forma a não sentir “culpa”, arranjando outra família menos de um ano depois. Assim, somam-se diferentes situações “negativas” àquelas da proximidade com a morte — como analisado com Melissa —, compondo a memória relativa àquele período.

Cláudia vivenciou situações semelhantes no rescaldo da morte de seu filho em um acidente de moto. Em todo aniversário de morte de seus filhos, ambas costumam fazer publicações em suas redes sociais lembrando do dia de morte "como se estivesse acontecendo novamente, [pois] esse tipo de coisa não se esquece", como coloca Marcela. Cláudia lembra de seu último almoço antes da perda, no dia seguinte, tendo ficado sem fazer uma refeição durante três anos. De forma semelhante, Joana ficou sem comer feijoada por anos, pois foi o almoço de sua filha no dia de sua morte. E ela fica mexida quando vê embalagens de leite fermentado Yakult, pois havia dele comprado a pedido de Mariana, e ele nunca foi consumido por ela devido à fatalidade. Cláudia inicialmente enfrentou, além das agressões do marido, críticas de seus pais por suas idas ao NAVI e pelas buscas por apoio. Eles teriam demorado a entender como ela se sentia e os benefícios do núcleo em sua vida, segundo a mesma.

Uma das coisas mais lembradas por Cláudia foi o seu primeiro contato com Joana. Ela ficou sabendo de sua história e comparou à sua própria:

> — A Joana [me marcou quando cheguei ao NAVI]. A Joana, tadinha... Porque ela só tinha uma filha. Foi o que eu falei [...] à Joana. Eu olhando todas aqui, que falam e começam a reclamar, "eu perdi meu filho". Aí, eu penso: "Poxa, eu tô aqui reclamando, mas ainda tenho uma filha. E a Joana que só tinha uma? Deus levou e ela não tem nenhuma". Aí, eu procuro me colocar no lugar [dela]. Eu procuro me colocar no lugar de todo mundo. Mas a Joana... A primeira coisa que vem na cabeça é a Joana. [...] Porque ela só tinha uma filinha dela. Só tinha uma filha. A Mariana. Meu filho se chamava Davisson [fica um tempo silêncio]. Ele gostava muito de brincar. Quer ver uma foto dele? Brincar. Ele era muito brincalhão. [Procura uma foto] A minha filha é mais velha. Minha filha tem 33 anos. Meu filho, quando

> perdi, tava com 25. Agora em dezembro ele ia fazer 29 [mostra foto do filho, da filha e dos netos]. Meu filho não deixou filhos.

Joana, em nossas conversas, por vezes retomava a adolescência da filha. Disse que teve de "segurar a onda" dela, pois foi uma adolescente rejeitada pelo pai — o que as aproximou. Em outros momentos, voltava-se para as atividades anteriores à morte de Mariana e para a situação de contato com ela.

> — E a gente tava muito envolvida nesses últimos meses por conta do casamento. Principalmente abril, a gente tava muito indo para shopping, para as coisas com a minha irmã, com minha sobrinha, ver sapato, ver isso, ver aquilo. Então, foi muito intenso nossa relação ali naquele tempo, né? De repente, puf, acontece. Quando eu recebi a notícia de que ela tinha sofrido um acidente, mas ainda não sabia o que que era, eu vim... Até eu questiono a minha reação. Porque eu sou muito contida com as minhas reações, sabe? Eu sou uma pessoa equilibrada demais para certas coisas, sabe? Eu não sou uma pessoa escandalosa. Eu nunca fui uma pessoa de... Sabe? De fazer escândalo [...]. E da Mariana eu vim [olhar o acidente], quando cheguei [lá], lógico... Vi aquele... Mas eu não, eu não... Naquele momento não era para eu... Eu vi o corpo... Quer dizer, não vi o corpo. Vi o saco preto, o tênis dela, né? All Star branco.

Esse momento está muitas vezes presente em sua mente. E, após um tempo da perda, Joana teve de voltar a trabalhar no Detran. Não sendo concursada, teve de retornar rapidamente, segundo ela. Com isso, relata ter vivenciado situações com falas "desajeitadas" que a magoavam: "Eu, quando voltei para o trabalho, encontrei uma menina aqui no corredor [que disse]: Nossa, você é uma guerreira. [...] Como você tá no começo [do luto, você pensa]: 'Caraca, tá dando a sensação de que eu não senti a morte da minha filha. Que guerreira?!'". Hoje ela diz entender realmente ser uma guerreira, mas que não queria escutar aquilo no momento, "e nem outras coisas mais".

Roberta diz nunca ter imaginado ficar e morar sozinha. Ela residiu sempre com seus pais e, na morte do pai, continuou com sua mãe. Mesmo com a expectativa da morte dessa (por causas naturais), ao menos, tinha seu namorado de longa data, Carlos. Ela lembra do companheiro:

> — [Ele] não morava aqui, mas estava sempre aqui. [...]. Nos falávamos todos os dias, todos os dias. Nós nos falávamos. Então, de repente, nossa... Fiquei sem chão. Fiquei sem chão. Primeiro foi a mamãe, né? Aí, três meses depois, foi ele tragicamente lá no aterro do Flamengo. Mas, antes, nós estávamos pensando: "Bom, quem sabe agora pensar em morar juntos, ficar juntos" etc. [...] Nesse meio tempo, entre o falecimento da mamãe, quando ele ainda estava vivo. Aí, começamos a conversar, pensar, conversar sobre isso, né: "De repente agora vamos poder morar juntos". Juntos... Mas infelizmente não deu... Não deu nem tempo. O que nós estávamos começando a pensar, planejar, não houve tempo. Porque foi tudo muito rápido. Então, não houve tempo. Não houve tempo para nada. Então, nunca pensei em morar sozinha, ficar sozinha. Nossa, no início foi muito difícil. No início. Nossa, eu até mudei o layout aqui da sala. Eu saía, tudo bem. Quando eu saía era maravilhoso, mas quando eu metia a chave na porta e abria a porta, meu deus do céu, tava vendo os dois! Assim, sentados. Um sentava do lado do outro. A mamãe tinha uma cadeira e ele sentava no sofá. Então, eu abria a porta e tava vendo os dois lá sentados.

As lembranças de ambos em casa são pujantes, mesmo com as mudanças por ela promovidas na arrumação do ambiente. Isso desperta várias situações em sua cabeça, como o aniversário de 88 anos da mãe e o planejamento de uma grande festa para os 90 anos: "Nós estávamos de festa. [...] Ela ia fazer 90, eu ia fazer 65. Já estávamos mais ou menos pensando e coisa e tal, mas não houve oportunidade. Não era para ser, para acontecer. E de lá para cá não comemoro mais meu aniversário, não faço mais nada". "Comemoração" era algo feito com a mãe. Com a morte dela, seguida da de Carlos, deixou de ser algo desejado.

A fatalidade com o namorado, no entanto, foi a que mais mexeu com Roberta:

> — Porque a mamãe tava com problema de saúde, né? Eu não queria vê-la sofrendo, eu não queria vê-la naqueles aparelhos. Então, mas ele... Nossa, ele foi uma morte trágica. Estúpida. Eu estava esperando ele em casa. Ele não chegava, ele não chegava. E o pior disso tudo você não sabe: eu vim saber pela televisão. Eu soube pela televisão. Aquilo ali quase me matou, literalmente. Eu quase que enfartei literalmente. [...] [Nós] começamos a pensar em morar juntos. Fazer uma união estável, entendeu? Que nós não tínhamos união estável. Foram 30 anos de relacionamento. Mas não tínhamos nada por escrito, nenhum documento por escrito. Então, assim, fazer uma união estável, começando a pensar em morar juntos etc. Mas não houve tempo. Não deu tempo para nós realizarmos isso. Entende? Aí, nos dedicarmos um pouco mais um ao outro porque, de uma certa forma, eu me dediquei mais à mamãe. Foram quatro anos que eu me dedicava mais à mamãe. Né, às vezes ele tinha algum evento, ele ia. Ia ao show do Roberto Carlos sozinho e tal. Eu não ia proibir ele de ir: "Não, vai não!". Pelo contrário: "Vai sim". Por que eu não posso ir? Não é porque eu não posso ir

> que ele não vai. [...] Pelo contrário. Ele também era muito bom. Uma pessoa muito boa. Às vezes, aos domingos, eu queria descansar – esse quarto [à nossa esquerda] era da mamãe, o sofá [ficava de frente ao quarto]. Aí, o que que nós fazíamos? Ele deitava no sofá para ficar de olho na mamãe enquanto eu dormia aqui no meu quarto para descansar, entendeu? [...] Foi uma pessoa que me deu muito apoio, foi uma pessoa muito boa para mim. Entendia a minha situação de não poder sair etc. Nunca contestou nada nesse sentido: "Ah, porque não pode isso, não pode aquilo". Não. Nunca falou, nunca contestou. Mas infelizmente aconteceu, né? O que vai fazer? É muito chato, mas vamos tocar para frente. Mas é muito difícil. Vou dizer para você, é muito difícil.

E adiante volta a contar sobre a situação de morte, imaginando as ações finais do ente querido e o momento do acidente:

> – [Ele] faleceu no aterro do Flamengo. Ele estava caminhando. Ele estava caminhando, como todo domingo ele fazia de manhã. Primeiro ele ia caminhar. Ele estava caminhando na pista de lazer. Você sabe que a pista de lazer no aterro é fechada? É fechada a pista de lazer. Vieram uns caras lá da Baixada Fluminense, uns motoqueiros da baixada. Eu não sei como eles conseguiram passar pelos bloqueios – né, porque tem uns bloqueios –, eu não sei como eles conseguiram passar pelos bloqueios. Eles alegaram que erraram o caminho. Erraram o caminho. Infelizmente, ele estava caminhando na pista lazer. Os caras simplesmente invadiram a pista de lazer. Pegaram ele, mataram. Ele morreu na hora! [diz batendo as mãos com força em cada palavra]. Não houve nem tempo de ser socorrido. De nada. [Aconteceu] na pista de lazer. Eles eram lá da Baixada [e estavam] no aterro. Disseram que erraram o caminho da praia. Agora, como eles

> conseguiram passar pelo bloqueio? Não sei. Assim como foi ele, poderia ter sido uma senhora, uma criança, uma outra pessoa. Mas infelizmente foi ele. O cara ali tranquilo, na dele, caminhando.

Colocar-se na situação de morte de um ente querido é algo comum na descrição das pessoas que estudei, tanto com policiais, ao se remeterem às ocasiões de ferimento ou falecimento de colegas, quanto com as mães, como é o caso de Roberta e de Zélia. Essa, por mais de uma vez, lembra da morte de sua filha e a detalha (a partir dos elementos revelados pelas investigações a que teve acesso), sofrendo a cada vez que faz isso. Durante todo o tempo de nossa primeira e mais longa conversa, quando abordou a situação de morte, Zélia deixou a televisão ligada. Ela perguntou se me incomodava e explicou que o som, o burburinho, a deixa mais tranquila, distrai sua cabeça, e que ela faz isso há anos. No sofá, em frente à parede, há um quadro e uma estante com fotos[64] de Ludmila. Durante a nossa primeira conversa, uma grande cachorra (Amanda) ficou o tempo inteiro lá deitada – era "herança de Ludmila, [que nos] deixou várias alegrias", afirma. Uma série de lembranças por objetos e pela própria cachorra estão dispostas e expostas pela casa: o último xampu usado pela filha e a bolsa comprada por Zélia quando grávida de Ludmila, por exemplo. Sua fala abordava esses objetos, dúvidas sobre minha pesquisa, filmes que viu e a fizeram pensar na luta por justiça – sempre voltando à Ludmila por fim.

---

64. Principalmente em relação às assistidas do NAVI, há amiúde a mobilização de fotos em uma conversa, em que lembranças se apresentam em termos quase visuais (Casey, 2000). O efeito muitas vezes pode ser uma montagem em movimento e/ou de cenas se sucedendo em uma dada ordem, levando o pensante "de volta" à cena que rememora.

A situação de morte de Ludmila e suas imagens tomavam forma a partir de diferentes tópicos de conversa. Em um momento, ela comentou sobre Deus a partir de um filme por ela assistido e perguntei se ela tinha religião. Ela me respondeu:

> – Então, eu só acreditava vendo [que nem São Tomé]. Não sei se por causa da minha profissão... [...] [Eu] era assim, eu tinha que ver para crer. E, olha, a minha filha saiu do jeito que você está, assim, perfeito, quando ela se despediu de mim. A gente não morava aqui [na Zona Sul], a gente morava no Grajaú. [...] A gente tava fazendo curso para delegada. Eu estava fazendo e ela também, estava nas últimas provas. Já tinha feito as provas... Tinha passado, sei lá. E eu tava fazendo curso para delegada num curso. E, aí, na volta, eu falei: "Ludmila, aproveita, minha filha, que você sai 9 horas [da noite], vai embora daqui para lá para casa, para não ficar muito tarde na estrada". [Ela quis voltar para sua própria casa mesmo assim]. Entrei no carro e ela me deixou na porta. Eu falei para subirmos, pelo menos, para tomarmos uma água. [Ela respondeu]: "Mãe, eu tenho que me ir embora e eu quero agradecer por tudo que você me fez. Tudo o que eu sou e o que eu serei, eu agradeço a você. Se eu morrer hoje, mãe," – isso no dia que aconteceu – "Deus vai chegar lá em cima e vai perguntar: 'Ludmila, você quer descer agora ou você quer descer depois?' [Eu vou responder que] só quero descer quando eu puder vir filha da Zélia". [...] Aí, ficou combinado da Ludmila, quando ela chegasse em casa, ela me ligar. Ela saiu lá de perto de mim devia ser umas quase 10 horas, eu imaginava umas 11 horas ela me ligar. Aí, eu fiquei esperando. Aí, quando foi umas 11 horas e pouco, 10 horas e pouco, ela falou assim: "mãe, viu por que" – ela já estava na rua, estava a caminho de lá – "viu por que que tem esse engarrafamento aqui na Avenida Brasil? Eu tô parada, tô aqui em

cima do gasômetro". Até hoje eu não consigo ouvir falar em gasômetro... "Tô aqui em cima do gasômetro num engarrafamento, por isso que eu ainda não te liguei, eu ainda não cheguei em casa. Mas assim que eu chegar em casa, eu te ligo. Vê o que que é que tá acontecendo, que tá esse engarrafamento e me liga para dizer o que que é". Eu liguei a televisão, pow. Aí, tava na Globo News falando da morte daquele Mello Porto, aquele juiz do trabalho, um juiz do trabalho que tinham assaltado ele, foram assaltar e mataram ele. E, aí, mal eu liguei, mal ela falou, mal ela desligou, eu liguei a televisão, vi o noticiário e liguei de novo [para ela]... [Já] não consegui falar com ela. Caía na caixa postal. "Ludmila? Ludmila?". Fiquei tentando o tempo todo. Meia-noite, uma hora. Então, eu nem dormi naquela noite. Aí, quando foi 5h, 6h da manhã [...] eu pedi [ajuda para] todo mundo, né, que eu conhecia por causa dos cafés da manhã [no Batalhão da PMERJ]. Eu conhecia muitos policiais[65]. Os colegas também. Aí, pedi para ver: "passa um rádio para ver se tem alguma coisa. Se ela está em algum lugar". Aí, quando foi de manhã veio a notícia de que eles tinham visto um carro pegar fogo numa comunidade. Eles entraram lá para ver e, aí, digitaram a placa. Porque a placa não conseguiu apagar mesmo com o fogo. E, aí, viram que o carro estava no nome da Ludmila. Estava no nome da Ludmila... E aqueles ossos carbonizados poderiam ser os dela ou não. Digamos que eles tivessem levado para a favela e lá eles botassem uma outra pessoa dentro e tacassem fogo, largassem a Ludmila em qualquer lugar. O que poderia ter acontecido. Mas era ela mesmo. Entendeu? Então, assim, eu tive que acreditar na hora do enterro que aquele corpo era o dela.

---

65. Quando era advogada, Zélia chegou a organizar e a participar de cafés da manhã em diferentes BPMs da PMERJ para promover uma aproximação com os policiais atuando nas localidades onde ela trabalhava.

> O caixão foi fechado. Porque não tinha corpo! Só tinha uns sacos de ossos carbonizados, corpo não tinha. Eu nem sabia que tinha isso tudo que tinha sido carbonizado... E eu queria ver era o corpo dela. Então, mesmo sem ver, eu tive que acreditar que Ludmila morreu. Olha São Tomé aí falhando.

Apenas depois de um longo período, pois ainda houve demora em descobrir se as cinzas eram mesmo de Ludmila, Zélia decidiu — em suas palavras — "levantar da cama", se "arrumar de advogada" e lutar para descobrir quem matou sua filha (até aquele momento, algo não resolvido). Após avanços na investigação, descobriram que no dia da morte de Ludmila (que, como antes mencionado, estava grávida) nasceu o filho de um dos assassinos. Este, aliás, levou a bolsa da Ludmila para presentear a mulher pela gravidez e pelo parto.

No entanto, ele teria chegado em casa machucado, queimado e com marcas de sangue, não ajudando a sua mulher, que passara mal durante à noite. Com o dinheiro da bolsa da Ludmila — duzentos reais da pensão de seu pai, pegos mais cedo com Zélia —, a mulher foi para o hospital e teve o filho. Zélia diz: "Com esse dinheiro [a Ludmila] ia fazer o almoço do domingo — ela morreu na sexta. Ela ia fazer um almoço, ia fazer um almoço no domingo, para inaugurar a casa. Ela tava indo para inaugurar a casa. [...] Mataram ela no meio do caminho". Os detalhes de uma morte, assim como as situações geradas a partir dela, são lembrados não em sua totalidade, como já abordado, mas ao longo do tempo e as pessoas voltam a eles, reinterpretam (redirecionando os atos de atenção para diferentes elementos), colocam-se no lugar das pessoas envolvidas, o que causa efeitos variados em suas histórias. E isso se dá independentemente do tempo passado desde o acidente. No livro organizado por Maria José em 2011, por exemplo, há casos relatados de pessoas cujas "experiências extremas" ocorreram na década de 1980. A própria fundadora do grupo, ao conversar comigo, fala da força da lembrança dos entes queridos e do acidente mesmo com a passagem dos anos.

Vejamos alguns relatos do livro *Seguindo a estrada*, a maioria detalhando o dia e as situações imediatamente anteriores e posteriores aos acidentes. Um dos capítulos é assinado por João Carlos Tavares e Rosângela Amâncio dos S. Tavares — embora pareça escrito principalmente pela mãe, com o texto na primeira pessoa do singular —, pais de Suelem, morta em um acidente de carro. O texto inicia-se com a mãe descrevendo a filha em sua infância e revelando a sua própria dificuldade de ter amigos, de forma que Suelem tornou-se sua grande companheira. Ela diz ter rezado sempre pela proteção de seus filhos. Então, passa ao acidente:

> **O DIA:** O dia 10 de março de 2002 amanheceu claro, lindo e ensolarado. Acordamos cedo e, juntas como sempre, tomamos café. Depois dividimos tarefas — ela foi arrumar a cozinha enquanto eu me ocupava com as demais coisas da rotina. Terminados os afazeres, falei com João que iria até a casa de minha mãe, que não andava passando bem. Suelem cismou de ir comigo, enquanto eu insistia para que ela ficasse com o pai. Ele estava com uns furúnculos no rosto, causando inchaço, e precisava de cuidados. Apesar do meu pedido, Suelem insistia em me acompanhar. Por algum motivo desconhecido, eu não queria que ela fosse atrás de mim naquele dia. Diante de sua insistência, acabei concordando, desde que na hora do almoço ela fosse servir o pai. Ela assentiu, e então nos arrumamos e fomos. Na hora combinada, ela voltou para casa, cuidou do pai, arrumou a cozinha novamente e retornou à residência da avó — onde eu estava —, contando o que tinha feito. Já era por volta das duas da tarde e nós, na tentativa de reanimar minha mãe, ficamos ali, rindo e brincando, porém o dia ia passando e mamãe não melhorava. Em um dado momento, minha irmã mais

velha me chamou e pediu para que, juntas, levássemos nossa mãe ao hospital, pois já estava tudo certo para a sua internação, embora isso fosse contra a vontade dela. Eu, claro, concordei em acompanhá-las, pedindo apenas para dar um pulinho em casa para arrumar as roupas da escola das crianças e o uniforme do João. Assim, chamei Suelem e Douglas para irmos embora, mas ela não queria ir comigo. Eu disse que não a deixaria, até porque o pai não gostaria que eu chegasse em casa sem as crianças. Apesar de meu cunhado ter se prontificado a levá-la mais tarde, Suelem queria ficar mais um pouco. Não cedi e ela acabou seguindo comigo. Assim, nos despedimos e fomos embora. Douglas, num piscar de olhos, perdeu-se de mim (talvez por sorte). Pedi que a minha irmã o mandasse para casa assim que aparecesse. No caminho, parei para falar com a sogra da minha irmã caçula, pois ela queria saber notícias de minha mãe e de meu marido. De mãos dadas, Suelem e eu conversávamos com ela quando, naquele instante, observei que começaram a passar vários carros e motos buzinando e gritando, o que causava um barulho ensurdecedor. Fiquei preocupada, pois pensei ser um tiroteio e eu estava ali na calçada com Suelem. Fiquei com receio de que alguma bala perdida pudesse nos atingir. Despedi-me e saí com Suelem, agora já abraçadas e felizes, e recusei a carona oferecida por meu irmão, pois já estávamos chegando em casa. Quando entramos na nossa rua, várias colegas de Suelem lá estavam, sentadas na calçada, conversando — mostrei-as a ela. Ela sorriu, e como se me pedisse consentimento para ficar ali, disse que me amava e me deu um beijo, indo posteriormente se juntar ao grupo. Passei por ela e continuei subindo a rua. Quando cheguei ao portão de casa, não consegui abri-lo. Então voltei para o meio da rua e chamei por ela. Ela se levantou e disse que a chave estava com o pai, e voltou a sentar-se com as colegas. Eu chamei meu marido e entrei. Jamais imaginei que aquela imagem de Suelem, voltando ao encontro do grupo, fosse a última que eu teria dela com vida. Ao entrar, deparei-me com João Carlos com o rosto completamente inchado. Peguei o telefone e, enquanto pedia os remédios já receitados para ele, ouvi muitos gritos, os quais começaram a me incomodar. Chamei meu marido e falei com ele sobre os insistentes gritos de horror. Ele achou que fossem os vizinhos assistindo a jogos de futebol. Continuei incomodada com as vozes, que surgiram de forma repentina. Vendo meu desconforto, João Carlos decidiu levantar-se e, mesmo sentindo-se mal, foi se certificar da situação. Só que ele estava demorando. Então larguei o telefone sem concretizar o pedido dos remédios e me lembrei de que Suelem ficara na rua. Naquele instante, algo tomou conta de mim e eu, desesperada, corri ao encontro da minha menina. No caminho, encontrei meu marido transtornado, e ele disse para eu não descer a rua, pois algo horrível acontecera. Desesperada, olhei para a calçada onde Suelem ficara e não a avistei. Gritando seu nome desci a rua, pois exatamente lá havia um tumulto. Ao me aproximar, vi uma de suas amigas, desfalecida e toda machucada, sendo socorrida. Prossegui, até que me deparei com uma cena insuportável: minha filha querida completamente imóvel, toda quebrada, queimada e ensanguentada, caída naquele chão sujo. Em choque, eu gritava o mais alto que eu podia: "Salve a minha filha, Senhor! Não deixe que ela se vá!" Embora não houvesse mais nada a fazer, vi minha filha respirar e algumas pessoas acharam que eu estava louca, entretanto, eu e Deus sabemos que aquilo não foi uma ilusão. Pouco depois os bombeiros chegaram e foi constatado o óbito. Só aí eu me dei conta de que minha grande amiga já não fazia parte desse mundo: minha filha tinha morrido. Mas como acreditar nisso? Eu não queria acreditar,

> embora meus olhos vissem. É muito duro! Fiquei sem chão, desabei, estava quase louca e não me imaginava acordando sem minha filha no dia seguinte. Enquanto isso, outros parentes, que nos foram muito prestativos, ainda mobilizados pela dor, cuidavam do sepultamento do jeito que meu marido pediu (Amaral, 2011, p. 26-29).

Já Landes Borges Bernardo perdeu o seu filho ainda há mais tempo, em 1989, e também cobre seu relato com reminiscências detalhadas da situação de sua morte, imagens e tonalidades afetivas claras quanto ao ocorrido. Seu filho, Ronald, com menos de dois anos, foi atropelado por um policial embriagado:

> No dia 28 de fevereiro de 1989 tínhamos um casamento para ir à noite e Ronald, já com um ano e sete meses, estava radiante, esperando a hora de vestir sua roupa nova — um pequeno terno. Então, à tarde, preparei as roupas, coloquei sobre a cama, e para passar o tempo, fui para frente de casa conversar. Deixei Ronald brincar um pouco com os coleguinhas da vizinhança. Fiquei de lá, observando a alegria e liberdade de meu filho, que para a vida olhava, descobrindo ainda os seus mistérios, enquanto eu, com todas as dificuldades, me sentia completa e feliz. Em certo momento, meu pequeno dirigiu-se a mim e pediu água. Sem imaginar que algo pudesse ocorrer, dirigi-me ao interior de minha casa, enquanto deixei o portão aberto. No subúrbio, é muito comum essa parada no portão. De onde eu estava, ouvi um barulho ensurdecedor e, desesperada, corri em direção à rua. Ao chegar lá, avistei Ronald caído, com dois coleguinhas vizinhos. Lembro-me de que sua cabeça estava apoiada sobre o corpo de uma menininha, e até ali eu não sabia de quase nada. Acho que, ainda em choque, percebi o vermelho do sangue das crianças espalhado pelo chão e vi que algo grave acontecera, enquanto o

> fusca de um policial, à paisana, bêbado, fugia, deixando aquela cena infeliz sobre a calçada. O miserável tinha perdido a direção do veículo (Amaral, 2011, p. 147-148).

Ronald morreu no hospital. Landes diz ter sido a pior coisa de sua vida, pois o menino era o ser humano que melhor completava sua vida "já tão sacrificada". Ela ainda diz: "Quando o pequeno caixão branco e azul desceu solo abaixo, gritei desesperada, sabendo que, a partir dali, só teria Ronald em minha memória, pois seu corpo logo nada mais seria além de seus ossos. Era o fim". Essa morte deu início a uma série de situações complicando ainda mais a vida de Landes: seu marido viciou-se em drogas e ela recebeu ameaças de pessoas próximas ao policial. Como afirmam os estudados nesta pesquisa, as pessoas lidam com memórias de contato com a morte em diversos momentos presentes, é algo que "nunca se apagará".

Por fim, abordo aqui a história da própria criadora do NAVI, Maria José. Vejamos o relato no próprio livro organizado por ela – contando com detalhes os momentos e as imagens que sucederam à situação de contato com a morte:

> Minha mãe e minha única filha, Carolina, já haviam me acompanhado várias vezes [no] instituto de crianças especiais [onde trabalhava]. Na noite anterior ao dia 20 de dezembro de 2000, minha mãe havia dito que não gostaria de ir à festa de Natal das crianças e que ficaria em casa. Então, decidi que levaria Carolina comigo, se ela quisesse. Observei que as duas acabaram adormecendo no tapete da sala. Como eu havia cochilado, acordei tarde da noite sendo chamada pela minha sobrinha Gisele, me perguntando onde estavam sua prima e sua avó. Respondi, sonolenta, que estavam na sala, mas ela disse que já tinha ido lá e não as havia visto. Fui com ela e vi as duas abraçadas dormindo no tapete. [...] Ao acordar, chamei Carolina para ir trabalhar comigo e ela aceitou,

mas logo adormeceu novamente. Fui me arrumando e, quando já estava pronta e tentava acordá-la para ir comigo, minha mãe disse: "Ela não quer ir, deixe-a em casa." Pensei duas vezes. No fundo, sabia que a minha mãe cuidava muito bem dela e, mesmo querendo que ela fosse curtir a festa comigo, deixei-a com mamãe. Pensei que talvez dessa forma até pudesse auxiliar mais na festa. Saí de casa, peguei meu carro e fui por aquele percurso longo pensando em Carolina. Queria tanto que ela estivesse comigo que cheguei a me arrepender de não tê-la levado. Durante o dia ainda tentei ligar para a casa, mas o barulho era ensurdecedor no evento natalino do Instituto. Lembro-me de que ganhei muitos presentes para Carol e, no final, saí levando um pedaço de bolo para as duas, como eu sempre fazia [...]. No caminho de retorno, dei carona a uma amiga, com quem eu falava sobre algumas dificuldades, pois chegara o Natal e eu nem mesmo tinha dado um trato no cabelo. Após me ouvir e saber que passaria na casa dela, minha amiga se ofereceu para pintar meus cabelos. Aceitei, comprei a tinta e lá íamos nós. No retorno para a minha casa costumava pegar um trajeto, mas especialmente naquele dia desviei o caminho para outra rua, já que decidira conhecer o apartamento daquela amiga. Quando cheguei à Rua Uruguai, no Andaraí, observei que o trânsito tornara-se lento, engarrafado. Comentei com a colega e ela justificou dizendo ser o período de Natal. Seguimos e logo ela me alertou de que havia um acidente fatal e que eu não deveria olhar porque estava dirigindo. No local, passei o olho e avistei aquele terrível plástico preto e comentei o quanto deveria ser difícil perder um parente naquela época. Jamais passou pela minha cabeça que algo estaria acontecendo com alguém querido naquele momento. Segui o meu caminho e nem pensava mais na situação. Subi no apartamento de minha amiga e elogiei o espaço. Como pensava que minha mãe e minha filha me esperavam em casa, ela começou a pintar os meus cabelos rapidamente, para eu terminar logo e poder ir embora. Pouco depois, a outra amiga que morava com ela chegou. Iniciamos uma conversa animada e, no decorrer do papo, ela comentou sobre o acidente ocorrido. Minutos depois, meu celular tocou. Era meu ex-marido, pai de Carol, que do outro lado da linha disse: "Que história é essa de que a Carol e a sua mãe sofreram um acidente?". Ali, perdi os sentidos e em fração de segundos, senti a pior sensação já experimentada, ao associar o acidente anterior ao que ouvira. Comentei com as meninas e corri para a rua com a tinta ainda nos cabelos. Queria ver o que não queria constatar. Com as colegas, peguei um táxi e voltei ao local do acidente. Vi o par de sandálias da minha mãe solitários de seus pés e uma multidão olhando um corpo envolto em um plástico preto [...]. Ali eu já sabia que aquele acidente que eu vira anteriormente não acontecera com os outros, mas com as minhas pessoas queridas. Parada e apavorada, ouvi alguém dizer: "Coitada!", enquanto outra pessoa me trouxe um copo d'água. Eu olhava inerte aquele corpo que tanto amava, que tanto me acolheu e ajudou. Por alguns minutos nem sequer pensei em minha filha, pois até ali não sabia quem eu amava mais. Minutos depois, perguntei: "Minha filha, cadê minha filha?" Um policial me chamou e disse: "Ela foi para o hospital, mas não saiu daqui nada bem." Reencontrei minhas amigas e o taxista já não estava mais lá. Peguei outro táxi e, da Rua Uruguai ao Hospital do Andaraí, sofria e pensava que já não tinha minha mãe, que precisava cuidar da minha filha. Imaginava as estratégias que eu poderia arquitetar para que nada lhe faltasse; para que conseguíssemos viver sem a minha mãe. Ao entrar no hospital, ninguém queria me receber, mas eu queria ir para junto de minha filha. Posteriormente, fui chamada por um médico e uma assistente social. O médico começou a dizer: "Fizemos o que foi

> possível, mas...". Eu completei: "Ela morreu". [...] No interior da funerária vimos pela última vez o corpo de nossa filha, que vestimos e enfeitamos. Observei que ela tinha escoriações na testa e em uma das pernas. Enfeitei a sua testa com flores, escondendo a lesão. Minha mãe já viera pronta, talvez pelos elevados traumas provocados pelo choque. Houve o velório. Muita gente, muita dor e indignação. A empresa na qual o motorista que as atropelou trabalhava em momento algum se pronunciou ou se prontificou a dar algum tipo de ajuda Amaral, 2011, p. 81-85).

Maria José me contou que, naquela época, trabalhava muito — em hospitais e depois no próprio Detran. Mas, além de permanecer "avoada" ao longo do dia, "desabava" ao chegar em casa, lembrando e sentindo falta de sua família, rememorando o dia das mortes. Ela morava apenas com sua mãe e sua filha, dizendo não ter mais ninguém. Somente com o tempo conseguiu mobilizar sua experiência para fundar o NAVI e ajudar demais "vítimas diretas e indiretas do trânsito".

Lembranças particulares e seu compartilhamento

Apesar de similaridades na forma como os policiais estudados recuperam situações de ferimento, tensão e morte ao falarem de suas carreiras, como cadeirantes do Renascer discorrem rapidamente sobre seus acidentes, logo passando às dificuldades pós-ferimento ao abordarem suas vidas, e como assistidas do NAVI veem-se cercadas de lembranças de contato com a morte a todo momento, não está implícita aqui a necessidade de se conceber a evocação e a localização das lembranças por quadros sociais a servirem de pontos de referência à reconstrução, como colocaria Maurice Halbwachs (1990).

Para esse autor, a memória individual existe, mas está enraizada em quadros sociais da memória. Nossas lembranças seriam coletivas e elas nos seriam acionadas pelos outros, mesmo se tratando de acontecimentos nos quais somente nós estivemos envolvidos e com objetos que apenas nós vimos; pois o mundo jamais seria vazio de humanos e de influências, benéficas ou malignas, ainda que apenas projetadas. Carregaríamos conosco uma bagagem de lembranças históricas externas a nós e passíveis de serem ampliadas pela conversação ou pela leitura. Como evidenciam Schmidt e Mahfoud (1993), a lembrança, para Halbwachs, é reconhecimento e reconstrução: reconhecimento na medida em que porta o "sentimento do já visto" e reconstrução, por um lado, porque não é repetição linear de acontecimentos e vivências do passado, mas sim um resgate desses no contexto de um quadro de preocupações e interesses atuais; e, por outro, porque é diferenciada, sendo uma reformulação do passado. Estas duas características são centrais para a ideia de memória actancial, como aqui desenvolvo. Mas o autor complementa sua tese afirmando que tais elementos só fariam sentido no âmbito de um grupo de referência, ou seja, a partir de uma representação coletiva.

Porém, não parece haver evidências da necessidade de tal referência. Os seres aqui estudados apresentam autonomia na forma de pensar/retomar suas experiências (de partida compostas por diferentes lembranças-imagens) em relação a seus colegas, principalmente pelos efeitos constatados e projetados em suas vidas[66]. Por exemplo, daqueles trabalhando no Rio de Janeiro, na PMERJ, vivenciando trocas de tiro e perdendo companheiros igualmente: Pedro é mais crítico à desconfiança da corporação para com praças,

66. Embora possa haver uma forte "ressonância afetiva" (Peters, 2018) dos seres com relação a certos grupos, dando moldes aos "filtros cognitivos" dos indivíduos – o que foi explorado, por exemplo, por Collins (1981, 2004). Irei me profundar nesse ponto no Capítulo 3.

considerando situações de risco imediato algo normal da função policial (embora demande mais apoio emocional da própria polícia), e apenas deseja a passagem do tempo para se aposentar em um cargo mais alto na hierarquia; Nádia não almeja voltar às ruas — o risco de morte a faz pensar em desistir da carreira, apesar de considerar a PMERJ muito boa; Hélio e Antony querem continuar na polícia, tratando-a como uma instituição muito justa, tomando as experiências de perigo como comum a despeito de suas gravidades; Eduardo dorme mal após as muitas atuações com risco de morte, mas "normalizou" o contato com essas e agora se sente mal justamente por as rotinizar, ressentindo-se da corporação e de seu pouco apoio médico/jurídico aos praças.

Pollak (1989; 1992) evidencia como um indivíduo não se encontra totalmente submetido aos "quadros sociais da memória", pois administra as influências vindas de fora no intuito de construir suas próprias recordações. Em relação aos PMs, aos cadeirantes e às assistidas do NAVI, embora possam todos lembrar (sozinhos ou dentro dos grupos) de situações similares de ferimento, tensão e morte, suas memórias variam quanto aos elementos destacados em cada lembrança e aos efeitos constatados/projetados[67]. Suas memó-

---

67. Não identifiquei no trabalho do NAVI e/ou do Renascer, ou junto dos assistidos individualmente, algo como um repertório normativo (Barbot; Dodier, 2015). Este se trata do conjunto de expectativas normativas às quais se refeririam os atores em suas avaliações, permitindo identificar sobre quais anseios primam os indivíduos para se posicionarem em relação a "dispositivos" (definidos como encadeamentos preparados de sequências destinados a qualificar ou a transformar estados de coisas por intermédio de um agenciamento de elementos materiais e linguísticos) e entender melhor o lugar dessas expectativas articuladas entre si. Por fim, tais repertórios jogariam luz aos esquemas de julgamento produzidos pelos atores relativamente a essas expectativas (Dodier, 2016). Neste trabalho de campo, variou amplamente, e para além das três expectativas constatadas por Barbot e Dodier (2015), o que esperavam os seres de suas participações nos grupos de apoio. Mesmo a Justiça nem sempre era colocada como fator principal, por exemplo.

rias são constituídas de formas distintas. Segundo Pollak (1992.), por exemplo, as memórias incluiriam ao menos três elementos: acontecimentos, personagens e lugares. Os acontecimentos são eventos que uma pessoa vivenciou — diretamente ou não, pois também podem ser vividos a partir do pertencimento do indivíduo a um determinado grupo. Por exemplo, um PM ter medo de trabalhar em certa localidade, sem nunca ter entrado nela, por conta das histórias contadas por colegas da corporação (a experiência como troca interativa). Os personagens das lembranças são aqueles que fazem parte do círculo direto de convívio de um determinado ser ou pessoas tidas como conhecidas devido a sua relevância como figuras públicas. Como vimos, um parente falecido é personagem constante na lembrança de seus familiares e os lugares são a base para o desenvolvimento das memórias de um sujeito. Eles podem ter sido realmente frequentados durante certo tempo ou terem sido incorporados de modo indireto às suas experiências. As pessoas conectam suas experiências aos espaços frequentados, como PMs desconfiados de certas áreas da cidade do Rio de Janeiro pelos perigos lá já enfrentados; outro exemplo é a dificuldade de lidar com um local por relacioná-lo com a morte de um ente querido, como o gasômetro para a Zélia. Esses elementos das lembranças-imagens devem ser destacados para compreendermos os efeitos duradouros das "experiências extremas" em cada pessoa. Mostrarei na seção seguinte como eles podem ser lidos como três componentes diferentes daquilo que se convencionou chamar de actantes, constitutivos das lembranças. Apresentarei uma definição mais precisa adiante. Por ora, entendamos os actantes como diferentes componentes relevantes para uma narrativa e, por isso, passíveis de inclusão em um mesmo quadro de análise e de mobilização (diferentemente) por cada ator, constituindo diversamente suas memórias.

Pollak (1990) mostrou como uma mesma lembrança quanto ao Holocausto seria uma das bases mais fortes da comunidade judia berlinense e alemã ao final do século XX, reconhecendo a necessidade da coesão do grupo contra toda a agressão potencial. Ainda assim, haveria grande diversidade de representações dos indivíduos em relação a sua ligação com o grupo. Suas entrevistas individuais colocam em jogo, indiretamente, uma multitude de definições do grupo e de ligações com o passado. Logo, há tanto uma dimensão da constituição de memórias envolvendo experiências vividas diretamente quanto experiências herdadas, aprendidas e transmitidas aos indivíduos por grupos de referência, mas retrabalhadas por cada um — não sendo totalmente fiéis à "realidade", como destaca Rios (2013); e não indicando, necessariamente, a existência de uma memória coletiva. Lembranças podem se basear, inclusive, em invenções ou em associações, ainda que não intencionalmente, como por eventos repetidamente vistos em reportagens na televisão, o que tomou forma mais de uma vez em conversas no BPM estudado.

A "experiência extrema" é em geral difícil de ser comunicada — algo reconhecido pelos próprios seres e na literatura envolvendo situações/eventos de mortes, massacres e rompimentos diversos —, pois carrega em si uma "esquisitice" (Pollak, 1990, p. 248). Uma ruptura com o passado e com o porvir projetado nesse "passado pregresso" confere a esse tipo de experiência a característica de algo fora do tempo e do espaço, tornando difícil associá-la a algo crível; desestabilizando-a, por vezes, em relação a pelo menos um dos elementos delineados por Cefaï (enumerados acima). Há ainda a "esquisitice" das condutas conseguintes dos sobreviventes, ligadas aos contextos específicos das situações de perigo, tensão e morte, como mães questionando a si mesmas por não terem chorado mais intensamente no falecimento dos filhos e atletas do Renascer arrependidos por destratarem as suas próprias famílias. A experiência extrema seria, então, "absurda". Isso é algo sobre o que os coletivos buscam dar conta, mas respeitando as histórias pessoais.

Schütz (1979) coloca que um indivíduo se orienta nas situações da vida a partir das "experiências que armazena" e, assim, do "estoque de conhecimento que tem à mão". Esse "estoque" seria estruturado de vários modos, não estando livre de incoerências e contradições. Ele diz:

> Toda interpretação desse mundo se baseia num estoque de experiências anteriores dele, as nossas próprias experiências e aquelas que nos são transmitidas por nossos pais e professores, as quais, na forma de "conhecimento à mão", funcionam como um código de referência. [...] O estoque de conhecimento à mão serve como um código de interpretações de experiências passadas e presentes, e também determina a antecipação das coisas que virão. Esse estoque de conhecimento tem sua história particular. Foi constituído de e por atividades anteriores de experiência de nossa consciência, cujo resultado tornou-se agora uma posse nossa, habitual (1979, p. 72-74).

No entanto, não trato na presente pesquisa da atitude natural por meio da qual se vê as coisas pelo hábito (em que o conceito parece estar mais bem investido). As experiências extremas introduzem novos elementos na memória, inclusive novas formas de interpretação da própria vida (do passado vivido), de forma a se desmanchar um "estoque de conhecimento" moldando antecipações – para além dos hábitos cotidianos comtemplados na actancialidade ampla da memória. Pensar em termos de memória actancial, ou seja, pelas lembranças de situações (e suas imagens) a causarem efeitos constatáveis na vida corrente, nos oferece mais elementos para captar a "mecânica" da memória em sua alteração dos elementos "fortes" atuantes nos seres, dos sentidos imputados a coisas diversas e da apreensão dos tempos presente, passado e futuro (mais exatamente, o porvir), tensionados ou não por grupos.

A lembrança como dispositivo e sua actancialidade

Iniciar com as lembranças-imagens é estratégico para a compreensão dos elementos que aqui caracterizo como actantes, os múltiplos componentes das lembranças de ferimento, tensão e morte a atuarem potentemente sobre os seres em suas ações correntes. Analisarei agora aquilo realçado pelas próprias pessoas em relação a suas reminiscências de contato com a morte, nas quais destacam pessoas, lugares, objetos, ocorrências, pratos de comida, roupas, entre outras possibilidades e em conjunto, todos esses elementos mostrando forte actancialidade nas definições correntes de situação.

Um actante[68] – ideia derivada da semiologia de Algirdas Julius Greimas, em seu estudo dedicado a analisar narrativas – é aquele ou aquilo que pratica ou sofre um ato, seres ou coisas a participar de um processo (Greimas; Courtés, 1979), fazendo diferença na narrativa. Trata-se de um ente (podendo ser uma pessoa, uma ideia, grupo(s), coisa(s), entre outros elementos) dotado da capacidade de influenciar as ações de outros. Bruno Latour (1987) utiliza-se do conceito em seu próprio modelo, inclusive na teoria

---

68. Inicialmente, aqui, representado por imagens e por objetos, não se traduz no lugar de memória [*lieux de mémoire*], como proposto por Pierre Nora (1989). A preocupação desse autor está relacionada à "aceleração da história", em que o presente "derrapa em um passado histórico que não existe mais" (a quebra do passado). Nesse sentido, os lugares de memória são onde a memória cristaliza-se: tendo sido destruída, há sua personificação em certos locais em que o sentido de continuidade histórica persiste (museus, arquivos, emblemas etc.). Nora afirma existir uma "memória real", assim caracterizada por oposição à história, uma reconstrução sempre problemática e incompleta "do que não é mais". É neste âmbito de discussão que o autor afirma não haver mais memória espontânea, e sim apenas material, simbólica e funcional.

do ator-rede (Latour, 2012), construindo logicamente a simetrização[69], a "inclusão de todos os entes contidos em uma situação em um mesmo plano analítico, não os diferenciando em termos de agência, ou melhor, de actância (o que permitiu analisar os seres humanos e os não humanos em um mesmo quadro)" (Werneck, 2014a, p. 29). A actância diz respeito à potencialidade de um ser não simplesmente em termos de decisão (e, nesse sentido, de agência), mas de influência no quadro situacional. É algo a demonstrar efetividade (Werneck, 2012) e são diversos os "papeis actanciais" passíveis de serem assumidos por um actante (Greimas; Courtés, 1979, p. 11). Com isso, torna-se possível analisar, em um mesmo quadro analítico, a potencialidade de influência de um ente em determinado contexto, independentemente de suas variações de "tamanho" (Callon; Latour, 1981) ou de "grandeza" (Boltanski; Thévenot, 2020).

Os actantes das memórias foram expressos de duas formas pelos atores:

a. por falas e por narrativas compostas de lembranças (recordações diretas);
b. a partir dos elementos que os estudados relatam terem pensado ou terem surgido repentinamente em suas mentes relativos à vivência de alguma situação passada, ou seja, a partir das lembranças de suas próprias recordações durante uma situação pretérita.

---

69. Que o autor mobiliza com cuidado: "A ANT [teoria ator-rede] não é — repito: não é — a criação de uma absurda 'simetria entre humanos e não humanos'. Obter simetria, para nós, significa *não* impor *a priori* uma *assimetria* espúria entre ação humana intencional e mundo material de relações causais" (Latour, 2012, p. 114 — grifos do autor).

Em momentos presentes, tais actantes podem ser *gatilhos* para as lembranças de experiências extremas, justamente por terem feito parte dela ou a ela remeterem; de forma que essas experiências enviesam ações correntes e planejamentos futuros. Em um segundo momento, abordarei diretamente os efeitos em curso das lembranças em diversas situações, mostrando como essas passam a serem definidas como de sofrimento, de tristeza, de dor, entre outras possibilidades.

Os actantes de lembranças-situações da proximidade com a morte

Cada grupo estudado tem um conjunto de elementos em comum que "mexe" com os seus participantes, remetendo às mortes ou aos ferimentos vivenciados/presenciados. São os componentes centrais das lembranças em questão, os quais tomaram forma na maioria ou em todas as narrativas, apesar da heterogeneidade das experiências — eles atingiram saturação na pesquisa (Glaser; Strauss, 1967). Para as assistidas do NAVI, por exemplo, trata-se das roupas de seus entes queridos, a própria casa onde moram, as ruas dos acidentes, determinados hospitais, jovens com fisionomia similar à dos falecidos, publicações antigas dos filhos em redes sociais. Para os policiais do BPM, são os locais com grandes possibilidades de confronto armado, as próprias fardas e armas, sons altos (estouros), a cor vermelha. E, para os atletas do Renascer, além de alguns actantes em comum com os citados acima, as próteses, as cadeiras de rodas, carros em velocidade etc. A partir de agora, me deterei mais detalhadamente nos vários actantes, assim definidos no final deste tópico.

Ao longo de meu trabalho de campo, Marcela e Cláudia tiveram que lidar com as postagens antigas de seus filhos em redes sociais, seja por as buscarem voluntariamente ou porque o Facebook, com seu mecanismo/ferramenta de "lembrar" ao usuário algo realizado na rede anos atrás, expôs mensagens antigas. Marcela, por exemplo, conta que um dia checava rapidamente a rede social antes de sair de casa, quando lhe foi apresentada uma antiga publicação em que ela e seu filho faziam dois anos de amizade na rede. Isso a fez sentir tristeza naquele momento e ela mostrou aos outros tal mensagem, dizendo: "A saudade é grande que chega a doer". Tal postagem, como outras, pode simplesmente surgir ao longo do dia e despertar, como ela diz, "saudades do meu pequenininho". Claudia também, desde 2014, lida com imagens e mensagens passadas de seu filho no Facebook, relatando "uma imensa dor", algo "sufocante", ao vê-las e lembrar de sua morte — o que ocorre, sobretudo, nos aniversários de nascimento e de falecimento. Joana, por outro lado, relata buscar ativamente a rede social para ver "as milhões de mensagens" que sua filha deixou registradas, procurando, desta forma, ainda estar em contato com ela. São elementos (as redes, as mensagens, as fotos) que funcionam como gatilho para lembranças, muitas vezes de dor.

Os actantes mais comuns se encontram, como parece evidente, em casa, como coloca Maria José: "Tem pessoas que guardam [...] a roupa, guardam uma série de coisas, não querem perder essas lembranças, essa parte material, entendeu? Com o tempo também, algumas vão se desfazendo". A partir de sua própria experiência com a morte e no atendimento a outros, ela afirma: "Aquilo tem um significado grande para aquela pessoa. [...] Elas não querem só lembranças da mente, elas querem também a lembrança material. E a gente tem que respeitar tudo". Incluem-se aqui roupas, cadernos, computadores, pôsteres, porta-retratos e qualquer outro bem relacionado ao ente querido falecido. Claudia, inclusive, conta que sua família reclamava do "excesso de recordações" em sua casa, de forma que sempre a aconselhavam a sair de sua residência ou a se desfazer dos objetos de seu filho para "diminuir o sofrimento". Mas ela diz gostar de ficar sozinha na casa, sabendo hoje lidar melhor com as coisas deixadas. Regina chegou a mudar a arrumação e os móveis de sua morada, como relatado anteriormente: "[M]uita saudade, muita recordação, muito isso, muito aquilo que não estava me fazendo bem". A própria disposição da mobília remetia a seu cotidiano com sua mãe e seu namorado e todos os bons momentos vivenciados juntos, caracterizando o presente como solitário e triste. Zélia cerca-se de fotos de sua filha ainda bebê, de sua própria cachorra ("herança" da filha), de roupas e cosméticos utilizados por Ludmila quando viva. Em todos os casos, são coisas que elas gostam de ter para lembrar dos entes queridos, mas que, ao mesmo tempo, geram forte incômodo por despertarem um desejo de voltar ao passado e de estar novamente com os finados — o que pode suscitar a própria lembrança de falecimento deles.

Como exibido no Capítulo 1, um dos focos de atuação do NAVI se dá sobre os momentos em que se tem que lidar com os documentos relativos ao falecimento, auxiliando e apoiando as vítimas consequentes-próximas. A documentação atestando a morte da filha de Zélia, por exemplo, faz com que ela se imagine no lugar da filha (imaginando como seria se o crime tivesse ocorrido com ela mesma), rememorando os momentos da descoberta "da covardia" cometida e sentindo novamente o impacto da situação — são fortes actantes. Como relatam os psicólogos do NAVI, o atestado de óbito e o B.O. "levam [uma pessoa] diretamente à situação" de morte, sobretudo logo após o falecimento de um parente. Maria José, Joana e Cláudia falam sobre a dificuldade de terem verificado os documentos e lido os fatos "como se fosse novamente" o momento do acidente/crime. É algo que mexe muito com Marcela, que sempre se emociona ao lembrar de sua dor ao travar contato com tais documentos. Ela diz:

> – Por mim, eu nem teria dado entrada logo no DPVAT, entendeu? Eu não queria mexer com os documentos do meu filho. Não queria naquele momento. Eu queria deixar mais para frente. Aí, o pai [do meu filho disse]: "vai logo lá ver isso, não sei o quê". Tem até três anos para ver isso. Eu sempre leio. Não adianta, você vai pegar um documento, você vai ler. E, ali, cada documento que eu pegava sobre o acidente do meu filho, aquilo ali ia me matando. Eu vi o meu filho como ele ficou lá no chão, eu vi tudo isso. Quando veio aquele laudo cadavérico aquilo acabou comigo. Né? Porque aí você vê cada detalhe que foi quebrado, que foi sofrido, que causou, o que faltou, o que fez. Entendeu? É a causa da morte do seu filho. [...] Tudo detalhado. Vem falando tudo. Embora eu vi como o meu filho veio... É horrível. Aquele papel ali é horrível. É horrível. E eu deixei para ler ele no dia que eu ia para lá pro NAVI, reunião em grupo, né? Naquele dia eu não fiquei bem. Naquele dia que a Dnilda viu que realmente eu não tava bem. [...]. Porque ela falou que eu cheguei muito forte. *Até que quando eu li aquele papel é você voltar para o dia do acidente, é você sentir a dor sofrida, é você sentir cada pancada, é você sentir cada coisa*, entendeu? (Grifo meu)

Tais documentos levam Marcela diretamente à situação de morte de seu filho. Eles são lembranças objetivas, contando com seus próprios actantes na descrição: o corpo da pessoa, onde foi encontrada, quando, com que danos etc.

E ela também foi uma das mães que relataram "ficar emocionada[s]" ao se depararem na rua com pessoas de fisionomia similar à do filho. Uma das atividades organizadas pelo NAVI em 2017 foi uma visita a um orfanato. Todas as participantes aprovaram e gostaram da iniciativa, mas isso suscitou algo em Marcela: "Teve uma menininha, que ela chamou muito a minha atenção, muito mesmo. Eu gostei muito dela. Se eu pudesse, eu pegava ela e carregava para mim. [...] [E] achei também que tinha um pouquinho da aparência do meu filho. Um pouquinho, entendeu?". Ela relata já ter tido problemas anteriormente com um menino que era da escola de seu filho perdido, pois eles se pareciam (tinham semblante similar, o mesmo tamanho e usavam o mesmo uniforme). Ela tinha vontade de abraçar a criança, mas com medo de causar estranheza nela ou em sua família. Zélia conta já ter solicitado abraçar pessoas estranhas na rua, pois teriam semelhança física com a sua falecida filha. Algumas, inclusive, aceitaram e sentaram-se com ela para ouvir sua história. As próprias pessoas na rua podem ser actantes a comporem os dispositivos da memória actancial. Elas atuam como gatilhos das situações de morte no sentido de que disparam uma série de lembranças-imagens e de tonalidades afetivas afetando o agir presente dos seres.

Outros actantes comuns na fala das assistidas são os próprios alimentos do dia a dia, capazes de gerar alterações negativas em seus pensamentos por remeterem ao derradeiro prato de refeição do ente querido ainda vivo ou à última alimentação antes da morte dele. São também coisas objetivas no mundo imediatamente conectadas ao falecimento, ao acidente, à sensação de perda, como se vê principalmente com Cláudia, que ficou mais de três anos sem se alimentar adequadamente, e Joana, tendo deixado de comer certos pratos que eram preferência da filha.

Ainda em relação ao NAVI, há certos elementos comuns ressaltados no exercício de lembrar o passado, quando a pessoa está em momento de recuperar a experiência extrema, seja para livros de relatos ou para exposição em uma palestra/apresentação. Trata-se do contexto do nascimento (tudo o que caracterizava aquele como um momento de felicidade) e o da morte do ente querido (tudo o que caracterizou aquele como o pior momento possível), com a grande "quebra" vivenciada bastante detalhada. São comuns construções como a de Dulcinéa e Hildo, pais de Fabíolla, que escreveram ao livro *Seguindo a estrada.*:

> Quando ela se foi, estava no 2º ano do ensino médio, tinha feito curso completo de inglês e muitos outros voltados para a área administrativa. Depois que ela partiu, recebi vários telefonemas, inclusive de grandes empresas, chamando-a para entrevistas e estágios. Era muito difícil responder às ligações sem chorar. Hoje, quando guardo a bagagem de 16 anos de recordações, dá uma saudade tão grande... (Amaral, 2012, p. 109).

As datas de nascimento e de morte, as realizações dos entes queridos, o momento em que entrariam em suas vidas e todos os elementos a darem forma a cada uma dessas situações são muito presentes e geram forte impacto, normalmente mobilizados para expor o sofrimento de perda a algum público. Quanto a festividades, Regina, por exemplo, gostava de datas comemorativas por as planejar com Carlos e sua mãe. Eram "grandes festeiros". Mas ela, agora, parou de celebrar aniversários. Tais datas a lembram de ambos, o que é doloroso para ela.

> — Por enquanto, ainda não tenho mais prazer porque... Não tenho mais prazer, assim, porque ele gostava muito. O [Carlos] gostava muito. Ele programava tudo, ele fazia tudo, ele comprava tudo etc. Era aquela farra e tal, mas eu não... Agora minha tia, minha amiga, me levam para almoçar fora. Aí, nós vamos, almoçamos fora e tal. Não tenho mais aquele... Por enquanto, não tenho mais aquele prazer, aquela vontade, entendeu? Eu sempre gostei muito de comemorar meu aniversário com o aniversário da mamãe. O do papai, o dele, sempre fizemos alguma coisa. Mas agora eu não tenho ainda, por enquanto, ainda não tenho aquela vontade, não tenho aquele prazer de fazer alguma coisa. Desde 2013. 2013 para cá não comemoro mais, não.

No caso do Renascer, desde a prática de um esporte à observação de diferentes tipos de automóveis podem ser gatilhos para as situações de ferimento, tensão e morte. Fred (ex-atleta da equipe de vôlei da PMERJ), ao chegar ao CED observou colegas PMs realizando exercícios físicos enquanto ele buscava iniciar outros tipos de esporte adaptados à paraplegia. Isso o fez chorar intensamente por lembrar de momentos e de atividades que não poderia mais vivenciar, colocando aquele momento como um marco em sua vida, dizendo ter sido esse um encontro com a realidade. Certos tipos de atividades físicas podem despertar nostalgia nos participantes do projeto, levando-os a pensar na "vida como antes" (quando jogavam futebol, corriam com seus colegas, brincavam de pé com seus filhos etc.) ou em seus acidentes. O próprio Fred, assim como outros integrantes do Renascer, logo no início de suas idas ao CFAP foi apresentado pelos coordenadores do núcleo a cadeirantes que hoje contam com veículos (carros e motos) adaptados e, com isso, com "autonomia de deslocamento" pela cidade. Por um lado, automóveis podem ser actantes de momentos passados quando ainda se podia "fazer tudo", alterando negativamente o humor das pessoas frequentando o núcleo por comparações *presente-passado*. Por outro lado, mostrá-los sendo conduzidos por paraplégicos ou tetraplégicos visa os tornar actantes de lembranças positivas para ações futuras. O deslocamento pela cidade ou mesmo dentro da própria casa é uma das grandes fontes de assuntos entre os atletas.

Nas rodas de conversa no CFAP, também se costuma discutir sobre cadeiras de rodas, próteses e sondas — objetos que agora são parte de suas rotinas. A cadeira de rodas, a princípio, em um pós-acidente, pode ser mais uma fonte de abatimento para as pessoas, que por vezes a negam e preferem ficar em casa sem qualquer locomoção. Melissa, por exemplo, demorou a aceitar seu quadro cada vez mais grave de saúde, evitando usar muletas em um primeiro momento e, posteriormente, sentindo-se angustiada ao ter de passar para a cadeira de rodas. Lucas relata ter tido medo da cadeira de rodas, de tombar com ela e de não saber usá-la corretamente. E nenhum deles queria ser visto e "julgado" pelos outros na condição de cadeirantes. Apenas com o tempo assumiram com segurança essa fase de suas vidas, não se importando ou discutindo com aqueles "os diminuindo". Lucas também relata a extrema vergonha sentida no passado ao sair de casa, por conta da possibilidade de sentir vontade de urinar e do fato de necessitar, para isso, de uma sonda, o que o desagradava, além da carência de locais adequados para realizar o procedimento. Tais objetos são actantes cujo próprio surgimento nas vidas dos pesquisados está ligado à situação de ferimento. É uma lembrança contínua, presente, com que eles lidam a todo momento, sobretudo nas conversas em rodas com outros cadeirantes.

Assim como ocorre com as assistidas do NAVI, contextos de acidentes e as consequências imediatas são relatados detalhadamente desde o ferimento, o primeiro contato com os médicos, o momento em que se soube da lesão/morte, as dificuldades enfrentadas junto às famílias, até o sentimento presente de "vazio" — cada uma das situações marcada por actantes comuns. Melissa, por exemplo, abordou sobre o seu atropelamento, a respeito daquilo que pensou no pós-acidente imediato (ainda em cima da calçada), o que fez naquela noite, cada exame médico e cada diagnóstico, o que sentiu quando descobriu a doença, a decisão de mandar o seu marido embora, a iniciativa dele de procurar e descobrir sobre a doença, o pai que se aposentou e ficou cuidando dela após o próprio enfarte (pois eles não poderiam pagar por uma cuidadora), a amiga de infância também a ajudando, os medicamentos e o procedimento para recebê-los, a entrada com processos na Justiça para receber os remédios corretamente, a adaptação do carro, a adaptação da casa, as ofensas de que ela seria "menos mulher", as dores (ainda presentes), entre outros elementos. Processo semelhante é seguido por Lucas, que fala de quando foi alvejado, passando pelo cuidado e decisões de sua mulher que se tornou enfermeira, de seus mais de sete anos sem sair de casa, dos sentimentos negativos e do desestímulo vivenciado, da obesidade, até chegar ao Renascer. Essas lembranças são delineadas e se tornam vividas por cada um dos actantes que a compõem. Apreender os actantes mais valorizados por cada um dos seres a partir de suas lembranças nos permite uma compreensão mais aprimorada do impacto das situações de ferimento e morte, além do consequente remodelamento do viver cotidiano e dos planejamentos futuros.

No caso dos PMs, lida-se principalmente com objetos ligados à profissão. Vejamos uma fala de Nádia após comentar sobre a morte de seu colega ainda em formação, quando foi identificado como PM e executado na rua:

> — Eu não gosto de andar armada. Vou para a rua normal, fico mais tranquila. Mas com meu noivo, que também é policial, ele só sai de arma. Aí, com ele, eu levo também porque qualquer hora a gente pode ser assaltado e vão ver a arma, vão matar na hora. Aí, eu tenho que estar protegida também. Mas sozinha, não levo. Vindo pro trabalho, guardo a farda numa gavetinha, não deixo nem fácil de achar. É uma tensão a mais, isso muita gente não sabe. Se você for assaltado, os bandidos vão te abordar, pegar suas coisas e ir. A não ser que você reaja de alguma forma, pegam suas coisas e vão. Com o policial, não. Vão te roubar, ver tua farda, arma, e vão te matar na hora. Ou querer de humilhar, te torturar, para depois matar. Isso vocês não sabem como é. Passa na cabeça sempre. A gente liga um alerta toda hora. Carregar farda, arma, é assim. Mas quando saio sozinha, não levo arma. Mas fico atenta.

Por conta de experiências passadas comunicadas para ela e com a morte de seu amigo, Nádia tem em mente os objetos que podem a colocar em risco: são actantes atuando como gatilhos, fazendo-a pensar em possíveis situações de ferimento e morte, inclusive para seu marido. Nesse mesmo sentido, as estatísticas de morte de policiais, compartilhadas pelos colegas de BPM ou pela corporação, divulgados na mídia, estejam corretos ou não, são lembrados e mobilizados para justificar atitudes de cautela no cotidiano. Somam-se a outros elementos e contribuem para a definição de várias situações como ("muito possivelmente") de perigo. Os PMs entrevistados mobilizavam tais dados para ratificarem suas compreensões de mundo (hostil):

> **NÁDIA:** — Quero fazer alguma comprinha, supermercado, shopping: é desarmada. Se eu ver alguma coisa acontecendo, por exemplo, não posso reagir. Sem farda, não vou reagir. Não vou sacar a arma e tomar risco de tomar um tiro ou de causar um tiro em alguém. Quem morre mais é na folga, justamente, você sabe disso [cita o número de PMs mortos até aquele momento em 2017]. Se eu ver algo ocorrendo, alguma ocorrência, ligo, aviso, dou ajuda, faço o que der. Se tivesse fardada, não tem jeito. É meu dever. Toma atitude, estou com a arma. Resolvo. Agora, sem a farda, não posso fazer isso. E de vez em quando estou com a minha família, minha mãe, não vou colocar ninguém em risco. Mas fico atenta, olho para as pessoas, para a movimentação.
>
> **EU:** — Como [quando está fardada]?
>
> **NÁDIA:** — É, mas não levo arma. [...] A gente fica na nossa. O reflexo é esse, tem todo esse cuidado. *Porque a gente sabe o que pode acontecer*. Nem saio armada. (Grifo meu)

Pedro, ao relatar uma situação de um colega ferido na Avenida Brasil com um tiro na barriga e em que uma civil foi alvejada na cabeça, ambos socorridos por helicóptero, comenta o número de PMs mortos (que observa nos jornais). Ele diz não querer ser o próximo e fala sobre seu deslocamento pela cidade com identificadores da PMERJ:

> EU: — Você disse "Que o próximo não seja eu", [que isso passa na sua cabeça durante o trabalho].
> PEDRO: — Pô, passa, passa. Foi o que eu tava te falando: a gente, às vezes, é refém da própria falta de serviço que a polícia hoje em dia não está podendo prestar. Entendeu? Foi o que te falei, [começo o trabalho] 5h da manhã. E vem. Eu moro em Realengo, ó: passa ali, Sulacap [...], passa por umas ruas que você pensa assim: "pô, se nego fechar a rua aqui para roubar, eu tô lascado". Porque sozinho numa hora daquela... Entendeu? [...]
> EU: — [Conversando com outros PMs, inclusive, comentou-se do cuidado no deslocamento com farda, arma. Você também tem, então?]
> PEDRO: — Tenho, tenho, tenho. Eu, hoje mesmo, vim de carro para cá porque, como hoje ainda é meu primeiro serviço, eu não tinha armário. Então, eu trago uma bolsa com isso tudo aqui, né, com coturno... Óbvio que é uma bolsa grande, né? Como é que eu ia vir no trem com uma bolsa daquelas? Vai chamar atenção. Pode ser o que? Roupa para vender ou então... Tá entendendo? Mas no próximo serviço meu, de repente, eu vou vir e talvez alguém estranhe.

Tanto Eduardo quanto Adinea (falando sobre suas rotinas passadas) afirmam que, quando estão fora do serviço, armas e documentos significam um perigo para suas famílias e para suas próprias seguranças no deslocamento pela cidade. Eles sabem/carregam histórias de perigo vivenciadas por amigos que os deixam em alerta. Antony também evita andar armado ou com a farda pelas ruas, especialmente se estiver com sua filha, pois a colocaria em risco. Não apenas no deslocamento na cidade à paisana, mas também em uma atuação oficial e perigosa surgem na mente dos PMs imagens da própria família e pensamentos de "o que será deles?". Nas situações de extremo perigo, por exemplo, a família torna-se um forte actante. Nelas, se misturam lembranças da vida cotidiana, ponderações sobre a segurança da família e possibilidades múltiplas de ferimento e morte. Como demonstra Eduardo:

> EU: — Naquela situação da emboscada, [você disse que pensou na família]
>
> EDUARDO: — Pensei! "Morri, e agora? Como é que vai ser? Como é que vai ser? Como é que minha esposa vai andar?". Andar, assim: como é que ela vai conseguir seguir com a vida dela, com meu filho, com todo mundo? Como é a assistência da Polícia? Será que vai sair rápido o dinheiro dela? Manutenção, essas coisas. Você pensa um montão de coisa. Então, passa tudo [na cabeça].

Pedro também conta já ter pensado em sua filha e em sua mãe enquanto vivenciava uma troca de tiros e outras situações de alta tensão, pensando nas "coisas mais importantes que tenho na vida", como fala. A lembrança dos entes queridos faz "pesar" ainda mais a situação de perigo, alguns comentam, no sentido de que imaginar a família possivelmente desamparada em caso de morte ao longo de uma ocorrência torna essa baixa ainda pior, configurando uma vivência no mundo, em termos analíticos (como veremos adiante), distópica.

Antony retoma trocas de tiros, a impossibilidade de fuga, o socorro a colegas feridos, a necessidade de seguir ordens e a falta de apoio em ocorrências de perigo para falar da atividade policial. São os elementos atuantes de suas lembranças ao falar do "ser PM", mesmo que de forma muito breve. Fred, por vezes, em conversas no Renascer, recordava do perigo da "vida policial". Em um diálogo com seus colegas sobre futebol, como antes abordado, ele retoma o que pensava de torcedores de torcida organizada: "Um cara desses, com uma garrafa, ele me mata. Com uma garrafa, quebrada ou não, ele me mata na hora". As atitudes de violência física das torcidas organizadas de futebol — agressões, vandalismo e brigas generalizadas — eram atuantes em sua mente ao longo de ações pela PMERJ quando na ativa (algo de que se lembra até hoje).

São justamente as cenas de perigo e seus actantes que se tornam mais destacados para a maioria dos PMs. Como visto com Eduardo, ele lembra claramente de tiros, o reboco caindo pelo impacto das balas, a emboscada armada etc. Ele descreve as várias coisas com que lidava nos tiroteios vivenciados. O mais perto que esteve de ser baleado foi ao receber um tiro em seu rádio transmissor, preso na cintura: "[Têm civis] passando na frente, você não pode atirar. Isso numa fração de segundo, de um milésimo de segundo. [O bandido] atira de qualquer jeito. Se pegar em mim ou se pegar no inocente, ele não tá nem aí", recorda sobre o "absurdo" das situações de tensão contribuindo para sua decisão de se afastar das ruas. Adinea discorre de forma semelhante sobre "perigos marcantes" quando a pergunto se pensava em dar apoio a PMs quando ainda fazia rondas:

> — Já! A gente já via isso no claro, claro. A gente tem [contato com] policial ferido desde [o início da carreira]. Há muito tempo. Lá onde eu trabalhei tinha um policial — isso marcou muito também — [chamado] Juarez. Não sei nem como ele está hoje. Ele era um cara extremamente, assim, simpático, né? Então, andava todo arrumado. Era muito alinhado, uma linha 007. Você nem dizia que o cara era policial porque ele andava muito engomado, vaidosíssimo. E ele, num desses dias de trabalho, ele levou um tiro no olho. De fuzil. Assim, ficou MUITO mal. Em estado vegetativo. Aí, eu fui visitar e aquilo me impactou muito.

> Caramba, o cara virou uma plantinha, cara. Assim, não interagia. E aquilo ali foi mexendo comigo e, aí, eu fui querendo fazer outras coisas. Sabe? Não queria mais ir para a rua. Não queria mais.

Sobreviventes de experiências de ferimento e pessoas próximas de falecidos em acidentes lembram, em parte, das situações ocorridas — além das imediatamente anteriores e consecutivas — como cenas compostas de imagens se sucedendo. Uma "flutuação" de temas a partir disso se mostrou constante, mas sempre voltando ao evento ou à proximidade com ele. A lembrança aparece, como destaquei a partir de Ricoeur (2007, p. 23), como um "momento objetal da memória" — um "ponto de interseção entre o espírito e a matéria" (Bergson, 1999, p. 5). Pelo conjunto de situações aqui estudado e pensando uma memória actancial, proponho tratar a lembrança como um dispositivo[70], emergente da conexão entre o "espírito", no sentido weberiano, dos atores e as situações concretas experimentadas.

Falo em dispositivo no sentido daquilo visando dar uma base às pessoas para que possam sustentar suas ações, "representando um instrumento para o melhor empreendimento possível da autonomia dos atores" (Peeters; Charlier, 1999, p. 18). Eles se definem em uma função de suporte, de baliza, de quadro organizador da ação, colocando em ordem a ação do indivíduo. Falar de dispositivos, desta maneira, consiste em pensar a forma mais efetiva segundo a qual o indivíduo é capaz de se situar em seu ambiente, "para domá-lo, modificá-lo, o ingerir e o regurgitar" (Berten, 1999, p. 43). É, como propõe Werneck (2014a, p. 28), "uma coisa da qual se pode lançar mão, algo que pode ser mobilizado para lidar com os desafios

---

70. Seja o "lembrar" uma atividade de reflexão/busca ou uma ocorrência repentina em alguma situação presente.

gramaticais". Lembranças, assim, são, como dispositivos, conjuntos não uniformes de seres, pessoas, coisas, emoções, humores, entre outros elementos – materiais ou não –, aparecendo de forma estática ou como situações, experiências, acontecimentos gerais etc. Esses elementos são actantes, que sempre variam em razão dos próprios seres disporem de equipamentos mentais e físicos também variáveis de uma situação para outra (Freire, 2014a)[71]. Dessa forma, podemos com um mesmo instrumento analítico dar conta da imensa variedade de elementos presentes na experiência das pessoas ao narrarem suas vidas: PMs, mães de vítimas e atletas cadeirantes, ao falarem das situações de morte enfrentadas (direta ou indiretamente) e refletirem sobre seus efeitos, referem-se a variados membros da família, ao contexto em que se deu o acontecimento, ao lugar onde tomou forma, ao que estavam fazendo no momento, ao tratamento recebido pelos colegas de trabalho ou familiares, entre tantas outras possibilidades. Tais actantes e as lembranças que caracterizam são mobilizados dispositivamente pelos atores para sustentarem suas ações, definindo as situações presentes[72].

---

71. Embora, como destacou Zerubavel (1997), participemos de certos "quadros cognitivos em comum", de forma que podemos interpretar uma dada situação da mesma forma ou bem aproximadamente.

72. Esta noção de dispositivo destoa daquela compreendida como a mais relevante por Barbot e Dodier (2017) ao abordarem coletivos de vítimas e as avaliações de seus participantes sobre os estados de coisas que vivenciam (o "trabalho normativo"). O tratamento nesta pesquisa seria caracterizado como funcional por eles, pois o dispositivo estaria avaliado unicamente sob o critério da função a ele atribuída na análise, considerando como secundário o trabalho normativo. No entanto, os autores partem de uma noção de dispositivo como encadeamento preparado de sequência internamente heterogêneo, tendo relações duais para com os ideais dos atores e, então, preenchendo distintas finalidades. Portanto, de partida, como pode ser observado nos parágrafos acima, há uma divergência sobre a compreensão base a respeito de dispositivos.

Quando falo em memória actancial, refiro-me a vivências passadas experimentadas como algo pairando sobre a mente, de bagagens de experiências compostas por variados actantes capazes de influenciar a definição de situação presente. Trata-se, por exemplo, de actantes como os momentos de felicidade no início da carreira, um destrato rude recebido na PMERJ por banalidades, pesadelos envolvendo a própria morte. Retomando o caso de Claudia, podem ser os seus momentos de descontração com o filho, o ente querido vivo nas festividades diversas (Natal, Páscoa), uma emoção específica em relação a algum momento da infância dele, a dor sentida na situação em que foi informada da morte, pessoas da família ligando para ela e a "correria" ao hospital, as marcas de sangue, os aniversários de morte, pesadelos recorrentes envolvendo o falecimento do filho, entre outras possibilidades. Tais actantes dão forma à lembrança (um dispositivo), que é mobilizada ou que surge repentinamente em um momento presente ou no planejamento futuro. Com tais actantes flutuando multitemporalmente, a memória (por meio do dispositivo das lembranças) atua naquilo que entendemos ser passível de ser efetivado, sendo actancial no sentido de ser ativa na interpretação e na geração de consequências presentes e futuras, isto é, nas definições de situação pelos atores. Não abordo a "presença da memória" – em termos gerais – por esta determinar ou dar forma às comemorações e aos rituais componentes da sociedade (Connerton, 1999; Santos, 2013), mas busco delinear os mecanismos de operação, a mecânica e os actantes das lembranças que compõem a competência dos atores em dar prosseguimento a suas vidas, em diversas situações cotidianas, após experienciarem o contato com a morte causada por terceiros.

À medida que esse conjunto dá forma à memória actancial – como que sociologizando a "memória-ativa" de Bergson (Lapoujade, 2012, p. 21), não sendo apenas uma reserva de sentido, mas uma energia corrente –, ele apreende os tempos conjuntamente: retoma o passado paradigmático por meio de dispositivos da lembrança, compondo o agir presente e projetando futuros possíveis. Abarca-se, com isso, uma dimensão múltipla de temporalidade, pois a relação entre os tempos não é comunicada por um único caminho e formato (Santos, 2013). Trata-se de uma forma de a memória ser actante no presente partindo de um (ou mais) momento(s), situação(ões) ou rotina(s) paradigmática(s) passada(s) (aqui envolvendo o risco de morte), incluindo projeções sobre futuros possíveis e não implicando apenas questões temporais isoladas, mas uma composição com afeto, emoções e energias que as fazem fluir. Trata-se, assim, de uma forma de compreender a memória intimamente relacionada à prática presente e ao porvir.

Portanto, aqueles elementos indicados por Pollak como componentes da memória (acontecimentos, lugares e personagens) tomam forma nesta pesquisa como alguns dos actantes a comporem de forma distinta as lembranças de cada pessoa. Tais actantes entrelaçam-se de formas múltiplas, uns mais realçados nas lembranças do que outros, o que pode eventualmente mudar em uma situação futura. Mas estão sempre em associação: "Um actante ganha força somente associando-se com outros" (Latour, 1988, p. 160). Por exemplo, em todas as falas analisadas, um importante actante são os lugares, sempre associados a outros actantes distintos: seja pela morte de alguém que lá tenha ocorrido, pelos objetos indicando (a possibilidade de) ferimento, por terem sido frequentados por um parente quando vivo ou antes de uma mudança brusca no corpo etc. O lugar como actante evoca lembranças dele próprio quando visitado – como destaca Casey (2000) ao abordar a memória-lugar –, causando uma sensação de "já estive aqui" positiva, negativa, neutra ou variável a depender dos outros actantes atuando juntamente com ele nas reminiscências.

Efeitos em definições de situação

Nora (1989, p. 8) define a memória como "um laço que nos ata ao eterno presente". O objetivo deste capítulo é buscar compreender uma das formas como pode se dar essa "presença" da memória. Proponho, com base em minha pesquisa, concebermos a atuação vigente da memória por meio de uma das formas possíveis de sua efetivação, essa que venho chamando de memória actancial. Nela, os componentes/dispositivos (as lembranças) e os elementos capazes de lhes dar forma (os vários actantes) conformam certas experiências do "agora" e do futuro segundo definições de situação anteriormente vividas, embora abertas a interpretações outras. Aqui, lida-se com situações de ferimento, tensão e morte, cujos objetos a perdurarem na mente dos atores podem se tornar os actantes capazes de oferecer preensão a determinados sentidos da vida corrente, de forma que a efetivação de ações se liga a eles.

Lembrar-se, no sentido de um dispositivo da memória, "é ter uma lembrança ou ir em busca de uma lembrança" (Ricoeur, 2007, p. 24). Essa é uma compreensão de memória fenomenologicamente inspirada. Mas, como já abordado, não falo de uma memória-hábito (Ricoeur, 2007), configurando algo ainda ligado ao presente não declarado como passado — por exemplo, ter aprendido a andar de bicicleta anos atrás e ainda conseguir guia-la. O tipo de lembrança aqui enfatizada é aquele que traz de volta algo não inscrito em práticas diárias e reforçado pela repetição. Retomando o par de opostos de Ricoeur, não é nem apenas uma evocação, nem somente uma busca (um esforço de rememoração): ambas formas são possíveis na memória actancial, dependendo de como pesam na caracterização de um fenômeno imediatamente vivido.

Pensemos junto com a afirmação de Bergson (1999, p. 69):

> Digamos inicialmente que, se colocarmos a memória, isto é, uma sobrevivência das imagens passadas, estas imagens irão misturar-se constantemente à nossa percepção do presente e poderão inclusive substituí-la. Pois elas só se conservam para tornarem-se úteis: a todo instante completam a experiência presente enriquecendo-a com a experiência adquirida; e, como esta não cessa de crescer, acabará por recobrir e submergir a outra. A lembrança de intuições anteriores análogas é mais útil que a própria intuição, estando ligada em nossa memória a toda a série dos acontecimentos subsequentes e podendo por isso esclarecer melhor nossa decisão, logo, desloca a intuição real, cujo papel então não é mais que o de chamar a lembrança, dar-lhe um corpo, torná-la ativa e consequentemente atual.

O relevante aqui é que as lembranças tomam forma, em uma situação presente, colaborativamente com a ação a ser realizada – como implicado com o conceito mobilizado de dispositivo. A memória e as lembranças que a compõem nos acompanham ao longo da vida, atualizando-se em função das exigências da ação quando em uma situação a ser efetivada. Há certa "utilização" do passado em função do presente – algo próximo àquilo que Bergson e, posteriormente, Schütz chamam de "atenção à vida".

Como afirmou Pollak, e pensando os fenômenos desta pesquisa, a história íntima em seus diferentes âmbitos – e não somente a situação passada de ferimento, tensão e morte – permite retraçar as articulações realizadas pelos seres, seja pela aprendizagem e pelo domínio dos diferentes recursos mobilizados para dar continuidade à vida ou pela capacidade efetiva de lançar mão deles em uma situação dada, pois destaca a constatação própria dos efeitos da situação violenta sobre a vida mental do "sobrevivente", entre outras possibilidades[73]. A partir das distintas situações de contato com a morte, os seres enfrentam situações de sofrimento e/ou de dores extremas (suportam o padecimento de um ente querido; perdem o movimento das pernas; tem pesadelos recorrentes com a mutilação de um colega, por exemplo), de dúvida sobre as próprias potencialidades (de continuar policiando nas ruas após quase ser morto; de sair de casa tendo perdido um membro do corpo), de busca de ajuda (grupos de apoio ou psicólogos particulares), de planejamentos futuros (treinar para se tornar medalhista paraolímpico; fortalecer-se mentalmente para ajudar a mães que perderam os filhos recentemente; estudar e buscar ocupar algum cargo mais alto na hierarquia da PMERJ e se afastar dos trabalhos nas ruas). Tudo isso é tensionado por experiências passadas/presentes que contribuem para a intepretação corrente de novas vivências. Isso exige competência[74] das pessoas para gerirem suas próprias histórias, seus momentos de dor, de dificuldades diárias e de superação e para efetivarem ações e tornarem futuros desejados possíveis.

A recuperação de certas lembranças e os actantes que as compõem modelam percepções e influem em decisões presentes. No NAVI,

---

73. Pollak (1990) analisa os documentos judiciais e a "memória coletiva" cobrindo a vida dos detidos nos campos de concentração, por um lado, mas afirma ser por meio das histórias individuais que podemos traçar as articulações realizadas pelos seres, permitindo entendermos suas decisões dentro dos campos. Ele conecta essas duas dimensões, aprofundando-se na segunda. Aqui, me desvinculo da atenção primeira na "memória coletiva" ou na biografia por si só. Presto atenção em ambas quando atuam na definição de uma situação presente — seja pelo trabalho coletivo nas rodas de conversa ou por alguma ocorrência passada que retorna repentinamente, por exemplo. E quando falo de biografia, refiro-me à ideia de situação biográfica — como veremos à frente.

74. Como antes destacado, no sentido de Boltanski e Thévenot (1999; 2021), é uma faculdade apresentada pelos atores para a desenvoltura em determinadas lógicas de ação.

por exemplo, Marcela se mudou para o Rio Grande do Norte, pois se deparava frequentemente com ruas e lugares que lembravam-na de seu filho (com a mudança, ela diz não ter buscado esquecê-lo, mas procurar novos ares). Regina, por sua vez, procurou permanecer o máximo possível fora de casa para não se sentir deprimida (o cotidiano na própria residência tornou-se "pesado" pelas lembranças de seu namorado e de sua mãe; haveria "dias que bate uma saudade muito grande", deixando-a "deprê"). Cláudia associou cada alimentação à morte de seu filho durante anos, lembrando-se dele, então, a cada vez que sentia fome. Na sala de reuniões do NAVI há uma série de frases em papeis colados na parede, antecipando para os recém-chegados a presença constante na mente de situações de perda e seus actantes: "A gente continua se relacionando com o nosso *filho*. Ele está dentro da gente. Mesmo em silêncio, eu estou com ele"; "Eu acho que a mãe que perde um filho não 'supera'. Ela aprende a viver com essa dor, a lembrar do tempo em que vivia ao lado dele com alegria".

Joana conta a respeito da vontade de morrer no rescaldo do atropelamento da filha e de como teve de superá-la, sobretudo, de noite. O que anteriormente era apenas a hora de dormir, tornou-se angustiante por conta das lembranças e da falta de Mariana:

> — Porque você quer morrer, você não quer viver. Eu já tive momentos de acordar de madrugada, depois daquela que cai a ficha mesmo, de vir aquela coisa no peito, aquele fogo [suspira alto] ... Eu já cheguei a chegar — eu moro em vila, né? — no portão de pijama querendo sair correndo, correndo, correndo. Eu me imaginava na Ponte Rio-Niterói correndo e me jogando lá de cima. Eu chegava no portão [e pensava]: "Meu Deus, o que é que eu tô fazendo aqui?". Maluquice. Eu voltava devagarinho para minha mãe não escutar.

Além disso, noites, datas – como o réveillon, o próprio período de férias e momentos de comemoração – e locais tornaram-se maçantes, levando-a (e à sua família) a abandonar certos hábitos, demorando a adotá-los novamente:

> – Minha irmã tem casa em Saquarema. As férias eram com ela. Mas, às vezes, minha irmã não queria nem levar ninguém, [porém a Mariana] dizia: "tia, já tô com as malas prontas". Ela era madrinha, né? Aí, ela: "Ah, tá bom". Ano novo, último ano novo foi em Saquarema. Minha irmã até ligou e disse assim: "Nossa, a Mariana botou uma roupa que ela tava tão bonita" e não sei o que mais. Quer dizer, [depois da morte dela] ficaram também uns quatro anos sem ir para Saquarema, que todos os anos eles iam para lá passar o ano novo. E não ficaram... Não conseguiam mais ir. Aí, até que um dia ela quebrou. Disse: "Vamos quebrar isso". Aí, eu fui. Aí, nós fomos para Saquarema em [...] 2015 para 2016. Então, você vê, quanto tempo? Cinco anos pra quebrar, né? "Então, vamos junto". Eu disse: "Ah, não sei se eu vou". [...] Então, a gente foi quebrando, foi quebrando, foi quebrando. Porque a gente tem que ir quebrando, né? A gente tem que viver. Não posso impedir que as pessoas vivam, né?

Em relação a lugares marcados, de alguma forma, pelos entes falecidos, Claudia passou a ter o Hospital Rocha Faria – localizado em Campo Grande, bairro na Zona Oeste, onde reside – como local "ruim", buscando sempre passar longe dele em seu dia a dia. Inclusive, não visitou seu pai neste hospital quando ele esteve mal de saúde:

> – Meu irmão até me julgou. Teve uns tempos que meu pai ficou muito mal. Ficou internado no Rocha Faria. Eu perdi meu filho no Rocha Faria. Ele tendo plano de saúde, eu perdi meu filho no Rocha Faria. Aí, meu irmão falou

> que eu tinha de ficar de acompanhante do meu pai no Rocha Faria. Eu falei: "Eu não vou ficar. Não tem quem me obrigue a ficar lá". Porque eu não aguento nem olhar para aquele hospital. Eu não sei o amanhã porque o amanhã só pertence a Deus. Se eu passar mal de uma hora para a outra, me pegarem e me botar lá... Mas só Deus sabe. Eu não consigo nem olhar para aquele hospital.

Cláudia afirma, depois disso, não ter plano de saúde e não se importar com isso, pois carrega como exemplo em suas lembranças o caso de seu filho: "Onde é que meu filho faleceu? No hospital público. Então, para mim, não tem diferença do público pro particular. Se eu perdi meu filho no hospital público, ele tendo convênio particular, então, para mim, tanto faz". Assim procede apesar de pedidos de seus familiares para contratar um seguro de saúde privado. O isolamento e as sensações negativas são reforçados em todos os aniversários de morte, em que dias antes comuns, inclusive as vésperas, passam a ser marcados por extrema dor para as assistidas. Cláudia comentou comigo em diferentes momentos:

> — [Meu] coração está despedaçado. Amanhã [dia primeiro de junho] vai fazer quatro anos que Deus levou meu filho de mim.
>
> — [Eu peço] a Deus que cuide de meu filhinho Davisson aí no céu por mim. [Hoje], se ele estivesse aqui, ele ia fazer trinta anos de pura formosura. [Mas] Deus resolveu levar ele de mim há quatro anos e seis meses, agora eu estou aqui com meu filho guardado em meu coração, [mas] sem poder dar um abraço forte. [Como] meu coração está doendo hoje nessa data.

O efeito dessas lembranças pode configurar um dia inteiro, uma semana ou mesmo meses como dolorosos — normalmente, no caso do NAVI, no sentido do mundo penoso. A definição de situação nesse caso diz respeito a longas durações/períodos extensos de letargia, entorpecimento e/ou sofrimento. Tomemos alguns relatos do livro de Maria José, todos por mães cujos filhos morreram jovens:

> Sinto muitas saudades, e acordo todos os dias pensando nela. Às vezes é uma sensação tão forte que parece que vou explodir. Já senti vontade de morrer, mas tenho meu outro filho e meu marido que também estão aflitos. Hoje eles são a razão do meu viver, e precisam muito de mim (Amaral, 2012, p. 29).
>
> Em primeiro lugar, nesse momento, quero pedir a Deus que me dê forças para escrever este relato, porque todas as vezes em que toco neste assunto é como se estivesse acontecendo tudo novamente. [...]Com esse ato irresponsável [de ultrapassagem no trânsito] causou o trágico acidente que tirou a vida do meu filho e desmoronou a minha família, que nunca mais foi e nem será a mesma. Não há mais alegria em datas comemorativas, como aniversários, Dias das Mães, Natal, Réveillon: nada disso tem sentido para mim. Só há recordações de tristeza (Amaral, 2012, p. 63-65).
>
> Preciso de uma pausa para dizer que muito resisti para escrever isso, porque enquanto escrevo, revivo, choro (Amaral, 2012, p. 84).
>
> Isso foi há quatro anos e, até hoje, mesmo com o dever de seguir a vida, é impossível não chorar quando as lembranças reportam à minha menina. Afinal, se temos que conviver com a ausência – o que já é muito difícil –, a saudade nos acompanha e, às vezes, ela é tão grande que nos consome, ficando maior que nós mesmos. Imagine se eu não sentiria saudades (Amaral, 2012, p. 106).

> Hoje, vivo com muitas lembranças e saudades. É tomando alguns remédios controlados que estou buscando ajuda para sobreviver à minha perda. Há dias nos quais, mesmo em meio a uma multidão, me sinto absolutamente sozinha, é o vazio que fica. O acidente ocorreu em um domingo, dia 27 de fevereiro de 2005, e parece que nunca passa. Ainda é algo muito recente em minha mente e em meu coração (Amaral, 2012, p. 132).

Marcela, na época em que já planejava se mudar de estado, dizia lutar para não entrar em depressão. Um dos efeitos constatados por ela em seu cotidiano era não conseguir mais fazer qualquer serviço de casa. Ela contou uma vez ter ido a uma praça com um pastor, colega seu, depois das atividades na igreja para passear e conversar. Ela diz ter afirmado: "Ah, fazer comida não é muito meu forte, não". E complementou: "Nunca mais eu fui a mesma", referindo-se a não conseguir mais realizar atividades domésticas:

> — Isso aí, caramba, veio como se eu tivesse voltado lá trás. Daí, eu comecei a chorar. [...] Voltado lá trás no início. Entendeu? Porque tem coisas que eu perdi o interesse, entendeu? Não tenho mais, assim, interesse. Às vezes, eu faço alguma coisa ou outra. Mas se fizer também, fiz, se não fizer também, não fiz. Entendeu? A vontade que dá é de eu ficar parada num canto e não sair.

Em um momento de lazer, ao longo de atividades caseiras ou durante uma conversa qualquer, certas atividades presentes podem remeter a situações passadas de dor, alterando a potência do agir corrente. Zélia comenta sobre isso. Vejamos alguns trechos de nossas conversas:

> — Olha, querido, a Ludmila vai fazer 12 anos [de morte] [...]. Mas, para mim, é hoje. Todos os dias eu falo da

> morte da Ludmila e todos os dias eu lembro. Todos os dias, para mim, aconteceu a morte. Entendeu? [Você] fica de pé e mão quebrados, sem ter os braços. Então, eu venho sentindo a volta daquela minha recaída, da morte da Ludmila. Tudo para mim é um gancho para falar da morte da Ludmila. Isso não pode ser negado. E, aí, com isso, eu fico me maltratando. [...] Ah é, ela é sempre presente. Está sempre presente. E eu fico muito triste.
>
> — E, aí, ficava o dia todo [na rua quando se mudou para a zona sul]. E, à noite, vinha exausta para casa. Tinha que chegar em casa, tomar um banho e dormir. Não podia pensar em nada. É, assim, durante a noite.

Quanto aos PMs, a partir das situações de ferimento e de tensão, eles costumam definir uma série de momentos (mesmo na folga, quando vão a shoppings ou visitam parentes, por exemplo) como de "risco de vida" — o mesmo para atletas do Renascer que são ex-policiais. O mundo hostil vivido desde o curso de formação, comunicado pela própria corporação e os dados que o corroborariam, tomando forma ainda nas histórias de seus colegas, no óbito de amigos e/ou em momentos de proximidade com a própria morte, configuram grande parte do dia a dia dos praças. Nádia, por exemplo, comenta sobre "os perigos no Rio de Janeiro" para qualquer atividade: "É diferente [para PMs]. A gente analisa as pessoas, o movimento, indo para shopping, padaria. Fica no carro de olho aberto, já identifica algumas movimentações". E, quanto ao ferimento de colegas, ela diz: "A gente fica muito triste, né? Poxa, afinal são nossos amigos. E a gente sabe: podia ter sido eu, podia ter sido eu". Essa reflexão permeia seus deslocamentos pela cidade e suas preocupações com seu marido.

Em sua tese de doutorado, Letícia Rocha (2013) conta a história de Bruce, um de seus pacientes, que iniciou a carreia na PMERJ em 1986 após tentar entrar cinco vezes. Ele se dizia "um PM de estômago" para atuar nas patrulhas, sendo duro e autoritário. Ao perder seu amigo de muitos anos de trabalho, uma pessoa com quem se arriscou diversas vezes em operações, atingido por "projétil de arma de fogo (PAF) durante serviço", Bruce — que não estava presente no momento da morte — sentiu grande desilusão, deixando de trabalhar nas ruas. Mesmo ele, considerado por seus colegas como muito sério e duro, passou a ter sua mente permeada por lembranças de seu colega e de algumas situações particulares de proximidade com a morte, como quando foi rendido e teve uma arma disparada na direção de seu rosto:

> Estava inquieto [após a troca de tiros], foi um impacto muito grande. Foi difícil de aceitar. Foi difícil de aceitar a perda, não tô acostumado, sempre ganhei, ganhei, um dia perde, aí a cabeça pira, o cara não aguenta, não. Ainda rodei atrás do cara. Toda hora voltava a cena, principalmente o tiro que ele deu e não saiu e depois o primeiro tiro que ele deu com a minha arma, foram os dois lances que mais perturbaram. Voltavam toda hora. [...] Foi difícil voltar a rotina, não consegui. Andar de trem ficou difícil, minha vida era andar de trem. Tudo que lembrava o dia do fato eu evitava, a camisa e a calça que eu usei no dia eu dei, o tênis também. Porque eu olhava e lembrava o fato. Tudo eu mudei na minha rotina, como eu já tava em casa licenciado não precisava pegar trem, só no dia da terapia, tava até evitando no início e vinha de ônibus porque na primeira semana deixei passar oito trens sem conseguir entrar, ficava parado olhando. Eu lembrava, eu indo de manhã naquele dia, olhava o trem, a academia e lembrava. Ficava olhando o trem chegando e lembrando do dia. Ir ao banco também não ia, tirava dinheiro só em caixa 24 horas no mercado, pagava pra sacar nesses caixas mas não ia no banco. Evitava até o

> programa de rádio que ouvia todos os dias. Não estava dormindo direito, dormia bem porque enchia a cara e voltava bêbado e apagava. Aí vi que tava entrando num estágio de alcoolismo, precisava beber pra dormir senão não dormia, aí parei (Rocha, 2013, p. 107).

Diversas situações da vida cotidiana de Bruce passaram a ser "assombradas", definidas, pelos actantes (gatilhos) das lembranças de tensão e morte que ele carregava de suas experiências extremas. Um perigo objetivo no mundo o paralisava – diz, assim, ter passado de um "tigre" a um "gatinho", uma alteração de *self*.

Eduardo descreve as dificuldades presentes como um "acúmulo" de suas experiências passadas, dizendo que "coisas passam na cabeça" quando se está em serviço. Às situações de perigo somam-se os problemas "normais" da vida – contas atrasadas, problemas de saúde, dificuldades conjugais –, agravando-os e eliminando qualquer possibilidade de um trabalho policial "tranquilo". Como diz: "acumula tudo, de repente o cara vai descarregar aquilo ali numa hora de raiva, naquele que teoricamente é teu inimigo, né? Provavelmente até em excesso". Dessa forma, ele alerta para os "desvios" de comportamento e mortes que acabam ocorrendo. Isso o leva a pensar em qualquer situação fora do BPM como perigosa. Ele diz: "Eu vou ficar aqui [no batalhão], eu não vou morrer [na rua], não". Sendo toda atuação na rua uma possível situação de ferimento, tensão e morte, como ele diz, "a pessoa muda". O próprio cotidiano com sua família passa a se deteriorar:

> – A gente ainda tem que ter suporte psicológico, a gente não tem nenhum. Troca tiro hoje, quase perde a vida. Passa 48 horas descansando, te botam no serviço sem amparo nenhum, sem ninguém, nenhum profissional para te dar um apoio psicológico. Acho que nesse tipo de coisa, muita gente não suporta, entendeu? Baixa no

hospital, vai para a reserva ou procura o serviço interno, né? [...] É o apto C, no caso. É o interno com restrições a algum tipo de serviço. [E] você perde sua família na convivência. E se você não dosar isso aí, você acabar levando para dentro da sua casa. Aí, a tua esposa não tá casada com o policial militar, tá casada com o cidadão. Às vezes, você quer levar o que você passa aqui para dentro de casa, aí, você perde a família, afasta os filhos. [A PMERJ não oferece] suporte para desacelerar esse policial. Ele foi lá em cima, traz ele de volta pro normal, né, pro ser-humano normal, para ele conviver. A gente não tem.

Pedro também fala sobre a permanência do sentimento de insegurança após um perigo vivenciado. Referindo-se à citada troca de tiros no restaurante, diz:

> — O colega pediu para ser dispensado porque não estava mais em condições de trabalhar. Com o nível de estresse, ele ficou meio... A gente pediu reforço só que não conseguiu chegar ninguém. Tava em guerra, né? Aí, não tava dando para ninguém passar. Tava vazia as ruas. Não tava dando para ninguém passar. Entendeu? Aí, ele chegou [mal], pediu e foi liberado.

Para ele, o "Rio de Janeiro atual" é um lugar de tensão, em que "não [se] pode sair de madrugada, 2 horas, 3 horas da manhã, de determinados lugares", pois haveria muito risco de roubo, de ser identificado como policial etc. Fred diz o mesmo ao lembrar de seus dias de atuação na rua e de deslocamentos com identificadores da PMERJ, sempre o mais escondidos possível. Aaron Cicourel (1968), seguindo uma perspectiva etnometodológica, ao estudar como agentes de "aplicação da lei" acabam por definir o que seria um "desvio" nas situações que presenciam, indica a importância de captarmos as expectativas de fundo (*background expectancies*) e os conhecimentos tácitos dos atores pesquisados para que façam sentido os seus *accounts* (Austin, 1962) – as prestações de contas entre os indivíduos, em que necessariamente colocam "indagações valorativas" (Scott; Lyman, 2009) uns aos outros. Interpreto as expectativas de fundo como esquemas ou filtros minimamente duráveis de interpretação e as lembranças parecem servir de moldes para tais expectativas, de forma que tais esquemas ligam-se à definição de situação sincronicamente: situações passadas e seus actantes tensionam as percepções correntes. O ator das organizações policiais toma decisões em termos da situação em que se localiza e do modo de pensar que governa seu encontro "com suspeitos", embora suas deliberações possam variar com encontros subsequentes (Cicourel, 1968), justamente por irem se formando novas lembranças do vivido no presente.

Para Melissa, Lucas e Fred, assim como para demais cadeirantes do Renascer, o simples "ir à rua", deslocar-se para algum lugar, sobretudo no pós-acidente imediato, pode se tornar uma situação desagradável. São vários os motivos: pelo olhar estigmatizante de terceiros; pela estrutura das ruas e dos prédios, não adequados/adaptados em sua maioria para paraplégicos e tetraplégicos, o que pode levá-los a pensarem sobre si mesmos como "não adequados" à sociedade; pelas dores sentidas nas mínimas atividades etc. Assim, o próprio deslocamento seria incialmente evitado. Melissa conta como uma festa, um momento de celebração e/ou descontração, pode ser tenso/desestimulante, pois as pessoas "te olham diferente", fazem comentários "desrespeitosos", por exemplo, demonstrando pena/dó – o que os atletas rechaçam inteiramente pelo caráter "rebaixador" dessas manifestações. O fato é que tais situações vão se tornando elas próprias novas lembranças a serem carregadas por estas pessoas ao longo de suas vidas, mobilizadas na interpretação de situações vindouras.

Schütz (1979, p. 62) coloca que "é o lembrar que suspende a experiência da corrente de duração irreversível e modifica, assim, a consciência". Wagner (1979) mostra como Schütz beneficiou-se da concepção de Thomas de "definição da situação", mobilizando-a para descrever "tanto as tentativas idiossincrásicas do indivíduo de se orientar em uma situação atípica quanto sua aceitação da definição culturalmente preestabelecida de situações típicas" (Wagner, 1979, p. 26). Pensando conjuntamente com as teorias de Schütz e de Thomas, elas se reforçariam, sobretudo considerando-se o "estoque de conhecimento" como presente em um fluxo contínuo e passível de mudar de "qualquer *Agora* para o seguinte" (Wagner, 1979, p. 26). Ou seja, o chamado de expectativas de fundo ou de estoques de conhecimento, ambos podendo ser atualizados no presente, é configurado por lembranças de uma memória actancial, tensionando percepções presentes com certas definições de situação, mas passível de tomar o "novo agora" como fonte de lembranças para o futuro. Essas podem ser mais "positivas", "negativas" ou "neutras" (ou variar entre elas) a depender da biografia de cada pessoa considerada. Como propõe Joas (2002, p. 41),

> As orientações de conduta consideradas válidas são o resultado de definições de situações que foram previamente formuladas com sucesso [...]. É claro que essas definições sempre incluem uma dimensão de risco. Elas não devem nem constituir um sistema coerente e fechado nem ser válidas para todas as situações. Continuam a surgir situações para as quais as definições disponíveis não são suficientes.

Abordado, sobretudo no Capítulo 3, a partir dos processos de luto, como novos actantes podem ser detectados em antigas lembranças enquanto novas lembranças (de uma ação presente, com actantes outros ou os mesmos de reminiscências pretéritas, mas interpretadas de maneiras distintas) podem ser suscitadas em um momento corrente, relacionando-se de forma distinta com o porvir. O próprio Schütz (1979, p. 135) havia destacado:

> Nossas experiências presentes não se referem apenas às nossas experiências passadas, através de retenções e lembranças. Qualquer experiência refere-se também ao futuro. [...] No pensamento do senso comum, essas antecipações e expectativas seguem, basicamente, as estruturas típicas que até agora serviram para as nossas experiências passadas e que estão incorporadas ao nosso estoque de conhecimento à mão.

Segundo a fenomenologia desta pesquisa, é menos adequado tratar do estoque de conhecimento a mão ou das expectativas de fundo como conjuntos de códigos fixos que podem ser mobilizados (pois "têm funcionado", por mais que reconheçam certo grau de abertura ao "agora") do que como algo passível de mutação segundo momentos presentes, permitindo novos estabelecimentos de narrativas entre passados, presentes e futuros.

As imagens de situações e os actantes configurando lembranças que modelam interpretações do presente são elementos fortes de preensão em relação ao mundo. No sentido trabalhado por Chateauraynaud (2011, 2012b), este conceito – *prise*, no original – indica a aderência que existe (ou que deve existir) na relação do organismo com o ambiente. Mas tal conceito situa-se em um continuum, como destaca Corrêa[75]: se não há nenhuma preensão, então a realidade flutua; se ela é excessiva, total, não há movimento, mas aprisionamento. Justamente esse último caso parece ser "combatido" por membros do NAVI, do Renascer e por PMs individualmente, pois quando a "aderência à realidade" por eles

75. Em uma nota na sua tradução do texto de Chateauraynaud (2012b).

promovida liga-se a interpretações dela como hostil ou como penosa (assim configurada por suas experiências passadas), a vida torna-se marcada por sofrimentos e perigos — ao menos, grande parte dela. Mas, ainda pensando com Chateauraynaud (2012b), os actantes e as próprias lembranças de situações de ferimento, tensão e morte que eles formam tornam as demais situações "tangíveis" (presentes e futuras), no sentido de que intepretações do mundo como penoso ou hostil resistem às variações perceptivas, instrumentais e argumentativas — considerando as representações e interesses divergentes dos seres. Estas lembranças auxiliam as próprias pessoas na identificação e na elaboração de provas sobre a vigência das distopias realizadas e da retrotopia. E é por meio delas que se opera o ajustamento (individual ou coletivo) das preensões sobre o mundo sensível[76]. Dar um novo sentido para as experiências passadas, implica lidar também com a dimensão afetiva dessas lembranças pujantes no presente, o que veremos agora.

Lembranças-afetos e lembranças-emoções como dispositivos da memória actancial

Agora é necessário dar atenção à memória actancial a partir de um plano dos afetos e das emoções, ou seja, analisando como as lembranças são compostas também por eles, atuando como actantes fortes nas definições de situação. O afeto é algo manifestado no corpo, que pode ser fruto da passagem de uma "realidade à outra" — no sentido da existência de uma pluralidade de mundos (James, 1907; Schütz, 1945) —, ou seja, é algo constituído

76. Para Chateauraynaud, trata-se das elaborações de provas as quais atuam no agenciamento dos operadores de fatualidade necessários para a produção de um senso comum.

nas transições vividas (Deleuze, 2017). Tal passagem de "realidade" se dá aqui pela vivência de situações de ferimento, tensão e morte. De acordo com Deleuze (2017), debruçando-se sobre a obra de Baruch Espinoza, o afeto traduz-se na variação da potência de agir de uma pessoa: a tristeza, por exemplo, estaria implicada em um afeto como diminuição da potencialidade de ação. Afetos são viscerais (Vandenberghe, 2017), são fluxos de energia pulsante, como intensidades, tendências e potencialidades que podem ser sentidas. Os afetos e as emoções interferem continuamente no *self* de uma pessoa.

Em um primeiro momento, abarcarei as variações ou as sensações constatadas pelas pessoas estudadas em seus corpos a partir das experiências extremas, o que pode aflorar repentinamente. Como exemplos, na visita a um lugar específico ou por se depararem com uma foto de "antigamente" (nesses casos, tomam forma junto de uma lembrança-imagem). Por ter sido gerado ou potencializado a partir de situações de contato com a morte, trata-se algo que sempre remete a essas experiências quando se manifesta ou, por outro lado, é algo sentido durante ou após um contato inicial com certa lembrança-imagem. Em seguida, analisarei como o afeto pode ser algo, por vezes, não nomeável — seja essa nomeação positiva ou negativa. São actantes de lembranças atuando como a "atmosfera" (Böhme, 2017) de uma situação, deixando os seres com certas percepções e sensações — "atenções", no sentido já destacado — mais afloradas, caracterizando as experiências presentes como "de sofrimento" ou "de tristeza"; podendo deixar as pessoas em dissonância (Stark, 2009) em relação a terceiros em uma mesma situação. Nesses casos, inclusive, mostrarei como religiões ou uma ideia de Deus podem ser mobilizadas como fontes de tais afetos, como se esses fossem efeitos daqueles (constituindo atmosferas).

Mas os afetos também podem ser caracterizados (e muitas vezes o são) como emoções — dor, tristeza, raiva, sofrimento

— que caracterizam ou compõem uma lembrança-imagem. Por serem actantes de lembranças ou gatilhos para as lembranças, tais afetos e emoções "circulam" na mente das pessoas nas mais diversas situações como uma energia emocional (Collins, 2004), transportando-se entre essas. Mas não adotarei a ideia de Collins em sua totalidade. Partindo dos presentes dados empíricos, recorro à ideia de *mood*, segundo a tradição fenomenológica, auxiliando a pensar tais actantes da memória como algo capaz de conferir uma "cor diferente" a acontecimentos passados e presentes, oferecendo sentidos sempre passíveis de serem cambiados. Assim, falarei em "tonalidades afetivas", possibilitando compreender justamente a variação de estados afetivos e emocionais — por suas atuações nas lembranças —, e, logo, das potências de agir e como tensionam as definições de uma situação.

Aqui se dará atenção à memória procurando-a em diversas "instâncias". Santos e Araújo (2007) destacam como certos autores — Bataille (1995), por exemplo — indicam a representação (sobretudo, em imagens) humana de um desastre ou de uma catástrofe como incapaz de dar conta de expressar a verdadeira dimensão do evento, ainda correndo o risco de o tornar banal. Freud (1996) coloca como, justamente, aquilo chamado de "trauma" é consequência da incapacidade do aparato psíquico de um indivíduo de responder a determinados estímulos de evento extraordinário: uma agressão, um acidente, o terror vivido (mesmo no âmbito individual) pode retornar em *flashbacks*, sensações incômodas e pesadelos. A lembrança como dispositivo da memória actancial não se reduz apenas ao "passado reconstruído" (Santos; Araújo, 2007) como imagens. Em certos casos, ela faz reviver a sensação da experiência, desperta emoções possivelmente negativas ao próprio indivíduo/grupo exercendo a memória e afeta a potência de agir deles por contribuir para uma definição de situação como de sofrimento, de incômodo, de perigo, de tristeza, absurda etc.

Afetos como actantes de lembranças: alterações evidentes no corpo

Um dos efeitos mais relatados pelas assistidas do NAVI sobre o rescaldo de suas perdas — e, por vezes, algo ainda presente — trata-se de forte dor (ou dores) física sentida no corpo. É o que Joana, por exemplo, buscou comunicar por meio do poema "Gravidez às avessas" (cf. Capítulo 1):

> — Isso meu foi tudo tirado. Foi arrancado de mim. Eu não vou ser avó, entendeu? Então, esses sonhos todos foram interrompidos, né? [...] E é uma gravidez às avessas mesmo: volta para dentro de você. [...] *Porque você sente aquilo voltando para dentro de você, só que de forma diferente: com dor.* [...] *Você sente corporalmente.* Você percebe só que de forma diferente. A gravidez é alegria, né? Você tá ali para... Na expectativa, né, de ter um filho. Você pode sentir a dor que for. Arranca um braço, arranca uma perna, mas é alegria. Agora, a gravidez às avessas já é uma gravidez dolorida. (Grifo meu)

Essas dores, comenta Joana consoante com o autor do poema, têm longa "gestação". Isto é, elas são sentidas ao longo dos anos, são actantes fortes em sua vida em diferentes situações. Por um lado, o caráter contínuo dessa dor parece se realizar ao "adentrar" o corpo da pessoa pelo impacto de um evento e lá permanece; por outro lado, se daria como se ela tivesse perdido uma parte da própria carne de forma violenta: "Vai junto, foi junto [um pedaço do corpo]. Eu fui amputada, né? Sofri uma amputação séria", diz. Por vezes, tal dor é sentida repentinamente — por exemplo, nas horas de dormir. Em outros casos, toma forma em datas comemorativas ou quando a pessoa se depara com uma foto.

Mas, para Joana, a "amputação" não diz respeito apenas à dor, mas também ao sumiço de capacidades de que antes ela dispunha:

"Eu não sabia mais nada do que eu fazia. Minha memória sumiu. Como se tivesse ido com [a Mariana] mesmo. E [a gente] vai, né? Porque metade de você vai junto". É ao apoio do NAVI a que hoje ela atribui conseguir elaborar a respeito de suas lembranças e buscar manejar esses afetos-alterações em seu corpo. Joana chegou a perder seus dentes e a ter catarata, efeitos de "alguma coisa" vindo junto da experiência extrema. Extravasar essas sensações, verbalizar experiências passadas e a dor sentida seria essencial para diminuir a potência das mesmas sobre as próprias ações e no corpo:

> — Eu vejo pessoas que não tem esse apoio, que não buscam, que não querem. Estão muito mal. Às vezes, até vem a falecer. Porque tudo o que você segura, vai, né, [para algum lugar]. Vai para o estômago... Eu conheço amigas, a maioria dessas minhas amigas, dessas cinco [da terapia do luto], todas tiveram problema de câncer. Vem, a tristeza vem. *A angústia, aquela coisa sua vem com alguma coisa*, entendeu? *Em mim veio nos meus dentes*. Tive problemas... Moles, ficaram moles. Perdi, tive que fazer um implante. Eu perdi meus dentes. E vista também, *uma catarata emocional apareceu em três meses, assim* [estala os dedos]. E eu tive que operar no final do ano. *Então, vem, vem fisicamente*. Entendeu? (Grifo meu)

Marcela comenta sobre efeitos semelhantes em seu corpo. Ela também perdeu "parte da memória" e o apetite e percebeu mudanças negativas em relação ao funcionamento anterior de seu organismo, o que alterou a sua rotina:

> — Só que assim, com a morte, deu um branco total mesmo. Tudo é branco. Não tinha nada, nada, nada, nada, nada. Para você ter ideia, eu esquecia a minha idade, né? Aí, algumas coisas, assim, muitas coisas eu ia esquecendo. A igreja, no início, eu até brincava com a irmã

mais jovem [...]. Porque quando eu ia falar a palavra, de repente me dava um branco na hora de expressar e eu [nada]. Eu para poder falar para a igreja. Eu tava dirigindo um trabalho de círculo de oração. Então, era eu que pegava para falar. De repente, deu aquele branco. Aí, eu olhei assim para todo mundo, bate aquele desespero. Aí: "fulano, o que que eu tava falando?". Aí, eu até brincava com a irmã: "Irmã Rose, você tá orando pouco pelo meu cérebro, ora aí pelo meu cérebro, porque é ele que é meu remédio". Mas é, assim, eu não esquentava para comer, entendeu? Só quando meu corpo começava a dar reação. Ficar sem comer, eu não ligava. Aí, meus filhos me acordavam: "Mãe, já fez o prato?". [Eu respondia:] "Não, vai fazer você". Às vezes, pedia comida. Às vezes, ia pegar uma fruta e comia, quando tava com fome. Teve outras reações também do meu corpo. Foi, assim... Eu acho que eu comecei a ter mais pelo, né? [...] Porque, assim, afetou também a parte da minha menstruação. Vinha um mínimo. Eu tive que ir até num laboratório, porque eu sou ligada. Aí, eu fui no médico. Aí, conversei com [a médica]. Aí, ela falou: "Ah, você pode estar entrando na menopausa". Mas depois eu contei para ela [sobre a morte do meu filho]. Aí, ela falou: "Não, você tá normal, não sei o que". [Quando] eu falei o que tinha acontecido. Aí, ela falou assim: "Olha, o corpo, ele, o nosso organismo reage de várias formas. Então, acho que é por isso que seu corpo está reagindo assim". E realmente foi. [...] É, o emocional acho que afeta tudo, né? Mexe com tudo. E afetou nisso também.

A permanência da situação de contato com a morte se dá, em partes, por essas mudanças no corpo e por suas manifestações. A "modificação de realidade" leva a tal alteração, atua junto das lembranças e faz variar qualitativamente o agir presente das pessoas, como vimos com Marcela tendo dificuldades de conduzir seu culto na igreja e de procurar médicos para diagnosticar um problema antes desconhecido, aguentando uma "dor forte" no peito.

Roberta enfrentou arritmia cardíaca; Maria José, uma dor em seu "âmago": todas as vítimas consequentes-próximas do NAVI entrevistadas passaram/passam por fenômenos semelhantes. Zélia, para criar a associação antes citada, diz ter sido necessário melhorar primeiramente "das pernas e do coração", pois seu próprio corpo colocava-se como um obstáculo para a concretização de alguns de seus desejos, como pressionar seus colegas para descobrirem sobre o ocorrido com Ludmila. Ela comenta como é normal achar pessoas assim:

> – A gente encontrou muita gente ali que não foi mais trabalhar, não levantava da cama, não comia, não bebia. *Eu, por exemplo, eu tive tudo o que foi "ite". Eu tive gastrite, cistite, sinusite, labirintite. Tudo o que é "ite" quando aconteceu isso com a Ludmila.* [...] Eu fiquei 30 dias em cima de uma cama, muito mal, tudo fechado na minha casa, quarto. Não queria ver luz de jeito nenhum, não comia, não bebia. Em um mês, acho que eu perdi uns 6kgs. Não comia, não bebia. Como eu não comia, não defecava. Não defecava. Não bebia água, não urinava. Eu fiquei muito mal. Tive tudo, tudo, tudo. Às vezes, eu nem dormia. (Grifo meu)

A condição normal do organismo – assim qualificado na comparação com a vida anterior à morte do ente querido – deixa de ser vigente e várias dores, "coisas", "algo" passam a compor a vida das assistidas, alterando como efetivam suas ações. O NAVI busca atuar sobre estes fatores, visando guiar as assistidas na direção da melhor saúde física e psicológica possível, almejando as afastar de uma condição deletéria, como a descrita no seguinte relato: "Depois [da morte de meu filho], perdi a vontade de viver. Não conseguia fazer mais nada e cheguei a pensar em suicídio, ingerindo medicamentos e rejeitando comida. Passava todo o tempo pensando [no meu filho], até que adoeci e fui parar no hospital" (Amaral, 2012, p. 34). No mesmo relato, essa mãe ainda comenta: "Percebi que meu outro filho — que assistiu ao acidente — tinha adoecido e, aos 12 anos, estava todo inchado e com a pressão altíssima" (Amaral, 2012, p. 34). Latour (2008, p. 39), inspirado por James, mostra como "ter um corpo é aprender a ser afetado, ou seja, 'efetuado', movido, posto em movimento por outras entidades, humanas ou não humanas". Partes e elementos do corpo podem ser adquiridos progressivamente na medida em que "contrapartidas do mundo" (como todos os actantes ligados à morte do ente querido) vão sendo registadas de uma nova forma[77].

Há certa semelhança entre o descrito pelas assistidas do NAVI e o elaborado por Peters (2019, p. 8) quanto à depressão: "[A] confiança nas próprias habilidades corpóreas que comumente anima nossos engajamentos com o mundo é substituída [...] por uma experiência do corpo como carga ou fardo". E, ainda, o afeto pode enviesar a definição de situação corrente, dando ênfase desproporcionalmente a "dificuldades no presente ou [ao] ruminar obsessivo de eventos dolorosos do passado" (Peters, 2019, p. 8). Nas experiências extremas relatadas há a perda do "senso de realidade anterior" (Pollak, 1990), alterando "estados normais".

A alteração no corpo também é relatada por PMs que atuaram em operações de alto risco, com conflitos armados e demais possibilidades de ferimento. Ela pode estar presente de forma aguda em situações porvindouras, preocupando-os se vão conseguir parar de tremer (e, com isso, por exemplo, segurar propriamente o armamento) e/ou se ficarão visualmente alterados (pálidos e

---

77. Será abordado no tópico 2.5 como justamente esses "novos corpos" levam os atores a uma diferente compreensão de si, alterando seus *selves*.

com os olhos esbugalhados) em determinados locais e devido a determinados fatores, como sons altos, uma viatura em alta velocidade, a convocação para intervir em determinada situação de perigo. Isso os deixa constrangidos perante oficiais, que podem chamá-los de covardes, fracos e até os punir indiretamente. O que pode se reproduzir para além do trabalho, como nos momentos de folga, de maneira que toda situação vivida pode se tornar uma situação de perigo ou de vergonha. É, como será discutido no Capítulo 3, a vivência em um mundo hostil ligado a uma distopia da sociabilidade violenta.

Em um diálogo, comentei com Nádia a conversa rápida que tive com PMs na entrada do BPM, em que reforçavam o desejo de permanecer na rua mesmo com todo o estresse/perigo implicado, pois seria algo "normal" da carreira e possível de ser assimilado se a pessoa tiver "nervos". Nádia disse:

> NÁDIA: — Olha, quem é assim, diz isso, é porque nunca chegou no *extremo*. Esse não atingiu o extremo.
>
> EU: — O que é o extremo?
>
> NÁDIA: — *É quando a tensão chega no auge. A cabeça não funciona mais direito.* Na rua ficam com todos os problemas da operação, que traz de casa, de salário. Atinge um teto. É o extremo. Esse não consegue mais atuar. Não consegue mais atuar pleno. Então, se fala que quer ficar na rua é porque se ama a profissão, quer atuar no que é o que faz, mas pode ser que nunca tenha atingido esse extremo. (Grifo meu)

Mais de um PM fala de "panela de pressão que alguma hora estoura" "limite", "extremo", "teto", ou seja, momentos caracterizados por uma pessoa "pifar": o organismo dela sairia do controle, marcando seu porvir. A situação de perigo e a morte de colegas são acompanhadas por essas alterações. Elas "assombram" os

PMs juntamente às lembranças-imagens. Como um praça do BPM afirma: "Eu posso morrer, deixar minha mulher viúva, minhas crianças órfãs. Quem vai interceder por elas? Aí, não tem como se segurar, né? Você adoece da cabeça, do corpo, dorme mal, pensa mal". Retomando a fala de Eduardo, exposta na Introdução, ele comenta sobre este acúmulo de pressão e seu possível resultado:

> — Eu te falo, é uma pessoa como qualquer outra pessoa. Uma hora você sofre. Não é máquina. *Uma hora você vai parar. Vai surtar psicologicamente ou vai baixar algum tipo de doença.* Entendeu? Você não é máquina. Até panela de pressão, ela dá pressão e tira daqui a pouco para funcionar. Você trabalha na pressão o tempo inteiro, vai explodir alguma coisa num tempo ou outro. Ou pressão ou coração, ou algum tipo de doença tu vai ter. [...] Os garotos que tão entrando agora com 20 poucos anos, não tem um ano de polícia e tá com pressão 16 por 10. Porra, não é possível, um garoto com vinte e poucos anos. (Grifo meu)

Para Schütz (1945), o homem "bem-desperto" (*wide-awake*) está interessado, sobretudo, no setor do mundo tangível em sua vida diária, a seu alcance; está centrado no espaço e no tempo em torno de si. O "perigo" e as possibilidades de ferimento parecem preencher esse espaço para os PMs. E o lugar ocupado pelo corpo seria a base do "sistema de coordenadas" de cada um, o centro por meio do qual se agrupam os elementos do entorno (Schütz, 1945) — nesse caso, os signos da violência. Os policiais localizam seus corpos em um mapa de múltiplos perigos possíveis, repleto de "áreas vermelhas". Adinea diz ter vivenciado tais problemas quando atuava nas ruas e adoecido após passar por situações de perigo. Ela parece traduzir a questão da pressão constante "que alguma hora pode explodir", narrada por outros PMs, pela grande necessidade de "alerta" nas ruas:

ADINEA: — *Eu quase adoeci.* Você fica inseguro o tempo inteiro. Então, você não pode em nenhum momento desligar o seu alerta, seu sistema de estresse tá sempre lá no... E, do alerta, você tem um limite. Daqui a pouco você passa para uma outra fase que você fica já... Por isso que os caras entram na exaustão. O alerta, o estresse, tem três fases: você passa da fase de alerta, fica na resistência e chega na exaustão. Com o tempo de trabalho. É como a gente vê, os camaradas aí estão sempre em exaustão. O organismo não suporta. [Quase adoeci porque] ficava muito tensa, muito neurótica, não dormia bem. E quando trocava tiro? Era um [problema].

EU: — Como era isso de trocar tiros e depois ir para casa?

ADINEIA: — Então, com aquilo eu não dormia. Eu não dormia. Às vezes, aquela ideia de ter... "Pô, você podia ter agido diferente, você podia ter feito diferente". Entendeu? Aquilo ficava tomando conta da gente o dia inteiro. O pensamento fica recorrente em cima daquela ação que você teve, que talvez não tenha concluído, que talvez poderia ter morrido. Entendeu? *Porque o organismo inteiro ele muda quando você se coloca numa posição dessas.* Né, o próprio organismo ele muda. Então, é mais adrenalina. Daqui a pouco a tua imunidade baixa. Eu tava adoecendo. É o que a gente vê hoje acontecer. Muita coisa. [...] [A] parte de imunidade vai caindo. A tua preocupação, a tua ansiedade, né? Você se questionando o tempo inteiro. Isso tudo acaba desequilibrando completamente o organismo. É um saber lógico, não tem como: se a tua cabeça tá preocupada, então está "algo não está bom" e o teu corpo inteiro responde a isso. Suco gástrico, né? Então, sua imunidade aos poucos vai reduzindo porque você não tem suporte biológico para aguentar essa pressão durante tanto tempo. (Grifo meu)

Juntamente às lembranças-imagens (recordar as situações, pensar se poderia proceder de outra forma, imaginar a própria morte), uma das formas de se reviver um momento, há certas sensações físicas atuando sobre a mente das pessoas e tensionando como agem. Com os policiais, por exemplo, isso diz respeito ao "alerta" constante, à pressão cumulativa, ao "limite" atingido nas mais diversas situações, então, ligados a uma série de disfunções no corpo. Embora se pensem com mais "nervos" que os demais membros da sociedade, as situações vivenciadas em suas carreiras demandariam uma gestão impossível dos afetos/do corpo, desestabilizando suas sensações. Santos e Araújo (2007) evidenciam como o corpo pode ser um lugar de memória, um *lócus* em que se inscreveram experiências importantes. Corpos registram e relatam experiências de medo, dor e humilhação, por exemplo, comunicando os sentidos e as emoções vividas em um dado evento. E os seres mobilizam elementos do mundo, incluindo os corpos (da própria pessoa que exercita a memória ou de terceiros), para dar base a *accounts*, narrativas e afirmações fornecidas em determinadas situações pelo exercício da memória actancial. É como sintetiza esta descrição de um PM que Rocha (2013, p. 64) apresenta em sua tese, convergindo com os relatos deste estudo:

> Adoece porque não é fácil. Porque você simplesmente vê um policial ser baleado ao seu lado, ser ferido ou ser morto e isso mexe com a cabeça de qualquer pessoa, não só do policial. [...] Adoece porque é difícil um policial militar ser tirado do seio da família por conta de algum serviço que ele tenha que fazer. Adoece de viver no momento tal da polícia do Rio sendo alvo de marginais e não é fácil o policial ter que ficar parado 12h num ponto sendo alvo de ações criminosas, eu acho que isso tudo mexe muito com a saúde do policial militar, tanto a saúde psicológica quanto a saúde física mesmo. Eu tenho conhecimento de

> quem trabalha no combate: fica travado. Já conheci mais de um policial que travou que não quer mais saber, não aguenta mais a rua, quer ir para um serviço mais calmo por conta de excessivos problemas com policial ferido do lado, morto ao lado, amigo que morre, que está paraplégico. Conheço mais de um policial que... Bons policiais, que travaram, não conseguem mais ir para a rua mesmo com tempo de polícia ainda, querem ir embora da polícia, querem pedir baixa por conta dessa vida meio agitada.

Quanto aos atletas e aos cadeirantes do Renascer, tais formas de afeto localizam-se nas dores na coluna, nos incômodos em outras partes do corpo agora mais exigidas pela ausência de movimento nos membros inferiores, nos espasmos sentidos nas pernas, na falta de controle sobre o fluxo de urina, nas complicações de saúde etc. Adinea conta sobre o "novo estado" em que a pessoa se encontra após a situação de ferimento a partir de sua experiência coordenando o projeto: "Depois da ocorrência, a pessoa se vê com um corpo novo, como eu disse, não é mais a mesma coisa. Não se controla mais a urina, as fezes, feridas vão aparecendo, é um corpo novo". Essas alterações podem se tornar o foco de sofrimento de um cadeirante durante um longo período e muitos têm dificuldade de aceitar e tratar essas mudanças. Uma das preocupações dos coordenadores do grupo é localizar essas pessoas e mostrar para elas os tratamentos possíveis para suas dores e como outros cadeirantes as superaram, ao menos em termos de um problema intensamente penoso. Fred coloca:

> — [Eu falo] o que você precisar saber, sobre o acidente, sobre as dificuldades, o problema urinário. Porque isso é real. A gente passa a ter cada probleminha que tira a gente da... Tem dias que eu mesmo não tô afim de nada. *Dá vontade de desistir de vez em quando. É verdade. Dá problema na urina, dor nas costas, um monte de coisa.*

> Mas se o cara ficar em casa vendo Sessão da Tarde... Não dá. Ele vai enlouquecer. Aqui, olha, eu respiro o ar puro, eu mexo meu corpo, eu converso com os colegas, a gente ri. Isso é muita coisa. (Grifo meu)

Problemas como esses podem marcar uma situação presente como agoniante e negativa, a ponto de fazer os atletas "desistirem de tentar" (de "redefinirem suas vidas"). Dessa forma, alguns assistidos do Renascer — na maioria das vezes, antes de chegarem ao projeto — apresentam comportamentos de indiferença para com outros ou são agressivos com próximos. Adinea expõe sobre pessoas acidentadas que ficam "intolerantes" devido à situação vivida e às consequências físicas:

> Por não estar aceitando a questão de estar paraplégico ou tetraplégico. [...] Por exemplo, dor, né, eles sentem muita dor neuropática, uma dor por causa da lesão medular. Fica aquela informação de dor o tempo inteiro. Ele fica o tempo inteiro com aquela dor.

Lucas diz ter assumido esse comportamento após ter sido baleado, permanecendo alheio a qualquer atividade e a quaisquer pessoas (para além de sua esposa), levando-o a ganhar muito peso, o que piorou ainda mais a sua saúde. Ele demorou a conseguir fazer a transferência da cama para a cadeira ("Eu sequer tentava"), a tomar banho e a utilizar sondas para urinar sozinho. Apenas anos depois do ferimento, quando descobriu o Renascer (e foi apresentado à ideia de resiliência), diz ter conseguido perder este sobrepeso e colher informações sobre como lidar com suas dores.

Melissa, quando ainda estava em processo de deterioração da saúde, mas evitava usar muletas, se machucou e ficou temporariamente tetraplégica; de acordo com ela, devido ao "susto". "Esperei tomar um tombo... E no momento eu fiquei tetra[plégica], né? Porque eu não estava com o movimento dos braços, da mão. Mas, aí, era só o impacto nervoso. Aquilo subiu à minha cabeça e eu acabei ficando com aquilo dali pelo que a mente fez, né?". O impacto da situação alterou as potencialidades do seu corpo de forma intensa, "para além" do constatado pelos médicos (paraplegia).

Como diz James (2013, p. 101)[78]:

> Sem os estados corporais seguindo-se à percepção, ela seria puramente cognitiva em sua forma, pálida, incolor, destituída de calor emocional. [...] Se imaginarmos alguma emoção forte e, então, tentarmos abstrair de nossa consciência dela todas as percepções de seus sintomas corporais característicos, descobrimos que nada nos sobra, nenhuma "matéria-prima mental" da qual a emoção pode ser constituída, e que um estado frio e neutro de percepção intelectual é tudo que resta.

Não há uma separação entre *self* e corpo, pois a mente está incorporada na totalidade do organismo e no mundo (Thompson, 2009): há uma relação do corpo vivo com o corpo vivido subjetivamente e com o ambiente. Mas não se trata aqui de aderir totalmente a Archer (2000) ao tomar a comunicação intrassubjetiva como primeira e assumir a proeminência do corpo sobre a linguagem, descartando Mead (Vandenberghe, 2008); nem de afirmar o ato social como precondição da consciência e, logo, do comportamento (Mead, 1913; 1934). Por meio dos exemplos oferecidos aqui, ao definir a memória actancial, constata-se uma forma de pertencimento hábil e corporal do ser humano no mundo (Merleau-ponty, 2002) consoante aos afetos, emoções, reflexões

---

78. Cabe destacar que não estou em acordo com sua compreensão da emergência dos estados corporais como "em sequência" a algo — exposto no trecho a seguir.

e planejamentos realizados com consciência (no sentido de ser actancial, definir situações). As pessoas têm, na completude de seu ser, capacidades distintas de serem afetadas, o que apenas pode ser verificado na totalidade de um processo do corpo (Dewey, 1986). Afeto, nesse sentido, relaciona-se com "essas forças – forças viscerais sob, durante, ou geralmente sem o saber consciente, forças vitais insistindo além das emoções – que servem para nos fazer movimentar, pensar e estender [...]" (Seigworth; gregg, 2010, p. 1). Trata-se de uma capacidade corporal gradiente, que aumenta e diminui (variação da potência de agir). A capacidade de um corpo é auxiliada e instigada no campo e/ou no contexto de suas relações/situações vividas e da força aplicada sobre ele (presente ou passada); e um corpo nunca já está definido, sua potência sempre pode ser e é alterada. Portanto, pensando o afeto como actante das lembranças ou gatilho para essas, pode-se entender melhor a variação de potência de ação e de definição de situação. As variações de *self* também se dão pelas mudanças no corpo dos estudados, ainda que tensionadas por essas como actantes de lembranças.

Afetos como actantes de lembranças: a dor imponderável como "atmosfera"

A despeito da dor concreta em seu corpo e de outras mudanças físicas "evidentes", Joana relata uma outra dimensão de efeitos: são sensações ligadas a abatimento, torpor, inércia, letargia e dormência – actantes que caracterizam principalmente o mundo penoso conectado à distopia existencial. Vejamos algumas de suas falas: "No primeiro momento, eu fiquei entorpecida, que é o primeiro momento mesmo. Então, a gente não quer acreditar, né?". E ainda sobre o início de seu luto: "O corpo é muito pesado, a cabeça, você perder totalmente a memória. Enfim, você fica sendo um zumbi mesmo".

Todas as assistidas do NAVI entrevistadas citam esse âmbito de sensações de desânimo ou de apatia as afligindo. Por vezes, tomam forma cotidianamente. Marcela comenta sobre isso pela "falta de ar" que a acometia repentinamente:

> MARCELA: — Às vezes eu não suportava, sufocava. Eu tinha que ir para a praia ou pro monte. [O] monte é para onde os crentes vão. É morro, mata, aí vai ali orar.
> EU: — Você tinha essa sensação de sufocar?
> MARCELA: — Sim. Eu tinha que ir [por]que aquilo tava me sufocando. Eu tinha que ir, eu tinha que ir. E acabava não indo. Eu sentia aquela coisa dentro de mim. Dava vontade de sair andando, de correr. Correr, assim, sem rumo. De andar, andar, andar e pronto.

Marcela sentia isso, inclusive, ao ver o menino parecido com seu filho, quando pensava: "Acho que eu tô ficando doida [...]. [Toda] vez que eu vi, assim, o menino, me dava aquela vontade, sabe... Aí, eu começava a chorar". A sensação descrita alterava sua disposição (no sentido de potência de agir) em um momento presente, por exemplo, a forma como se relacionava com os seus outros filhos, deixando de dar atenção para eles.

Roberta e Cláudia também mencionam um "sentimento de vazio" ou uma "choradeira do nada", deixando o dia marcado por tristeza e sofrimento — assim caracterizados posteriormente. Em uma das atividades do NAVI, foi solicitado às assistidas que desenhassem como se sentiam naquele momento. O objetivo, elas mesmas contam, era fazê-las expressar graficamente o que talvez não fosse possível de comunicar pela fala. Cláudia desenhou um barco naufragando e uma flor murcha: "Hoje eu tava me sentindo uma flor que tava murchinha, precisando ser regada e eles [do NAVI] tavam me regando e me regando. [...] Eles tão me dando vida". Quanto ao outro desenho, o naufrágio traduzia a sensação de estar "afundando" diariamente, deixando-a sem vontade de fazer nada. São expressões especulativas de sensações não comunicáveis ao certo. Nesse sentido, é uma forma de afeto imponderável, circulando junto das lembranças-imagens e de demais afetos no corpo.

Maria José recorda da sensação de quando conectou o acidente presenciado na rua à possibilidade de ter ocorrido com suas próprias parentes: "Ali, perdi os sentidos e em fração de segundos, senti a pior sensação já experimentada" (Amaral, 2012, p. 83). Quando conversamos, ela complementou sobre essa sensação descrevendo o momento da informação sobre os falecimentos: "Você se torna um morto-vivo, vítima de depressão. [...] Porque, às vezes, você vivencia essa dor com tanta intensidade que você deprime". O abalo de quando se toma conhecimento da morte é descrito como negativamente inigualável por muitas assistidas. Como lembra Roberta, ao descobrir sobre a morte de Carlos pela televisão: "Eu soube pela televisão. Aquilo ali quase me matou literalmente. Eu quase que enfartei literalmente".

Quanto aos relatos do livro de Maria José, alguns indicam este mesmo fenômeno:

> Atendi ao telefone já me encaminhando para a porta, quando ouvi a voz do meu filho mais velho, Ciro: "Mãe, o Lukas foi atropelado. Ele morreu!". Apenas quem já recebeu esse tipo de notícia sabe o que acontece nessa hora. *Primeiro, você tenta se convencer de que é um pesadelo, depois o chão foge de seus pés. Meu filho foi atropelado fisicamente e eu fui atropelada emocionalmente por aquela notícia* (Amaral, 2012, p. 170, grifo meu).

O "chão fugir dos pés" é uma construção comum e parece traduzir a perda da base-segura de estabilidade física, emocional e psicológica, como um arrebatamento por algo que "não se sabe o que é" ao certo. São comuns nos relatos o efeito generalizado de mal-estar:

> Na verdade, há uma mistura de sentimentos que eu não sei descrever. [...]; sinto que ainda não houve um reencontro com o equilíbrio, porém seguimos nessa luta diária, pois acreditamos em Deus e sabemos que essa "tempestade" não vai durar a vida inteira (Amaral, 2012, p. 30).

> Alguns minutos depois tivemos a confirmação de que Juliana [amiga da filha] falecera no local do acidente. Patrícia em coma grau III e traumatismo abdominal, após três tentativas de ressuscitá-la, veio o sofrimento: nossa filhinha se foi (29/03/2004). *E agora? Choro? Grito? Enlouqueço? Algo me aperta aqui dentro do peito, dói muito* (Amaral, 2012, p. 114, grifo meu).

> [Após o enterro] voltei para casa e lá encontrei um vazio que nunca sentira antes. Chorei novamente, pois tudo me lembrava meu pequeno menino. [...]. Então, silenciei todo o meu sofrimento (Amaral, 2012, p. 149).

> Até hoje não sei definir este vazio e, em família, seguimos com muita saudade (Amaral, 2012, p. 167).

No BPM, os policiais costumam falar em "estado de choque" ou em falta de controle dos "nervos" para traduzir os afetos surgidos de situações de perigo, tensão e morte e actantes junto de tais lembranças-imagens. Muitos preferem não abordar a questão em primeira pessoa, ao menos em um momento inicial. Como explicou o psicólogo Fábio, assumir isso pode ser motivo de vergonha/de "zoação" por terceiros, de desprezo pela "covardia" ou de classificação do PM como apto C. É comum escutar comentários sobre algo que souberam ocorrer com outros colegas, ou seja, histórias de segunda mão. Como Nádia comenta:

> NÁDIA: — Tem um cunhado meu, recém-saído da formação, foi mandado direto para aquela favela que fica ali no Rio Comprido... O Turano! Saiu da formação

e foi colocado direto lá, no meio de uma rua. É tiro todo dia. Tensão alta. Sem saber para onde ir. *Ele entrou em choque*. Meu esposo teve de tirar ele de lá.

EU: — O que é esse choque?

NÁDIA: — É você acordar todo dia e sair no transtorno, sem saber como se despedir da família, se vai voltar. Aquela atenção estoura, explode, o cara entra em choque. Fica num estado de choque: não sabe o que fazer, o que vai acontecer, não sabe como atuar ali naquele local. [Meu cunhado] teve que sair, não aguentou. Hoje em dia faz trabalho interno. (Grifo meu)

A sensação de "choque" traduz algo ruim que (para eles, muito provavelmente) vai acontecer, expectativa ratificada pelas histórias escutadas e pelas vivências em diversos conflitos. Antony fala da necessidade de PMs administrarem o nível de intensidade que os aflige, mantendo os "nervos" controlados — ou seja, sem arroubos inadequados à condição "normal" de funcionamento do corpo[79]. Eduardo, retomando a situação "marcante" de sua carreira (a emboscada vivenciada) na PMERJ, discorre sobre seu retorno à polícia e a atitude da corporação com ele:

EDUARDO: — Você volta para o serviço normal. Nada muda. Não tiram você de combate. Entendeu? Não deu nada. Você continua normal ali.

EU: — Como é chegar em casa depois...

EDUARDO: — À noite é... nada. É tirar aquele cochilo e ... [demonstra acordar em um susto]. Dá aqueles choques e foi.

---

79. "Normal", tendo em vista os padrões de agressividade em sociedades modernas com seus tons e intensidades próprios. Obviamente, há diferenças colossais se compararmos diferentes lugares do globo em uma mesma época, mas as distâncias poderiam ser próximas se comparadas às sociedades em "outros estágios" de "controle de emoções" (Elias, 1994, p. 191).

Normal, é o teu psicológico normal até vir baixando a adrenalina. Aí, no segundo dia tá conseguindo estabilizar, né? Passa a ser rotineiro, passa a acostumar. Só que no terceiro dia você vai ficar bem, mas já tá voltando para a mesma coisa. Podendo passar por tudo aquilo de novo.

EU: — Você chegou a ter pesadelo ou coisas do tipo?

EDUARDO: — Tenho, tenho. Já tive, já tive. Já tive que tomar remédio para dormir. Não conseguia dormir. Porque, né, você não consegue dormir. Então, tem que tomar um remédio para "bum" [cair na cama]. Para tu poder desligar, né? *Porque parece que você ainda tá naquela situação ali, que ainda não acabou. Não voltou*. É complicado demais. (Grifo meu)

A situação de perigo prolonga-se nos PMs também pela sensação do momento retornando a eles na hora de dormir, na atuação do dia seguinte etc. Alguns cadeirantes, principalmente os ex-policiais ou civis também alvejados, passam pelas mesmas questões em suas vidas cotidianas, como o rapaz descrito por Adinea que não conseguia entrar em uma viatura para o deslocamento com o grupo por "nervosismo". A palidez, a angústia e o "corpo duro" são reações/sensações comuns no pós-acidente.

Proponho pensarmos esse "afeto imponderável" como um quadro de atmosferas insólitas das lembranças-imagens ou gatilho para essas. Falo de atmosfera no sentido de Böhme (2017), cujo exemplo mais claro é: ao entrar em uma sala, alguém pode se sentir envolto por uma atmosfera amigável ou se sentir tomado por uma atmosfera tensa. É um actante preenchendo o espaço com uma "tonalidade de sensação". O conceito envolve uma relação entre qualidades ambientais e estados humanos. Böhme sustenta-se na noção de aura de Walter Benjamin, algo que brota espontaneamente em uma situação e, como uma atmosfera, penetra o *self*. Assim, atmosferas "são poderes afetivos da sensibilidade, portadoras espaciais de estados de espírito" (Böhme, 2017, p. 8). Fenomenologicamente, temos em vista o corpo humano em sua economia de tensão e a manifestação de suas afetividades. As sensações, como atmosferas não localizáveis (como se pôde notar nas falas expostas), manifestam-se no corpo — e podem assumir a forma de uma emoção, o que analiso no próximo tópico.

Como anteriormente descrito, aniversários de nascimento e morte — para integrantes do NAVI — são marcados por uma atmosfera de tristeza e de dor. Como diz Cláudia: "Deus, como meu coração está doendo hoje nessa data três de dezembro" (aniversário de nascimento). E complementa, dizendo ter ficado "aérea" e com sentimento de "vazio". Veena Das (2007, p. 1) buscou compreender como um episódio violento — a autora se concentra principalmente em eventos de guerras civis, "convulsões sociais" e catástrofes, em suma, acontecimentos extraordinários arrebatando existências e se "prolongando" no dia a dia — "se agarra com tentáculos na vida cotidiana e se dobra nos recessos da vida ordinária". Ela também lança mão de uma ideia de atmosfera:

> A memória corporal de estar-com-os-outros faz com que o passado cerque o presente como atmosfera. Isso é o que quero dizer pela importância de descobrir meios de falar sobre a experiência de testemunhar: que se nossa maneira de estar-com-os-outros tiver sido brutalmente estragada, então o passado entra no presente, não necessariamente como memória traumática, mas como conhecimento venenoso. Esse conhecimento pode ser enfrentado apenas pelo conhecimento através do sofrimento (Das, 2011, p. 35).

Trata-se também de uma elaboração, de um reconhecimento, sobre "atmosferas" cercando as memórias das pessoas que vivenciaram situações de ferimento e/ou de morte.

Segundo Bergson (1999) se, por um lado, a imagem de nosso corpo ocupa sempre o centro da representação (digamos aqui, a lembrança-imagem e as lembranças-afetos concretas) por outro lado, percebe-se "o interior dessa imagem, o íntimo, através de sensações [...] afetivas, em vez de conhecer apenas, como nas outras imagens, sua película superficial" (Bergson, 1999, p. 63-4). Destarte, como foi visto, uma série de sensações estranhas e difíceis de serem comunicadas compõem as experiências de vida das pessoas e suas lembranças. Elas são atmosferas actantes ao longo de suas atividades e podem receber o nome de "vazio interno", "mistura de sentimentos", "choque", "uma coisa estranha", por exemplo.

Para fechar esta seção, cabe explorar os momentos em que essas atmosferas são interpretadas como efeitos de Deus ou espirituais. Por serem algo imponderável, as atmosferas podem ser tidas como consequências de ação divina. Isso ocorre, a princípio, sobretudo nos afetos positivos, ou seja, naqueles que tomam forma e fazem os atores sentirem-se mais confortáveis, seguros, saudáveis, a despeito de suas experiências. São afetos capazes de diminuir a sensação de vazio, perigo e dor. Mas, em um primeiro momento é comum, no caso das assistidas do NAVI, o distanciamento e a raiva do que concebem como Deus, por uma interpretação de ter sido sua culpa a morte do ente querido (seja por tê-la como plano ou pela não intervenção no acidente) e, logo, todas as novas circunstâncias vividas. Cada atmosfera portadora de uma sensação de vazio, por exemplo, seria imputada a Deus. Tendo constatado esse aspecto nas primeiras entrevistas e no livro *Seguindo a estrada*, comentei a respeito em uma conversa com Dnilda e ela argumentou com base em sua experiência de atendimento:

> — Então, [as assistidas] vão reagir [às mortes] de acordo até com os valores delas, com a religião delas, né? Eu vejo muito religião. A religião, por exemplo, ela pode

> ajudar muito, mas também pode atrapalhar muito. Eu já vi, por exemplo... Eu vou te dar dois exemplos que são, assim, mais opostos, né? Eu já vi mães evangélicas engolirem o choro, não colocarem para fora porque foi "Deus que quis assim", "Eu não tenho direito de ir contra a vontade de Deus, então, eu tenho que aceitar". Aí, daqui a pouco tá somatizando, daqui a pouco ela tá com problemas reais de saúde porque as emoções não foram trabalhadas. Ela não se sente no direito de sofrer, de chorar, de espernear, de gritar, são coisas necessárias [assemelha-se ao caso de Marcela]. E, outro lado, vamos dizer, uma mãe espírita que passa a ir em todos os centros para buscar notícia, para buscar psicografia. E se ela não acha? "Eu não mereço", "Meu filho tá mal" [aconteceu com Zélia]. [...] Você vai ter uma explicação de acordo com a tua formação, que em muitos casos está ligado à religião. Aí, você já chega lá. Então, por exemplo, uma mãe pede [algo] pro filho... O filho sai e ela tá sempre rezando por ele. Esse filho morre. Quem foi que te traiu? E é a primeira coisa que vem. Então, Deus normalmente é o foco inicial da raiva. E, aí, em função dessa raiva, às vezes você vai projetando ela em outras situações. A paciência vai ficando menor, né, então. [É] o processo somático, né? A emoção guardada, você não fala. Você guarda aquela emoção dentro de você e ela precisa... O organismo precisa dar vazão. Emoção é tão importante quanto qualquer outra necessidade que se tenha, né, das fisiológicas... Também a emoção é tão importante quanto. Então, se você não trabalha ela, ela precisa sair de alguma forma. Aí, ela começa a sair no corpo em forma de sintoma.

Algumas mães, como o exemplo de Joana, contam ter "brigado com Deus" e o xingado no início de seus lutos justamente por sua "responsabilidade" no falecimento do ente querido e como isso as fazia se sentir — embora, quando a pesquisa foi realizada, esses casos já tivessem sido superados. Mas a maior parte das assistidas disse confiar em Deus e em suas atitudes benéficas na vida de cada uma. Marcela, por exemplo, atuante em sua igreja é especialmente confiante: "Ah, Deus nunca quer te ver para baixo, né? Ele quer que você prossiga. Ele te ensina a prosseguir, né? Quando meu filho faleceu, Deus [comunicou-se comigo] muito na palavra de Jó [personagem do mito bíblico, vítima de grande sofrimento e que resiste maldizer o Criador apesar disso]". Ela conta como a "palavra de Deus" ligou-se a suas vivências de dor, auxiliando-a para se sentir melhor e alterando a atmosfera de suas lembranças. Cláudia, em seus momentos presentes de dor, diz procurar alívio em suas conversas com "O Criador":

> — Eu converso muito com Deus na minha casa. Igual falei para a psicóloga. Quando eu venho para cá [desloca-se pela cidade para ir ao NAVI], eu converso muito com Deus, né? Ontem, quando eu fui dormir, eu conversei com Deus. Hoje, na hora em que eu me levantei, conversei com Deus novamente [...]. Eu converso muito com Deus. Peço muita força a Deus, choro muito. Eu gosto muito de chorar. Eu converso muito porque tem dias que a gente levanta pela madrugada e é muito bom a gente conversar com Deus. Eu converso muito com Deus, né? Eu gosto muito de conversar com Deus porque me dá força, né? E Deus tem me dado muita força, né? Eu confio muito em Deus.

Roberta também relata ter procurado a religião, tanto a católica quanto o kardecismo. A fé a teria ajudado "no controle" ao "dar mais equilíbrio". Ela diz não saber onde estaria sem as ações de Deus — a religião seria tão importante quanto o trabalho dos psicólogos do NAVI, argumenta. Na época do trabalho de campo, ela dizia ter adquirido "outro probleminha de saúde", afirmava precisar de tratamento espiritual. Algumas mães que escreveram no livro de relatos atribuem a Deus a força e o controle de sensações. A mudança de atmosfera seria a "força de Deus brotando", elas só estariam vivas devido a Ele e sua atuação junto delas.

Os policiais do BPM falam da religião como algo necessário para "recuperar" o PM "embrutecido" e transformado pelas operações violentas na corporação. Eduardo conta como a religião o ajuda:

> — Mas eu acho, assim, que pela profissão em si, você já perde muita essência de vida, de amizade. Tu fica meio assim... Tudo para você [é] "Que se foda!", "Não quero saber!". Perde muito com isso na profissão. Fica frio em relação a muita coisa. Acho que te resgata a religião, te traz um pouco de volta. Te resgata isso. Entendeu? A ter amor, a ter respeito pelos outros, esses tipos de coisa. A religião te traz de volta, porque você acaba perdendo.

A religião auxiliaria a "descarregar", a voltar para um estado ideal de "controle dos nervos" sem cair em um estado de frieza, alterando a atmosfera comum em que o policial deixa de se importar com a família, com demais cidadãos ou com colegas de trabalho — o que Hélio chama de policial embrutecido ou brutalizado. Pedro comenta o mesmo: "A nossa profissão te deixa um pouco com sangue frio. Porque toda hora acontece, toda hora você perde um colega". Quanto à necessidade de excessiva atenção e tensão em operações, em que busca "não perder nem a vida nem a liberdade", ele afirma tentar se recuperar pela fé: "Eu acredito muito em Deus. [...] [No] momento em que eu mais preciso, ele sempre me ajudou. No momento que mais preciso, sempre peço a Deus. Sempre me ajudou". A mudança de atmosferas, nesses casos, seria, para esses entrevistados, uma ação direta de Deus.

O afeto como imponderável (atmosfera) também é representado por Deus e/ou demais símbolos religiosos. Como coloca James (1898), se Deus é real, o é na medida em que produz efeitos na vida prática. Considerando as pedras de toque do pragmatismo filosófico americano, o "princípio do praticalismo diz que o próprio significado da concepção de Deus está nas diferenças que devem ser feitas em nossa experiência, se a concepção for verdadeira" (James, 1898, p. 300)[80]. A religião ou mesmo Deus podem constituir/dar origem a atmosferas, sensações constatadas após situações de ferimento, tensão e morte; podem ser transitórias ou duradouras, positivas ou negativas (a depender dos efeitos na potência de agir). Mas, sendo profundo, este "algo" transaciona com o indivíduo como uma experiência transformadora (Corrêa, 2021): muda a pessoa, seus *selves*, constitui parte de sua memória actancial. Isso se torna passível de ser constatado, segundo James, e como se vê aqui, pois a existência de Deus é afirmada pelos seres em referência a consequências geradas e observadas: Deus é real, pois produz efeitos reais. Ou, nas palavras de James (1991, p. 417): "Deus parece [...] residir nas consequências para particulares que se pode esperar que essa existência acarrete".

Emoções como actantes de lembranças

Os afetos físicos concretos ou as atmosferas podem ser constatados como emoções. Os efeitos no corpo são normalmente caracterizados como (sinais de) raiva, tristeza, solidão etc. A percepção dos afetos pode se assemelhar à percepção das emoções, guardando poucas, mas importantes diferenças (Vandenberghe, 2017, p. 4). A partir dos dados deste trabalho, as emoções parecem ser formações paralelas ou a posteriori aos afetos, embora traçar uma

---

80. Vandenberghe (2018), ao discutir essas concepções de James, coloca que o "afetar" da crença em uma existência divina na vida pessoal dos crentes deve ser investigado pela manifestação em suas condutas habituais. Seria a preocupação central de uma teoria pragmática da experiência religiosa.

ordem não seja algo relevante para os propósitos desta pesquisa. O importante, como destacou Vandenberghe (2017), é constatar como afetos podem gerar emoções ou efeitos nas emoções, como essas podem desencadear uma reflexão ou tensionar uma lembrança e como a reflexão pode afetar de alguma forma os próprios afetos — o afetivo e o emocional estão entrelaçados, não havendo parte superior ou inferior. Ao fim, temos "apenas a experiência humana" (Vandenberghe, 2017, p. 7). Como Dewey (2010) já havia escrito, a ação (em sua totalidade) e suas consequências devem estar unidas na percepção: "Não é possível separar entre si, em uma experiência vital, o prático, o intelectual e o afetivo e jogar as propriedades de uns contra as características dos outros. A fase afetiva liga as partes em um todo único" (Dewey, 2010, p. 138).

Os estudados podem cristalizar certas sensações e variações físicas em uma emoção e a identificar em uma lembrança; e as vivências correntes podem ser marcadas por tais emoções, definindo uma situação. Por exemplo, sentir o corpo retrair ao querer sair de casa, quando se é recém-cadeirante, pode ser interpretado como *medo* (inclusive coordenadores do Renascer realizam esta leitura). Assim, reforçar-se-ia o desestímulo de motivação para sair de casa. O deslocamento pela cidade sob a luz de uma situação de perigo ou de grande incômodo, por conta do que poderia acontecer, suscita lembranças da "vida como antes", em que as coisas eram mais fáceis (retrotopia) — o presente é *lócus* de sofrimento. A volta para casa de uma assistida do NAVI pode ser uma situação de tristeza: chegar na residência e ver o "vazio" do ambiente a faz se sentir assim, pois a lembra dos entes queridos vivos. Roberta fala de seus problemas de saúde após o contato com a morte (arritmia cardíaca e pressão alta): "Ali eu já estava entrando na tristeza, sabe? Aquela tristeza profunda. Já tava entrando na tristeza profunda. Então [pensei]: 'Não tá bom, não tá bom'". Tal emoção, ligada a afetos no corpo, afetava sua potência de ação, seja em uma situação dentro de casa, pelas lembranças-imagens do local, ou na contemplação de um futuro marcado por possíveis doenças. Como coloca Peirce (2005, p. 274), "toda emoção tem um sujeito". Ao tratar da memória actancial, falo justamente dos afetos e das emoções como componente das lembranças ou que despertam lembranças-imagens, sendo elementos fortes de atuação da memória, constatados pelos efeitos causados, e que alteram o agir presente.

Medo e raiva são comuns para PMs dentro ou fora da corporação, caracterizando certas situações vividas no presente junto das imagens lembradas (se rememoradas). Em uma das minhas idas ao BPM, Nádia conta sobre a perda de um colega de trabalho, dizendo ser "muito triste, desestimulante": "Nós perdemos um colega na semana passada. Ele tava na rua, viram ele, já alvejaram, morreu lá. [...] É muito triste, é muita tensão. [...] Foi o que falei, somos todos uma unidade, fere tudo". A atuação como policial é marcada por essa tristeza relativa às mortes de colegas. E é um dos motivos pelos quais Nádia optou pelo trabalho administrativo e pensa em deixar a corporação.

Eduardo comenta sobre a pressão e a tensão em uma situação de perigo, traduzindo o medo sentido por PMs quando operam em conflitos armados:

> — Porra, muito complicado, cara. Você é ser humano. Então, você tem medo, como qualquer outra pessoa. Só que você tem que controlar seu medo, até para você agir certo, entendeu? E, cara, você tem que ter sangue frio na hora, muito treinamento, que você não recebe. Tem que procurar por conta própria, entendeu? Tem que procurar isso por conta própria e pedir proteção a Deus, cara, para ele te salvar.

O medo é tanto relatado como necessário nas ruas para os PMs não serem "pegos de surpresa", reflexo da "frieza" exigida na função, quanto se liga a projeções de ferimento a circularem em suas mentes como possibilidades reais e imediatas. Os policiais buscam um equilíbrio entre esses dois fatores, algo muito difícil de ser alcançado. Eduardo, assim como Pedro quando fala de seu colega alvejado na Avenida Brasil, comenta ainda sobre o "nervoso" e a ansiedade de terem colegas feridos, compondo o medo e a pressão sentidos na rua:

> **EU:** — [Então] você já viu colegas sendo feridos?
>
> **EDUARDO:** — Já, pô. Trabalhou comigo. Já perdi. [...]. [Um colega] tomou cinco tiros e [um outro] que tomou... Morreu na minha frente, pô, lá na Vila Kenedy. [...] Em 2011, ele tomou esses cinco tiros. Tem problema na mão assim [demonstra a mão direita solta no pulso] até hoje e trabalha. Na polícia, policial ele. Tá no 9º agora. Trabalha com a mão assim. E você não entra na polícia com a mão assim. Por que ele não foi reformado com todos os proventos devido a mão dele que foi lesão de um tipo de serviço? Entendeu? Tem colega aí que não tem dedo, tem colega que fica 2 centímetros com a perna maior que a outra...

Essas informações compõem suas bagagens de experiências, inclusive como atmosferas e emoções, afetando o agir presente, levando-o a decisão de permanecer em trabalho interno, mesmo com o desejo de "contribuir mais" nas ruas e sofrendo com "zoações" de colegas. Por um lado, PMs, assistidas do NAVI e atletas do Renascer podem recordar pontualmente das situações de contato com a morte em diferentes momentos de suas vidas, de forma que emoções como medo, raiva e tristeza podem ricochetear (Chateauraynaud, 2011) em seus *selves* repentinamente. Por outro lado, as situações de ferimento, tensão e morte são momentos de atenção e de pressão intensas, podendo haver picos de emoção a tornarem as experiências pessoais "mantidas vivas em replays simbólicos" (Collins, 2004, p. 43). Tais picos de emoção em *replay* podem representar uma pessoa — para si mesma e/ou para terceiros, em determinadas situações — como enlutada, coitada, chocada, abalada, sofrida etc.

Para Collins, quando uma realidade é "quebrada", as emoções surgem de forma intensa. Por exemplo, a tristeza extrema reduziria "o nível de atividade, não apenas trazendo indiferença física e abstinência (ao extremo, evitando estar acordado), mas tornando a interação social passiva, travada, superficial" (Collins, 2004, p. 104). Há uma circulação das emoções como energia e seu efeito são certos tipos de expectativas (de ferimento, de solidão, de incompreensão, de superação etc.). Quanto aos PMs, não encontrando — segundos eles mesmos — suporte psicológico ou compreensão em suas famílias, igrejas ou da sociedade como um todo, as emoções resultam em intenções e em antecipações confusas, em que um futuro imediato positivo não parece possível. Suas sensações passam a ser marcadas como medo, surpresa ou aversão, pois se referem a lembranças e a projeções marcadas pela possibilidade de ferimento ou de morte.

Nesse sentido, aproximo-me da afirmação de Dewey (2010, p. 119-120):

> Todas as emoções são qualificações de um drama e se modificam com o desenrolar do drama. A experiência é afetiva, mas nela não existem coisas separadas, chamadas emoções. Do mesmo modo, as emoções ligam-se a acontecimentos e objetos em seu movimento. A emoção faz parte do eu, certamente. Mas faz parte do eu interessado

> no movimento dos acontecimentos em direção a um desfecho desejado ou indesejado. Pulamos de imediato ao nos assustarmos, assim como enrubescemos no instante em que sentimos vergonha. Mas o susto e o recato envergonhado não são, nesses casos, estados afetivos. Em si, não passam de reflexos automáticos. Para se tornarem emocionais, precisam fazer parte de uma situação inclusiva e duradoura que envolva o interesse pelos objetos e por seus desfechos. O pulo de susto transforma-se em um medo emocional quando se constata ou se supõe existir um objeto ameaçador, o qual é preciso enfrentar ou do qual convém fugir. O rubor converte-se em uma emoção de vergonha quando, em pensamento, a pessoa liga um ato que praticou a uma reação desfavorável de alguém mais a ela.

A volta para a casa "vazia" das assistidas do NAVI e o deslocamento para os cadeirantes do Renascer por uma cidade não adaptada e/ou preconceituosa marcam lembranças e projeções como tristes pela comparação com o passado, por exemplo. Da mesma maneira, a própria frequência nos grupos pode se tornar uma lembrança-imagem alegre no porvir, atenuando a dor antes sentida. A emoção é, então, actante de uma economia de tensão e cognição, é suporte delas. Livet e Thévenot (1997, p. 425-426) propõem um "caminho" semelhante dos afetos às emoções:

> Partimos de afetos que são modos cognitivos primários nos quais a percepção, em correlação com as funções colocadas em jogo pelo organismo [...], imediatamente desencadeia estados internos fortemente ressonantes. Dotados de certa remanência, impõem uma tonalidade ao sistema cognitivo e selecionam certas disposições para a ação. [...] As emoções propriamente ditas surgem

> da requalificação do afeto pelo sentimento e pelo fortalecimento do sentimento do afeto que dele resulta[81].

Constata-se que uma emoção não tem qualidade por si só, mas depende de atividades em andamento. Em seu aspecto prático, a emoção é "um modo de conduta, um modo de se comportar" (Dewey, 1895, p. 16). Dessa forma, Dewey afirma que quando atribuímos um estado emocional a alguém, atribuímos "uma certa atitude prática" característica desse estado – ficar com raiva é estar inclinado a agir de uma certa maneira. É pelo ponto de vista do ato final em uma sequência da atividade que se pode falar de determinada emoção. Quéré (2018) retoma Dewey ao afirmar que a experiência emocional concreta é distribuída sobre o ambiente e o organismo, sendo de natureza temporal e serial. Diferencia-se do afeto, uma "coordenação problemática" de sensações (concretas ou imponderáveis) na definição de situação. A emoção está ligada a um ajuste da atividade por uma atitude com um fim representado[82].

Uma vez mapeando uma emoção (como fazem os coordenadores dos grupos estudados), pode-se buscar rearranjar a desordem e a falta de ajuste de uma pessoa ao ambiente. A emoção é um

---

81. Focados na generalidade dos enquadramentos avaliativos típicos da modernidade, os autores afirmam que cada um desses "traz a marca das especificidades das dinâmicas emocionais que individualizam cada regime" (Livet; Thévenot, 1997). Analiso, no Capítulo 3, como as emoções de medo, tristeza, aversão e raiva ligam-se às metafísicas morais aqui chamadas de distopia da sociabilidade violenta, distopia existencial e retrotopia.

82. Archer (2000, 2004) coloca as emoções como "comentários sobre nossas preocupações". Emoções seriam sobre algo e esses algos (presentes nas ordens natural, prática e discursiva) são as coisas com que nos importamos mais ou com que devemos nos importar em alguma extensão. Assim, as emoções nos diriam o quanto nos preocupamos e como estamos indo em relação a preocupações não redutíveis aos nossos sentimentos a respeito delas: as emoções "transmitem o importante da situação para nós" (Archer, 2004, p. 31).

obstáculo à integração quando muito intensa, "imediatamente descarregada" (Quére, 2018, p. 38), ou quando não há equilíbrio suficiente para uma resposta transformadora – e o afeto físico ou atmosfera insólita tomam o lugar. A emoção é extrema (tristeza intensa, medo paralisante, remorso angustiante) por ter como efeito caracterizar confusamente as lembranças, as vivências correntes, os planejamentos futuros e as próprias potências em cada um dos tempos. Esse é o caso de assistidas do NAVI, atletas do Renascer recém-chegados e PMs que passaram por riscos de vida ou que presenciaram a morte de parceiros de trabalho.

Circulação de energias emocionais e as tonalidades afetivas

As definições de situação tensionadas por lembranças-afetos, lembranças-emoções e seus emaranhados ocorrem pela circulação dessas nos corpos (na mente) das pessoas. As lembranças variam em tonalidades afetivas (Corrêa; Talone, 2019; Corrêa, 2021) pelo fluxo de afetos e de emoções suscitando alterações nas ações, algo captado sociologicamente pelas análises dos próprios seres quanto à sensação experimentada em determinada situação passada, que atuaram sobre eles ou sobre aquilo o qual os afeta no presente. A forma como as situações de ferimento, tensão e morte são vivenciadas e permanecem na mente dos estudados fazem-nos definir novas "regras de experiência" (Weber, 1993). Os afetos e as emoções iluminam de formas específicas as lembranças e as projeções de futuro; podem indicar certas "regularidades" para as pessoas. Por exemplo, um PM pode considerar que está em risco perene de vida ao se sentir "assombrado" pelo medo e ao pensar no tiroteio em uma dada localidade, ainda que esteja no trabalho administrativo. É a percepção de "probabilidades" [*likelihood*] (Schütz, 1943, p. 137) caracterizadas pela emergência de certos actantes que se transmite como parte das lembranças, "colorindo" o presente e o futuro — de preto (luto), preto e branco (apatia) e vermelho (risco de vida), para usar exemplos desta pesquisa.

PMs costumam falar da circulação de problemas emocionais, dos problemas íntimos em casa aos perigos de operações na rua. Em certas localizações, podem ser despertadas lembranças-imagens de vivências passadas ou histórias ouvidas capazes de suscitar determinadas sensações (atmosferas ou emoções) negativas, ligadas à noção da própria falta de preparo, à possibilidade de distração por questões pessoais, à possibilidade de trocas de tiro, ao desprezo por oficiais na ocorrência de erros etc. Como explica Nádia sobre o provável "nervosismo":

> — Vou te falar: já tenho um tempo de polícia. Trabalhei um ano e meio na rua. Mas, se alguém me coloca no meio de uma favela, sem preparação nenhuma, eu vou ficar muito nervosa, vou querer auxílio. Todo dia ia sair de casa nervosa. Isso é claro para qualquer um. Até com preparação é perigoso, imagina com [apenas] meses de preparação, sem reciclagem sempre. É sua vida ali...

O "acúmulo" que pode chegar ao "limite" se dá como uma energia transmitindo-se de situação a situação, carregando o afeto (atmosfera) e/ou a emoção de cada momento para os seguintes. As situações são irradiadas pelas lembranças. Vejamos algumas falas de PMs nesse sentido:

> — Que nem o rapaz ali falou da panela de pressão: é limite o tempo todo. Não tá acontecendo nada? Você tá numa esquina tranquila? Há quatro horas? Não tem ninguém? Não importa! Não importa. Piscou o olho, você pode morrer, ser ferido, deixar um colega na mão. Isso é que as pessoas não entendem. Eu tô no limite toda hora.

> — Troca de tiro. Você já vai sabendo que pode morrer, sair ferido, matar alguém. Mas na hora, você concentra,

> amarra a cara, ajeita o tronco e vai cumprir a tua missão, a tua profissão. Nessa hora, nada abala mesmo. Quando você sabe que tá indo trocar tiro, para resgate, qualquer coisa, é fechar o tempo [ficar sério]. Você tá concentrado, focado. Até a mosquinha voando lá do outro lado eu vejo. É a hora que não pode dar nenhum mole. Você tá no extremo e é assim que tem que ser. O foda é sair disso depois.
>
> — Você começa a levar para casa, a pensar demais nisso. Vai aparecer no teu sonho, você vai brigar com todo mundo. Fica rude até com a tua própria mulher e teus filhos, que não tem nada a ver com isso.
>
> — Tu gastou a energia de um mês em 10 minutos. Depois acabou. Tem gente morta ou não, prisão ou não, ferido ou não, você volta pro trabalho normal. "Normal", né? Porque aquilo já te altera. Tem gente que vai levando. É a nossa vocação, né? Mas quem diz que não fica mexido, tá mentindo. Mexe, sim. O corpo, o teu olhar muda.

Eles compreendem existir um fluxo das energias vivenciadas em momentos de tensão e elas afetam comportamentos em outras situações — ainda que pelo "gasto" de tais energias. É nesse sentido que Eduardo fala sobre a necessidade de "desacelerar" o PM depois de uma troca de tiro, pois ele pode levar para a casa a "sensação do momento", afastando e/ou agredindo sua família, por exemplo. Vejamos duas narrativas significativas, recolhidas da tese de Rocha (2013), quanto à circulação de energias dos momentos de perigo — a primeira consistindo em uma contextualização pela própria autora/psicóloga:

> Certa vez atendi um encaminhamento de um comandante, pois um policial de seu batalhão, que chamarei de Anderson, havia sido atingido no olho por estilhaços de vidro, quando, durante o patrulhamento, desconfiaram

de um veículo e, ao se aproximarem, foram alvejados e houve troca de tiros. Ao receber o policial, ele me informou que o colega que estava com ele na viatura, Lopes, estava trabalhando normalmente e perguntou se ele poderia acompanhá-lo na sessão seguinte, pois achava que ele tinha ficado abalado com a gravidade da ocorrência. Fizemos isso e quando os dois chegaram me narraram o ocorrido. Realmente seu colega estava bastante impressionado com a situação vivida, e o que mais o preocupou foi a sensação de que a vida de Anderson dependia do quão rápido ele conseguisse chegar ao hospital naquelas condições precárias, com a viatura com os vidros todos estilhaçados, toda perfurada pelos projéteis e com os pneus arriados, o que deixava o veículo com a direção perigosamente instável. Os dois queriam contar como aconteceu o fato e se alternavam dando detalhes. [...] Era de manhã cedo, início de serviço e ao avistarem um carro escuro com insulfilm escuro, acharam suspeito e se aproximaram em procedimento de abordagem. A viatura foi imediatamente atingida com vários tiros, tudo muito rápido. Anderson, que era o motorista, foi ferido, mas sem se dar conta ainda dirigiu mais alguns metros, enquanto Lopes reagia atirando contra o veículo para impedir que o mesmo retornasse na contramão na direção deles. Anderson sentiu a cabeça pesando, não enxergava mais com um dos olhos, o sangue já tomava conta de seu rosto e seu ombro também estava ferido e doendo, e assim encostou a viatura. Lopes saltou da viatura para ter melhor posicionamento para os disparos, no que Anderson gritou para ele retornar para a viatura, pois que ele estava ferido. Seu pensamento era a morte, acreditava ter sido atingido na cabeça e no peito. [...]. Ao chegarem ao hospital, Anderson foi levado para o atendimento de emergência e Lopes, sem feridas aparentes, [...] teve que responder a inúmeras perguntas de seus superiores sobre a ocorrência, sobre a viatura, sobre as razões de estarem naquela hora naquele local e resolverem abordar aquele veículo. Sua sensação era de que estava sendo alvo de desconfianças de todas as partes [...]. Tinha que dar as respostas dos fatos, ninguém perguntou como ele estava se sentindo, se era capaz ou não de lidar com aquela burocracia toda sem saber se seu colega sobreviveria. E no serviço seguinte estava na rua com outro policial militar a seu lado. Lopes relatou que as imagens se repetiam rapidamente em sua mente, uma atrás da outra; todas as cenas repassavam constantemente em seus pensamentos: Anderson ferido no banco do carona, ele próprio tendo que se esforçar [para] conduzir o veículo em linha reta, pois com os pneus vazios pelos tiros recebidos era quase impossível.... Ele repetia as lembranças conforme os pensamentos vinham em sua cabeça, numa demonstração do que vinham sendo seus dias e noites. Sonhava com as cenas e durante o serviço lutava para afastar os pensamentos, tentando se concentrar. Acreditava que aos poucos iria voltando ao "normal", sem sobressaltos, sem achar que todo carro escuro era uma ameaça, sem a imagem do amigo ensanguentado na sua mente. Lopes não retornou para outro atendimento e Anderson continuou em acompanhamento psicoterápico. Estava bastante triste, não tinha motivação para nada, passava todos os dias em casa, no quarto, tornou-se queixoso, irritadiço, impaciente e implicante com sua esposa (Rocha, 2013, p. 65-66).

A próxima passagem contém a fala de um PM após ter atuado em algumas situações de tensão e perigo dirigindo um blindado da PMERJ:

Outro dia eu entrei no quartel, aí o coração começou a disparar. Eu senti que havia alguma coisa entranha comigo. Entrei para o alojamento, troquei de roupa e aí o cabo Almeida me achou esquisito, que eu estava branco e eu disse que não era nada e estava bem. Perguntou de novo se eu estava com problemas e eu novamente insisti que estava bem, mas ele: "tem alguma coisa errada contigo!". Eu acho que era medo. Não sei se era medo, preocupação. Resolvi esperar para ver o que ia acontecer naquele dia e disse: "Só estou sentido, assim, um cansaço, um desgaste também". "Mas você está branco". "É pressão baixa, eu não tomei café". Aí eu desci para o pátio, quando eu peguei no armamento, eu peguei meio trêmulo, não era eu. Eu pegava o armamento, fazia tudo perfeito, mas nesse dia eu estava diferente. Tudo que eu fazia era perfeito, perfeito em tudo. Aí o Almeida estava me observando. Ele olhou assim, "Jonas, você não pode ir para a rua, não. Você está estressado, você está nervoso, eu estou vendo, você está trêmulo, está demorando a fazer as coisas". "Eu estou bem". Então, o Almeida falou com o oficial que chegou perto de mim: "Jonas, o que está acontecendo?" "Tenente, eu estou bem". "Olha, há uma operação para fazer agora, se você está nesse estado é melhor não sair". "Não tenente, eu estou ótimo, estou bem para caramba, acho que dá para trabalhar sim". Fui me aproximando: "Quem vai dirigir hoje?" "É o Sales. Você está na tropa?" "Estou na tropa". Ele então me segurou: "Você não vai sair, porque você não está bem". "Não eu estou bem, pode me dar minha arma". "Não. Não vou dar a arma". Pegou a minha arma, pegou o meu fuzil, mandou que eu tirasse o colete e fosse para a enfermaria e lá [ver o que estava] sentindo. Eu fui para a enfermaria e a minha pressão estava baixa. Eu me sentei e comecei a gelar. A enfermeira: "Você está sentindo alguma coisa? A sua pressão está muito baixa". "Está acontecendo alguma coisa agora comigo, está surgindo uma coisa dentro de mim". "Olha, eu sou técnica em enfermagem, não sou médica, não". Meu braço começou a tremer. "Você está tremendo por quê? Está com medo?" "Não". "Está com frio?" "Não. Não sei o que está acontecendo". Daqui a pouco meu coração disparou, ela mediu a pressão e estava alta. Estiquei-me um pouco e comecei a perder o controle das pernas que começaram a tremer. Ela correu para chamar o oficial. Ele perguntou o que eu tinha e minha fala travou. Comecei a salivar e a perder o controle do corpo. Eu perdi os sentidos, mas via as coisas acontecerem. Fui [colocado] na viatura e levado para a policlínica. Quando cheguei na policlínica, não sabiam o que tinha e eu voltei ao normal, me colocaram na cama. Os tremores voltaram e eu perdi os sentidos. Quando acordei, não sabia onde estava, olhei sem entender, eu estava em casa? O médico disse, "Olha, você está com diazepan para te acalmar. Fique calmo. O que você teve? O que você viu? O que te falaram? O que está acontecendo?". "O que está acontecendo, você tem isso normalmente?" "Doutor. Não tenho isso não". "Você está num estado de estresse tremendo". Aí me deram dispensa. "Você tem que ir para casa, relaxa, tome esse remedinho e tudo vai melhorar". Aí me dispensaram aquele dia. [...] No outro serviço, eu voltei. Fiz a mesma coisa. Vesti minha farda, peguei meu armamento, o Almeida atrás de mim olhando, o comandante da guarnição: "Jonas, você está melhor?" Respondi: "Estou, estou melhor". Eu estava escondendo. Eu não queria mostrar que eu estava com problema, demonstrar medo, demonstrar alguma coisa. Eu não queria mostrar, eu queria estar ali trabalhando... [...] Terceiro serviço [...] por incrível que pareça não me colocaram de licença, insistiram que era uma coisa normal. No terceiro serviço no pátio mesmo eu já estava em estado de nervos que eu mesmo já não conseguia

> segurar. Entrei na enfermaria, a pressão abaixou, subiu. Quando baixou eu estava querendo desmaiar, eu lembro que havia um sargento e eu falei: "Sargento, socorro, me segura, eu acho que eu vou morrer". Ele olhou assustado e me ajudou. Quando eu voltei já estava na Policlínica, mais Diazepan, aí a doutora olhou: "Esse rapaz não pode continuar" (Rocha, 2013, p. 99-100).

Os PMs estão sempre lidando, como dizem alguns, com áreas "vermelhas" – os locais de perigo como caracterizados pela PMERJ –, algo também comunicado por cadeirantes ex-policiais. Certas experiências flutuam para outros momentos, mexendo com os "nervos" dos praças, afetando inteiramente suas potências de agir. Collins (2004) dedicou-se a demonstrar como o indivíduo é uma "cadeia de interação ritual". Nesse sentido, é o precipitado de situações interacionais passadas e um ingrediente de cada nova situação. Suas proposições, aqui, interessam na medida em que os "precipitados" de situações passadas transmitem-se a situações presentes e futuras (condicionando suas definições), traduzindo-se em nervosismo, medo, tensão etc. Mas, como destaca o autor, isso é algo "ingrediente" e não determinante, pois "a situação é uma propriedade emergente" (2004, p. 5) com leis e processos próprios. Os sentimentos (aqui podemos falar de sensações físicas, atmosferas e emoções) carregariam os símbolos importantes para um grupo, inclusive aqueles ligados a ferimentos e riscos de vida.

Quanto às mães do NAVI, as atmosferas dos momentos em que souberam das mortes podem retornar, sentidas novamente, na vida corrente. Parte do trabalho realizado pelos profissionais do NAVI com elas é o de buscar controlar o "ressurgimento" dessas sensações, evitando jogar a "luz da apatia" sobre uma situação presente. Como relata uma mãe:

> Batalhei o máximo que pude e jamais parei. Tenho consciência de que não terei meu filho de volta, mas ele está no meu coração, colorindo minha vida, que já foi tão opaca no início de sua partida (Amaral, 2012, p. 99).

Busca-se, usando a metáfora dela, "colorir" a vida de formas distintas. Maria José, após nossas conversas, me enviou um texto retirado de um grupo fundado onde ela reside atualmente, de autoria de uma amiga, uma mãe enlutada. Ela me encaminhou a mensagem por ser significativa quanto ao luto e à dor das mães. Reproduzo-a parcialmente:

> O que sentimos, sempre sentiremos, não passa depois de um período, se transforma, a saudade continua, as lágrimas teimam em aparecer, o peito aperta com lembranças, mas há uma mudança significativa, A DOR, a dor muda, se transforma, temos que dar essa oportunidade a nós mesmos. E aí eu aqui pensando, me dei conta que luto todos os dias para que meu luto seja transformador, para que seja iluminado, para que seja parte do propósito de minha existência, para que não seja em vão tanto conhecimento, tantos sentimentos (destaque da própria mensagem).

No luto, tem lugar uma circulação dos afetos e das emoções, sempre em mudança. Por vezes, eles dão luz a novas formas de agir (como buscar o envolvimento em ações de conscientização) ou reforçam a sensação passada/presente de sofrimento (pensar na própria morte como possibilidade iminente). O primeiro caso é mais comum entre as participantes do NAVI e do Renascer. Como explica Joana: "[O NAVI] é muito bom. [...]. Nossa, eu saio daqui e vou para casa numa boa. É diferente, é troca de energia mesmo. As pessoas, você vai abraçar. Pessoa que, sabe, você sabe que a outra está sentindo, né? Então, é muito bom". Elas descrevem o contato com as outras enlutadas como essencial para a mudança na forma de como se sentir, justamente pela troca de energias carregadas — a partir da exposição de suas emoções, da descrição de seus afetos e do relato dos sofrimentos enfrentados.

Como coloca Roberta: "A minha saúde foi muita abalada. Agora, se eu não tivesse o NAVI, se eu não tivesse a minha fé, né, e o tratamento espiritual... Sei não, acho que eu já tinha pirado". No mesmo sentido, Zélia fala de sua ida para o NAVI: "Foi melhorando a minha autoestima, melhorando o meu conteúdo de saúde. Aí, eu fui indo e fui indo. [...] Porque, quando você está muito ruim, você não enxerga" (refere-se a vislumbrar possibilidades de continuar vivendo). Mediadas pela "ressignificação" proposta pelo núcleo, as assistidas buscam outras formas de se sentir. Maria José afirma (após falar sobre seu trabalho e o peso de suas perdas até os dias de hoje): "Eu posso ter vivido a maior infelicidade para uma pessoa, mas eu quero dar um colorido diferente à minha vida. Eu não quero ver só o lado negro. Eu quero ver as coisas boas. Graças a Deus que eu consigo fazer isso". Dar um novo colorido e/ou buscar iluminar de forma diferente relacionam-se, assim, à circulação de "energias passadas".

Sobre cadeirantes do Renascer, Adinea diz:

> — O corpo muda, os caras sentem diferenças físicas, com mais facilidade de terem pedras nos rins, dores. Isso muda o humor [...]. Então, se você encontrou ali uma paz, um sossego, que te explicou — entre aspas, né —, que fez dar sentido naquilo que você não conseguia explicar, você acalma o seu corpo. E, de alguma forma, você aí abre a oportunidade [de pensar]: "Bom, e agora, o que eu vou fazer daqui para frente? Aceitei". E, assim, uma coisa que eu percebo, que no projeto é muito forte, é a troca. Justamente essa mudança de perspectiva, da dimensão

> do próprio problema. É uma coisa que você aqui a todo momento percebe isso. A todo momento, você vê que ele está aprendendo com o outro: "Poxa, eu posso ir até onde ele foi". Olha só. É uma sacada que eles têm. Aí, às vezes, um chega aqui com uma solução para aquilo que ele está ali há anos tentando [resolver].

Se há circulação de energia emocional (Collins, 2004) de uma situação, mexendo com o humor dos seres, eles podem buscar "dar uma nova cor", no sentido de buscarem formas possíveis de viver sem um sofrimento ou sem dor extrema — o que altera as atmosferas e as emoções ligadas a certas lembranças-imagens. A fim de facilitar a leitura do restante do livro, é propício recuperar a noção de humor [*mood*]. Para Husserl, o humor significa as várias unidades de sentimento como um aspecto do fluxo da consciência. E é possível diferenciar formas de humor cambiáveis nesse fluxo. Por exemplo, tais unidades podem ser diferenciadas de acordo com sua origem, conteúdos prevalecentes, a forma como se unem, o curso pelo qual se desenvolvem etc. (Lee, 1998). Aproxima-se daquilo abordado como afetos, atmosferas, emoções e seus conjuntos e suas variações. O humor seria um "fundo" para as lembranças correntes, traçando uma relação com o horizonte dos objetos aparecendo em sua perspectiva. O humor, nesse sentido, se espalha sobre os conteúdos da consciência como uma "luz" iluminando de certa forma cada objeto: "cores" distintas são dadas a cada lembrança-imagem. Para Husserl, o humor tem a função justamente de iluminar o mundo — por esta razão, compara-o com a luz. Um colega e eu (Corrêa; Talone, 2019) propomos traduzir tal fenomenologia do humor como uma fenomenologia das tonalidades afetivas, como algo relativo às variações intensivas do corpo, relacionado — pelo menos do ponto de vista dela no plano da representação — aos afetos e às emoções. A emoção, por exemplo, seria a variação e a expressão representativa de uma variação tonal específica[83]. Em suma, são justamente os afetos e as emoções em suas variações (iluminando de formas distintas lembranças-imagens e situações presentes) que compõem o humor, nomeado aqui de fluxo variável de tonalidades afetivas.

Uma assistida do NAVI busca atingir, interpreto, outra tonalidade afetiva em relação a suas lembranças, jogando novas luzes sobre suas possíveis ações presentes e futuras. PMs relatam sofrer com forte variação de tonalidades afetivas ao longo de suas atividades profissionais, prejudicando como efetivam ações/situações no presente – carregando tal alteração brusca para outros momentos de suas vidas. Os atletas do NAVI, sobretudo ex-policiais, podem passar por ambos os processos descritos. A tonalidade na lembrança é perceptível pelas sensações tomando forma ao longo de um relato.

Pensando a continuidade da vida, a "recuperação" de uma pessoa não seria um "mero retorno a um estado anterior, pois [ela] é enriquecida pela situação de disparidade e resistência que atravessou com sucesso" (Dewey, 2010, p. 75). Proponho que os afetos e as emoções sejam actantes de lembranças ou gatilhos para essas, variando como tonalidades afetivas. E são uma "força motriz e consolidante [selecionando], o que é congruente [em uma situação] e [pintando] com suas cores o que é escolhido, com isso conferindo uma unidade qualitativa a materiais externamente díspares e dessemelhantes" (Dewey, 2010, p. 120).

A experiência também se baseia em uma composição de energias vindas de uma pessoa e de outra (suas tonalidades afetivas). Isso pode ser positivo, no sentido de criar possibilidades de ação,

---

83. Apropriando-se disso, uma sociologia do trauma seria uma sociologia das variações bruscas das tonalidades afetivas e variações de tal modo intensas que produzem uma quebra, uma ruptura (Corrêa; Talone, 2019).

como vemos nas falas dos participantes do NAVI e do Renascer, e negativo, como é o caso das histórias de perigo e de morte contadas por PMs, mexendo com os "nervos" dos colegas. A transformação das tonalidades afetivas pode ser fonte de energias essenciais para se "superar" o momento de dor, quando o organismo e o ambiente estão em desacordo e é necessário aquilo que os grupos chamam de ressignificação e/ou resiliência: são acúmulos de energia e formas de controle sobre a variação dessa tonalidade, contribuindo para sua própria conservação e mobilização em ações de conscientização.

Obviamente, esse "controle" não é absoluto e todos reconhecem uma autonomia das atmosferas, afetos físicos e emoções os quais tomam forma repentinamente, por vezes deixando uma pessoa em "dissonância" afetiva com relação a uma situação e a terceiros compondo esta situação[84]: PMs andam armados e preocupados

---

84. Há uma interessante animação americana de 2015 – produzida pela *Pixar Animation Studios* e lançada pela *Walt Disney Pictures* – chamada *Divertida-Mente* [*Inside Out*]. Nela, acompanhamos o nascimento e o crescimento de uma menina. O filme exibe, paralelamente, as emoções também como personagens; por exemplo, temos a Alegria e a Tristeza. Essas atuam na mente da menina: caracterizam (por vezes, disputando) as experiências da personagem segundo as suas cores – amarela para a alegria e azul para a tristeza –, tornando-as lembranças alegres ou tristes. À medida que a personagem cresce e vai se defrontando com situações mais complexas e que a deixam confusa, os personagens-emoções acabam gerando lembranças "mistas", amarelo-azuladas, por exemplo. Vistas sob a ótica da vivência presente, algumas recordações tornam-se *bittersweet* (agridoce). Este momento marcaria a mudança e a maturidade da personagem. Cito rapidamente esse exemplo – não apenas por seu possível diálogo com a fenomenologia do humor de Husserl – para ilustrar que as lembranças não são univocamente de dor, de sofrimento, de alegria, de tristeza. Elas variam, juntamente com as tonalidades afetivas, segundo uma situação presente e em determinados contextos (se é uma época de festividades, aniversário de nascimento ou morte etc.). Suas cores mudam segundo os actantes – afetos, atmosferas e emoções – as compondo em um dado momento.

em períodos de folga e "descontração", como na ida à padaria; mães sentem imensa tristeza ou apatia em momentos de celebração (como no Natal); e cadeirantes são acometidos por medos no momento de deslocamento pela cidade. Tomo o termo "dissonância", de David Stark (2009), como reconhecimento do autor da possibilidade de manutenção de diferentes princípios na caracterização de uma mesma interação. A dissonância, no estudo do autor, ocorre quando princípios de desempenho diversos, até mesmo antagônicos, se sobrepõem, de forma que a diversidade de quadros de valor gere novas combinações – em vez de significar uma "quebra", uma impossibilidade, de prosseguimento. Aqui, mobilizo a ideia para dar conta da noção mobilizada pelos próprios estudados de vivenciarem "outro clima" em relação às pessoas em uma mesma situação, devido às lembranças de morte despertadas e suas tonalidades afetivas. Mesmo quando a luz jogada sobre uma situação pelos seres é preta, vermelha, ou preta e branca, eles podem buscar as "pintar com outras cores" – ou seja, sentirem-se de outra forma –, de maneira que a dissonância pode abrir novas oportunidades de ação também nesse caso[85].

As variações de *self* pós-proximidade com a morte

Se as lembranças-imagens e suas tonalidades afetivas são dispositivos da memória actancial mobilizados pelos seres ou que surgem repentinamente em uma dada situação, elas atuam na definição dessa – ainda que em "desacordo" com a provável ação passada de uma pessoa, com o seu "estado normal" anterior. Esta seção volta-se para a percepção dos seres de mudanças em seus âmagos,

85. Archer (2000), referindo-se às emoções, diz que elas podem ser "corrigidas", pois envolvem falibilidade.

ao menos temporariamente, devido às experiências extremas. Muitos estudiosos constataram que a vida de uma pessoa é constituída pela variação de suas concepções de si, o que aqui proponho ser adequado de acompanhar pelas definições de situação[86]. Aqui, dedico-me aos efeitos das alterações de *self* na vida das pessoas após contato(s) com a morte provocada por terceiros, conforme elas mesmas as constatem (em seus próprios termos) e as caracterizem como algo central em suas vidas — não necessariamente apontando uma primazia da prática (Archer, 2000) ou do social (Mead, 1932), como indico adiante.

Destacarei os esforços do NAVI e do Renascer (tanto dos coordenadores quanto dos próprios participantes) de conduzirem noções de *self* afastando-se do *self* "desmotivado", do "depressivo", do "apático", do "zumbi", entre outras possibilidades — sem se forçar um "esquecimento" ou um "silenciamento" da dor vivenciada. Dou atenção igualmente às tonalidades afetivas que tensionam essas noções de *self*, ou seja, a como uma pessoa apreende sua continuidade ao longo do tempo, tendo uma narrativa compreensiva e fazendo sentido para si mesma, embora possa reconhecer mudanças graves. Estas variações de *self* são constatadas por meio das potencialidades de ação ou por como se definem determinadas situações no presente em grande dissonância com as efetivações de ação anteriores à experiência extrema. O PM por "vocação" não consegue mais atuar nas ruas e em operações de

---

86. Simmel (1950, p. 58) há muito afirmou a capacidade de um indivíduo naturalmente de se "decompor em partes e compreender qualquer [dessas] como seu próprio *self*". Essas partes podem colidir entre si e travar uma luta pelo controle majoritário sobre as ações do indivíduo. Todo indivíduo consiste em muitas partes diferentes igualmente importantes e, às vezes, contraditórias, dando forma a conflitos internos observáveis na vida cotidiana de cada um (Strauss, 1999; Chalari, 2009).

tensão; as mulheres tornam-se "mães de vítimas"[87] (ou enlutadas); os ex-PMs ou civis são, agora, cadeirantes e/ou atletas paraolímpicos – como exemplos mais substantivos. Essa são dissonâncias de *self* acarretadas a partir de experiências extremas e das tonalidades afetivas despertadas em determinadas situações.

Não há um *self* fixo, imutável em todas as suas dimensões[88]. Por suas próprias narrativas – com cronologias (representações de sequências de eventos), variações de relevância e mudanças de acordo com a audiência presente (Pollak; Heinich, 1986) –, as pessoas constatam potências para agir contrastantes com competências prévias às situações de ferimento e morte. Essa verificação se expressa no exercício da memória: pela lembrança de uma situação como "elemento forte" que altera o ser e pela comparação com ocasiões pretéritas.

Por fim, ao traçarem planejamentos futuros e buscarem alterar suas tonalidades afetivas, as pessoas almejam mudar a si próprias[89]. As tonalidades afetivas e suas variações também podem apontar caminhos para os seres aspirando um futuro (ou futuros) potencialmente "melhor", indicando outra gama de mudanças no próprio *self* (mesmo que parcial). A memória corresponde a uma fonte inesgotável (Bergson, 1999) para o homem remodelar a sua resposta a determinadas situações e a como interpreta as suas próprias

---

87. Adriana Vianna e Juliana Farias abordam em seus trabalhos essa categoria. Para mais referências sobre o tema, ver o texto escrito por elas (Vianna, Farias, 2011).

88. O que alguns autores buscaram mostrar pela ideia de "*self* narrativo" (cf. Elliott, 2005).

89. Archer (2000), explorando as conversações internas, expõe como a "emocionalidade" pode modelar os nossos comprometimentos e, consequentemente, definir nossas identidades. Seria ela a nos levar aos novos projetos, de forma que nossos *selves* modelam-se de acordo com esses (Schütz, 1979; Archer, 2000).

competências a cada momento, possibilitando a ele conceber novos horizontes. A memória actancial, a partir de situações de proximidade com a morte, pode indicar variações de *self*, inclusive aquelas capazes de positivar a continuidade da vida possível para vítimas consequentes-próximas e vítimas diretas.

Experiências extremas e os selves efetivados

As experiências extremas são reveladoras da identidade e do trabalho para as manter, mudar, estabilizar, perder e recuperar (Pollak, 1990). E o estímulo para a recuperação de lembranças no presente pode fornecer as chaves dos recursos mobilizados para a manutenção de uma ideia de um *self* coerente[90]. As experiências de proximidade com a morte causadas por terceiros destacam o *self* como uma pluralidade finita. A grande quebra da "vida como era antes", as lembranças das mais diversas situações pretéritas e as tonalidades afetivas (atmosferas, efeitos físicos e emoções) sentidas conformam potencialidades variantes para efetivar ações. Elas podem ser interpretadas como reflexos de mudanças em si mesmos – mas de forma mais desafiadora/intensa do que as demais transformações do *self* na vida (Strauss, 1999), como pelo envelhecimento "natural". Começarei analisando as assistidas do NAVI.

Marcela, por não conseguir mais frequentar certos locais ou realizar atividades que antes compunham seu dia a dia, afirma se sentir outra pessoa. Foi o mote para a sua mudança para o Rio Grande do Norte, pois muitas vezes tinha de "forçar" um *self* passado, uma forma de ser ela mesma, no Rio de Janeiro:

---

90. No rompimento da crença, das coisas como dadas anteriormente (Peirce, 2008), há o possível rompimento dos próprios *selves* vigentes, reestabilizados por processos a estabelecerem novos hábitos (ver Capítulo 3).

> — É porque tem uns momentos de muita luta, né? Onde as coisas dão errado, são muito difíceis. [As amigas da igreja] veem uma grande força em mim. Elas veem minha força e eu fazendo coisas. Sabem que eu aguentei algo muito duro. Mas, de vez em quando, eu nem queria. De vez em quando, eu queria ficar em casa dormindo, deitada. Sem cabeça nenhuma para as atividades da igreja. Mas elas pedem, eu vou.

Durante as atividades em grupo, Marcela gostava de fazer brincadeiras que as outras assistidas pareciam apreciar. Ela dizia fazer o mesmo em sua igreja. Apreciava "animar o local", puxar cantos, rezas, fazer piadas e organizar eventos. Após a perda de seu filho, ela confessa, essa forma de ser por vezes a cansa, pesa em seu cotidiano, pois sua "cabeça [ficou] ruim", fazendo-a perder parte da alegria e do interesse por uma série de afazeres. Isto se refletiu, inclusive, em procura por trabalhos: "Esse ano eu tô em casa, não tô trabalhando, nem corri para trabalhar porque eu não tô com saco para isso". Somam-se a tais mudanças as alterações em seu corpo, como vimos no tópico anterior. Agora ela tem, segundo descreve, mais pelos e um ciclo menstrual diferente. Com tudo isso, ela não consegue mais se harmonizar com seus hábitos antigos. Por exemplo, o seu sono está completamente alterado, deixando-a cansada o dia inteiro: "*E eu não sou assim*, não é legal para mim. Aí, eu acabo dormindo tarde, também. Isso também não é bom, 2h e pouca, 3h, entendeu? Porque antigamente eu dormia cedo." (Grifo meu). Para ela, ficar cansada e inerte em uma situação é a prova de sua mudança. Há uma dimensão de *self* desmotivado reconhecida no rescaldo da morte de seu filho, por vezes tomando forma por meio de certas lembranças-imagens e de tonalidades afetivas (seria como o *self* ex-mãe, característico do mundo penoso). É algo sobre o qual os psicólogos do NAVI procuram trabalhar, fazendo-as desenvolver um *self* engajado, "batalhador", que ainda se reconhece como mãe. Não obstante, os psicólogos reconhecem uma flutuação nem sempre controlável das interpretações de si das assistidas.

Joana, logo após a morte de sua filha, em processo contra o rapaz que a atropelou, diz ter vivenciado uma amargura acentuada por sequer ter conseguido falar com o juiz designado para seu caso — o que pensou ser possível, almejando sugerir serviços sociais como punição. Com isso, afirma ter batalhado enormemente para deixar de ser uma "pessoa angustiada" e com desejo de justiça/vingança. Para transitar de um *self* desmotivado ao engajado, conta: "Você tem que pensar nos momentos bons que você viveu com a sua filha, com o seu filho, com aquela mãe, com aquele pai. [...] [Mas] tem dia que você não quer levantar". A seleção de lembranças ativamente destacadas, cujas tonalidades afetivas complementam o desejo de impulsionar a própria potência de agir presente, marca a busca por um *self* não angustiado. No rescaldo do acidente, Joana se viu em um estado muito "negativo" que luta para não reproduzir, algo difícil a depender do contexto: "Eu não gosto de [estar] deprimida, eu não gosto de [estar] para baixo, eu procuro sempre lutar contra [isso]... Tem hora que não dá, né? No dia de morte, o aniversário de morte é o que mais me abala mesmo". Como afirma William James, a família imediata é também parte de uma pessoa: "ossos de nossos ossos e carne de nossa carne. [...] Quando eles morrem, uma parte de nossos selves vai embora" (1890b, p. 292).

A assistida conta ter buscado "equilíbrio" em todos os eventos de sua vida. Essa seria uma característica permanente dela, que se disse sempre contida, "nunca escandalosa", para lidar com momentos difíceis. Essa "pessoa equilibrada" seria essencial para evitar a depressão e para "não ir para as drogas", sofrendo com "deslizes" como quando pensava na própria morte: "Já pensou eu me matar? Eu não tenho esse perfil de me matar. Como seria minha mãe? [...] Pensava nos outros. Eu sempre fui uma pessoa muito dedicada a outras pessoas. Eu fazia o bem para os outros, nunca para mim". Ela descreve seu perfil como altruísta e equilibrado ao longo da vida, o que a ajudou no luto, mas é "pesado" de se manter.

Em certos momentos, como relatam outras mães, Joana diz ter se tornado um "zumbi", uma "morta-viva". Ela frequentou a terapia do luto no intuito de trabalhar suas, então, tonalidades afetivas e como se portava nas mais diversas situações. Também conta ter se tornado, paralelamente, uma pessoa raivosa, chegando a brigar com Deus e a culpá-lo pela morte de Mariana. Apenas se "suavizou" pelo trabalho no NAVI e com o passar do tempo: "Só com o tempo a coisa vai entrando em você, parece que não funciona no início".

Cláudia relata suas transformações, especialmente, pela alimentação, pois perdeu temporariamente o seu apetite. Ela e Joana constatam a perda de partes de si mesmas, alterando seus *selves*, levando-as ao *self* desmotivado ex-mãe[91]. Além de parar de comer, Cláudia comenta ter ficado apática, "aérea, surda, cega": "Quando eu parei no mundo, eu parei para tudo. Minha vida parou para tudo, para tudo. Eu parei para tudo. Eu não cozinho, eu só lavo

---

91. Cooley (1902, p. 98), ao analisar uma dimensão do que propõe como *self* social, escreve: "poderíamos dizer que as luzes [projetadas] próximas ao centro da parede [são] de uma cor particular – digamos, vermelha – que se desvaneceram, não muito abruptamente, em direção às bordas. Esse vermelho representaria o sentimento de si [*self-feeling*] e outras pessoas seriam mais ou menos coloridas por ele de acordo como eram ou não intimamente identificadas com [...] atividades apreciadas. Na mente de uma mãe, por exemplo, seu filho ficaria por completo na área mais íntima e avermelhada. Assim, o mesmo sentimento de si pode pertencer ao *self* e a várias outras pessoas ao mesmo tempo". As pessoas próximas, entes queridos, constituiriam substantivamente nosso próprio "sentimento de si".

a minha roupa mesmo". Apenas agora o NAVI estaria "mexendo com a [sua] mente e consciência". Ela credita sua "evolução" ao núcleo, pois "as peças do quebra-cabeça estão sendo colocadas de volta no lugar" com as novas atividades. Ela descreve uma representação de si mesma como desarranjada, principalmente nos três anos seguintes à morte do filho. Hoje, Claudia reconhece e discorre sobre outras mudanças em relação a sua pessoa antes da morte do filho: não aceita mais as "sacanagens" e traições do marido, parou de aguentar certos desacatos da família e ofensas do grupo de apoio anterior ao NAVI. Afirma estar "nascendo novamente para a vida". Vejamos sua descrição:

> — [Todo] mundo fala para mim: "[Cláudia], se você está triste, então seu filho vai estar triste. O seu filho não era alegre, não era brincalhão? Então, ele quer ver você bem, ele quer ver você feliz". Aí, eu falei para a psicóloga: "Eu acho que meu filho tá muito feliz agora onde é que ele está". Ele devia tá triste, até porque não tava vendo eu comer, ele não tava vendo eu caminhar. Mas agora ele tá me vendo caminhando. Ele tá vendo, ele deve estar me vendo. Ele tá vendo eu caminhando e eu tô me alimentando, né? Eu acho que ele tá muito feliz. Dançando aqui, né? Na aula de dança também. *Eu* tô *muito feliz agora. Eu acho que eu* tô *sendo uma nova criatura, né?* E daqui para frente eu quero ser diferente. *Eu não quero ser mais como eu sou.* Eu quero ser diferente daqui para frente. Eu já botei na minha cabeça que eu quero ser diferente. [...] Eu só sei que hoje eu tô sendo uma nova criatura. E posso dizer a você: tô feliz que eu voltei a me alimentar, né? Eu sinto que eu tô feliz, sei que tem muita gente feliz. [...] *Então, eu* tô *mudando. É um processo.* Eu parei no tempo e agora tô mudando. (Grifo meu)

Joana comenta a respeito deste "processo" de Cláudia:

> [Vemos] como ela foi para dentro de um quarto escuro e ficou. [...] E agora que ela tá saindo. Quer dizer, tem quase três anos que o filho dela morreu. Então, é uma dor que ela prossegue. [É] como um neném, né? Uma criança que aprende a andar.

Para elas, no luto, tem lugar a descoberta de novos *selves*.

Roberta conecta as mudanças de si mesma às doenças repentinas e ao desânimo para comemorar qualquer data. Sobre suas mudanças físicas, lembra quando começou a ficar constantemente cansada e com falta de ar, tendo de ser acompanhada por uma cardiologista. A arritmia mudou a sua vida cotidiana. Ela também deixou de ser a pessoa que "tanto gostava de celebrar", preferindo ficar mais quieta e recolhida: "Era muita bagunça [nas festas]. Nós gostávamos muito. Ah, perdi a graça. Perdi a graça. Eu não sei [se] o motivo é porque foram os dois no mesmo ano. Não sei se foi isso. [...] Mas não curto mais". O que também se estende para celebrações como Réveillon e Natal: "Também não tive mais aquela vontade, aquele prazer de enfeitar a casa. Perdi um pouco, sabe? Perdi um pouco o entusiasmo. É o que eu falo: agora eu PASSO [enfatiza a palavra] por essas datas porque você tem que passar por elas". Ela imagina futuramente conseguir voltar a ser uma pessoa que "curte" celebrações, mas por enquanto prefere se resguardar, respeitando seu próprio desejo atual de ficar quieta. Ela pensa em voltar para as sessões individuais de terapia, pois às vezes se percebe deprimida. O *self* desmotivado toma mais força em relação a suas outras possibilidades de ser e de efetivar ações.

Maria José, no exercício de sua profissão, preocupa-se com as pessoas "que ficam a vida inteira em torno/em questão da perda", tornando-se, assim, mortos-vivos, zumbis. Ela diz ter permanecido nesse estado por um tempo, sempre desligada e entorpecida.

O *self* zumbi assemelha-se, pela descrição das entrevistadas, ao *self* desmotivado (mobilizarei tais categorias analíticas analogamente). Os "zumbis" seriam as pessoas presas em uma fase do luto, de rompimento com a crença e com a sensação de perda e desorientação: seria a marca distintiva do "*self* zumbi" – sentido de si vigente em uma distopia existencial ou retrotopia. Maria José, após a própria experiência, buscou tomar o luto e a perda de familiares em acidentes como a base de sua vida, trabalhando para ser uma pessoa que presta apoio àqueles também em luto. Isso, por vezes, é algo doloroso por fazê-la lembrar das perdas, de forma que já tentou se distanciar dos trabalhos de apoio por um tempo. Mas sempre voltaria a lidar com mães enlutadas: "As pessoas encontram o que elas precisam", diz sobre si mesma. Vejamos mais detalhadamente:

> – [Eu] disse: "Vou virar a página". Mas, aí, eu não consigo. Tanto é que eu vim morar aqui em Cabo Frio. Essa minha relação com vítima de trânsito, eu já tinha fechado. Eu queria ver outras coisas. [...] Eu mudei para Brasília primeiro, fui fazer outras coisas. Eu morei em Brasília, fui fazer outras coisas. Tive consultório para as altas patentes das forças militares e tal. Aí, vim para cá e tal. E eu fui convidada para estrear a psicologia no hospital de ortopedia. Então, eu trabalho com várias vítimas de trânsito ainda.

Agora, "prestar apoio" faz parte de seu *self*, tomando forma como um *self* engajado, ofuscando os demais na maior parte do tempo. Isso é relatado igualmente por Zélia, que conta sobre suas muitas doenças e como parou de "enxergar as coisas a sua frente", ficando extremamente confusa. Um psicólogo chegou a lhe dizer que ela misturava muitos temas em suas falas, sendo difícil de acompanhá-la. Ela assume ter se tornado uma pessoa confusa, cujas ideias estão sempre "embaralhadas":

> — Eu só perdi a Ludmila e me senti perdida. Mas, assim, eu como me senti perdida, eu senti também que as outras pessoas que depois de mim vinham para falar comigo estavam tão perdidas quanto eu. Mesmo mãe de polícia ou não. Se sentem, assim, como se tivessem tirado tudo de dentro dela e ficasse só a casca do corpo.

Seria esse "vazio", essa "casca", que ficou 30 dias em cima da cama sem conseguir realizar qualquer atividade: "eu ficava dia e noite com a televisão ligada, que era para mim não pensar na morte da Ludmila. Eu sabia o que tinha acontecido, mas eu não queria... Negava". Com isso, assume: "*Eu era uma, hoje sou outra. Não consigo voltar atrás*" (Grifo meu). Ela diz que, por vezes, fica se maltratando, colocando-se em situações ou forçando pensamentos que a façam sofrer. Aqui, está-se diante de um *self* em negação, refletindo definições de situação como o *self* desmotivado, em sofrimento agudo, algo muito presente em Zélia.

No livro *Seguindo a estrada* nos deparamos com uma série de relatos similares, abordando "mortos-vivos", existências voltadas para lembranças de dor, mudanças físicas e de hábitos e, por vezes, de pessoas tomadas pela raiva, desejando vingança ou justiça (como foram os casos de Joana e Zélia). São mudanças no *self* constatadas pela variação na potência de agir e nas tonalidades afetivas:

> Depois dessa perda [da minha filha], sinto que a minha saúde ficou frágil e eu estou sofrida, pois nada é como antes. Vejo que aquele era um tempo em que eu era realmente feliz (Amaral, 2012, p. 29).

> Em momento algum pensei na morte de Rafael. Ele melhorou, conversou comigo, com o irmão e com os tios e ainda tentou falar do acidente [...]. Jamais pensei no pior, mas onze dias após o fato tive a certeza de que não havia

> mais o que fazer, pois meu menino partia. Não sei como explicar, mas depois disso engordei 10 quilos dentro de um mês, chorando muito e me alimentando pouco. Nós, seres humanos, não estamos acostumados com a palavra "perda". Imagine perder um filho com 21 anos, que tinha tudo para viver e concluir seus sonhos. De repente não o tenho mais perto de mim (Amaral, 2012, p. 48).

> Hoje, quando guardo a bagagem de 16 anos de recordações, dá uma saudade tão grande... Olho em volta e vejo que o meu estado de saúde e o de meu marido já não são mais os mesmos, e reconheço que nos fechamos, pois enquanto consolamos um ao outro nos despedaçamos por dentro e adoecemos de tanta saudade (Amaral, 2012, p. 109).

O *self* como um todo – digamos brevemente, pois as pessoas reconhecem continuidades de si ao longo do tempo – fica marcado por tais experiências[92]. Pensar em termos da memória actancial permite a compreensão de como os seres constatam mudanças em seus *selves* – como entendem a si mesmos como alguém contínuo ao longo do tempo de suas vidas, mas com variações e percalços – ao lidarem com situações em que percebem alterações em suas competências por não conseguirem mais efetivar certas ações (Werneck, 2012) e pelas tonalidades afetivas marcando-os nesse momento. As pessoas continuam sendo as mesmas no sentido de reconhecerem os humanos, os não humanos e as tonalidades afetivas relevantes amiúde em suas vidas presentes e passadas. Mas

92. Segundo James (1890a), o "*self* total" seria tudo aquilo causando as mesmas emoções em uma pessoa. Este "*self* total" seria constituído pelos seguintes *selves*: o *self* material, o *self* social, o *self* espiritual e o ego puro. Nesse sentido, Cooley (1902) indica que, para James, *self* designa "todas as coisas que têm o poder de produzir em um fluxo de consciência uma excitação de certo tipo peculiar" (Cooley, 1902, p. 138).

identificam mudanças por definições de situação agora marcadas pela lembrança de "algo ruim". É diferente da mudança de definição de situação, por exemplo, pela maturidade, pelo agregar de mais conhecimentos, pela mudança de moradia (de um país a outro, por exemplo) etc. A alteração pela situação de ferimento, tensão e morte marca uma limitação penosa, ao menos a princípio, em relação a potencialidades passadas — depois pode abrir novas possibilidades de vida, mas sempre ligadas às situações de proximidade com a morte.

Ricoeur diferencia dois usos principais do conceito de identidade: a identidade como mesmidade (*idem*) e a identidade como si-próprio (*ipse*, traduzindo-se como *self*). Por "mesmidade" expressa-se a identidade alcançada a partir da permanência substancial no tempo; e "ipseidade" implica uma identidade construída pela temporalização de si próprio (um núcleo cambiante da personalidade apresentando certa manutenção de si). O ser como *idem* e o ser como *ipse* não são coincidentes, embora possam se entrecruzar (Correia, 2000). O *idem* traduz o indivíduo como uma entidade neutra — seria o chamado aqui de permanência de si ao longo do tempo — e o *ipse* manifesta a presença a si próprio de uma pessoa[93]. Ricoeur privilegia esta última noção, o sentido de identidade como "permanência apesar do tempo", referindo-se à continuidade ou algo que pode ser localizado por meio da temporalidade (Elliott, 2005)[94]. A memória actancial, pelos dispositivos das lembranças, tensionando definições de situação, permite o exame — tanto por parte dos próprios atores,

---

93. James (1890a) chama de "*self*-espiritual" o ser interno ou subjetivo cujas disposições psíquicas são a parte mais duradoura e íntima da pessoa. Seria a parte central do *self* sempre sentida.

94. Para Ricœur, a ipseidade ainda implica a alteridade (Oliveira, 2011). O Si como Outro subentenderia uma alteridade constitutiva da própria ipseidade: remete à resposta do sujeito que se torna responsável pela demanda do Outro.

embora aqui utilize uma linguagem analítica, quanto para analistas — das variações da identidade "apesar do tempo". No caso desta pesquisa, isso se dá pelas situações de ferimento, tensão e morte, em que alterações são constatadas, mas se observa um esforço de manutenção de um *self* coerente a si próprio.

Na PMERJ, mudanças são constatadas pelos PMs ao não conseguirem mais atuar "plenos", tendo de mudar de função na corporação e constatando efeitos danosos em seus comportamentos nas folgas. Segundo Nádia, o PM atingindo o "extremo" ao enfrentar perigos e/ou ao perder colegas pode "desabar", ou seja, deixar de dar conta das mais diversas atividades cotidianas e profissionais, "perdendo a cabeça". Um praça do BPM conversa comigo sobre as operações envolvendo perigo, em que um policial "fica duro e nada [o] abala", sendo difícil de sair desse estado posteriormente. A concentração e o medo que atuam a seu favor em um dado momento, se tornam fardos para o restante de sua vida. O PM se "transforma". O psicólogo Fábio informa, com base em seus atendimentos:

> Dá baixa toda hora de cara que fica com a cabeça ruim. Ele não é nem fraco, nem doente. Simplesmente é impossível para o homem. A cabeça mistura tudo mesmo. Você fica irritado no lazer, não dorme direito, esgotado no trabalho.

Isso pode se tornar um conflito interno de *selves* dos próprios PMs, pois carregam a ideia de serem policiais por vocação[95], ou seja, de serem pessoas nascidas ou que naturalmente desenvolveram competências adequadas ao "fazer policial" (Muniz, 1999), mas que,

95. Algo afirmado por quase todos os entrevistados. Por vezes, a partir das perguntas "Como decidiu entrar para a PMERJ?" ou "Como veio a trabalhar aqui?".

a partir de determinadas situações, não conseguem mais exercer essa função e suas ações.

Para Weber (2004), a vocação diria respeito à tarefa confiada por uma entidade e à disposição para um "chamado" (*Calling*) que deve ser reconhecido (e efetivado) por cada um. As definições fornecidas pelos próprios PMs se aproximam da leitura de Weber por estarem relacionadas a colocações como: "Nasci para isso"; "Sempre tive aptidão"; "Tenho esse faro [a mais]" etc. Eles as descrevem como se fossem características inatas de seus *selves*. Pelo menos assim seria até a vivência de experiências extremas, pois mesmo o *self* policial, vocacionado, se "altera": "O corpo, o teu olhar muda", comenta um PM sobre mudanças em relação ao início de sua carreira. Vejamos a fala de outro praça:

> — E muitas vezes o cara que saiu sem preparo pode até imaginar como [são as situações de perigo]. Mas, quando enfrentar mesmo, aí vai ficar maluco, vai fazer besteira, vai dar baixa. Garoto novo mesmo. Até os cascudos também saem [de LTS] com psicológico. Trocar tiro, colocar sua vida na reta, não é uma coisa que se acostume. A gente vai todo dia, é nossa *vocação*, é minha profissão, eu tô aqui pra proteger os cidadãos. Tem tudo o que a gente vê, faz parte. (Grifo meu)

Esse choque entre ser policial como vocação e não conseguir mais atuar nas ruas inquieta os PMs, que percebem mudanças em seus âmagos: por tremedeiras de tensão, arritmia cardíaca, nervoso (como atmosfera), dores musculares, receio de estar fardado nas ruas etc. Antony explica que a vocação policial "é gostar de proteger a sociedade, servir à sociedade". E depois informa como administra esse "ser PM": "Depende do policial, né? [...] Eu sei administrar. Eu não levo minhas escolhas profissionais para dentro de minha casa. Saio daqui, esqueço. [...] Isso muda de pessoa para pessoa". Embora tenha afirmado que não é policial sem estar fardado, ele confessa que, durante a folga, se depara com uma "situação estranha", "vai deixando acontecer, [fica] observando" e analisando possíveis intervenções. É policial quase 100% do tempo, no final das contas, como assume.

Uma construção comum ao "policial por vocação" é a ideia do "policial máquina". Essa seria a forma de ser do PM que não se deixa abater por nada, sempre disposto a enfrentar perigos e "servir à sociedade". É a efetivação plena dessa vocação ideal. O *self* do PM como máquina diz respeito a uma ideia dos próprios PMs sobre o início de suas carreiras ou sobre a percepção dos praças de como oficiais e civis os observam. Esse "policial máquina" é aquele que vem a atingir o extremo, o limite, sofrendo consequências físicas e emocionais.

Eduardo discorre sobre essas características. Para ele, o que motivaria os PMs a continuarem na carreira, mesmo com as situações de proximidade com a morte, seria a vocação. Ele explica:

> [Em momentos de perigo, quem] não tem [vocação], corre. [...]. Mas [para quem tem] acontece um troço, você vê, você não consegue não fazer [nada], entendeu? Pelo menos quem é policial de verdade não consegue. [...]. Você quer ir atrás, parece como um desafio pessoal teu, entendeu? *Então, parece que corre no sangue* (Grifo meu).

No entanto, esse *self* pode se colocar em situações limite, alterando sua própria tonalidade afetiva: "O policial não é uma máquina, não pode funcionar 100% atento toda hora, senão a panela de pressão explode. Isso dá problemas de saúde que alteram a pessoa". A isso se somam as características pessoais partilhadas pelos policiais máquina, que se pensam super-heróis (Muniz, 1999; Rocha, 2013), inabaláveis, sérios e recusam qualquer ajuda psicológica. Eduardo argumenta: "Porque tem aquela coisa do 'Eu sou policial' [...], 'Eu não sou fraco', 'Eu não choro', e é mentira. A gente chora, a gente sente dor, a gente sente medo, entendeu? Como qualquer outra pessoa em qualquer outra profissão". Os problemas psicológicos/emocionais, se tornar apto B ou C, por exemplo, marcam a quebra desse PM como máquina, que atuava por vocação. É o momento de uma nova compreensão de si marcada por limites quanto à própria ação e quanto a situações seguramente efetivadas no passado, por alteração dos "nervos". Os PMs, assim como as assistidas do NAVI, administram essas mudanças no curso de suas vidas cotidianas, buscando minimamente conseguir efetivar ações e situações como antes – mesmo na intenção de esconder de outros seus estados de luto/quebra de crença. Busca-se administrar os *selves* pelas experiências correntes e pelas reinterpretações de situações passadas (recuperadas ou surgidas repentinamente), juntamente a tonalidades afetivas.

Pedro reconhece a ideia do PM máquina, sendo, para ele, um PM frio. Mas relata ter buscado se distanciar desse *self*, dizendo-se um "cara tranquilo": "Eu sou um cara muito diferente dos policiais que você vê aí fora. [...]. Hoje eu tô interno. Mas, na época em que eu tava na rua, também não arrumava problema com nada, entendeu? Sou pai de família, tenho duas filhas, tenho uma mãe doente". Ele sabe dos "custos" para o PM de atuar em seu extremo e evita chegar nesse estado a fim de proteger sua família, sua vida e sua liberdade: "Minha mãe tem Parkinson. Então, eu tenho que cuidar da minha mãe. Eu tenho uma filha que está passando por problemas psicológicos. [...] *Eu me julgo muito, entendeu?* [...] Por isso que sou um cara mais tranquilo" (Grifo meu). Pedro repetiu diversas vezes a autodescrição como um "PM tranquilo", reforçando sua preocupação em manter as coisas como são, garantindo apoio e segurança para a família.

Em determinado momento dessa mesma conversa, pergunto a ele sobre o peso das situações de perigo antes relatadas, sobre como seria lidar com isso. Ele responde prontamente não ser um "traumatizado", um apto C. Mas afirma que a profissão deixa o policial com sangue frio, não se importando mais com as coisas[96]. Situações ou eventos negativos deixariam de "chocar ou de te deixar abatido", uma característica do *self* do PM máquina. Reconhecendo ser policial a todo momento, afirma não reagir ou procurar problemas graves quando está de folga, justamente para preservar a família: "Eu vou reagir num assalto, uma filha minha morre, pô, eu vou ficar... O cara vai pirar. Coisa que você poderia de repente ter evitado, entendeu? Mas você, infelizmente, nunca deixa de ser policial". Dessa forma, Pedro administra seu *self* PM por vocação, seu *self* apto B, seu *self* pai de família — quando busca se distanciar até em pensamentos da PMERJ — etc.

Hélio coloca a vocação de ser PM como algo capaz de o fazer se sentir útil: "[Essa] parte de servir às pessoas, servir à sociedade, para mim, é muito gratificante". Mas ele também — embora seja um oficial com opiniões distintas das dos praças estudados — reconhece os problemas do ser policial 100% do tempo:

> Emocionalmente, o policial também ele não é um robô, né? As pessoas têm suas emoções. [...] [O policial] é um ser humano qualquer. A sociedade nos vê como robô. Nós não somos robô. Nós temos sentimentos, nós temos família, temos nossos problemas particulares dentro de casa.

---

96. Como abordei no tópico anterior, muitos PMs acabam recorrendo à religião (pela alteração de atmosfera que propicia) nesse momento. Nas palavras de Eduardo: "[A] religião resgata porque o policial fica frio, não se importa com nada dependendo de suas experiências. [...] Eu já cheguei a ser assim, a não me importar com nada. Eu falei assim: 'Pera aí, cara. Não sou eu, não. Eu sou gente. Eu sou humano. Tô aqui. Morreu um cara ali e a mãe tá chorando'". A religião também atuaria para tornar mais saudável emocionalmente o PM máquina que atingiu o limite.

Com isso, Hélio disserta sobre a "administração" necessária aos PMs: "Ah, o policial vai adquirindo um filtro próprio, [com o qual] ele vai gerindo isso aí. Ele vai deixando seus problemas em casa e vai começar a gerir". Seria algo necessário, pois as situações de perigo começam, em suas palavras, a ser "absorvidas" pelos PMs: "Ah, você desconfia de tudo. Você desconfia de todos, entendeu? A rotina acaba te trazendo isso também, né?". Acontece uma transformação com o policial em relação ao seu início de carreira ou a sua vivência anterior à proximidade com a morte. Adinea — que sempre teve gosto em ser policial, apesar dos perigos e problemas implicados — mudou ao se tornar mãe, transmutando-se em uma "pessoa muito preocupada" por saber dos "perigos da rua". É algo que passa a todo momento em sua mente. Ela participa de grupos do aplicativo de mensagens instantâneas WhatsApp com PMs, de onde fica sabendo sobre assaltos, homicídios, sequestros, entre outros crimes pela cidade, e isso mudou seu comportamento. Considerando suas experiências, andava sempre armada na rua, pois pensava que podia ser reconhecida a qualquer momento. Só deixou esses hábitos quando parou de trabalhar com rondas.

A tese de Rocha (2013) nos apresenta diversos casos de PMs se pensando como "malucos". Esse *self* altera completamente as rotinas, os hábitos e, logo, as definições de situação dos policiais. É o *self* do qual PMs em trabalhos administrativos mais buscam se distanciar, negando identificações de sua característica em si mesmos. Vejamos a continuidade da história do PM, motorista de blindado, que sofreu com desmaios após situações de tensão extrema — iniciada no tópico anterior:

> Aí, começou a minha luta. Começaram a me dar umas coisas esquisitas na cabeça, eu queria sair da Polícia [...]. Eu sempre gostei de trabalhar na rua. Eu não conseguia trabalhar no computador, eu tremia, comecei a tremer, meu raciocínio estava lento, as pessoas falavam gritando

comigo e só tinha vontade de sair correndo daqui... Depois eu comecei a ver armas e gelava, aí o major Santos: "ô Jonas, chegue perto de mim, está com medo de mim?" e eu dizia "não"; "não vai pegar a minha arma não?", "não, major, não!" Eu via arma e fugia, via um colega armado e fugia. Eu ficava escondido aqui dentro, então começou o meu tormento de me chamarem de maluco. Eu ia para o rancho almoçar, me chamavam de maluco. *Eu comecei a chorar no rancho e eu estava me sentido um maluco.* Foi quando a neurologista me encaminhou para a psicologia e comecei a fazer o tratamento. E aí já vinha outros pensamentos, o de suicídio, porque eu não conseguia andar de ônibus, sempre queria saltar, tentava entrar no batalhão e não conseguia. Como a porta de trás estava aberta, eu entrava por trás. Eu não consegui mais botar a farda. Tinha medo de entrar pela frente, pela guarda. *Eu estava diferente, não era eu mais.* Eu não podia mais dirigir, não podia trabalhar, não podia andar, eu esqueci minha senha, não consigo assinar, não consigo fazer mais nada... [...] Parece que eu saí da Polícia. Eu voltei para cá, mas eu estou como um fantoche. Trabalho aqui fazendo de conta que sou polícia. *Eu não encontro mais a minha identidade.* Não estou conseguindo, parece que bloqueou, não estou conseguindo resgatar o que eu era. Eu ainda sonho. Continuo sonhando que sou o cara: brigando, correndo, prendendo. Quando eu chego aqui, não tem nada a ver com o meu sonho essa realidade. Eu queria era estar na rua, mas hoje eu entendo que eu não tenho condições de estar na rua. Hoje eu me enxergo. Estou tomando remédio controlado? Estou. Não vou para a rua. Tem dificuldades? Tenho. Até aqui eu tenho dificuldades de trabalhar. Acho que um dia poderia voltar? Não sei. Acho que primeiro eu tenho que me reconhecer como polícia, ainda não chego perto de arma. É estranho, parece que eu tive uma amnésia. *Eu perdi minha personalidade como polícia.* O pessoal conversa assunto de polícia e eu não consigo me inteirar [...]. Eu estou fazendo de conta que sou polícia aqui. Eu fico pensando: será que quando eu sair eu vou me comportar como as pessoas lá de fora? Eu tenho dupla identidade. Não sei! É uma confusão danada que eu faço. Eu acho que eu vou deixar o tempo passar (Rocha, 2013, p. 100-103, grifo meu).

É normal, como mostram Muniz (1999) e Rocha (2013), esse receio de policiais de se tornarem e/ou serem identificados como "malucos", como são considerados alguns aptos C. Os PMs aqui estudados também comentam sobre colegas "malucos", buscam se desvencilhar de associações com a condição de "loucos", como são interpretados por eles. Os policiais internos, procurando não estar fardados nas ruas e longe de atuações perigosas, veem os "malucos" como completamente "disfuncionais", não mais aptos a pegar em armas e a se relacionar minimamente bem com qualquer um. Seria uma alteração de *self* mais extrema do que a vivenciada por eles, embora reconheçam diferenças em si mesmos após situações de ferimento, tensão e morte. O *self* PM maluco seria a potencialização do *self* PM desestabilizado (física ou emocionalmente).

Como visto na seção anterior, quando lemos sobre o PM "tigre" que se tornou um "gatinho", trata-se de uma mudança constatada por ele após uma situação de risco iminente de vida, alterando seu *self* tanto como policial quanto como civil.

Na porta da firma onde fazia segurança e voltava após sacar no banco o pagamento dos funcionários, fui rendido com a arma na cara, com um tiro que não saiu, me embolei com o dito cujo, consegui correr pra trás do carro, no que eu fui sacar a arma, a arma tinha caído lá quando eu me embolei com o cara, aí ele deu outro tiro, com a minha arma, que eu vi nitidamente aquela luz amarela, o fogo que sai da boca do cano, linda, bela e formosa quando tá pro outro lado, quando tá pro lado

> da gente não fica nada lindo, belo e formoso. Aí eu corri até a esquina, voltei e fui pra delegacia fazer o registro. Fiquei um tempo lembrando, flashes e mais flashes voltando na cabeça. Um colega me levou em casa e enchi a cara. Sentei no botequim e enchi a cara pra ver se esquecia porque vinha tudo muito nítido, foi difícil. Essa vez eu senti muito, me senti impotente. A impotência veio no momento que eu fui rendido, a impotência veio depois de eu seguir normas de trabalho, de primeiro me abrigar para depois sacar, aí ver que a minha arma tinha caído, me senti impotente duas vezes. O momento que eu tive para reagir minha arma tava lá no chão. [...] No dia seguinte, fui cair na real que faltei o serviço à noite, aí vim pro batalhão, agitado, sobressaltado, assustado. Encontrei [um colega], que ao me ver nervoso perguntou o que houve e quando eu contei, ele perguntou se eu não queria conversar com a psicóloga e vim parar na senhora porque ela marcou logo para o dia seguinte. [...] *A senhora me mandou para a psiquiatria direto, lá me deram 15 dias de LTS e foi renovando, renovando, renovando, depois me deram Apto categoria C, ou seja psiquiatria, maluco.* Mas nunca tomei os remédios porque tenho receio de ficar dependente (Rocha, 2013, p. 106, grifo meu).

Todo o histórico desse policial de ações destemidas e intensas tonou-se um quadro de características de um *self* passado. Embora carregue lembranças de seus dias "normais" e deseje uma tonalidade afetiva como a daqueles tempos para atuar nas ruas, agora sente-se inseguro em diversas situações, inclusive tornou-se apto C. Foi do *self* de PM máquina ao *self* do PM maluco e convive com lembranças e vivências em ambos.

Para entender com mais clareza o *self* variante de acordo com a atuação de sua memória actancial, é vantajosa uma reflexão associada ao conceito de situação biográfica, de Schütz. Segundo o autor:

> Todo momento da vida de um homem é a situação biográfica determinada em que ele se encontra, isto é, o ambiente físico e sociocultural conforme definido por ele, dentro do qual tem a sua posição, não apenas posição em termos de espaço físico e tempo exterior, ou de seu status e papel dentro do sistema social, mas também sua posição moral e ideológica. Dizer que essa definição da situação é determinada em termos biográficos significa dizer que ela tem a sua história: é a sedimentação de todas as experiências anteriores desse homem, organizadas de acordo com as posses "habituais" de seu estoque de conhecimento à mão, que como tais são posses unicamente dele, fiadas a ele e a ele somente. Essa situação biográfica determinada inclui certas possibilidades de atividades teóricas ou práticas futuras, que chamaremos de "propósito à mão". É esse propósito à mão que define que elementos, dentre todos os outros contidos numa dada situação, são relevantes para esse propósito. Esse "sistema de relevâncias", por sua vez, determina que elementos devem ser transformados no substrato de uma tipificação generalizada, quais desses traços devem ser selecionados como características típicas e quais outros como exclusivos e individuais (Schütz, 1979, p. 73-74).

O "estoque de conhecimento à mão" parece não dar conta da potencialidade da memória actancial, pois esta envolve lembranças-imagens repentinas, afetos e emoções não necessariamente "à mão" ou habitualmente disponibilizados à pessoa. O que aqui interessa é pensar como a variação de *selves*, revelada em definições de situação ou na diferente forma de sua efetivação em relação ao passado, pode ser enriquecida pela ideia de situação biográfica, que implica a noção de um ser variável — embora tenha uma constante de compreensão de si mesmo — quanto a seus esquemas de relevância. Para um *self* PM desestabilizado ir para o trabalho era pegar o ônibus/o trem/o carro e se deslocar pela cidade até chegar no BPM. Agora, após vivenciar tensões, tornou-se um período em que se está exposto e pode ser morto a qualquer momento. A fivela do cinto de um terceiro, fazendo volume sob a camisa, era parte de sua vestimenta; agora, é uma arma em potencial. Como colocou Schütz (1945, 1979), o eu passado é apenas um aspecto parcial do total que se realiza na experiência em curso. Novas "relevâncias" (nova "atenção à vida") tomam forma para os atores a partir das novas experiências e de suas lembranças, direcionando suas definições de situação.

Quanto aos assistidos pelo Renascer, a mudança no *self* é conduzida pela própria alteração substantiva em seus corpos, agora mediado por objetos ou por terceiros, pois funções antes controláveis deixam de ser geridas autonomamente (ao menos, como antes). Adinea conta a partir de sua experiência:

> – [O] paraplégico não tem problema só de não andar. Tem problema urinário, infecção. Isso é o mais comum. Não consegue fazer número 1, número 2, ter ereção, tem feridas que podem crescer. Muitos vêm aqui e querem falar sobre isso [nas rodas de conversa]. Porque a pessoa que não controla isso, o aspecto mais imediato ali do corpo, pensa: "não tenho mais nada para fazer aqui [no mundo]", "nunca mais vou conseguir nada". Então, a pessoa passa a não almejar nada, não consegue nem controlar o próprio corpo. Acorda mijado, acorda cagado, se sente mal em relação à mulher...

É comum nos relatos a sensação de apatia ou de sofrimento devido a tais mudanças profundas no corpo e, logo, nas relações com os outros e no realizar das mais diversas atividades. O corpo e suas potencialidades anteriores são alterados e, com isso, o *self* também sofre variações. Fred afirma ser a mesma pessoa ao pensar o antes e o depois de seu ferimento, mas ao mesmo tempo uma "pessoa repaginada": redescobre-se o corpo em seus novos limites e possibilidades, mudando a motivação e os objetivos na vida. Como afirma:

> [O] momento [pós-acidente] é realmente de profundo vazio. É uma desconstrução da noite para o dia. [...] Ele [o cadeirante] não faz mais o que fazia, não é mais a pessoa que era, não tem mais as relações que tinha antes, tudo muda, né, depois de um acidente deste.

Haveria o *self* antigo, dotado das capacidades físicas anteriores ao ferimento; o *self* desmotivado, cujo foco é querer ser como antes (configurando a vida em uma retrotopia), marcado pelo medo ou pela apatia (não indo às ruas, não exercendo atividades); e o *self* resiliente, que vê uma "luz no fim do túnel com seus colegas", resolve problemas sexuais e de saúde, busca novas atividades. Estimulados pelo Renascer, tais *selves* buscam alterar a tonalidade afetiva de suas lembranças ou almejam não se prender a recordações anteriores ao acidente. O *self* desmotivado tomaria negativamente a palavra "cadeirante" e sentiria vergonha, enquanto o *self* resiliente assume isso com orgulho, por vezes se reconhecendo como atleta. A transição entre *selves* é sempre possível ao longo das atividades e das situações vivenciadas em um mesmo dia, mas um deles torna-se mais constante do que o outro (para qualquer um dos grupos estudados). O ambiente e suas relevâncias para um ser restringiriam a emergência de *selves*. Teríamos de assumir um, suprimindo os demais (James, 1890a).

Alguns dos atletas do Renascer sequer gostavam de praticar esportes ou de exercer atividades físicas, mas por insistência ou por preocupação de suas famílias e/ou por buscas dos próprios coordenadores do Renascer – apreensivos pelas possibilidades de depressão e mesmo de suicídio dos *selves* desmotivados – passam a se engajar em diversas atividades. Um dos coordenadores do

NAVI comenta: "Porque realmente a pessoa acaba adoecendo mais. O corpo, ele fica parado. [...]. [Ficar] em casa e deprimido, não dá". Adinea fala sobre cadeirantes antes e depois de aceitarem suas condições: ao não admitirem, tornam-se sofridos; assumindo-se cadeirantes, passam a dar novos sentidos às coisas e adquirem nova potência de agir. Fred, por exemplo, como *self* resiliente, reformou sua casa, construiu uma piscina, tornou todo o ambiente acessível e gosta de receber pessoas. A resiliência, como comunicada por coordenadores e atletas, é tida como fundamental, seria positiva para a autonomia e para a autoestima. E seria no contato com outros, ao conhecer pessoas em situações similares ou piores, conseguir assim atingir uma série de objetivos antes tidos como "impossíveis", que se chegaria ao *self* resiliente. O isolamento é altamente combatido.

Lucas agora se diz atleta paraolímpico. Ele se tornou um apaixonado pelo esporte e quer apenas falar e viver disso — estando mais feliz do que nunca. Quando desmotivado, após o ferimento, ficava em casa deitado em seu computador, "sempre estressado", dependendo inteiramente de terceiros; agora, é autônomo e independente devido ao desporto. No início de sua história de lesão, procurava ficar em casa por vergonha, tendo mudado apenas após entrar no Renascer:

> LUCAS: — Se não se adaptar a você [mesmo], acabou. Ninguém tem que se adaptar a você. *Você tem que se adaptar a você*. Se você ficar assim: "Ah, tenho vergonha de fazer isso", "tenho vergonha de fazer aquilo", irmão, vai ficar dentro de casa o resto da vida [com a] saúde se ferrando. [Ao se adaptar], vai enxergar as pessoas normal. Antigamente as pessoas olhavam na minha cara, eu abaixava a cabeça. Hoje eu vou levantar a cabeça. Não devo nada para ninguém [...]. A gente muda, a gente muda. O esporte faz coisas contigo que a gente menos

> espera. Com o esporte você aprende muita coisa. Eu mesmo aprendi muita coisa.
>
> EU: — Até em relação ao humor?
>
> LUCAS: — É. Tudo, cara. Você imagina, tu fica dentro de casa seis anos. Sem sair de casa. Vai só no portão. Aí, tu vem para cá... Pô, se fosse dois meses atrás eu não conversava contigo. Eu não dava reportagem para ninguém. (Grifo meu)

Lucas descreve como chegar ao Renascer foi conhecer outro mundo, onde aprendeu novas possibilidades de ação e objetivos de vida, mudando a si mesmo (física e emocionalmente) em relação às novas condições:

> — Eu pesava... Eu não cabia nessa cadeira. Eu não cabia nessa cadeira. Era muito gordo. Então, melhorou minha saúde, melhorou minha autoestima. Eu não conseguia pegar nada no chão, hoje eu pego. Eu só ficava deitado na cama. No computador. Comia deitado, bebia deitado. Não tirava urina sozinho. Precisava de auxílio para tudo. Hoje em dia, eu passo pro carro sozinho, passo para minha cadeira sozinho. [...] Porque coisas que eu não fazia, hoje eu faço. Eu não escovava o dente, cara, sozinho. Precisava de ajuda. Não mexia os braços. Hoje faço tudo. [...] Pô, cara, a vida não acabou, não. É a mesma coisa, cara, a única diferença é que você está na cadeira de roda agora. Não é nem aprender a viver [de novo], tem que se adaptar. Aprender, você já sabe fazer tudo. Você tem que se adaptar porque hoje em dia você já está numa cadeira, né?

Melissa foi quem elaborou mais sobre o *self* estigmatizado, em que há a solidificação da identidade por outros em relação à lesão ou à cadeira de rodas. Trata-se da rotulação (cf. Werneck, 2014b), de um traço de reconhecimento apresentado por um *self* que serve a um observador o interpretando de forma negativa/reduzida por tal atributo (Goffman, 2008). É uma relação que só é possível porque esse elemento de reconhecimento (no caso, a cadeira de rodas) define a expectativa sobre a pessoa e sobre os seus demais atributos, torna-se um indicador conduzindo terceiros a interpretarem algo de uma tal forma (ou seja, elegem este sentido a ser apreendido entre vários possíveis). Como destacou Goffman (2008), o efeito de descrédito é grande e constitui uma discrepância entre a identidade social virtual (aquela imaginada pelo outro na interação) e a identidade efetiva (aquela demonstrada na situação definida), logo, entre os *selves* contidos em uma mesma pessoa. Isso toma forma principalmente no prédio de Melissa:

> – Cara, o síndico me chamou de defeituosa. "Defeituosa", cara? Isso é o que mais magoa a gente, o olhar dos outros. E, pior, você não acredita: descobrimos que a esposa dele é deficiente. Nessa hora, eu tive vontade de cair no chão e chorar. Se ele é assim comigo, imagina lá. Dizem que ela não gosta de cadeira de rodas, que tem vergonha, acha que é desistência. [...] Aí, o cara deve ficar achando que isso é vida. Que é assim. Que se ela não quer cadeira, eu tô por preguiça. Já escutei isso também. Que é preguiça, falta de vontade minha. Ainda mais pelo meu tipo de lesão. [...] Eu [também] já ouvi dizer: "Poxa, ela é aleijada"; "Ela é metade de uma mulher"; "Como é que ela satisfaz o marido dela?". Já escutei. Já escutei. Entendeu? Porque é muito ruim, como se eu fosse metade de uma pessoa. Pera aí, eu sou uma pessoa completa. Tudo bem que umas partes não funcionam direito, mas eu sou uma mulher completa, igual às outras. É normal. E eles não olham assim, eles olham com olhar de pena.

Um dos cuidados de Melissa e de sua família é de se defenderem de ofensas, de se colocarem contra o estigma empregado por outros e de evitar uma situação que a leve a assumir um *self* desmotivado, com "vontade de desistir de tudo". Para James (1890a), uma pessoa tem tantos *selves* sociais quanto indivíduos a reconhecendo e com uma imagem sua em mente: "Ferir qualquer uma dessas imagens é feri-lo" (James, 1890b, p. 294). Melissa coloca o "ser cadeirante", embora tenha demorado a se aceitar, como o "de menos" em relação a suas preocupações, pois é o ser humano quem a ofende[97], a desestimula: "A pessoa vê o cadeirante, o portador de deficiência, como se fosse uma doença. Não é uma doença" — diz mais de uma vez lembrando de momentos em que a insultaram por comentários preconceituosos. A pessoa sente a discrepância entre os *selves* vividos e os indicados por outros, o que se torna parte de suas lembranças-imagens, alterando suas tonalidades afetivas e suas expectativas correntes.

A despeito de tais experiências, Melissa busca maior autonomia, assumindo a cadeira de rodas como parte do seu próprio corpo, de seu *self*: "Você tem que perguntar: 'Você quer ajuda?' [Pois eu] não gosto que toquem na minha cadeira"; complementando:

> Porque é como se estivesse socando em mim. 'Vem cá que eu vou te carregar para lá'. Tá entendendo? A cadeira também é o meu corpo. Então, não gosto realmente que toquem nela. Tá encostando em mim. [...] É uma extensão minha".

Por fim, Melissa coloca como se tornar cadeirante a permitiu fazer coisas novas. Disse que antes apenas trabalhava e seu marido ficou quatro anos sem tirar folga. Hoje em dia, ela diz: "aproveitamos a vida". Também afirma ter conquistado pessoas

97. Goffman (2009) indica o estigma como uma linguagem de relações e não de atributos.

importantes, que antes não "se batiam" com ela, como a sogra. Com isso, diz ter ganho outra família, sempre presente e a ajudando. A dissonância – tanto em tonalidades afetivas quanto, consequentemente, em definições de *self* – pode acarretar possibilidades de novas efetivações de ação.

A variação de self e a memória actancial

Cyril Lemieux (2008) destaca que o trabalho de Pollak contém uma perspectiva a respeito de um objeto que, justamente em virtude de seu caráter "extremo", o forçou a ir aos limites da sociologia da reprodução e da legitimidade cultural, reconhecendo a incerteza como a "verdade profunda" da vida humana e a reversibilidade como a marca da ordem social. O pluralismo e a indeterminação são postulados de sua obra. As experiências extremas, como destaca Pollak (1990), levam os atores a buscarem formas elementares de ajuste. A experiência concentracionária corresponderia a um caso antropológico limite, em que a mudança a afetar as pessoas foi de uma brutalidade e de uma radicalidade descomunais, exigindo delas, de forma urgente e insólita, um trabalho para impedir o completo aniquilamento de seus "eus" sob a pressão de tensões internas contraditórias.

Embora, digamos, em uma "escala" de extremidade menos bárbara e devastadora, também na presente pesquisa localizo uma provação, a maior e mais urgente vivida por uma pessoa, ou seja, um momento em que os seres, seus respectivos estatutos e qualificações, suas relações mútuas e a própria ordem social resultam profundamente transformados. É a possibilidade de uma mudança, um momento de incerteza sobre determinado estado de coisas, levando a uma nova determinação deste (Chateauraynaud, 1991). É algo menos próximo às *épreuves* ligadas a princípios de justiça universalizáveis, como as exploradas por Boltanski e Thévenot (2020), do que às provações quanto à própria humanidade[98]. Lemieux (2008, p. 15-16, grifo do autor) escreve:

> Em resumo, [o exercício de] explicação nada mais é do que uma certa relação que o pesquisador identifica – mas também, com frequência, como dissemos, os próprios indivíduos – entre uma ação presente e situações vividas anteriormente. Essa operação leva a admitir uma continuidade mínima das pessoas ao longo do tempo, continuidade que podemos chamar de educação ou socialização delas, se quisermos bem entender pelo fato de que seus "modos de controle da realidade, de percepção e memorização do mundo social" são "moldadas por suas experiências anteriores" [...], ou mesmo a memória delas, se aceitamos dar a esse termo o sentido de memória corporal das *épreuves* vividas, memória cujo corpo não pode realmente se livrar, embora possa, na ocasião de novas experiências, minimizá-la e controlá-la. [...] [Este] passado do ator não determina seu presente: no máximo, torna-o previsível. É o presente, isto é, a ação em situação, que, muito mais, determina o passado ou, mais exatamente, nos determina ao passado, convidando-nos a buscar nas experiências anteriores do ator, aquelas que podem explicar sua atitude atual.

É na narrativa ou no relato de vida, condensados de uma história social e pessoal, cujos modos de apresentação variam em função do

98. Freire já vem trabalhando sobre um questionamento a respeito do princípio de humanidade comum, axioma do modelo de Boltanski e Thévenot (2020), no Rio de Janeiro, em que certos atores não são reconhecidos como "humanos" para outros, sobretudo em situações nas quais a "violência urbana" é direta ou indiretamente problematizada (Freire, 2010; Freire e Teixeira, 2016).

contexto, que a tensão constitutiva do ser e de sua maneira de ser toma forma, evidenciando os "desdobramentos" da pessoa. Pelo trabalho de comparação de relatos, levando em consideração a multiplicidade de suas formas, elabora-se o sentido do que é "normal" para as pessoas — algo reconhecido pelos grupos estudados em suas rodas de conversa, em que as pessoas recém-chegadas "estabilizam" seus *selves* desmotivados, por exemplo —, permitindo a elas se "[sentirem] e estar em paz com o mundo (ou, mais precisamente, com este ou aquele grupo de pertencimento). É assim que o indivíduo, por um trabalho de identificação, faz coincidir seu próprio sentido de si, sua identidade, com o que é socialmente considerado como normal" (Pollak, 2010, p. 45-46).

Pelo trabalho do NAVI, muitas assistidas deixam de compreender a si mesmas como ex-mães ou mortas-vivas (algo constatado em suas dificuldades de prosseguirem com certas atividades ou por se sentirem de determinadas formas), tornando-se mães de vítimas — alcunha assumida até mesmo por aquelas cujas perdas não foram de filhos ou filhas —, *selves* engajados, cujo sentido que preenche as ações diárias se liga à conscientização no trânsito, a se lembrar com alegria do ente querido, a dar apoio a pessoas em luto, entre outras possibilidades. Joana afirma com veemência: "Eu não sou ex-mãe". As assistidas colocam que um acidente pode arrebatar "como somos", conduzindo à vida como "mãe de vítimas" — um processo longo e com altos e baixos.

No Renascer, os *selves* desmotivados buscam se transformar, por exemplo, em atletas. Ao menos, em cadeirantes, mas com exaltação. O objetivo é deixar de lado as lembranças e as tonalidades afetivas caracterizando a vergonha de não se ter o movimento dos membros inferiores e passar a confrontar aqueles os caracterizando e os diminuindo por estigmas ("aleijados", por exemplo), pois contribuem à sensação de tristeza e de sofrimento. O atleta é quem apresenta muita força para prosseguir com a vida, se desafia e atinge seus objetivos. Quanto aos PMs na ativa, o policial por vocação, por vezes tornando-se um policial máquina, vê-se desestabilizado, "assombrado" por lembranças afetando seu agir imediato – aproximando-o, possivelmente, segundo colegas da corporação, do "maluco", do "covarde" –, tem que administrar suas tonalidades afetivas visando permanecer consistente em sua forma de ser. É algo colocado em xeque por suas definições de situação caracterizando as distopias exploradas no próximo capítulo.

As lembranças de situações de perigo, tensão extrema e proximidade com a morte flutuam pela mente dos estudados, por meio de diversos actantes: farda; cadeira de rodas; roupas do falecido; sensações repentinas; mudanças físicas intensas; sons altos; tristeza ou raiva em relação à religião, entre outras várias possibilidades e suas combinações. Com a circulação de tais actantes, afeta-se a vivência imediata em determinadas situações; com isso, as pessoas interpretam terem sofrido mudanças, no sentido de não serem mais as mesmas. Embora Joana tenha uma ideia sólida de si mesma, no mínimo pelas lembranças-hábitos que a constituem e pelas lembranças efetivas a cada momento contendo os actantes relevantes de sua vida, ela revela ser diferente hoje em dia, algo "[estaria] faltando". A "sensação de si" é diferente. Isso pode atuar em sua mente ou não, dependendo do contexto vivenciado, nos indicando um "*self* total", porém oscilante, composto por *selves* possíveis "gerados" em situações específicas. A memória actancial, por seu papel na definição de uma situação, aponta para e constitui essa alteração e seu(s) elemento(s) dominante(s), mas não indica a primazia da subjetividade ou do "outro generalizado" (Mead, 1913, 1934). É algo sob gestão constante dos atores no pós-contato com experiências extremas. É nesse sentido que faz sentido a ideia de uma pessoa como "situação biográfica".

A posição de um ser em situação específica é a de uma pessoa que atravessou toda uma longa cadeia de experiências de vida anteriores – Schütz e Collins estariam em acordo neste ponto. O conteúdo, a sequência e a consequência dessas experiências são exclusivas dele. Por isso, subjetivamente, duas pessoas "jamais poderiam vivenciar a mesma situação da mesma forma" (Schütz, 1979, p. 17). Os esquemas de relevância de cada um em uma dada situação, pelos quais identificam seu *self* atuante, correspondem "à história singular de sua vida" (Schütz, 1979, p. 17), mesmo que partilhem de sentidos similares conferidos por seus "grupos cognitivos" (Zerubavel, 1997).

Uma experiência limite evidencia a dificuldade de manutenção das próprias continuidade e coerência, tanto por um indivíduo quanto por um grupo (Pollak, 1990). Tal como a ordem social, a ordem mental é fruto de um trabalho permanente de gestão da identidade consistindo em interpretar, ordenar ou reprimir (temporariamente ou definitivamente):

> [...] toda experiência vivida de maneira a dar conta dela coerentemente com suas experiências passadas, assim como com as concepções de si e do mundo que moldaram: trata-se, em nome do domínio do porvir, de integrar o presente no passado (Pollak, 1990, p. 258).

Estabilizar o *self* seria estabilizar as relações com os demais *selves* (presentes, ao menos, em lembranças), com as outras pessoas e com o ambiente. A estabilidade de "identidade" depende de um ambiente capaz de fornecer, ao ser em questão, "referências que o permitam antecipar a realidade e de agir [adequadamente] em consequência" (Pollak, 1990, p. 261).

A estabilização dos *selves*, alcançada pelos processos de luto, como destacarei no próximo capítulo, pode se dar pelo surgimento de inferências abdutivas para uma pessoa. A abdução "sugere que algo pode ser [*may be*]" (Peirce, 1998, p. 216), advir como um lampejo ou um *insight* falível (Peirce, 1998) e consistir na invenção, na seleção e na consideração de possibilidades diversas.

Para Archer (2010), a autotransformação, análoga à destacada por Peirce, ocorre pela "conversação interna" reflexiva – efetiva em quase todos os humanos –, em que as pessoas buscam se conformar a suas (novas) preocupações, ideais ou compromissos últimos. Como exposto pelas pessoas por mim estudadas, exercendo a memória actancial, há o reconhecimento de um processo subjetivo que consiste em uma "conversa" entre os *selves* de um mesmo ente, estabilizando-se (após um momento de quebra) pela investigação de novas formas de vida, de outras maneiras de ser e delineamento de novas motivações e objetivos.

Assim como o "ego" explorado por Peirce (*apud* Chalari, 2009), todos temos um *self* como "soma do passado" (o "mim") fornecendo orientações para o futuro por sua deposição no presente – e, acrescento, atuando pelas lembranças como dispositivos, incluindo as tonalidades afetivas. O *self* (ou *selves*) presente-vigente seria uma fonte de criatividade e inovação exercendo poderes de transformação: em parte, é a efetivação de ações correntes tensionada pela memória actancial, direcionada por um determinado processo de luto. E os *selves* potenciais futuros são os que assumirão a posição do "eu" agente, mas existindo ainda como projeção. Após experiências extremas, o "eu" choca-se com os "mim rotinizados", pois respostas habituais não são mais cabíveis, devendo dar lugar a ações distintas. Como mostrei aqui, novos *selves* pedem espaço repentinamente ou de forma urgente quando um ser se depara com situações após um momento de quebra intensa, constatando as mudanças em si e buscando se adaptar a elas e ao ambiente ou mudar estes (por serem hostis ou penosos)[99].

---

99. Naturalmente, uma biografia pessoal é descontínua, sujeita a avaria, reconstituição e "reinvenção" (Archer, 2013). Veena Das (2003, 2007) destaca em suas obras o trabalho de um *self* para existir em um "cotidiano habitável" e não no "passado fantasmagórico" do evento traumático vivenciado. O *self-creation* no registro do cotidiano é reconhecido como um cuidadoso "agrupamento da vida".

Diante do trabalho de campo e das presentes teorias substantivas e formais apresentadas, penso não ser necessário abordarmos a "referência social" como um preâmbulo para a constituição de um *self* total. Tal construção seria central, por exemplo, para estudos expressivos como os de Cooley (1902) e os de Mead (1932). Para o primeiro, a referência social tomaria a forma da imaginação do próprio *self* de como apareceria em uma mente particular, de forma que o *self* social poderia ser chamado de reflexo ou espelho [*looking-glass self*]. Para Mead, *selves* são objetos sociais, estando relacionados "àquela conduta peculiar que pode ser chamada de conduta social" (Mead, 1912, p. 402). Para o autor, a forma de um objeto deve ser encontrada antes de tudo na experiência de outros *selves*, pois a consciência reflexiva implicaria a situação social como sua pré-condição (Mead, 1909). Nesse sentido, seria apenas quando o indivíduo se visse atuando com referência a si mesmo enquanto agisse em relação aos outros que se tornaria um sujeito para si (Mead, 1913, 1934). O próprio mecanismo de introspecção seria dado na atitude social que o homem assume em relação a si mesmo. O *self* responderia a um processo social: seria a comunidade organizada ou grupo social (o "outro generalizado") que oferece ao indivíduo sua unidade de *self*[100].

Por outro lado, Archer (2003) coloca a subjetividade como uma propriedade interior pessoal, contando com uma ontologia subjetiva de primeira pessoa e com poderes causalmente eficazes em relação ao si mesmo e à sociedade. Exercer a capacidade pessoal

---

100. Seguindo esse caminho, para Goffman (2013), não seria a dimensão humana, biológica, individual, o que tomamos como nosso *self*, e sim o *self* socializado: "Goffman avança na construção de uma noção sociológica de *self* como produto de processos sociais que não se origina no âmago dos indivíduos, mas resulta de performances publicamente validadas" (Vinuto; Gisi; Teixeira, 2019, p. 470). O *self* seria uma imagem que se busca levar os outros a atribuir a si.

de reflexividade seria deliberar sobre si em relação a suas circunstâncias a fim de planejar ações futuras. Aqui, o argumento parece se aproximar do de Schütz. Assim, o "sentido contínuo de *self*, ou a autoconsciência, emerge de nossa atividade prática no mundo" (Archer, 2000, p. 3) e seria a conversação interna o processo de mediação pelo qual os agentes respondem às formas sociais, sendo algo genuinamente interior. Mas, para a autora, nem todas as influências sociais podem ser subcutâneas (Archer, 2010), mesmo com uma alta proporção de socialidade internalizada – ela pensa se referindo a Mead –, pois os agentes deparam-se com obstáculos externos derrotando suas rotinas habituais e excedendo seus repertórios habituais.

Ou seja, ela reconhece que não realizamos nossas identidades pessoais sob as circunstâncias de nossa própria escolha, pois o senso contínuo de *self* seria desenvolvido:

a. a partir das formas como somos biologicamente constituídos;
b. do modo como o mundo é;
c. da necessidade de interação com o ambiente externo.

O *self* é emergente e relacional (entre o corpo, natureza e prática) e desfruta de liberdade interna (Chalari, 2009). Mas, no final das contas, Archer afirma as práticas corporais dos seres humanos no mundo como mais importantes do que suas relações sociais para o surgimento do *selfhood* (o senso contínuo de *self*). Tal senso estaria embutido em nossas memórias eidéticas (imagens) e incorporado em nossas memórias procedurais (o *know how*).

Pelo trabalho empírico analisado ao longo deste capítulo, proponho que a conversa interna, o *looking glass self*, a lembrança-imagem, as tonalidades afetivas, a memória procedural, a performance perante terceiros e o outro generalizado possam ser lidos como algumas das formas como novos *selves* são despertados, criados e/ou (des)estabilizados, o que se pode constatar por como a memória atua na definição de uma situação. São actantes atuando nas mentes das pessoas, revelando para elas as continuidades e as descontinuidades de suas identidades. Permanências e alterações essas exigidas ou constatadas pela seleção de "relevâncias" em um momento vivido, pela preensão efetivada em certo momento. Assim, é possível compreender com mais riqueza os efeitos (contínuos) das situações de ferimento, tensão e morte em vítimas diretas e consequentes-próximas, afetando suas vidas em diversas escalas, sem indicar um ordenamento genealógico ou ontológico estipulado do surgimento de *selves*.

A partir da pesquisa e das teorias substantivas cobrindo grupos de apoio àqueles em luto ou a vítimas de violências que causam mudanças substantivas nos corpos e policiais em trabalhos administrativos devido à carga física e emocional negativa de suas experiências passadas, foi proposta uma primeira teoria formal. Por ela, demonstrei como as lembranças podem sem compreendidas como dispositivos de uma memória actancial. Isto é, elas atuam como elemento forte na definição de uma situação vivida, tensionando as interpretações de pessoas que experienciaram a proximidade com a morte causada por terceiros. Tais lembranças incluem imagens (compostas por actantes diversos) e tonalidades afetivas (afetos físicos, atmosferas e emoções) cujas manifestações e consequências são constatadas pelos próprios seres como mudanças em seus âmagos – a perda, surgimento e/ou desequilíbrio dos *selves* as compondo.

Apresentarei, a seguir, uma segunda teoria formal. Nela, analisarei como sofrimentos, dores e apatias, (con)formados pelas lembranças da memória actancial, configuram e/ou são despertadas ou reforçadas por uma noção do mundo como um ambiente hostil ou como um ambiente penoso, caracterizado por distopias e por retrotopia. São concepções de realidade projetadas e, de fato, vivenciadas pelas próprias pessoas, evidenciadas pelas "relevâncias" das situações.

Essas caracterizações fazem parte de um processo de luto no qual se observa o rompimento com crenças antes vigentes para cada ser, demandando deles uma "investigação" (Dewey, 1938) do "novo contexto", algo frequentemente doloroso e/ou desestimulante – em que pessoas não se reconhecem ou ficam confusas quanto a seus próprios *selves*. É um processo em que são auxiliados pelos psicólogos e pelos coordenadores dos grupos (no caso do NAVI e do Renascer) para chegarem a um novo estado de crença. Esse seria um momento de estabilização de seus *selves*, um "acerto" das tonalidades afetivas circulando em seus corpos, um controle das lembranças-imagens repentinas surgindo e o estabelecimento de novos objetivos/motivos de vida.

Capítulo 3

Épreuves de humanidade e os limites do "trauma"

A potência das lembranças-dor e das lembranças-sofrimento

Os estudados tematizam regularmente, em suas narrativas para terceiros (sejam colegas de núcleo, de projeto ou de trabalho, familiares, pesquisadores, entre outros), o forte sofrimento vivenciado e o efeito dele em suas vidas. Tais efeitos são presentes, a experiência extrema está na "bagagem" de uma memória actancial e se atualiza em diversos momentos em consequências práticas. Abordarei agora como as "visões de mundo" dos seres são alteradas ou colocadas em xeque, em conexão com as mudanças em seus *selves* após as experiências extremas, marcadas por "provações". Ao mesmo tempo, apontarei porque tomo certa distância para com a ideia de "trauma"/"pessoa traumatizada", termos que podem indicar a definição perene de um "*self* total" como negativamente abalado ou portador de uma memória não passível de ser "narrativizada" (Caruth, 1995) ou representada[101].

---

101. Alguns leitores podem sentir a ausência de um diálogo com Jeffrey Alexander neste capítulo. No entanto, o autor empreendeu seus esforços de pesquisa — aqueles em proximidade com esta — declaradamente no que

As lembranças-dor ou as lembranças-sofrimento são as mais recuperadas pelos seres em suas narrativas, memorando diretamente a experiência extrema ou as situações de seus efeitos negativos. Centrarei a análise nessas lembranças com o intuito de destacar a própria "dor" ou o "sofrimento" como actantes morfológicos no pós-experiência extrema. Ou seja, se a dor (no capítulo anterior) foi abordada em sua manifestação física e como atmosfera – actante na definição de uma situação ou gatilho para lembranças –, agora será analisada a "realidade de dor" caracterizando o mundo dos estudados. São os efeitos das situações em um contexto definido como "de dor". Esse exercício é um primeiro passo necessário para a compreensão das "visões de mundo" – que podem se retroalimentar com as lembranças de situações de ferimento, tensão e morte – correntes dos seres, possibilitando um entendimento mais aprofundado do luto comunicado por eles e de suas projeções do porvir[102].

Cabe notar que não busco me enquadrar em um possível grupo de autores, como destaca Wilkinson (2001), cujo esforço volta-se

---

tange a construção de traumas coletivos, analisando a ameaça à identidade coletiva, e não ao que chama de individual, como o que define diferentes tipos de sofrimento (Eyerman; Alexander; Breese, 2011). Ele se volta aos traumas "que se tornam coletivos – que só podem [assim] se tornar se forem concebidos como feridas na identidade social, uma questão de intenso trabalho cultural e político" (Alexander; Breese, 2011, p. 7). Portanto, nos dedicamos a fenômenos distintos cujo diálogo ficará para um outro momento.

102. Há diferenças entre os conceitos de futuro e de porvir. Dias (2016), por meio de um levantamento dos termos em diferentes dicionários, tanto de latim quanto de francês, destaca que "futuro" diz respeito a algo que ocorrerá infalivelmente, enquanto o "porvir" exprime incerteza em relação ao agir dos actantes no mundo. A categoria analítica mais recorrente neste estudo é a de porvir, pois lidamos com atores percebendo os elementos constitutivos das situações vivenciadas, podendo fazer referências a experiências presentes ou lembranças passadas, projetando sobre um decorrer possível das coisas.

para a construção de um quadro "a ver" o mundo moderno como *lócus* de dor, sofrimento e miséria. Wilkinson (2001, 2005) destaca a dificuldade conceitual comum na literatura de "pensar com o sofrimento" (Kleinman, 1995). Os diversos pensadores elaboram seus estudos de formas variadas e conflitivas sobre o tema[103]. Wilkinson parece abordar o sofrimento como Schinkel (2010) procede com a violência, destacando como certos autores privilegiam certos aspectos e ofuscam outros. O ponto mínimo de acordo seria a constatação de que relatos de sofrimento enfrentam limites de forma (Simmel, 2006). Ou seja, o sofrimento alerta para a presença de algo grave "não formulável" em termos conhecidos. Penso ser possível dar conta disso por meio da constatação dos efeitos de experiências extremas cujos impactos são concebidos e comunicados pelos próprios atores em termos de imagens, afetos e emoções, ajustando suas preensões sobre o mundo. Ainda devemos considerar a atualização de tais sofrimentos em desrespeitos vivenciados no cotidiano pós-situação de ferimento, tensão e proximidade com a morte.

Em relação ao NAVI, como exposto anteriormente, o dinheiro da indenização e todo o processo burocrático para acessá-lo é uma fonte de dor para as assistidas. O dinheiro é um gatilho para lembranças de morte. Elas o chamam de "dinheiro maldito", pois gera o sentimento de culpa em relação ao falecimento do ente querido e reforça a sensação de sofrimento do contexto. Como dizem os próprios funcionários do núcleo:

---

103. Para Veena Das (2011), por exemplo, o problema do sofrimento é compreendido a partir da ausência de formas simbólicas de uma cultura passíveis de dar significado suficiente à experiência de dor aguda. Seu trabalho seria uma tentativa de tornar significativa a violência.

— É muito difícil para as pessoas porque elas já estão de luto, né? Perderam um filho, um pai numa situação completamente difícil, de tristeza. E, aí, nem conseguem pegar um dinheiro que vale alguma coisa, né? Algumas vezes sabemos que não teve fraude [nos documentos entregues e acusados de falsificação]. Aí, ajudamos, sim. [...] Tem muita tristeza (Júlio, DPVAT).

— As pessoas, né, já sofreram com algo grave. Estão de luto, perderam alguém. E recebem uma carta com matemática. Não fazem ideia do que é aquilo. Olham a carta e pensam o que daquilo? Entende? Aquilo vale sua perda? Pô, é demais, né? (Celso, DPVAT).

— [Há sofrimento] porque tá recebendo benefício por conta de uma perda, por conta de uma dor. Então, são dois sentimentos muito contraditórios, né? Então, para lidar com esses dois sentimentos é complicado (Dnilda sobre a "culpa").

— [As assistidas pensam:] "Cara, meu filho morreu para eu ganhar o dinheiro. O que eu vou fazer com esse dinheiro? Eu queria meu filho, não quero dinheiro". Entendeu? Acho que na cabeça da pessoa é justamente isso (Simone, estagiária de psicologia).

As pessoas sentem a morte do ente querido e o luto subsequente em profunda desconexão com "transações monetárias" (Zelizer, 2011a). Isto é, o acontecimento íntimo da perda de alguém seria uma esfera dissonante com relação ao mundo do dinheiro, enredando situações de mais dor e sofrimento para as assistidas. Como coloca Zelizer (2011a, 2011b), seriam âmbitos interpretados (ao longo da história, seja por leigos ou analistas) como "mundos hostis". Haveria uma contradição tão profunda entre relações íntimas — aqui representadas pelo luto — e transferências monetárias que qualquer contato entre tais esferas inevitavelmente levaria a uma dupla contaminação de ambas e à degradação moral daqueles envolvidos. As assistidas podem (e muitas o fazem) interpretar o recebimento do dinheiro como um desrespeito ou uma ofensa à memória de seus entes queridos. A aceitação de um pagamento relacionado à morte, então, leva a dificuldades sobre lidar com o dinheiro. Entre os sistemas valores — o da vida e o monetário — distintos para "medir" uma situação, haveria uma dissonância (Hutter; Stark, 2015) negativa, pois é marcada pela tensão entre tais "medidas" sem orientações prévias sobre como se proceder —não há formas de se preparar para a morte abrupta de um familiar. Tal dissonância é mais um percalço no luto rumo à estabilização/conformidade.

Cláudia, Marcela, Joana e outras assistidas do NAVI vivenciaram essas dificuldades, inclusive, entrando em conflito com suas famílias. O ex-marido de Marcela e seus parentes a pressionaram para pegar o dinheiro rapidamente e demandaram parcelas do valor, mas ela se recusou a dar. Eventualmente, seu antigo companheiro pediu separação: "Eu falei: 'Quem perdeu o filho fui eu, não foi a sua irmã, não foi sua filha. O meu filho saiu de dentro do meu ventre, entendeu? Então, a mãe sou eu'". Sendo o ente querido cria de Marcela, "fruto" de seu corpo, a maior dor da perda seria dela. Logo, a indenização lhe diria respeito, mesmo porque foi ela quem teve de lidar com os custos do enterro. Joana ficou anos sem conseguir usufruir de, ao menos, parte do dinheiro da indenização, mesmo necessitando dele para lidar com os ritos funerários e os problemas de saúde subsequentes, ligando-o à morte de Mariana, considerando-o "dinheiro maldito". Maria José destaca ter sido essa uma de suas principais preocupações ao fundar o NAVI, pois as vítimas consequentes-próximas ficam à mercê de familiares e de advogados "mal intencionados" em um momento de grande vulnerabilidade:

> [A] gente tinha essa preocupação, né, de que essas pessoas não sofressem essa perda tão grande, não sofressem essa perda enorme com parentes, né, e ainda por cima sofrer alguns prejuízos relacionados a algumas pessoas de má fé que cobravam absurdos para [irem] buscar esses direitos.

O papel comunicado pelos psicólogos nesse quesito é o de quebrar com aquilo traduzido na noção das "esferas separadas" (Zelizer, 2011a), demonstrando ser normal e necessário "misturar" dinheiro e a experiência íntima do luto. O trabalho é desfazer a ideia de que a monetização – embora eles possam não concordar com a forma como ela é feita ou com os valores fixados – seria uma forma de racionalização econômica extrema e ameaçadora (Zelizer, 2011a)[104]. A transação monetária pode coexistir com o respeito ao ente querido, não é uma "substituição", e sim uma "ajuda", um "auxílio" para os custos ligados ao pós-morte. Os psicólogos trabalham negociando com as assistidas acordos sobre suas definições, sobre seus esquemas de relevância, em relação ao dinheiro. Esse, normalmente – para aquelas buscando justiça logo após a morte do ente querido –, é o primeiro fator pós-acidente a agravar a realidade de dor.

Recordando o pós-morte de Mariana, Joana o caracteriza como uma "tragédia", a realização de seu "pior medo". Ela não conseguia conceber a possibilidade da ressignificação: "[A terapeuta do luto me] disse: 'você não sabe o que é ressignificar?'. Eu disse: 'Eu sei o que é ressignificar. Eu não consigo é vislumbrar buscar um sentido na minha vida para aquilo'". Joana lembra como as

---

104. Zelizer (2011b), em sua pesquisa sobre empresas de seguro de vida, mostra como foi apenas na última parte do século XIX que a definição econômica do valor da morte tornou-se mais aceitável. Nesse processo, o dinheiro tornou-se ritualizado por sua associação com a morte, de forma que o seguro de vida assumiu valores simbólicos distintos da função utilitária.

pessoas ainda tendiam a se fechar em relação ao seu luto com o tempo, deixando-a mais abalada, segundo ela "porque não tem educação para a morte e pro luto, [...] até [atravessavam] a rua para não falar". Hoje ela diz entender as "barbaridades" ditas por terceiros que a magoaram naquele momento: "'já passou muito tempo', 'Seja forte', 'Deus quis assim'. [...] Mas até você elaborar tudo isso e entender, você vai ficando com raiva. Entendeu? Você vai brigar com Deus, como eu briguei".

Joana recorda de ter ido, naquele momento, à festa de casamento em que Mariana seria a madrinha. Na celebração, teve de lidar com a dissonância de sua lembrança-sofrimento e a situação de celebração. Para ela: "[a dor] descarrega no colo literalmente. [O] peso [da situação] é muito difícil de se carregar. Porque aquela pessoa tá numa festa, você tá ligando [a sensações distintas]". Seria uma situação comum de ser vivida em uma "realidade de dor".

Ao longo do trabalho de campo, Cláudia comentou constantemente sobre lembranças-sofrimento, destacando a grande dor carregada em seu dia a dia:

> [Hoje] faz cinco anos [do acidente e] estou aqui com meu coração apertado, despedaçado, pedindo forças a Deus. [A] saudade é demais. Tô sempre procurando algo para distrair minha cabeça, mas meu coração dói muito de tanta vontade de abraçar, beijar meu filho.

Nesse contexto, ela comenta sobre outro desenho realizado em atividades do NAVI. Neste, diz se ver no mundo como uma peteca:

> – [Eu] tava lá no fundo do poço. [A psicóloga Verônica], menina que participa junto com a psicóloga [Dnilda], falou que a gente tinha que desenhar um desenho significando a gente. E no desenho eu coloquei dois desenhos, eu coloquei uma peteca e botei um barco. Eu tive que

> explicar o significado. Ela: "[Cláudia], qual é o significado da peteca?". A peteca a gente não bate? Então, eu sentia que a pessoa me batia muito. Assim, com palavras. E eu não conseguia revidar. Então, eu me sentia uma peteca. [...] Muitas pessoas da família mesmo [me] falavam coisas que me ofendiam e eu não conseguia revidar. Então, assim, me sentia uma peteca na mão das pessoas. E o outro era o barco. Ela: "Qual o significado do barco?". O significado do barco é que ele tava lá no fundo, afundando cada vez mais. Eu tava num barco afundando.

Para Marcela, a sua dor seria tão grande que "espantou" uma estagiária de psicologia do NAVI. Suas lembranças, sobretudo ao lidar com o B.O. e o laudo cadavérico de seu filho, seriam "pesadas", contendo muito sofrimento. Para ela, mães que perdem filhos estão "sobrecarregadas de dor". Ela lutou para não "entrar na depressão":

> [Quando] eu fui para casa — [...] fiquei uma semana fora de casa —, fui lavar a porta da minha casa [...]. Aí, eu sempre gostei de ouvir um som alto no último volume, [um] louvor repetidamente, entendeu? Aí, ali eu começava a cantar e chorar porque dava aquele dava aquele nó, aquele bolo, né?.

Ela relata uma grande actância de lembranças-dor em seu cotidiano, de forma que seu cérebro até buscaria a poupar por vezes:

> — O pensamento é nele. Eu posso conversar com as pessoas, agir, comunicar, mas ele tá sempre vivo lá dentro, assim. Eu procuro até nem pensar muito. Porque eu acho que quando a gente pensa e tal, dói mais, entendeu? Então, eu acho que o próprio cérebro, né, ele bloqueia para a pessoa não sofrer. Para a pessoa não sofrer, você não sentir.

Roberta destaca como se sentiu sozinha no rescaldo das mortes experienciadas, potencializando seu sofrimento até os dias de hoje. Ela pensa constantemente "Quem vai cuidar de mim?", no sentido de se questionar quanto às possíveis companhias que terá na terceira idade. Ela procurou ajudas no intuito de evitar "a depressão" e para "elaborar" sobre a dor lhe afligindo. O layout de sua casa foi alterado justamente pela "dor de suas lembranças" com Carlos e com a mãe despertadas pelo ambiente. O sofrimento a levou a buscar uma nova convergência pessoal (a partir das lembranças e das tonalidades afetivas) nas dimensões *do* íntimo (Thévenot, 1990). Há uma "união estreita e profunda" (Thévenot, 1990, p. 16) entre um gesto do corpo e um ambiente, e o *self* desmotivado pode exprimir os "declives do terreno"/da realidade vivida. Por isso, as assistidas muitas vezes buscam uma transformação do próprio ambiente, para "suavizar" a realidade da dor e do sofrimento.

Assim como Roberta, Maria José revela ter "desabado" diversas vezes ao chegar em casa, em constante tristeza:

> — Porque, às vezes, você vivencia essa dor com tanta intensidade que você deprime. Porque uma coisa é você ter o luto e com o tempo você ir reagindo, saindo dele. Outra coisa é você passar a vida inteira nesse movimento. Entendeu? Você é tomado pela depressão. Porque uma coisa é você ter momentos depressivos, é você ter tristeza. Mas, se isso se prolonga por muito tempo, aí é possível que você já tenha uma depressão, né?

O "desabar" se dá ao voltar para o ambiente onde se viveu tantas felicidades com entes queridos. Mas agora ele é actante de uma lembrança da morte, um gatilho para imagens do acidente e seus efeitos. Torna-se uma lembrança-sofrimento alterando o *self*. Isso teria a deixado em "estado de choque"[105]:

---

105. Ver Seção 3.4.

> Naquele momento, foi como se abrissem um grande buraco e eu entrasse dentro. Eu começava uma nova vida, enquanto duas vidas se perdiam de modo estúpido e infeliz. Estava com uma sensação muito ruim quando algumas pessoas foram até lá. Lembrei-me, por um momento, de que a minha sobrinha estava se formando e que o tio e a prima de Carol faziam aniversário naquele dia. Apesar de tudo, eu estava sozinha e agora tinha que agir. Essas amigas e mais outra que chegou foram incansáveis, permanecendo ao meu lado e me ajudando a resolver as questões que iam surgindo. *Preciso de uma pausa para dizer que muito resisti para escrever isso, porque enquanto escrevo, revivo, choro...* Bem, mas vou seguindo. Depois da constatação do ocorrido, não sei descrever realmente como me sentia, mas cuidei de tudo. Fui em casa com as duas colegas, procurei os documentos e escolhi as roupas. Queria vesti-las de modo que elas gostassem. Para Carol, escolhi uma roupa da Barbie, com um par de meias das Olimpíadas, e para mamãe, uma saia bonita estampada com uma blusa. Segui para o Instituto Médico Legal — IML e lá já havia algumas pessoas amigas que procuravam me apoiar. Eu, em choque, não conseguia nem mesmo chorar (Amaral, 2012, p. 84, grifo meu).

Lembranças-sofrimento também surgiam e eram coordenadas/geridas em situações em que Maria José estava trabalhando (assim como relatou Joana), potencializando a sensação de dor — algo ainda vigente para ela:

> — Outra lembrança que eu tenho também é que eu trabalhava com crianças especiais. E eu sou, tipo, uma pessoa muito alegre, eu brinco muito, entendeu? E eu não queria almoçar no refeitório, né? Porque eu ficava chorando, às vezes, na hora do almoço, ficava triste. Eu ia almoçar na

> minha sala. Aí, algum dia alguém virou para mim e disse assim: "Não, você tem que almoçar no refeitório". [...] Caramba, cara, eu não queria ouvir aquilo. Eu queria ter meu tempo. [Eu] não queria que elas me vissem sofrendo porque elas gostavam muito de mim e aquilo ia mexer com o horário de almoço delas, entendeu? Então, aquilo para mim foi horrível. Sabe, alguém dizer: "Olha, você não pode mais almoçar na sua sala, tem que ir pro refeitório", entendeu? Então, aquilo para mim... Eu sei até que talvez aquela pessoa quisesse me ajudar, tipo assim: "Acorda, Maria José, tua vida tem que voltar ao normal". Caramba, mas às vezes a gente precisa dessa sensibilidade, que as pessoas entendam o nosso tempo.

As lembranças das mortes, principalmente no *aftermath* dos acidentes, tornam-se fortes actantes em diversas situações. E, somadas às novas experiências (no trabalho, em casa, nas atividades corriqueiras), definem uma realidade "sofrida". Isso é também destacado por Zélia, como ela diz: "[Todos] os dias para mim aconteceu a morte [de Ludmila]". O sofrimento seria tão grande que ela ligava para a Maria José para chorarem juntas:

> Porque é uma coisa impressionante, só quem tem paciência de ouvir é quem perde. Entendeu? Porque as pessoas que não perdem... Pode ser até o marido. Quantos eu vi se separar da mulher por causa disso. [Por] não aguentar a situação. De não aguentar, às vezes, o choro de um porque é demais.

Por diversas vezes, Zélia recorda ativamente as situações e descreve todo o processo vivido para descobrir se o corpo carbonizado achado pela polícia era mesmo o de Ludmila. O sofrimento na espera e na incerteza foi grande, agravado pela confirmação de falecimento da filha. São estes cenários (a distopia existencial e a retrotopia) aqueles frequentados pelos *selves* zumbis/"mortos-vivos".

Vejamos alguns relatos similares do livro *Seguindo a Estrada.*:

> Procuro a ajuda de profissionais e me ocupo, na tentativa de esquecer um pouco o que está à minha volta e no meu passado. As lembranças, porém, sempre vêm à tona, porque filhos a gente nunca esquece. Às vezes, em meio às minhas lágrimas, tantas marcas e lembranças, consigo ver que ainda guardo um sorriso, que raramente se manifesta, mas se eu perder a capacidade de sorrir, estarei morta (Amaral, 2012, p.35).

> Tentei rezar. Só pensava em Nossa Senhora que, vendo seu filho morrer na cruz, manteve-se firme diante d'Ele. Sei que, de certa forma, a vida vinha me preparando para algo que me aconteceria, só não sabia que perderia o mais precioso tesouro confiado a mim. A maior felicidade que uma mulher pode ter na vida é o nascimento de um filho, e o pior é perdê-lo (Amaral, 2012, p. 114).

Em relação aos PMs, as lembranças-dor e as lembranças-sofrimento ligam-se à perda de colegas e aos riscos de morte e somam-se a um suporte carente/insuficiente ou inexistente da própria corporação para lidar com as consequências de uma atuação perigosa. Em suas narrativas, o contexto de sofrimento agrava-se na percepção de que as ações agudas de risco e seus efeitos são desconsiderados ou ignorados pela PMERJ, de forma que as situações de perigo, tensão e morte ganhariam um novo "peso". Eduardo conta como já foi tratado — após enfrentar riscos de ferimento e de vida em uma operação "de sucesso" — internamente por oficiais, que "desconsideram as ações corajosas" dos praças e ainda tiram deles os momentos possíveis de "descarregar energias", de se desligarem do *self* policial máquina:

> — [Em] relação ao nosso regulamento, assim, em termos de punição com superior, [têm] coisas banais assim que

> desestimula um pouquinho. Vamos dizer, por exemplo, você faz uma ocorrência bonitona, apreende dez pessoas, fuzis, arma e tudo. Aí, você é preso porque a barba tava malfeita ou porque você esqueceu de colocar a cobertura na cabeça. Fiz uma ocorrência agora de não sei quantos presos, risco de vida, de não volta, e tô preso. Perdi minha folga porque esqueci de colocar a cobertura, entendeu? [Preso administrativo], você fica dentro do Batalhão, você só não pode ir para casa. Perde tua folga no caso, né? Mas você fica dentro do batalhão. A gente chama retido, no caso, nem é preso. Aí, essas coisas, assim, vão te desestimulando porque a sua folga com a sua família você vai perder, entendeu? *Dá tua vida na polícia e na hora da tua folga você quer curtir para descarregar, né, porque é um serviço árduo.* É um serviço árduo. Aí, você perde a sua folga e fica detido até voltar o próximo serviço. (Grifo meu)

Essas situações se somariam à tensão do "fazer polícia" (Muniz, 1999). Pedro narra a sua vida na PMERJ por experiências semelhantes: "O próprio estresse, às vezes, interno da corporação. A nossa cobrança é muito grande aqui dentro, entendeu? Aí, tem gente que não suporta, né? Aí, se afasta [por LTS], entendeu?". As dificuldades relacionadas ao trabalho junto ao tratamento de desprezo ou de desrespeito da própria instituição fazem alguns PMs pensarem estar em "situações de guerra", em que recorrentemente se sentem expostos, alimentando-se atentos e escondidos, fazendo as necessidades fisiológicas no mato (em localidades perigosas). Isso contribui para interpretação deles de viverem o "pior cenário possível":

> — [Quando] você tá na rua, você é muito cobrado, entendeu? "Ó, fica ali, baseado ali". Aí, o policial fica 12 horas parado no mesmo lugar, cara. E eu já cheguei na situação, quando eu era recruta, quando eu era mais novo, que eu entrei na polícia, você não podia sair nem para ir

no banheiro. Eu já cansei de mijar em garrafa. Às vezes, eu levava camisinha. Às vezes, eu levava camisinha para colocar ali, urinar. Fecha depois e joga fora, entendeu? [...] Tem que cumprir, senão você é punido. Eu já comi quentinha dentro da viatura. Sabe o que é isso, você não ter nem a hora do almoço? Aí, você pegar e comer uma comida dentro da viatura. [...] Você não fazia a tua hora de refeição, você não fazia a sua higiene. São coisas que o policial vai acumulando na vida dele, acumulando aquilo ali, entendeu? [...] É muito problema. Isso aqui — eu costumo falar, às vezes, para quem tá entrando —, isso aqui quando [iniciante] você acha que é uma coisa, quando vê é outra. "Eu quero ser policial", "eu quero ser policial". Pô, mas aqui a gente sofre. Eu mesmo, eu saí do batalhão [perto de casa], dava para viver bem. Tô com problema na coluna... Pelo amor de Deus, hein [aponta para o gravador com receio de ser "punido" se as críticas "vazarem"]. Pô, o [oficial daquele BPM] pegou, me transferiu, me jogou aqui, cara. Eu trabalhava a dez minutos da minha casa. Como eu tava com problema na coluna, eu agora sou apto B. Eu era A, agora sou B. O B é um problema mais ou menos. O C é um cara que não pode nem mais andar armado. O cara me transferiu e jogou aqui. Tá entendendo a sacanagem? [...] É porque eu tenho hérnia de disco. Então, eu não posso ficar muito tempo em pé, eu já não posso ficar muito tempo na rua [e em operações de risco]. Porque na rua você fica muito tempo em pé, entendeu? Às vezes, tem que ficar muito tempo em pé. E eu tenho hérnia de disco, eu sinto dor. [...] Se você tá doente, você tá doente. Eu não sou incapaz, só que eu tô doente, entendeu? Mas na polícia não, na polícia ela te maltrata, entendeu?

Trata-se de mais actantes e, por conseguinte, lembranças gerando um "acúmulo de estresse" ao policial máquina vivendo "como se estivesse numa selva" — como diz Eduardo —, sendo apenas "mais um" (que pode morrer, ser ferido e torturado). Isso se reflete, inclusive, na vida daqueles efetivamente e gravemente feridos no decorrer de uma operação. Adinea recorda pensamentos semelhantes, quando ainda atuava na rua, conectando essa "realidade" com a vida dos PMs feridos e auxiliados pelo Renascer:

> — A gente tem uma visão do PM como número ainda, sabe? Eu vejo pelos meninos feridos. Assim, eles passam por esse período de pós-acidente. É muito difícil. A gente criou um grupo [...] no Whatsapp: S.O.S Policiais Feridos. Então, quem conhece um policial ferido que está com certa dificuldade, inclui ele no grupo do Whatsapp. E a gente dá o suporte. Então, tem o Lopes, tem um outro colega que é ferido também, mas que já está em um outro estágio, já conseguiu elaborar melhor a cabeça dele. E na fase dele de pós-acidente, ele tem na cabeça o que ele precisou de informação técnica, né, de seguro, de ASO [Atestado de Saúde Ocupacional] — que é o nosso documento de avaliação sanitária, né, do policial que é feito por uma junta médica. Isso tem que ser feito num período x, porque se isso não for feito num período x, vira inquérito. E isso demora mais para ele se aposentar. Então, é uma burocracia que existe que o policial pós-acidentado nem sempre tem condição mental de resolver isso. [...] [Para você ter ideia,] eu estava indo visitar um outro colega que levou um tiro no braço. Mas, assim, a cabeça dele com o acidente não ficou boa e ele teve vários problemas: não conseguia dormir, a imunidade baixou, ele teve um problema renal, perdeu um rim. Ficou internado. Ficou internado. Aí, fui visitá-lo. Nessa que fui visitá-lo, vi que tinha outros colegas internados do grupo, né? Acabei visitando esse outro. Eu cheguei lá, ele já estava com uma alta assinada e simplesmente o grupo não sabia, da enfermagem. A alta do paciente, do rapaz da perna, dos pinos [que falou com a gente há pouco]. Te dando UM exemplo e tal. [...] [O] cara

> fica abandonado em casa, no hospital, em algum lugar, e a vida dele vai passando o tempo. E ele não sabe que tem que ter um documento, que tem um seguro.

Após o ferimento, junto às lembranças das experiências extremas, haveria, para eles, descaso e esquecimento — sentido, principalmente, quanto à própria instituição que representam. Mesmo como atletas paraolímpicos. Fred coloca: "Todo mundo fala: 'O projeto de vocês [Renascer] é lindo. Incrível'. E tudo isso sem ajuda nenhuma. A Polícia não ajuda em nada, nada, nada, nada, nada. A gente ia ficar largado só por eles. A gente vira só um número. Eu sou apenas um número, um agente ferido". Depois, ele volta atrás e se diz agradecido pelo espaço do CED cedido pela corporação, mas reforça a noção de "esquecimento" dos PMs feridos. Por fim, temos também o sofrimento pela perda de colegas e de amigos próximos. Vejamos uma fala de Nádia no dia seguinte à morte de um amigo do BPM, traduzindo a imediata sensação consequente e a interpretação da realidade vivida pelos PMs:

> — Nós perdemos um amigo esta noite. Ele era da P2 daqui. Todo mundo conhece o pai dele. É lá da secretaria. O filho trabalhava com a gente. Devia ter no máximo uns cinco meses de polícia. Há umas duas noites atrás ele e a mulher foram abordados, um cara chegou neles. Ela reagiu de um jeito... Ficou nervosa, pois sabia que ele tava armado, sabia o que podia acontecer. O cara ficou nervoso, reparou, né? E deu três tiros: tórax, ombro e pescoço. Ele morreu hoje. A mulher foi baleada também. Aí, é muito triste. Triste demais. E tenho que pensar nisso, em quem está em volta, [que] pode tomar tiro também. Você olhar para o pai dele, bem mais velho, arrasado... Não tem nem o que falar, sabe? Vai falar o quê? Um pai que perdeu o filho. Por isso, eu mesma nunca incentivaria filho ou conhecidos a virar polícia. Agora que vi, já sei, não recomendo. Não recomendo mesmo. É muito triste.

Este foi o momento de maior abatimento de todos dentre os cobertos pelo trabalho na PMERJ[106], da "atmosfera" negativa normalmente comunicada pelos PMs ao perderem colegas.

Quanto aos civis frequentando o Renascer, Melissa e Lucas, por exemplo, destacam os inúmeros desafios e desrespeitos vivenciados diariamente, de situações em que se veem impossibilitados de entrar em um local pela falta de acessibilidade até "ofensas criminosas". Melissa retoma constantemente suas experiências no condomínio: "Falam mal de mim por trás. Eu nem posso mais ir em reunião de condomínio, meu marido não deixa mais. Porque eu já perco a paciência com todo mundo. Eles me chamam de histérica, desequilibrada". Sua realidade está composta por situações de pessoas reduzindo seu *self* total a um estigma, marcando suas lembranças: "Eles falam cada coisa, cara... Coisa ofensiva mesmo. Discriminação. [...] Me chamaram até de doente".

Ainda há os desafios constantes envolvendo conseguir remédios e tratamentos adequados para a manutenção da saúde. Ela explica:

> — No caso, a gente pede o medicamento. A gente leva o laudo médico que a gente precisa. Eles tiram xérox e fica lá. Se não tem o medicamento, eles mandam o laudo para casa. Aí, o meu marido tem que ir lá abrir um processo para poder processar eles para poder receber o dinheiro. A gente está há seis meses sem pegar uma gaze. Uma gaze! Para tu ver... [...] O restante também não tem. [E ainda], vamos dizer, eu peço sonda. Aí, tá escrito lá o específico da sonda. Mas [o funcionário] não lê o específico da sonda. Ele lê só "sonda". Aí, me mandaram

---

106. No final daquele ano, o comandante do BPM estudado foi morto em rua próxima ao batalhão. Ele era um oficial querido pelos entrevistados. Mas, à época, eu estava somente frequentando o NAVI e o Renascer, comunicando-me com os PMs apenas por mensagens de WhatsApp.

> uma sonda uma vez que era de camisinha. E como é que eu vou enfiar aquilo se eu não tenho pinto? Aí, eu vou e passo para eles [os colegas]. Aí, eu recebi a fralda P. Aí, eles vão e trocam comigo: "Ah, toma a fralda P". E a gente vai trocando, entendeu?

Por vezes, os cadeirantes ficam sem remédios importantes para a manutenção da saúde ou para evitar a constante informação de dor em determinadas partes do corpo. Lucas subscreve às situações e aos problemas descritos por Melissa. Para ele, a gravidade dos "grandes problemas" de sua vida está no momento posterior à experiência extrema. O mundo não teria abertura para cadeirantes, como ele. Sente-se, então, muitas vezes menosprezado/esquecido, como acontece nas próprias atividades voltadas a deficientes fora do Renascer:

> – Tem competição agora. Sábado agora. A gente vai passar um sufoco porque onde vai ser a competição não tem acessibilidade nenhuma. [...] Hoje nós temos dez atletas [no esporte específico que pratica]. E os dez atletas estão inscritos. Aí, a federação faz uma competição que não tem acessibilidade... Estão pedindo para a gente desistir, né, cara? Aí, a nossa briga é por quê? [...] É dificuldade de rampa, banheiro. Pô, a gente ficar sentado... Pô, a nossa cadeira é dura, cara. [...] Cara, é o que eu enfrento até hoje, cara. Até hoje. É o dia a dia, cara. Transporte, locomoção. O pior para tu vir para cá é locomoção. E apanha, né? Porque a gente não pode andar. Depende do comboio [carona de colegas].

Como exposto previamente, esse tipo de situação incomoda mais a Lucas e pesa mais em seu dia a dia (pelas lembranças) do que aquela em que foi alvejado sete vezes.

Nos três grupos há uma realidade não definida, mas marcada por um forte sofrimento "que só quem passa sabe como é", como diz um PM. Ou seja, o cenário parece conter certa carga incomunicável de sofrimento para "espectadores" (Boltanski, 2004) – os grupos buscam suprir isso. Seria impossível para outros entenderem o sofrimento e os efeitos constantemente vivenciados nos *selves*, o que se torna mais fonte de dor. Muitas vezes, tais sofrimentos são imputados a uma terceira pessoa – um actante externo "mau", um "bandido", um "criminoso" do trânsito, um vizinho, um "vagabundo", a própria PMERJ – e não dizem respeito a um sofrimento comum (Boltanski, 2004), uma dimensão antropológica e inerente à condição humana, como a morte por velhice de um parente amado, por exemplo[107]. Trata-se de um sofrimento evitável (Boltanski, 2004) – como a morte de uma criança saudável por atropelamento –, que torna legítima a procura por alguém responsável[108]. Esse cenário de sofrimento também abarca algo como um desrespeito ligado a violações de virtudes e de direitos que as pessoas entendem ter – algo explorado por Axel Honneth (2003, 2007). As situações de desrespeito pós-acidente tornam-se elas mesmas lembranças que irão tensionar definições de situação no porvir. O destrato de policiais apto B e C ou com aqueles recém regressos de trocas de tiro por oficiais da PMERJ; as falas "descuidadas" para enlutadas ou a briga entre familiares pela indenização relativa ao falecimento; as ofensas e a falta de acessibilidade a cadeirantes, por exemplo.

Penso ser possível operar com Honneth, mas sem assumir integralmente sua teoria. Observo os desrespeitos pelos efeitos

---

107. Cf. "Sobre a morte" na Introdução.

108. Como destacam Boltanski e Claverie (2007), as pessoas que formulam queixas têm por referência um senso comum do justo e do injusto e, assim, podem distinguir as querelas consideradas como válidas ou não.

ligados a consequências (Peirce, 2008) de experiências extremas, reforçando o *self* desmotivado ou o *self* zumbi dos seres. Refiro-me ao desrespeito rondando a camada da integridade corporal de uma pessoa. É o que Honneth (2003) sugere ser o primeiro e mais básico nível de violação dos seres, rompendo com a base da constituição de uma identidade benfazeja ao indivíduo[109]. O desrespeito em relação à integridade física fere a resiliência das vítimas diretas (atletas do Renascer), desenvolvida ao longo de anos e por meio de muitas rodas de conversa, que diz respeito à capacidade de coordenação autônoma do próprio corpo. A integração bem-sucedida das qualidades corporais e psíquicas do comportamento é "arrebentada de fora" (Honneth, 2003), configurando um desrespeito e colocando em jogo, com efeitos duradouros, a confiança "em si mesmo", no *self* engajado.

O sofrimento da violação física (ferimento em confrontos armados, atropelamentos, mutilações) – mesmo a de familiares próximos, como no caso das assistidas do NAVI –, levam a pessoa a desenvolver um novo *self* e pode vir acompanhado, como é muitas vezes o caso, de um colapso da confiança no mundo, na própria autosegurança: de ir para as ruas fardado novamente; de conseguir se deslocar pela cidade autonomamente; de realizar qualquer atividade sem grandes variações afetivas etc. O mundo passa a ser marcado pelas (possibilidades de) experiências extremas e pelos desrespeitos consequentes. Com os dados desta pesquisa, não penso ser adequada uma "escala de desrespeito" para falarmos, então, em "lesão moral", pois toda forma de violação envolve uma dimensão moral – no sentido destacado por Werneck (2022). Formas de desrespeito, como a privação de direitos ou a exclusão

109. Não considero haver necessidade de reter a argumentação de que há etapas de constituições normativas de reconhecimento e de direito para os seres-humanos e uma escala respectiva de "desrespeitos".

social, podem emergir junto da violação física e/ou serem tão graves quanto ela, traduzindo-se na sensação de ser "uma pessoa de menor valor". Isto é algo que os núcleos estudados buscam impedir de acontecer. O mesmo pode ser dito quanto à terceira forma de desrespeito, em relação à estima social (Honneth, 2003), que tira dos sujeitos toda a possibilidade de atribuir um valor social às próprias capacidades, às potencialidades de efetivar ações para além daquelas ligadas ao *self* desmotivado, do policial máquina ou do "morto-vivo". Aqui também há a dimensão de uma perda de autoestima pessoal, ou seja, de entender a si próprio como um ser estimado por suas várias propriedades e capacidades características. Portanto, tem-se as lembranças-dor e as lembranças-sofrimento (incluindo os desrespeitos subsequentes à experiência extrema) como actantes dando preensão a visões de mundo e a cenários vividos pelos seres.

Força desproporcional e violência: redução das possibilidades de *self*

Desde actantes objetivos (tiros, automóveis em velocidade, agressões físicas) a "algos" ou "coisas" imponderáveis, os seres percebem uma força disruptiva atuando ou que atuou sobre eles, caracterizando seus mundos. As lembranças-dor e as lembranças-sofrimento, junto dos desrespeitos cotidianos, marcam o rompimento de uma noção de "humanidade comum" (Boltanski; Thévenot, 2020, 1999) anterior às situações de ferimento, tensão e morte para os próprios seres. A "humanidade" de que trato aqui diz respeito a um viver minimamente coerente e saudável (em termos físicos e emocionais), ao longo do tempo, quanto às compreensões de si e às demonstrações de (des)respeito pós-experiência extrema.

As assistidas do NAVI costumam dizer que vivenciaram a "pior dor". São constantes falas como as de Joana: "Vou te dizer, Vittorio: não é fácil, é a maior dor do mundo. Já foi comprovado cientificamente, né? Lógico que [...] um filho, [ele] perder a mãe, aquela dor maior é [dele]. Mas já foi provado que [perder] filho é antinatural". Essa grande dor seria responsável por um desarranjo completo da vida, exigindo uma reestruturação da vida:

> — É quase impossível [prosseguir]! Mas, como eu digo, tem que ter o equilíbrio, né? É muito difícil. A vontade que você tem é de morrer mesmo. Você morre, na verdade. Você morre. [...] E a gente realmente busca um recomeço porque você morre. Parece um bebê que começa a engatinhar tudo de novo. [...] Tem que tentar sobreviver sem ter aquele vínculo físico, né, no mundo, com a vida, com aquela pessoa, né?

As mães mencionam como a perda de um filho é "antinatural", tão "absurdo" que estaria para além da compreensão e das "outras dores" no mundo. Neste caminho, há algo sempre colocado por elas: não há categoria descrevendo quem perde uma prole, como há a de viúvo para pessoas cujo cônjuge faleceu, ou a de órfão para quem não tem pai e mãe. Para elas, isso se dá porque é algo "inimaginável", "tabu", e cuja dor não cabe em uma palavra.

O inominável de se perder um filho, presenciar a morte de um colega, ser ferido em acidente, ter uma doença rara, apresenta-se como algo singular (o "ninguém sabe como é"), o que os torna absurdo. Quando Heinich (1998) fala de um regime de singularidade, aponta para uma ambiguidade. O termo "singular" tem um duplo significado, de "único" e de "bizarro", sendo algo fora do comum. Há uma dupla conotação: a singularidade é positiva se associada à originalidade e à raridade; e negativa se associada à estranheza. A singularização negativa liga-se a representações, construções mentais e juízos de valor específicos. O pior dos mundos é absurdo, por vezes, por ser entendido como único e incomparável. O Renascer e o NAVI, dessa forma, investem esforços em mostrar para os assistidos como diversas pessoas no mundo vivenciam os mesmos problemas. Eles respeitam a dor particular de cada um, mas buscam formar um grupo que terá forças para seguir na vida e se engajar em projetos (ver as últimas seções do Capítulo 3).

No pós-morte de seu filho, Cláudia sentia-se como uma "peteca", recebendo golpes de todos os lados, o que gerou mudanças em seu ser, de forma que ela parou de comer e diz ter encarado o "seu [próprio] fim". Ela aborda o que sente ainda hoje: "Eu não sei nem o que dizer. É uma dor que não desejo a ninguém, nem ao meu pior inimigo. Só Deus sabe o quanto eu tô sofrendo com a morte do meu filho". A morte bruta de um filho leva a um sofrimento extremado, mudando a relação da pessoa com o mundo e com terceiros ao seu redor (mesmo aqueles próximos). Marcela relata uma sensação similar. Para ela: "Não tem dor maior do que uma mãe, [até a de] um pai, perder o filho. Os dois podem sentir, mas não como uma mãe sofre". Marcela ainda relata "uma onda" de negatividades a afligindo no pós-morte de seu filho, como se algo "ruim" mobilizasse pessoas para a machucar no momento de vulnerabilidade:

> MARCELA: — E vem a morte do meu filho, veio tanta coisa em cima, sabe? Porque é assim... Eu sou evangélica, né? Então, tem aquele lado espiritual que o inimigo vê. Você já está ferido. Aí, ele não está satisfeito, *ele quer te matar mais um pouco e vem te ferindo mais ainda*, sabe? Então, é muita coisa junta acontecendo.
> EU: — Espiritualmente ou pessoas próximas mesmo?
> MARCELA: — Espiritualmente. Mas acabam usando pessoas, né? Porque se você vê o meu sofrimento. Aí, poxa, você vai fazer coisas más contra mim sabendo do que eu tô

> passando? Você acaba sendo uma pessoa má. Você não se põe no lugar da outra para pensar se ela está sofrendo ou não, né? Então, são pessoas que, assim, veem que você está machucada e que você está sofrendo e querem te matar mais um pouco, entendeu? *Querem te destruir ali naquele momento, sabe? É que nem você pisar numa formiga e ficar esmagando ela até ela morrer*. (Grifo meu)

Para ela, além de carregar a "maior dor" possível, o sofrimento seria reforçado por um comportamento espiritual negativamente orientado de terceiros (aproveitando-se de sua fragilidade momentânea), empurrando-a mais adentro de "um grande buraco". Maria José diz ser normal esses tipos de reações, sensações e falas: a magnitude da experiência de perder um filho e o registro disso na memória alteraria a percepção das pessoas de si mesmas e do ambiente em volta. A isso, por exemplo, ela vincula a dificuldade de terceiros de permanecerem próximos àqueles em luto ou de se expressarem de formas adequadas:

> — Não tem palavra, cara. Porque a perda de um filho, né, principalmente... *A perda de qualquer pessoa é dolorosa. Mas a perda de um filho é o limiar da dor. Assim, não tem nada, nada, nada maior do que isso.* E eu tive, assim, infelizmente, uma situação, assim, que se multiplicou um pouco, né? Porque eu perdi minha única filha e minha mãe. Então, eu acho que isso é uma coisa tão difícil... Então, eu sentia que as pessoas [agiam] um pouco de uma forma que me fazia sentir rejeitada, né? (Grifo meu)

Zélia afirma enfrentar algo tão potente que fica se repetindo em suas lembranças e, com isso, ela ficaria "se maltratando", pensando na Ludmila e em sua morte a cada momento. Isso a perseguiu mesmo com a mudança de ambientes:

> – Eu, quando [me mudei após a morte dela], era assim: o dia para mim era pouco. Cara, tu precisava de ver, [...] eu tive a impressão de que vim para outro país e que eu tinha largado a Ludmila para trás. Eu chorava. Eu descia [para a rua]... Porque eu morava sozinha, não morava com a minha filha. Eu levantava, tomava café e descia. Eu tinha que descer porque, se eu ficasse no apartamento, eu ia enlouquecer [...] E, aí, eu passava o dia todo, assim, andando, andando, andando, andando. Eu tava tão mal que eu entrava nas lojas todas, eu comprava mesmo com dinheiro ou sem dinheiro, comprava no cartão. Você acredita que eu tive que vender uma casa para pagar dívida de cartão? Tipo, fuga, né? [...] Às vezes, eu saía, comprava, tinha um mendigo na rua e eu dava assim, entendeu? Nem ele entendia nada, nem eu. Fazia, assim, para poder passar o dia. E, aí, ficava o dia todo. E, à noite, vinha exausta para casa. Tinha que chegar em casa, tomar um banho e dormir. Não podia pensar em nada. E, assim, durante a noite, às vezes de madrugada, sonhava, acordava, principalmente quase na hora que eu soube que o carro dela explodiu. Eu sempre acordava naquela hora. 5h da manhã. Aí, eu ficava desesperada.

A força de sua experiência negativa, envolvendo emoções circulando também em *replays* (Collins, 2004), marcou-a profundamente, o que se agravou com a sua situação financeira, alterando seus hábitos diurnos e noturnos, suas formas de pensar e o conteúdo de pensamentos. Seria um fenômeno que apenas uma mãe poderia entender, ela coloca, envolvendo uma gravidade negativa em termos da variação de *selves* e de tonalidades afetivas. Vejamos algumas passagens do livro organizado por Maria José:

> Acreditem, tenho lutado para suportar todas as dificuldades, porque entendo que, para quem perde um filho, tudo o que surge pela frente é possível superar, pois

> *não há nada maior do que essa ausência* (Amaral, 2012, p. 30, grifo meu).

> Quando minha filha conseguiu ligar para os bombeiros, foi informada de que o rapaz acidentado estava no hospital do Andaraí, mas para a família ir preparada porque o acidente havia sido fatal. *Nessa hora tudo se acabou para mim, não sei como consegui respirar, me faltava o ar, nada mais fazia sentido na minha vida, a não ser chamar por Deus e pedir para ele me levar também.* O desespero tomou conta de todos: familiares, amigos e vizinhos. *Eu e minhas duas filhas não conseguimos ir ao velório, tamanho o sofrimento. Ninguém pode imaginar; só sabe o tamanho dessa dor quem passa por uma perda igual* (Amaral, 2012, p. 65-65, grifo meu).

> As horas que se seguiram foram as mais penosas de minha vida. Nenhuma mãe e nenhum pai estão preparados para enterrar um filho (Amaral, 2012, p. 170).

Ainda no NAVI, Roberta também menciona um "grande golpe" recebido em 2013, em que as duas mortes seguidas (de sua mãe e de seu namorado) quase: "acabaram comigo. [...] Eu quase que enfartei literalmente. A partir daí, fiquei com arritmia cardíaca. Assim, eu andava, dava quarenta passos, eu ficava cansada, eu ficava com falta de ar". Ela diz não ter sido preparada para isso, pois não haveria uma forma prévia de "treinamento" para um evento desses. Esse golpe leva a um sofrimento tornando difícil para a pessoa de se "acostumar com a nova rotina" que se faz necessária.

Quanto aos policiais, a grande força atuante contra eles, gerando realidades de sofrimento e de dor, vem da atuação direta "contra a criminalidade" – como diz Hélio –, em que ferimentos e mortes são fenômenos constantes. Com um PM do batalhão estudado colocou e seus colegas no local concordaram:

> — Não tem horário mais para acontecer crime, não. Você já [sabe] da situação [em que vai atuar]. E tem outras viaturas. De vez em quando, tem helicóptero. Se [o policial] tiver experiência, se controla e vai [para a operação]. Mas de vez em quando não tem apoio nenhum. É você e Deus. E Deus é grande, mas nem sempre pode proteger. Quando o bicho pega, de ficar encurralado, não saber se você vai sair vivo, de saber se vai ver seus filhos de novo... *Isso não tem nem como te falar. É uma sensação horrível.* (Grifo meu)

Eduardo recorre mais de uma vez à metáfora de viver em uma "selva", onde está sozinho e cercado de perigos: "Você trabalha com a cara e coragem, no meio de uma selva que é você [sozinho]. Entendeu? Você procura amparo jurídico, você procura amparo psicológico, você procura a família [para te ajudar]". Ele assume que isso afeta enormemente os PMs, reconhecendo por vezes ser (o que chamei de) um *self* desmotivado, triste, preocupado, perturbado, que chora e sofre pois "a máquina quebra". A potência de suas experiências extremas seria tão forte que Eduardo necessita de ajuda médica para dormir e descansar. No entanto, ele procura ajuda particularmente, pois os remédios receitados por médicos da PMERJ prejudicaram ainda mais o seu "estado normal". E a procura aberta por ajuda pode levar à "estigmatização" do PM como *self* maluco, agravando o cenário de sofrimento vivido.

> EU: — Esse remédio [para dormir], você quem procurou?
> EDUARDO: — É. Por conta própria. Conta própria. Porque se você for procurar o médico da polícia aqui, ele te manda para o batalhão. Ele te bota para trabalhar interno, entendeu? Só que os remédios que ele passa, você não consegue nem falar. Você fica meio grogue. Como é que se trabalha assim? É muito pesado. Aí, você procura por conhecimento próprio. Vai no médico,

> conta o que aconteceu. [O médico fala,] "Pô, deixa eu te dar um calmante para você dormir". Toma calmante para dormir. Dorme. Porque se você chegar aqui no da PM... [...] Aí, é um troço [remédio] que você não consegue nem mexer os braços.

Preocupado por ter sido transferido para o trabalho interno como punição "indireta" de um superior, Pedro lembra da forte variação de tonalidades afetivas em uma troca de tiros, reconhecendo estar melhor operando administrativamente. Isso o pouparia de experiências "inacreditáveis" ou "horríveis" que fazem parte da carreira de policial – como, por exemplo, a que Adinea vivenciou ao encontrar seu colega em estado vegetativo após um tiro no olho, fazendo-a desistir de sair às ruas fardada. Como destaca Das (2007), um "passado destruidor" e violento se faz presente à pessoa estabelecendo uma relação entre sua subjetividade e a violação sofrida. Há uma sensação de poder ser "traído no cotidiano" (Das, 2007, p. 9), pois a agressão passada é presente em gestos e narrativas – é um passado não sentido como passado. Certas qualidades afetivas presentes (e, como será demonstrado, distópicas) são atualizadas por esse passado.

Quanto ao Renascer, Adinea conta sobre os tipos de situação enfrentados pelos assistidos civis a partir da "violência" das experiências extremas:

> – Olha, teve uma vez que um cara ligou para mim e disse: "Você é a minha última chance. Se eu não voltar a andar, eu vou morrer. Se não fizer algo agora, eu vou morrer". Disse para ele acalmar, expliquei do programa. Ele é civil. Com civil é pior, porque o policial tem toda uma estrutura para aguentar as dificuldades, as adversidades. Tem o apoio aqui que a gente divulga, tem a experiência de outros policiais. O civil, não. Fica desnorteado, se isola, perde o contato com os outros, perde

o objetivo na vida, perde um sentido na vida. A gente fala que a família se afasta do ferido, mas muitas vezes é o ferido que desiste da família. Não consegue lidar com aquilo, com a situação que mudou, né? Aí, ele me disse que queria morrer. [Mas] ele não queria morrer, ele queria acabar com o sofrimento que estava tendo. Isso se liga à reentender o corpo: a bexiga não funciona, não segura mais as vontades, a ereção some. [Ele pensa:] "se não controlo isso, não tenho mais nada na vida". Às vezes, precisa de ajuda, 100%. É o caso, por exemplo, de um tetraplégico: só se comunica com os olhos. Precisa de alguém 24 horas. Expliquei para ele do grupo. Falei que a gente não fazia voltar a andar, [mas] falei dos esportes e da roda de conversa. Ele ficou todo meio assim. Ficou desanimado. Mas veio.

Como Fred – hoje um atleta reconhecido em seu esporte, medalhista por mais de uma vez – faz questão de lembrar: "Tem dias que eu mesmo quero desistir [devido às dificuldades]". Ou seja, mesmo um ex-PM frequentando há anos o Renascer, tendo disputado e ganhado competições, hoje auxiliando a outros, é "atingido" de maneira duradoura pela situação de ferimento – perdurando pelas lembranças e pelas tonalidades afetivas –, realçando o sofrimento da experiência. A força da situação de ferimento, tensão e morte pode levar uma pessoa ao *self* desmotivado, sendo esse reforçado no dia a dia. Como relata Lucas, após dizer ter superado seu acidente, mas ao enfrentar dores e problemas diariamente:

– Pô, cheguei em casa outro dia com infecção urinária porque não tem banheiro acessível para você tirar a urina [onde competimos]. E [temos que tirar] urina na sonda. Tem que tirar de quatro em quatro horas. Tem que ter banheiro adaptado. Aí, nós vamos agora para uma competição que ficamos sabendo que não tem banheiro.

> Eles vão alugar um banheiro químico... Para cadeirante. Você imagina, se o banheiro normal a gente já passa dificuldade... [E olha que] eu ainda penso nos dois lados, porque nem a nossa casa é 100% adaptada.

Esse seria um exemplo de parte do "desrespeito" vivido diariamente reforçando a negatividade de sua experiência extrema e os efeitos dessa. Melissa relata vivenciar os mesmos problemas, mas foca a sua fala nos desrespeitos experimentados em seu condomínio e em como a afetam:

> — Eu já tive um garoto de 25 anos que me chamou de aleijada. Eu olhei para a cara dele e falei: "Tu tá de sacanagem com a minha cara, né, cara?". [...] Ele botou um pula-pula na minha vaga de deficiente lá no condomínio. E eu nem reclamei, sabe? Eu botei do lado. Um amigo dele falou que era uma festa deste pessoal. Eu falei: "Não, tranquilo, eu vou saltar por aqui e vou embora". Mas, aí, eu fiquei brincando com o meu marido: "Pô, cadê o síndico nessa hora?" [o síndico a perseguia por não querer fazer obras de acessibilidade e era permissivo com violações de regras do condomínio]. Porque se fosse eu, [ele] ia cair em cima de mim. Aí, ele veio: "Porque não sei o quê, não sei o quê lá. Pô, você só sabe reclamar". Eu olhei para a cara dele e falei: "Cara, tu tá discutindo comigo? Porra, tu tá com um pula-pula na minha vaga. E tu tá discutindo comigo?". Aí, ele virou: "Não vou discutir contigo, não, porque você é aleijada". Ah... Eu olhei para a cara dele e falei: "Meu amigo, quantos anos tu tem? Eu não acredito". [...] Porra, 25 anos. Eu olhei para a cara dele: "Eu não acredito que uma pessoa de 25 anos vai chamar uma pessoa de aleijada. A tua educação é diferente da que o meu pai teve, tua mãe teve. E mesmo assim os olhares deles já tão mudados porque tem uma filha que é cadeirante. Como é que você, de 25 anos, teve uma criação de merda para

> chamar o outro de aleijado? É porque tua educação foi de merda". Aí, eu descobri que ele era [sobrinho] de um cadeirante que morava ali também. Mora no 1º andar. O tio dele era portador de deficiência física e andava de muleta. Quando tio dele veio falar comigo, cadeirante, eu olhei para a cara dele e falei: "Cara, nem fala nada. Eu vou chamar a polícia, sim". Eu mandei chamar a polícia na hora. [...] Eu falei: "Cara, se o teu sobrinho te chama de aleijado, o problema é teu que se pôs nessa posição. Agora, eu não vou aceitar ser chamada de aleijada porque aleijada eu não sou". [Ele respondeu]: "Ah, não fala essa palavra que me dói". [Eu disse]: "Ah, eu posso ouvir que não me dói? Agora, em você dói?". Eu chamei a polícia, foi preso por discriminação e racismo – porque entra nessa mesma [categoria]. Porque não tem indicado um termo certo só para isso. Pagou fiança, tudo direitinho, [mas] foi preso.

O destaque depreciativo de uma deficiência é também considerado como uma situação de violência (um crime) e são pessoas que estão justamente lutando para promover o desenvolvimento de tratamentos, atividades e suportes para dar esperança para outros na mesma situação. Em termos de ferimento da integridade, da possibilidade de efetivação de *selves*, trata-se "[daquele] aspecto de um comportamento lesivo pelo qual as pessoas são feridas numa compreensão positiva de si mesmas" (Honneth, 2003, p. 213).

Barbot e Dodier (2010, p. 102), em seus estudos com coletivos de vítimas, pensam a noção de situação de violência em proximidade com o que venho empregando como "experiência extrema", inspirado por Pollak (1990). É "uma situação em que as pessoas se consideram afetadas em um plano que lhes parece essencial [...], inclusive quando a natureza e as causas das violações permanecem indecisas ou controversas" (Barbot; Dodier, 2010, p. 102). A violência, como narrada pelas pessoas, e os desrespeitos consequentes parecem tratar-se de algo atingindo com grande força o âmago de seus *selves* (ou seus *selves* prévios). Em outra pesquisa (Talone, 2015, 2017), propus existir uma dimensão do bem de si (Werneck, 2012, p. 299) tido como inalienável para cada pessoa, nomeando-o de bem básico. Esse se liga ao bem físico (bem-estar) e ao bem patrimonial dos atores, entendidos como elementos demandantes de constante estado alerta nas "perigosas ruas do Rio de Janeiro" (Talone, 2015) pela dimensão inteiramente não dispensável/renunciável dos mesmos. Os elementos que proponho formar o bem básico (como o próprio corpo das pessoas) parecem estar fixados à noção de que é necessário mantê-los integralmente seguros. A violação deles por terceiros é, para as pessoas, uma forma de violência. Mobilizando a expressão de Schinkel (2010, p. 45), seria algo próximo a uma "redução do ser". No entanto, o autor mobiliza essa expressão para definir a violência ontologicamente. Penso ser mais rico a explorar, de acordo com os dados recolhidos em campo, como uma força afetando nocivamente a efetivação de selves possíveis para uma pessoa.

A violência (urbana, do crime e/ou no trânsito) e o desrespeito consequente estão conectados à redução de *selves* potenciais. Como o próprio Schinkel coloca:

> Em uma 'situação violenta', então, a redução do ser é um aspecto da situação que se torna fortemente destacado ou 'presente urgentemente' no primeiro plano (o horizonte) da situação (torna-se plausível dizer que a violência começa a 'definir a situação') (2010, p. 53).

As lembranças das situações de ferimento, tensão e morte podem definir situações correntes como de dor ou de sofrimento pela tonalidade afetiva negativa que carregam e pelos danos físicos acarretados, ofuscando outros possíveis aspectos da situação (é o que dá preensão à realidade para os seres). Violam-se os "aspectos alternativos do ser dessa pessoa que podem ser coconstitutivos da situação, mas que não podem ser totalmente destacados, ou seja, selecionados" (Schinkel, 2010, p. 72). É algo atualizado nas situações de desrespeito, levando a novas lembranças-dor e lembranças-sofrimento relativos ao porvir, reforçando o *self* desmotivado ou zumbi.

Como Misse (1999, p. 39) já havia destacado: "[n]ão existe 'violência', mas violências, múltiplas, plurais, em diferentes graus de visibilidade, de abstração e de definição de suas alteridades". Trata-se de uma força (Dewey, 1929) que "corre solta", efetivada ao acaso e/ou destrutivamente (em uma troca de tiros ou acidente de trânsito, por exemplo). Nesse sentido — que parece contemplar a presente pesquisa —, uma energia se torna violência quando seu resultado é desperdício e destruição (Dewey, 1916): a violência envolve forças nocivas em oposição a forças naturais ou humanas úteis (Betz, 1977). Tais forças, conforme visto nos relatos, destroem a "vida como antes", levando a novos e finitos *selves* e inibindo outros, alterando bruscamente as tonalidades afetivas e se conservando pela circulação de lembranças. A violência aqui se efetiva como uma força que reduz possibilidades de *self* e tensiona definições de situação de forma negativa/limitada[110].

---

110. Muitos são os ensaios teóricos buscando explorar os distintos significados da "violência", como os de Imbusch (2003), Collins (1974, 2008), Schinkel (2010) e Misse (2016). Como explorado em outro trabalho (Werneck; Teixeira; Talone, 2020, p. 3-4): "Trata-se [...] de uma questão semiótica: polissêmico e multidimensional, o signo 'violência' tenta dar conta de coisas da realidade objetiva bastante distintas, em registros muito diferentes, tanto para acadêmicos quanto para atores sociais comuns. [...] Todos esses significantes, no final das contas, parecem servir de cognome para uma mesma grandeza, mais observável na prática: a força desproporcional. É o uso da força, um ente objetivo, e em uma condição comparativa, que, ao fim e ao cabo, está em jogo quando o signo violência é mobilizado". Logo, busca-se lidar como a pergunta: "Como as pessoas promovem a operação de definir,

Não são, assim, situações passadas de que as pessoas podem usar "como advertências que ampliam a cautela atual" (Dewey, 2010, p. 81). Mas é um passado "assombrador" e que ameaça a efetivação de ações presentes. Os seres lidam com uma *épreuve* em relação as suas próprias humanidades, em que antigas formas de estabilidade são deturpadas[111]. Assim, recorro novamente a Pollak (1990, p. 288-289):

> Certos conceitos forjados para dar conta da ligação entre o psíquico e o social, entre o individual e o coletivo, tanto em sociologia quanto em psicologia social, vêm da análise de processos e de fenômenos dotados de um grau de estabilidade relativamente elevado. Isto se aplica à literatura sobre a socialização, ao conceito de habitus e de capital, que estudam essencialmente o ajuste recíproco entre as disposições individuais e a estrutura social. Essas conceitualizações não excluem o estudo de momentos de crise, de fenômenos de desajustamento, e de transição de um estado a outro. Contudo, muito globais e muito atados à concepção da unidade da pessoa, elas não estão abertas à análise de situações extremas, diferentes de crises de transição corrente, e que levam o indivíduo à improvisação, à trapaça, à decodificação espontânea das situações imprevistas e incertas.

---

qualificar uma situação específica e recorrente na vida social: aquela na qual se deparam com uma mobilização desproporcional de força?" (Werneck; Teixeira; Talone, 2020, p. 5). Aqui lido com a "força" passando por um filtro onde é negativizada moralmente como violência, seja como algo substantivo e/ou adjetivo.

111. Como destaca Werneck (2019), o conceito de *épreuve* também diz respeito a um processo em que se coloca algo à prova, verifica-se sua legitimidade e se testa se pode ser aceito pelos atores em termos do critério estabelecido situadamente para tal.

Pollak mostra como todos os seres têm recursos físicos e incorporados (potencialidades do corpo), recursos relacionais (pertencimentos e redes afetivas) e recursos cognitivos (competências e *know-how* práticos). Uma lógica subjetiva do espírito, do desejo e da mobilização de recursos não deve ser tratada como resíduo da análise em termos apenas de status e de pertencimentos coletivos — uma crítica tecida a Bourdieu. A objetividade do subjetivo se manifesta também no corpo, sua manutenção ou violação, e nas competências situadas de cada ser. Uma experiência extrema, cuja força atua como violência, leva suas vítimas a irem "ao mais profundo [de si]" (Pollak, 1990), revisitando seus estoques de conhecimento em mutação. A experiência extrema de que trato leva a uma exploração do próprio ser por ele mesmo, das violências sofridas e permanentes em sua mente, e das possibilidades de prosseguir em vida.

Como destaca Lemieux (2008), em situações extremas os indivíduos são "amputados" de certas dimensões de suas vidas repentinamente. A mudança afetando as pessoas é bruta, violenta (isto é, uma forma de força), exigindo delas um trabalho para impedir a dissolução de seus *selves* sob a pressão de tensões internas contraditórias. Trata-se de uma *épreuve* no sentido de um momento na vida em que os indivíduos, seus respectivos estatutos, suas relações mútuas e a própria ordem social projetada são transformados. Falo de uma *épreuve* "da humanidade" (Lemieux, 2008) no seguinte sentido: o que ela questiona é a capacidade dos indivíduos continuarem sendo identificados pelos outros e a identificarem a si mesmos como humanos, ao menos em coerência ou continuidade mínima com o próprio passado (distante ou próximo). Tais *épreuves* de humanidade destacam a indeterminação constitutiva das relações sociais e das identidades, sendo momentos de possível "degradação de humanidade" (Freire,

2010, 2014b), evidenciada pelas variações bruscas de tonalidades afetivas, definições de situação tensionadas por lembranças de proximidade com a morte, limitação da efetivação de selves possíveis e vulnerabilidade.

Por abordar a circulação das lembranças-imagens, de energias emocionais variáveis e de atmosferas que podem ser revistas, elaboradas e (re)trabalhadas no intuito de desenvolver um porvir "melhor" (ao menos, com outra tonalidade), penso ser mais adequado falar da grande magnitude de uma força levando os atores a uma *épreuve* de humanidade do que afirmar a existência de um trauma ou de pessoas traumatizadas (como uma situação biográfica perene). Para Caruth (1995), o trauma registra precisamente a força de uma experiência que ainda não é totalmente apropriada, sendo "um evento que é constituído, em parte, por sua falta de integração na consciência" (Caruth, 1995, p. 152). Seria um evento que não pode se tornar uma "memória narrativa" integrada a uma história contínua; um acontecimento literalmente sem lugar, nunca totalmente experimentado, cujas imagens e encenações não são totalmente compreendidas – pode ser vivenciada apenas por flashbacks ou em sonhos/pesadelos (Freud, 1996). Os dados recolhidos em campo vão de encontro a tais elementos, ao menos em sua totalidade: a "ressignificação" e a "reelaboração" das lembranças, o "buscar dar outra cor", mesmo anteriormente à procura do NAVI ou do Renascer, visa "encaixar" a experiência extrema e suas consequências em uma narrativa. As pessoas lidam e almejam superar, mesmo que parcialmente, essa provação a que são submetidas. O *self* desmotivado ou zumbi não define perenemente suas vidas, o que, do contrário, tornaria impossível a "linguagem narrativa" (Van der kolk; Van der hart, 1995). Assim, distancio-me de lugares comuns relativos ao "traumatizado" – termo pouquíssimas vezes mencionado em campo, seja por assistidas, PMs ou coordenadores/psicólogos –, buscando compreender como um ser vive *épreuves* relativas à sua história de vida/sua autobiografia e, "portanto, [ao] todo de sua personalidade" (Van der kolk; Van der hart, 1995, p. 176); sem considerar um "reino do trauma" substancializador ou imponderável.

Os efeitos das violências nas visões de mundo: distopias e retrotopia

Mundos

A força que altera a vida das pessoas e reduz as suas possibilidades de efetivar *selves*, causa efeitos como lembranças-dor e lembranças-sofrimento, as quais definem situações porvindouras e dão forma a diferentes "mundos". As narrativas evidenciam, sobretudo:

a. um mundo hostil onde pessoas e coisas atuariam em detrimento da segurança e da integridade física de outros, sendo fontes potenciais e constantes de violação e de desrespeito do bem básico, algo constatado por lembranças, histórias escutadas, estatísticas e atmosferas;

b. um mundo penoso onde seres e coisas não mais causam qualquer tipo de reação em uma pessoa, que se vê sozinha, desestimulada, distraída e sem "motivação" para dar continuidade as suas atividades e rotina, marcada por tonalidades afetivas traduzidas como tristeza, depressão e apatia.

A partir das teorias substantivas formadas quanto à continuidade da vida após situações de ferimento, tensão e morte, depreendi esses dois mundos – cada um ligado a atmosferas específicas – que se ativam de forma distinta a depender dos "esquemas de relevância" dos atores e da actancialidade de suas memórias, direcionando definições de situação[112].

Para uma melhor compreensão do objeto desta seção, é oportuno começar pelo próprio conceito de mundo e como ele será mobilizado. Há muito, James (1890a) destacou a relação entre os diferentes *selves* dos quais um homem "pode ser apreendido" e as consequentes ordens distintas onde tais "noções de si" se hierarquizam. Para ele (James, 1890b), lidamos a todo momento com subuniversos, partes irrevogáveis da vida, realidades traçadas pelas pessoas e vividas por elas. O "mundo total" é composto pela soma de todas as realidades (incluindo as de desejos e as de ilusões). Foi visto até aqui como lembranças, afetos, atmosferas e emoções dão preensão a certas ordens de ação e de coexistência (por definirem situações). Aquilo que é definido pode assumir um arranjo de tempo e de espaço e dar forma a diferentes (e, logo, plurais) ordens de realidade em que a ação acontece (Emirbayer; Mische, 1998).

Como Schütz (1945) apontou, a origem das realidades para James é subjetiva, pois se revela em conexão com a vida emocional e ativa de cada um. Haveria inúmeras ordens de realidade, cada uma com o seu próprio estilo de existência especial[113]. E cada objeto ligado a uma pessoa seria referido a um desses submundos, uma dessas ordens: "O mundo, nesse sentido, é algo que temos de modificar por nossas ações ou que modifica nossas ações" (Schütz, 1945, p. 534). Mas Schütz (1979) buscou deixar de lado o "ambiente psicológico" do conceito de James ao propor as províncias finitas de

---

112. Abordar mundos, distopias e retrotopia pela efetivação de ações (Werneck, 2012) das próprias pessoas marca mais uma teoria formal e central deste livro.

113. Os "subuniversos" de James incluem, por exemplo, o mundo da razão, o mundo das coisas físicas, a realidade suprema [*paramount reality*], o mundo das ciências etc.

significado, sobre as quais as pessoas conferem acentos à realidade. Dois pontos são de interesse aqui:

a. seria o significado de nossas experiências, e não a estrutura ontológica dos objetos, o que constitui a realidade;
b. as pessoas "realçam" certos aspectos da realidade ao agirem no mundo objetivo.

Importa aqui esse realce e a preensão da realidade a partir de experiências significativas no mundo[114].

Como Bergson já havia destacado, a atenção à vida "indica" o domínio do mundo relevante para cada um, articula o fluxo contínuo de pensamento e delineia o alcance e a pujança da memória. Tudo o que vemos, ouvimos e sentimos é "filtrado" de acordo com o que é importante para nós[115]. Como desenvolvido no Capítulo 2, há uma série de pessoas e coisas, como roupas, fotos, lugares, sons, grupos, sensações, que podem realçar a consciência em relação a algo. Estes actantes operam uma "atenção à vida" específica (a partir de certos requerimentos) e dão preensão às experiências cotidianas. O deslocamento por mundos se dá de acordo com os diferentes elementos destacados/iluminados em uma dada situação:

---

114. Trata-se de uma inspiração da sociologia compreensiva de Weber. Para o autor, o mundo seria infinito em possibilidades de sentido (Weber, 2001, p. 124), um caos. Mas interagimos de forma significativa, pois os sentidos e orientações da ação ordenam o mundo: na experiência empírica, as pessoas são ordenadas. As ações humanas dão ordem ao mundo. O mundo infinito é cortado justamente pelos valores das pessoas, delimitando-o. Os fenômenos são um conjunto infinito e caótico de elementos cuja ordenação é realizada a partir da significação que representam por meio de uma imputação causal, feita tanto por cientistas quanto por leigos.

115. Archer (2000, 2003) e Chalari (2009) lidam com algo semelhante à "atenção à vida" ao afirmarem que uma pessoa tem e opera de acordo com expectativas sociais e preocupações pessoais sempre em vias de reformulação e transformação. Elas tomam forma por meio de conversações internas e no lidar com situações delimitadas estrutural e culturalmente.

> [As] relevâncias determinam a forma e o conteúdo do nosso fluxo de pensamento: a forma, pois regulam a tensão da nossa memória e, com isso, o alcance de nossas experiências passadas retomadas e de nossas experiências futuras antecipadas; e o conteúdo porque todas essas experiências sofrem modificações atencionais específicas pelo projeto preconcebido e sua implementação (Schütz, 1945, p. 538).

Os mundos são as realidades sob alcance dos seres a partir de suas experiências passadas, histórias escutadas, vivências correntes, tonalidades afetivas e projeções, logo, também por atuação de suas memórias actanciais. Considerando a multitemporalidade dessas, o mundo pertence ao tempo presente, mas inclui o passado antes sob alcance e que pode voltar (alcance restaurável) e as antecipações do futuro (alcance potencial sob a idealização) – empregando a terminologia de Alfred Schütz. Cada pessoa pode construir e viver em seu próprio "mundo", mas pertence a certo número de "grupos cognitivos" (Zerubavel, 1997) em comum. Logo, constrói/partilha mundos semelhantes e acessíveis com outros, pois opera com o auxílio de dispositivos oferecidos na relação com terceiros e com o ambiente (Boltanski; Thévenot, 2020). Ao se abordar o conceito de mundo, há também uma relação do caráter "desperto" e/ou de "atenção" dos seres para com a alteridade e os objetos com que se deparam. Esses também fazendo parte da percepção, de sua qualificação e do engajamento físico. Isto é, da preensão:

> [Interessam] os objetos deste mundo na medida em que determinam minha própria orientação, na medida em que afastam ou impedem a realização de meus próprios planos, pois constituem um elemento da minha situação que devo aceitar ou modificar, pois são a fonte da minha felicidade ou mal-estar – em uma palavra, na medida

> em que eles significam tudo para mim. Esse significado, para mim, implica que não estou satisfeito com o puro conhecimento da existência de tais objetos; tenho que compreendê-los e isso significa que eu tenho que ser capaz de interpretá-los como possíveis elementos relevantes para ações possíveis ou reações que eu possa realizar no âmbito dos meus planos de vida. Mas, desde o início, essa orientação através do entendimento ocorre em cooperação com outros seres humanos: este mundo tem significado não só para mim, mas também para você e para ele e para todos. Minha experiência do mundo se justifica e se corrige pela experiência dos outros com quem estou inter-relacionado pelo conhecimento comum, trabalho comum e sofrimento comum (Schütz, 1979, p. 211).

Está incluída no mundo a experiência como troca interativa (Cefaï, 2009, 2018). Para os trabalhadores internos do BPM, possíveis mundos constituem-se em suas relações com outros PMs, com a própria farda, com o transporte público e seu deslocamento pela cidade. Para as assistidas do NAVI, constituem-se em suas relações com outras vítimas consequentes-próximas, com os psicólogos e suas mediações, com as fotos e os objetos dos falecidos filhos. Para os atletas do Renascer, constituem-se em suas relações com os outros cadeirantes e com os professores de educação física com quem realizam rodas de conversa, com os objetos a serem utilizados como suporte para o corpo. Cada uma das lembranças quanto às principais situações (de proximidade com a morte) que os levaram até ali; o tipo de "violência"/violação sofrida (a força desproporcional atuando ou que atuou sobre eles) e por quem; o que outros dizem a respeito disso (desrespeitos) e como lidam com ocorrências semelhantes; que objetos os preocupam, os marcam, chamam suas atenções e quais os seres querem "dominar" (a própria arma, uma prótese, pertences de entes queridos); como uma série de situações são definidas. São apenas alguns dos fatores constituindo "mundos" possíveis. Esses são minimamente duráveis nos processos de luto, onde "residem" os *selves* desmotivados, o policial máquina, a zumbi etc., e em que se procura o *self* engajado, o equilibrado ou o resiliente.

Restrições e habilitações de *self* são vivenciadas pelos indivíduos na definição ou na "modelagem das situações" (Archer, 2003)[116] nas quais se encontram, de modo que alguns cursos de ação seriam impedidos e outros facilitados. Isso ainda pode estar ligado a uma hierarquia social de expectativas quanto a grupos específicos de pessoas, organizações e instituições (Archer, 2003). As pessoas podem organizar suas vidas de acordo com esses conjuntos, endossando suas diretrizes/orientações como extremamente importantes, iluminando certos aspectos da realidade ou buscando outras formas de realce dela a partir do trabalho dos/com tais grupos (seja o NAVI, o Renascer ou o BPM). Os mundos presentes nas narrativas dos seres após as experiências extremas ligam-se ao tensionamento de definição e/ou mesmo à modelagem da situação ligados a expectativas negativas, configurando realidades em que preocupações pessoais estão em conflito com o ambiente social, marcando uma série restrições correntes e "previsões" de violação.

Por fim, julgo propício recuperarmos a noção de mundo como mobilizada por Boltanski e Thévenot. Boltanski (2000) expôs como diferentes competências postas em prática eficazmente pelos atores

---

116. Embora não pense em termos de estrutura ou de cultura, como Archer, mobilizarei a "modelagem" a partir daqui como uma definição duradoura e (prejudicialmente) limitante ao ator de certos tipos de situação: como toda ida à rua, por um PM, ser considerada uma situação de perigo, de forma que sair do batalhão é passar perigo. Portanto, não estou necessariamente abordando a manutenção de situações a partir de assimetrias duráveis por captura (Chateauraynaud, 2017).

estão ajustadas às ordens dos mundos a que se aplicam. Os autores sustentam tal modelo da competência em uma análise das situações em que as pessoas se veem na necessidade de operar uma crítica ou uma justificação mobilizando "os dispositivos situacionais e sobre os objetos que a compõem" (Boltanski, 2000, p. 60). Haveria uma pluralidade de mundos, cada qual com o seu modo de conhecimento próprio, e a memória (de cada um ou aquela objetivada em documentos ou em *know-how* específicos) é o que traduz para o presente a recordação dos resultados obtidos nas provas passadas, indicando os mundos em que se deve operar. Os mundos ligam-se a um conjunto de objetos coerente e autossuficiente – no caso do estudo dos autores franceses, ligados a princípios superiores comuns almejados para se chegar a um "acordo" (Boltanski; Thévenot, 1999, p. 363-364). O central aqui é conceber pessoas sustentando-se em sua própria corporeidade e tomando suporte em um conjunto de coisas próprio de um mundo considerado existente (e desconhecido aos outros mundos, cada qual com o seu conjunto de actantes). Para cada mundo, pode-se estabelecer uma lista, um repertório de sujeitos e dispositivos desigualmente desenvolvidos. E, como colocam os autores, é porque as pessoas existem em todos os mundos que se torna necessário as identificar no mundo que convém (Thévenot, 1990) – o exercício dos tópicos a seguir.

Portanto, as pessoas, após as vivências com situações de ferimento, tensão e morte, carregam em suas memórias os elementos componentes da "força" que as afligiu, levando-as a certas "atenções à vida" – relacionadas a determinados conjuntos de objetos e pessoas. Essas dão forma aos "esquemas de relevância" em uma dada situação, definindo-a ou modelando-a, indicando uma realidade presente (por vezes, perene) de dor e/ou de sofrimento devido à "violência" e/ou desrespeito sofridos. O pertencimento de grupos, as rodas de conversas e as histórias escutadas também atuam nos "realces da realidade", nas preensões, pois igualmente se tornam actantes nas lembranças dos seres em suas *épreuves* de humanidade ou são gatilho para essas. Na presente pesquisa, identifiquei dois mundos vividos pelos pesquisados – os mais notáveis em suas em suas narrativas –, (in)formados por meio de sua memória actancial, onde seus *selves* traçam trajetórias de vida e escolhas presentes/futuras.

MUNDO HOSTIL

Comecemos pela preensão fornecida pelas estatísticas e por demais dados produzidos por instituições diversas. São objetos mobilizados como provas do mundo entendido como hostil, ou seja, atuam como actantes tensionando a interpretação de uma situação presente. As "falas embasadas" de profissionais (psicólogos, funcionários do seguro DPVAT, oficiais da PMERJ, jornalistas, coordenadores de grupos) são, juntamente dos dados, levadas em conta e recordadas na modelagem de um mundo de "violências" frequentes relativas ao trânsito e a crimes diversos, ao "fantasma da violência" (Misse, 1999) carioca. São "indícios de um contexto" (Joseph, 2000), nesse caso, violento.

No NAVI, Celso (funcionário do DPVAT) comenta sobre o dia a dia de seu trabalho e tenta demonstrar a gravidade do "cruel" cenário do trânsito carioca. Ele conjuga os "fatos" dessa realidade com as perdas e os sofrimentos das assistidas, por exemplo, ao falar sobre motocicletas (muitas delas perderam os seus entes queridos neste/por este veículo):

> – Aumentou muito o acidente de moto. Tem acidente demais aqui no Rio de Janeiro. Diria que, de uns dois anos para cá, cresceu, subiu muito. Coloca aí, acho que uns 80% de moto. Muito garoto dirige. E é ele acidentado

e mais a pessoa atropelada ou atingida dentro do carro mesmo. Mas tem muito acidente aqui. Pô, toda hora. A gente aqui do DPVAT recebe muito pedido, muita entrada no seguro. [...] Até porque moto sofre muito acidente. Não é pouco, cara. É bastante gente de acidente de moto. E muita gente nova. [...] [São] 50 mil pessoas que morrem todo ano. Quando você pega, metade fica inválida... Mais da metade desses que fica inválida e vai ficar dependendo do INSS nunca mais vai produzir. Estas pessoas vão ficar inválidas. E é muita gente nova. A gente pega vários casos aqui, o cara perdeu a perna: "Quanto anos você tem?" "20 anos" "O que foi?" "Acidente de moto". Perna, um braço. E tudo gente nova. A garotada tá tudo morrendo de moto, cara.

Em outro momento, Celso apresenta alguns dados produzidos pelo próprio DPVAT para me "dar uma noção" do que ele está falando[117]: "Aqui, só em 2017, em seis meses, a gente já fez aqui de processo: 129 processos de morte; invalidez, 119; invalidez e reembolso (que teve invalidez e também teve um gasto), 100; e, reembolso, 64". Ele e Júlio balançam a cabeça negativamente, lamentando as experiências de muitas pessoas como aquelas frequentando o NAVI. O segundo comenta o quanto "está perigoso" dirigir pelas ruas. As falas de Antônio também definem como "assustador" o número de acidentes e de pessoas atropeladas na cidade.

Em evento sobre acidentes de trânsito, o então presidente do Detran, Vinícius Farah, colocou que nos primeiros seis meses

117. Para Celso, tudo aquilo ligado ao automobilismo é feito "para [o cidadão] perder", desde adquirir um veículo a lidar com a indenização por acidentes: "Quando a gente compra um carro, a gente sempre sai perdendo. Se você for comprar um carro amanhã, você compra por cinquenta. Quando sai [da concessionária], vale trinta. É sempre para a gente perder. E funciona da mesma maneira até na hora de pagar indenização".

daquele ano (2017, quando eu realizava o trabalho de campo) havia uma média parcial de seis mortos por dia em acidentes de trânsito no Rio de Janeiro. Esses dados e comentários chegam até as assistidas do NAVI, que os mobilizam em suas falas, como "Todos sabem que [várias] pessoas morreram esse ano [em acidentes de trânsito]", "Os números são altíssimos", "É muita coisa [acidentes com mortes] gente, que tristeza". Elas conversam com os funcionários do DPVAT e participam de eventos do Detran, sabem das histórias das pessoas frequentando aquele ambiente. Há grande amizade com Marcelo, por exemplo, que chegou a contar:

> – Fiz viagens longas de moto. Assim, sempre achava: "Não, tá tudo bem". Mas comecei a ficar preocupado, não sei, tive um pressentimento. E, né, [passei] alguns sustos no trânsito. Falei: "Nossa, escapei dessa por pouco. Assim, tá na hora de trocar essa moto por um carro". [...] Então, esse pressentimento foi por achar que eu estava cada vez mais próximo de um acidente. Assim, eu... Pensado assim, matematicamente, assim, em termos de estatística, eu pensava: "Pô, eu já tô há um ano de moto, não aconteceu nada. Quanto mais tempo eu fico, mais próximo eu tô do acidente". Porque é quase inevitável você não sofrer um acidente de moto. [...] [Se] for para ter moto, que seja para um passeio esporádico. Assim, uma vez ou outra. Porque você quanto mais usa, mais perto está de acontecer alguma coisa, né? [...] A maioria dos acidentes mais graves são de moto. De morte, de invalidez permanente e a morte, né?

Essas formas de pensar e elaborações são comuns no ambiente do NAVI e são partilhadas entre aqueles que o frequentam. Os próprios estagiários de psicologia falam e comentam sobre "ruas perigosas" e "acidentes repentinos" com base nos dados partilhados pelos funcionários do DPVAT:

> — Infelizmente, as pessoas morrem todos os dias no trânsito, né? [...] [Você] percebe que não acontece só com o vizinho, pode acontecer com você, né? Porque você nunca vai imaginar, né, que, tipo, a tua mãe vai sair de carro e não vai voltar para casa porque... Às vezes, tem caso de "meu marido foi na padaria de bicicleta comprar um pão para a gente tomar café. E foi atropelado e morreu". Entendeu? Então, assim, eu acho que as pessoas precisam de conscientizar que as coisas acontecem, sim (Simone).

As histórias das assistidas do NAVI dão alguns nomes aos milhares de números com que os funcionários do NAVI-DPVAT lidam. E, para as usuárias do núcleo, as estatísticas produzidas e informadas e os "contextos gerais" comunicados compõem o mundo hostil que tirou delas os seus entes queridos — um dos fatores levando-as a se engajar em ações de conscientização. As estatísticas e dados corroboram sobre um mundo onde acidentes/crimes acontecem a todo momento e com qualquer um.

Quanto aos PMs, o ano de realização do trabalho de campo foi um de alto número de morte de policiais. Segundo o Instituto de Segurança Pública (ISP), em 2017, 134 policiais militares foram mortos contra 70 PMs no ano anterior: 81 na folga, 29 em serviço e 24 reformados. Praças foram a grande maioria. Os números eram altos desde os primeiros meses do ano, algo mobilizado pelos entrevistados em nossas conversas ao longo daquele período. Eles buscavam dar base às suas afirmações de viverem em um cenário de graves riscos. Em um determinado momento, o Rio de Janeiro chegou a representar 40% das mortes de PMs no Brasil, lembrou um praça no BPM.

Naquele mesmo ano, a PMERJ produziu e divulgou uma pesquisa sobre vitimização policial intitulada "Guerra do Rio de Janeiro:

Guerra de causa socioeconômica, irregular, civil, de guerrilha, psicológica e local". Nela, afirmava-se que em 23 anos (de 1994 a 2016) foram 3.234 PMs mortos e 14.452 feridos no Rio de Janeiro – números provavelmente aproximados devido às subnotificações de um sistema falho de armazenamento de dados ou mesmo por tentativas de omitir números reais por parte da PMERJ (Rocha, 2013; Miranda, 2016; Miranda; Guimarães, 2016). Algumas das conclusões da pesquisa foram:

a. foi mais arriscado estar na PMERJ no período destacado do que servindo nas forças armadas norte-americanas em qualquer guerra do século XX, incluindo a Primeira e Segunda Guerra Mundial;
b. a chance de ser ferido como PM nesse período foi mais de 765,07 vezes superior à de ficar machucado na Guerra do Golfo Pérsico.

Não cabe a esta pesquisa analisar a validade ou a veracidade desses dados. Considerando o viés consequencialista e antiessencialista da abordagem pragmatista, o que interessa, aqui, é que eles eram reais aos olhos dos policiais, faziam sentido junto aos grandes riscos que interpretam enfrentar a todo momento. Essas informações circulam e são partilhadas pelos PMs, principalmente aquelas produzidas pela própria corporação. Mesmo com ressentimentos em relação à PMERJ, o grupo de colegas no meio militar sempre representa um forte elemento como "quadro de referência" – como destacam Neitzel e Welzer (2012). Há uma sensação emocional maior de confiança, de ressonância afetiva e de desembaraço junto aos companheiros – mais do que com membros da própria família (Neitzel; Welzer, 2012) – pelo compartilhamento de experiências e de informações que outros (de fora da corporação) não conseguiriam compreender. No BPM e no

NAVI, as estatísticas e os demais dados são elementos da realidade reforçando a existência do mundo hostil[118].

Pensemos outras formas de "realce" do mundo hostil. Retomando o livro de relatos organizado por Maria José, há uma fala significativa em sua apresentação:

> Chamamos de acidentes o que na sua maioria são, na verdade, crimes de trânsito. Muita gente acha que esse é um assunto concernente apenas às autoridades ou àqueles que já sofreram no corpo ou na alma as consequências desse tipo de tragédia. Todavia, isso tem a ver com todos nós cidadãos – pedestre, passageiro ou motorista –, porque todos nós estamos na "estrada da vida", seguindo pelos caminhos do nosso dia a dia (Amaral, 2012, p. 9).

Essa fala traduz muito dos esforços das assistidas do NAVI e daqueles envolvidos profissionalmente com o grupo: deixar de lado uma linguagem indicando "acidentes no trânsito" e passar a se comunicar em termos de crimes nas vias urbanas. A ideia é mostrar o quanto todos nós estamos diariamente expostos a perigos diversos pelo simples fato de sairmos de casa e de lidarmos com o trânsito carioca. Como exposto em outra fala do livro:

---

118. No caso do BPM, devemos considerar que, se os relatos envolvem certa "conversão" de um evento em uma mensagem pela cristalização de um fato em um exemplo, o relato institucional é aquele pode ganhar mais densidade ao longo do tempo (Sirimarco, 2017). Ele cristaliza "esquemas de relevância" de forma mais duradoura. Os números e as estatísticas muitas vezes são pensados e/ou feito tangíveis em acordo com esses "exemplos cristalizados" na instituição (como os que circulam sobre "vagabundos armados" ruins e que matam policiais; os de que todas as favelas são igualmente perigosas etc.). Independentemente da validade de recolhimento e de aplicação desses dados, isso pode tomar grande actância na mente dos policiais ao pensarem em seus deslocamentos pela cidade. O que não é exclusividade dos PMs ou da PMERJ (cf. Best, 2012).

> Eu também era vítima de trânsito! Aliás, quem não é? Francamente, desconheço alguém que, ao longo da vida, não tenha sofrido, direta ou indiretamente, alguma perda para a violência do trânsito. No meu caso, são familiares, amigos e conhecidos que chegam a quase duas dezenas de mortes, sem contar número maior ainda de feridos (Amaral, 2012, p. 178).

O mundo hostil é marcado pela alta possibilidade, comprovada em dados e pelas próprias bagagens-experiências (pela memória actancial), de colisões e de atropelamentos a qualquer momento. Nele, as situações de ferimento, tensão e morte são possibilidades constantes e arrebatadoras de vidas, causadas por criminosos indiferentes à vida alheia. Vejamos relatos demostrando o viver no mundo hostil:

> Nesse momento, sigo indignada com *a irresponsabilidade e a impunidade dos criminosos do trânsito*, e sofro muito enquanto busco a justiça. A pessoa que atropelou Suelem morava em frente à minha casa e, em outras épocas, foi ajudada pelo meu marido em suas necessidades (Amaral, 2012, p. 29, grifo meu).

> Os *crimes de trânsito* acontecem assim: de uma hora para a outra. Naturalmente, as pessoas fazem planos, têm sonhos, riem, brincam, sofrem, choram, se angustiam e se enchem de esperança. Estão vivas! De repente, tudo isso acaba (Amaral, 2012, p. 169, grifo meu).

> Não sei quem o matou. Sei que matar é uma palavra forte, mas não existe outra. *A pessoa que o atropelou, mesmo sem intenção, o matou. Essa pessoa, vestida de carro*, passou com tanta velocidade sobre meu filho que os que estavam presentes nem conseguiram anotar a placa. O veículo nem desviou de seu curso. Quem dirigia não parou para

> prestar socorro, tampouco se responsabilizou pelo seu ato. [...] *Isso acontece porque o ser humano não tem respeito pela sua vida nem pela de seu semelhante, especialmente no trânsito.* Isso acontece porque as pessoas se acostumaram a banalizar fatos como esses, até que ocorram com o vizinho, com o amigo, com o colega de trabalho ou em nossa própria casa. [...] Eu trabalho com estatísticas de acidentes de trânsito desde antes dessa ocorrência com Lukas [o ente querido], e a cada dia vejo que se cristaliza na sociedade o sério problema de riscos no trânsito. Preparando a estatística de 2004, chamou minha atenção um dado em especial: o Registro de Ocorrência nº 000691 – homicídio culposo provocado por atropelamento – 27 de março de 2005, 4h15 – Estrada Francisco da Cruz Nunes, próximo à padaria Grão Pão – vítima fatal do sexo masculino, 21 anos, estudante, 3º grau. Este registro não é apenas um número, tem um nome: LUKAS. [...] *Os acidentes têm sido muito raros, já os crimes de trânsito, infelizmente, estão cada vez mais presentes* (Amaral, 2012, p. 170-171, grifo meu).

Em relação aos PMs, o mundo hostil diz respeito à realidade de tiroteios, mortes abruptas, torturas e ferimentos graves que podem vivenciar. Algo confirmado pelas estatísticas de conflitos no Rio de Janeiro, por suas lembranças de atuações passadas/correntes e por histórias escutadas de colegas (narrativas circulando pela corporação). Trata-se da possibilidade de sair de casa e de ser identificado por "criminosos" como policial e morto em seguida; de presenciar um crime no período de folga, reagir e ser baleado ou de presenciar um familiar sendo ferido; de estar em operação e ser encurralado, logo, ferido, morto ou presenciar colegas falecendo, entre outras possibilidades. Também tem actância a ideia de um "outro assustador" (Batista, 2003) – assim são caracterizados muitos dos seres no mundo hostil –, em uma realidade cujos conflitos armados podem eclodir a qualquer momento, em que a "violência" simplesmente pode irromper no cotidiano (Coelho, 2010).

Eduardo delineia algumas das situações com base em suas próprias experiências quanto ao confronto armado: "*são frações de segundo para você tomar uma atitude, para você não morrer*, né? Às vezes, um tiro sai errado ou atravessa. O tiro atravessa. O cara tá com uma arma potente o tiro atravessa uma casa, pega alguém dentro de casa". (Grifo meu) A tensão alta soma-se aos "inimigos fortemente armados" (como colocam alguns dos policiais) e a necessidade de rápida tomada de decisão afetando a outros no ambiente. Os "inimigos" não teriam "essas preocupações" com o entorno por serem criminosos, logo, estariam "mais soltos" para atirar e matar, o que potencializaria o perigo de vida aos PMs[119].

Para Eduardo – assim como afirmam Nádia e Hélio –, crimes hoje em dia "podem acontecer a qualquer momento", pois "é tudo área vermelha": "Agora você vê televisão aí, é meio-dia, 2 horas da tarde, de manhã, é roubo o tempo inteiro. É assalto o tempo inteiro. Para você ver, você tá na patrulha [e] vai se deparar com [tiroteio] meio-dia. Imagina encontrar com isso meio-dia. Não tem mais área verde". Justamente na sequência dessa fala, Eduardo comenta sobre a "vocação de estar na padaria" para não ser rendido e morto na folga. O mundo hostil exige 100% de estado alerta e que as pessoas deixem as situações de perigo passadas tensionarem a memória actancial no intuito de prevenção. Trata-se de lidar com

---

119. Alguns praças chegaram a mobilizar ou a tentar lembrar (e falar) do conceito de "guerra assimétrica" para comunicarem o "cenário" carioca vivido pelos policiais. É algo que escutam de oficiais ou veem em pesquisas e entrevistas realizadas pela PMERJ. A ideia é que existe um "conflito bélico" em que haveria evidente superioridade tecnológica (armas avançadas e novas) e de liberdade de ação (não ter de responder a nenhum procedimento, legislação ou justiça) do "inimigo" no "campo de batalha".

o futuro em um "regime de urgência" (Chateauraynaud, 2012a, 2018), uma questão de "salvar uma situação". O futuro, no mundo hostil, não pode ser concebido como um horizonte de espera. A antecipação é julgada como essencial aos PMs, por exemplo. O futuro no mundo hostil é aquele que se segue imediatamente, cuja abertura ou fechamento está no centro da ação[120]: é importante agir o mais rápido possível, pois se age em uma cidade "cada hora mais perigosa, cada hora mais grave", segundo um PM[121].

Por isso, Pedro também define "ser policial" como "sofrer um pouco". Sua memória actancial define situações exigindo interpretações de um futuro provável e danoso para ele:

> — Hoje mesmo eu vim trabalhar 5 horas da manhã. Moro em Realengo. Vim de Realengo a aqui. Só que não tinha nenhuma viatura na rua. Eu também uso, não é só você quem usa. O PM também usa aquilo ali. Eu também preciso de ter o policiamento na rua. Para que? Para não ocorrer um assalto e eu ter que reagir ou matar ou morrer, entendeu? Então, fica ruim para todo mundo. [...] Você não pode ir a qualquer lugar hoje em dia, entendeu?

---

120. Chateauraynaud e Torny (1999) falam de vigilância para descrever justamente uma política da antecipação: na modernidade reflexiva as instituições devem "jogar antecipadamente", pois crises e alertas surgem de maneiras novas e impensáveis. Nesse sentido, "agir com urgência ou declarar um estado de urgência é tomar medidas sob a forma corpo a corpo com um processo que perdemos parcial ou totalmente o controle" (Chateauraynaud, 2012a, p. 11).

121. Como mostramos em Werneck e Talone (2019, p. 53, nota 30), "deparando-se com uma situação incomum, realizamos um ajuste: há um choque e ativamos a percepção quanto à dissolução e a reforma do significado. A atenção é mais alerta nas 'situações inusitadas' devido à preocupação e às expectativas quanto ao que será. Ao estarmos em alerta, nos concentramos no ponto de necessidade iminente, de urgência. São situações em que se altera o 'clima' nos ambientes (Cavalcanti, 2008), antes 'normalizados'".

> Você não pode sair de madrugada, 2 horas, 3 horas da manhã, de determinados lugares. Vai passar na Avenida Brasil 2 horas, 3 horas da manhã. Às vezes, você vai estar passando sozinho.

Em seguida ele conta, para justificar a sua preocupação, uma situação que vivenciou junto a um colega de farda em uma movimentada avenida da cidade, em que este acabou ferido junto a uma civil, e Pedro teve de agir rapidamente:

> PEDRO: — Já tive [colegas feridos] na Avenida Brasil, na Vila do João... Um colega baleado. Eu socorri. Eu e um outro colega socorremos ele.
> EU: — Como foi isso?
> PEDRO: — A gente tava na Avenida Brasil. Tava tendo uma guerrazinha ali na altura da Vila do João. Aí, a gente tava parado. Daqui a pouco, quando você vai ver, o trânsito parou, entendeu? "Pô, o trânsito parou do nada?". Todo mundo buzinando, buzinando. Nós pegamos a viatura. Escutamos tiro. Aí, do nada, o trânsito parou. Aí, quando nós fomos à frente, eles deram um tiro em cima do policial. Um policial foi baleado. Só que eles deram muito tiro. Pegou numa mulher dentro do ônibus, que tomou um tiro na cabeça também, entendeu?
> EU: — Isso na mesma situação...
> PEDRO: — Na mesma situação. Deu tiro para cima do policial. Só que ali na Avenida Brasil, pô... A Brasil aqui [indica em cima de uma mesa com a mão]. O policial tá aqui [indica na reta onde seria a Avenida]. Eles estão dentro da favela [fazendo 90° com a Avenida]. Deram tiro no policial. Pegou um no policial, na barriga, e o outro pegou na cabeça da mulher passageira do ônibus [...].
> EU: — E como se virar nessas situações?
> PEDRO: — Ah, tem que se virar. O colega estava no chão lá. Uma moça pediu a um motorista para socorrer direto

ao Hospital Geral de Bonsucesso. [...] Chegamos a pé. Era perto. Era como se fosse daqui... É porque tinha uma viatura aqui [indica com as mãos como se fosse ao início da via]. Outra na altura do meio e outra viatura aqui [ao final], entendeu? Eu era a primeira viatura. Quando deram os tiros, os tiros foram nessa viatura aqui [do meio]. Acho que uns 300, 400 metros. Mas elas ficavam uma atrás da outra. Pegamos e levamos para o hospital. Levamos lá para o Hospital Geral de Bonsucesso.

O cenário carioca, naquele momento, junto à sua bagagem de experiência parecia tão "pesado" que Pedro compreendia totalmente os seus colegas que deixam a profissão (mesmo que apenas para deixar, na verdade, a cidade do Rio de Janeiro). Ele disse pensar no mesmo: "Não aguenta mais isso aqui, não aguenta, entendeu? Essa batida, o estresse. O cara pega, pendura a chuteira e vai embora. Tem gente que até muda de Estado. Eu tinha vontade. [...] Não dá mais o Rio de Janeiro. [...] [Tá] muito ruim, tá muito perigoso". O mundo hostil, as experiências extremas em seu interior, as lembranças de ferimento e de morte produzidas, o futuro no regime de urgência seriam elementos "pesando muito" na realidade.

Zélia também relata a interpretação de um mundo hostil. Toda a sua experiência com uma filha policial civil, o assassinato dela por criminosos envolvendo espancamento e carbonização do corpo, o saco de ossos que foi enterrado, o feto morto: são todos actantes de uma realidade de perigos onde reside uma alteridade cruel. Em uma de nossas conversas, Zélia relembra outras histórias de mulheres torturadas e mortas por criminosos, demonstrando como o mundo é sistematicamente atingido por eles com extrema força:

— Porque a Ludmila eu acredito que ela deva ter morrido desse jeito porque a população, o contingente de presidiário, o cara que é o malfeitor, ele tem um ódio tão grande do policial, que quando ele pega um policial, ele extermina com aquela... Ele não só mata. Ele só dá um tiro, dois tiros, quando ele pode fazer isso. Mas quando ele pode fazer atos de crueldade, assim, de jogar toda a ira dele em cima daquela pessoa que representa o Estado, eles fazem. Porque eu já soube, não só no caso da Ludmila, de toda essa barbárie. Antes da Ludmila teve uma menina, uma tal de Regina Coeli. Esse fato, a Regina Coeli me parece que era... A Ludmila ainda não tinha nem entrado para a polícia, nem sonhava. Ela foi cumprir um mandato... Se você entrar na internet, você vai ver a história dela, que já está bem vaga porque já tem muito tempo. Ela foi cumprir um mandato ali no Morro da Providência [...]. Parece que foi com um motorista. Eles mataram o motorista, não sei se torturaram. Mas ela, eles arrancaram até os mamilos dela. Ela viva. Eles cortaram, arrancaram os mamilos, cortaram as mãos dela, e depois parece que jogaram ela lá [de cima]. Fizeram com um extinto grau de crueldade. Porque ela foi levar um mandato dentro da favela — o que o delegado tinha mandado. Então, quer dizer, eu conheço esses dois casos mais graves de dentro da polícia. E, aí, eu fico pensando assim: quem será o próximo ou a próxima a entrar nesse grau de crueldade?

Para Zélia, esse tipo de crime é constante. Cariocas vivem em uma cidade onde a "violência brutal" existe, exigindo extremo cuidado e alerta. Sua associação atuaria, inclusive, para ajudar pessoas a "darem conta" dessas vivências, conseguindo enfrentar suas sequelas e dar prosseguimento à vida.

Adinea recorda uma série de histórias e de lembranças em sua mente de um "Rio de Janeiro perigoso" onde pessoas são efetivamente feridas e mortas a todo momento — desde sua atuação como PM ao atendimento fornecido para seus colegas de profissão. São muitos os relatos como o seguinte:

— Esse rapaz que passou aqui agora [nos cumprimentando], você percebeu alguma diferença nele? Ele quase morreu. Foi tiro ali na Rua Goiás. Ele levou alguns tiros aqui na região do abdômen. Só que ele teve que pular um viaduto de oito metros para poder sobreviver. E, aí, ele teve uma lesão séria, muscular, na perna... Nas duas pernas. Ele ainda não tem o controle do pé para as passadas, né? Parece que teve um rompimento. Não sei te explicar o tipo de rompimento. [...] Mas um rompimento de tendão e um estrago grande. Imagina? Porque [pulou] oito metros de altura e ele tá vivo. Foi no início do ano passado, acho que vai fazer dois anos. Foi na Rua Goiás. E, assim, você olha, ele tem uma cirurgia enorme na barriga. Porque foram muitos tiros e ele ficou no CTI com uma infecção muito forte, quase morreu.

Situações de alta tensão e de ferimento, além da morte de colegas, alteraram o comportamento de Adinea nas ruas, onde, quando mais nova, gostava de trabalhar: "Mas, assim, o risco [estava] cada vez maior e eu achava que aquilo ali era muito inseguro. [...] Isso foi 92. 92 a 95. Aí, [em 1995], eu voltei para as unidades operacionais, fiquei em unidade operacional um tempão". Uma série de alterações em suas tonalidades afetivas, o peso do "estado alerta" e a pressão de atuar em localidades perigosas foram fatores contribuindo para a sua compreensão do mundo como hostil.

— Eu, em casa, eu moro no quinto andar. Eu moro aqui em Jacarepaguá. Vira e mexe eu ouço tiro. Vem da Cidade de Deus, vem do Anil. Tem umas comunidades ali próximas. Aí, eu fico pensando: "Minhas filhas, onde estão?". Aí, começo a abrir o WhatsApp, vejo lá o OTT — [aplicativo] Onde Tem Tiro, né? Ligo o OTT. Aí, ligo a televisão. Outro dia foi isso na madrugada. Eu não dormi mais. Você fica

> pensando: "Meu Deus do céu, será que fulano tá seguro, será que cicrano...". Aí, você não quer falar no WhatsApp para não acordar ninguém. É muito chato.

Se em um primeiro momento ela deixou de atuar nas ruas, hoje ela pensa em sair do Brasil: "Eu falo para você, tô querendo sair do país, né? Eu não aguento".

Tal como os participantes do NAVI comunicam sobre os "crimes de trânsito" que podem ocorrer a qualquer momento, Lucas também chama a atenção para o fato de que crimes "em geral" e acidentes podem se concretizar "de uma hora para a outra", relembrando de seu próprio ferimento (alvejado em um dia normal de trabalho). Lucas se chateia enormemente com o desrespeito sofrido ou com a desconsideração de sua condição por outros justamente porque "essas coisas podem acontecer do nada", todos seriam vítimas potenciais que precisarão de suporte um dia. O mundo hostil está representado em mutilações, atropelamentos e tiroteios:

> — A gente vê os policiais hoje em dia... O cara te olha assim, ó: "Esses caras [cadeirantes] não valem mais porra nenhuma. Vou deixar esses caras para lá, não vou ajudar ninguém, não". Esse cara, ele não pensa que pode acontecer com ele amanhã. *A gente não deseja para ninguém que fique numa cadeira de rodas, mas hoje todo mundo tá em risco.* Vê um ou outro [do Renascer]. Tem um que caiu da laje. Terceiro andar. Tava fumando um cigarro, a cadeira quebrou, ele caiu para trás. Ficou de cadeira de roda. Entendeu? A outra menina tava com o namorado. Bateu de carro. Ela voou fora do carro e o cara não aconteceu nada. Ela ficou de cadeira de rodas, ele não. *Então, pode acontecer com qualquer um, cara.* Aconteceu comigo. A gente torce para não acontecer com você, lógico, com ninguém. Mas pode acontecer. O cara, um policial desses, pode estar numa rua aí e acontecer

> desse policial tomar um tiro. Como que acontece isso? É, pô, tem uma porção de policial que vem aí que: "Pô, tava voltando para casa e me reconheceram"; "Tentaram roubar meu carro, me deram tiro". Aí, ficou paraplégico. O outro ficou tetraplégico. (Grifo meu)

Lidamos com um acúmulo de variados referentes de um signo de insegurança e "perigo social" – muitas vezes unificados sob a alcunha de "violência urbana" (Misse, 1999, 2010) e/ou "violência no trânsito" (Russo, 2012) –, os elementos "realçados" da realidade. O mundo hostil é assombrado pelo "fantasma da violência urbana" (Russo, 2012), que tem vigência na mente das pessoas por suas lembranças e suas tonalidades afetivas, gerando uma "autoconcepção de vitimização" (Russo, 2012) que diminui as possibilidades de efetivação de *selves* possíveis: todos são vítimas potenciais. A força desproporcional, a violência, é difusa e gera a sensação de um mundo de desordem e de perigo cuja preensão se dá pelas bagagens de experiência, volume de mortes (estatísticas), agressões, roubos, insegurança em andar por ruas desertas, dirigir motocicletas em velocidade etc. Estes são os elementos despertando a "atenção à vida" caracterizando o mundo hostil: um ambiente de atmosfera "pesada", cujos habitantes são cruéis e o futuro é exigido na ação presente.

MUNDO PENOSO

Neste mundo, as pessoas deparam-se com uma realidade "incolor". Os objetos e os seres com que se deparam podem despertar apenas tristeza e abatimento, muitas vezes sequer estimulam suas atenções. O "realce" da realidade está na percepção da própria apatia e na sensação de fraqueza/desânimo agudo em qualquer ambiente, esteja a pessoa engajada com entes particulares até os objetos de âmbito público (Thévenot, 2006).

Como lembrou Cláudia de quando decidiu deixar de comer: "Parei no tempo para tudo. Parei minha vida para tudo. [...] Eu não queria mais comer". E complementa em outro momento:

> — Esse grupo, o NAVI aqui, eles estão me levantando. Porque eu senti que eu tava, ó, cada vez afundando mais. Eu queria dar fim à minha vida. Eu queria dar fim à minha vida. Eu pensei até em dar fim à minha vida. Mas muitos falaram: "Se você acabar com a tua vida, você tá pensando que você vai para onde é que está seu filho? Não. Você está se acovardando porque você vai se matar e você não vai estar onde é que ele está". Então, eu botei na minha cabeça: então, como é que eu vou viver? Então, eu parei de me alimentar. Eu achei, assim... Eu tava falando com a Dnilda. Eu achei que parando de me alimentar ia ser meu fim, né?

Certos objetos, experiências e pessoas deixam de ter a mesma relevância em relação ao "antes". O "mundo passado" (embora presente nas lembranças) dá lugar a outro em que só a lamentação, o abatimento e a tristeza encontram lugar. As datas, calendários e celebrações tornam-se recordações do "mundo passado". E são marcas dolorosas desse novo mundo: "Meu Deus, como meu coração está doendo hoje nessa data três de dezembro" — seria o trigésimo aniversário do filho de Cláudia. É o caso também de Roberta. Não apenas as datas, mas os objetos pessoais (a própria casa), seus e de seus próximos (roupas, camas, fotos, pentes etc.), marcam essa passagem de mundos. Os objetos e as pessoas do mundo penoso são normalmente marcados pela comparação com um mundo anterior "não mais existente" (tido como "bom", "normal" ou "ideal"). Por isso, pode se ligar também à retrotopia, como mostrarei adiante, em que a torpeza tem uma grande força no presente. Roberta, por exemplo, observa a família dos outros e pensa naquela que não tem mais (pai, mãe e Carlos), deixando-a "deprê".

Para Joana, a morte da filha "veio como um tsunami" em seu antigo mundo: "O meu maior medo era perdê-la e de repente aconteceu, né? [...] Eu evitava de falar, minha mãe evitava de falar". Mesmo com a grande dor do acontecimento, ela preferiu não conversar muito sobre isso inicialmente e demonstrar força para sua mãe. Tolerou a dissonância em festas (estando sofrida, convivia com a alegria de terceiros) e tinha a sensação constante de estar "atrapalhando" os outros devido a sua dor. Joana sentia-se abatida mesmo após reuniões do NAVI. Ao "colocar os pés na rua", ficava deprimida novamente. No mundo penoso, a pessoa tem a sensação de estar sozinha, apenas ela sente a imensa dor lhe afligindo, em dissonância afetiva com todos os outros.

Marcela também conta sobre sua "imensa tristeza", quase "depressão". Ela tinha vontade apenas de ficar deitada na cama de seu quarto e de chorar no escuro, como exposto anteriormente; suas demais vontades "desapareceram" (eram vigentes apenas em lembranças). Com isso, diz ter perdido qualquer motivação. A saudade do "mundo antigo" seria tão forte que Marcela enfrentou problemas ao se deparar com crianças parecidas com seu filho. Quanto à menina que chamou a sua atenção na visita do NAVI a um orfanato, ela diz:

> Porque teve um momento que eu queria ter o abraço do meu filho e imaginei dar o meu amor para ela. Tem essa situação. Você vê crianças, alguma criança assim te chama atenção, né? E você querer de alguma forma abraçar ela, fechar os olhos e imaginar que é o seu filho.

Essa modelagem de situação acabou prejudicando, inclusive, a sua atuação na igreja, onde era muito ativa. Ela diz "até [ter sido] grossa" em um momento:

> Pessoas [...] com problemas falando todas para mim e você tentar resolver tudo ali. E eu tava passando por um momento que, assim, que eu queria ficar só. Eu queria chorar. Eu não queria escutar ninguém, entendeu? As pessoas tão me pedindo ajuda... Eu tô precisando de ajuda hoje. Hoje eu que tô precisando.

No mundo penoso há apenas desinteresse (como falta de motivação) e abatimento (como falta de ação). Objetos, como B.O. e laudos, e outras formas de documentação, podem reforçar este estado[122]. São momentos em que as pessoas no entorno tenderiam a se afastar, como atesta Maria José, reforçando a sensação de solidão. A fundadora do NAVI chega a considerar as vítimas consequentes-próximas como uma "população quase esquecida", "pessoas [caindo] na solidão de sua dor". Mesmo com apoio integral de sua filha primogênita, por exemplo, Zélia muitas vezes teve de lidar sozinha com as lembranças de sua caçula pela casa, com as notícias de mortes de PMs a fazendo recordar de Ludmila e com as ações de apoio para policiais feridos. Zélia comenta como, para qualquer ação, é necessário muito sacrifício de sua parte: as lembranças são lembranças-dor, as pessoas "se afastam" eventualmente, a maioria das coisas não causam mais interesse, poucos demonstram preocupação com a sua causa (até os próprios policiais). O dia a dia no mundo penoso é sacrificante, mas de forma distinta de quando se está operando no mundo hostil.

---

122. O processo para dar entrada na Líder — para indenizações e ressarcimentos — engloba esta documentação, o que pode intensificar a dor na própria "apresentação de números" às pessoas. Como mostrei anteriormente, ao tratar de relações íntimas e de transações monetárias (Zelizer, 2011a), a "matemática" apresentada à pessoa em luto devido à "morte violenta" de entes queridos é interpretada como "demais" — no sentido de não ser adequada —, pois o luto quase impossibilitaria um lidar correto com a burocracia.

Aqui o tempo futuro é o da espera/expectativa [*attente*] (Chateauraynaud, 2012a). É oposto ao tempo da urgência: no mundo penoso, trata-se de um tempo suspenso, o qual os atores experimentam como "um tempo que não passa" (Chateauraynaud, 2012a). Levar em conta um futuro possível, ao menos um mínimo de visão clara e organizada, pode ser algo adiado indefinidamente. Como destacou Chateauraynaud (2018), o advento é o foco do horizonte de espera, enquanto o tédio, a impaciência, a perda de desejo ou o adormecimento são figuras "assombrando quem espera". As assistidas não sabem quando vão "parar de [se] sentir assim", encontrando novas possibilidades de felicidade e de motivação de ação. No mundo penoso há a sensação de se estar afundando, em um buraco, sufocando, esquecido. Essa é a atmosfera comum desse mundo, o que "parece sem fim".

Uma série de relatos do livro organizado por Maria José dá conta destes elementos. Eles abordam a perda da "vontade de viver", o não "conseguir fazer mais nada", o "pensar em suicídio", o "ingerir medicamentos", o se "sentir perdida no tempo" etc. Vejamos o seguinte relato:

> Nada me importava e, com ou sem sequelas, eu queria meu menino vivo, pois não podia entender como uma vida tão importante para mim seria arrancada de modo tão estúpido. Chorei muito quando soube que Ronald, finalmente, não resistira e morrera. Até hoje, foi a pior coisa que já ouvi na minha vida. Não sei se foi por ele ser o caçula, mas, para ser sincera, ele não era só o filho de que eu mais gostava, ele era o ser humano que melhor completava minha vida, já tão sacrificada. Não podia avaliar o quanto meu filho sofreria se sobrevivesse. Como se eu pudesse ressuscitar aquela criança, gritava seu nome. Tentava em vão despertá-lo do sono eterno e fazer com que me respondesse. Não sei nem mesmo

> quem pagou as despesas de sepultamento de meu anjo, mas ainda posso sentir o gosto da dor que experimentei enquanto velava seu corpo e permitia que as minhas lágrimas descessem e lavassem meu rosto, amargo da dor. [...] Com o tempo, me vi quase sozinha, pois meu marido (pai de Ronald) já estava voltado para outras coisas, minha filha me rejeitava e a única pessoa que parecia me entender era meu outro filho, que me dava apoio e carinho. *Nessa época iniciei minhas visitas aos psiquiatras, pois eu estava me dando conta de que estava beirando a loucura. Logo, comecei a ingerir comprimidos que pareciam me anestesiar, e, assim, fugia de mim mesma.* Com tudo isso, separei-me do meu marido, pois descobri ser viciado em drogas. Vi minha filha me abandonar e meu filho se casar, enquanto eu ainda sofria muito. *Sozinha, resolvi seguir a minha vida e, desorientada, por muitas vezes esquecia o que estava fazendo e permanecia dias andando pelas ruas sem saber sobre o meu próprio destino* (Amaral, 2012, p. 148, 149-150, grifo meu).

A desorientação, ligada ao abatimento e ao "tempo futuro" de dias melhores que nunca chegam, soma-se à sensação de esquecimento e de abandono, faz parecer "não ter para onde ir".

Em relação aos PMs — àquilo em suas lembranças traçando "regras de experiência" (Weber, 1993) —, há o abatimento e a tristeza devido a "algos" que vão acontecer e/ou estão ligados às consequências desestimulantes de experiências extremas em um cenário sem previsão de mudanças. Em seu desânimo pela morte de colegas, por exemplo, Nádia diz: "tenho vários conhecidos que acabam não aguentando. Ainda com essa questão dos salários [e] não há segurança de lugar nenhum. [...] Pode ter certeza que isso afetou muito [o desejo de sair da PMERJ]". Saber o que pode acontecer com ela não apenas a faz operar no mundo hostil (onde pessoas e objetos são vistos pelo filtro do perigo imediato), mas também no mundo penoso, do pensamento ligado ao desalento afligindo os praças, deixando-os aflitos:

> – A gente fica muito triste, né? Poxa, afinal são nossos amigos [morrendo]. E a gente sabe: podia ter sido eu. Podia ter sido eu. Naquele dia lá que eu fui na missa [de falecimento] e podia falar depois [com você], não tinha como [na verdade]. A gente volta sem cabeça, num clima muito ruim. A missa de falecimento dos policiais é uma por ano, né? Não foi uma missa dos falecidos apenas em 2017. Então, não é só desses policiais, que já foram 68 esse ano, mas desde o ano passado. Então, é nome que não acaba mais. O padre ficou horas lendo e lendo e lendo a lista de falecidos, não acabava nunca. E você fica ali ouvindo, ouvindo. Normalmente eles dividem a igreja: de um lado ficam os policiais, do outro os familiares. Aí, você vê: senhores chorando a morte de filhos, mulheres, várias, chorando pelo marido. Agora elas estão sozinhas. Crianças de colo. Muitas crianças de colo, é impressionante, você não faz ideia. E você pensar que podia ser a sua família ali. Sua mãe chorando por você. Como ela fica? Pode acontecer comigo assim, ó [estala os dedos]. [...] [Por isso, hoje] em dia faço trabalho interno. Mas volta e meia pego um extra. Aí, é na rua. Fico na rua mesmo. E vou toda hora fazer serviço, cumprir missão. Aí, sou eu de farda na rua.

Esse tipo de vivência gera efeitos, para Nádia, inclusive em seus momentos de folga, quando se vê cansada das "estratégias" para esconder que é policial:

> – [A] gente sabe o que pode acontecer. Então, não saio. Evito sair mesmo. A casa da minha mãe fica na baixada. Então, não visito ela muito tarde para não voltar tarde.

> Porque, aí, já tem que passar perto de um monte de favela, mesmo de carro. E tem muito lugar que a situação tá de risco. [...] Você, por exemplo, provavelmente anotou meu nome como soldado, não botou [Nádia]. Porque é normal, é mais comum, vira uma identificação comum. Mas e se um cara pega meu celular e vê isso, vai saber que sou da PM. É fácil. Vai ver aquele monte de major, soldado, coronel, tenente. Vai saber. E, aí, acabou. É esse o tipo de cuidado que eu tenho. [...] [Então], não dá, não dá para ficar aqui. Por isso, meu planejamento aqui é zero. Não era antes, mas agora é. O pensamento é sair, pelo menos, do Rio de Janeiro. Essa cidade é horrível, é perigosa. Em qualquer lugar que você trabalhe no Rio de Janeiro, você corre risco de vida. Isso é sério. Eu estou fardada na rua, sou facilmente identificada.

Todos os perigos possíveis podem gerar não apenas um "estado de alerta" pujante, mas também a torpeza, a vontade de deixar a carreira e, em alguns, a depressão.

Retomando a frase de Dayse Miranda, "A polícia que mais mata também é a que mais morre". A autora (2016) ainda considera como subestimadas as cifras de vitimização policial, pois suas entrevistas com os profissionais de saúde da PMERJ sugeriram que casos de suicídios consumados e tentativas de suicídio não são informadas ao setor responsável por inúmeras razões – preservar familiares, vergonha dos conhecidos etc. Ainda assim, pelos registros disponíveis, de 2005 a 2006, o risco relativo de morte de PMs por suicídio foi quase quatro vezes superior ao da população geral (homens e mulheres) do estado do Rio de Janeiro[123]. Alguns PMs do BPM comentam – embora breve-

123. Para uma análise dos diferentes fatores que tecem esta realidade, ver Miranda e Guimarães (2016).

mente e em volume baixo de voz, como se fosse arriscado tocar no assunto — sobre os suicídios de colegas e de conhecidos da corporação, pessoas "que não aguentaram". Normalmente, conversas sobre aptos C surgem no mesmo momento, abordando quando "alguma coisa deu errado", policiais estão "no limite", pessoas "não estão mais legais [da cabeça]", entre outras construções. São efeitos da vivência no mundo hostil e também no mundo penoso, que podem deixar um PM brutalizado, isto é, indiferente ao sofrimento dos demais e "envolto em uma casca" — nas palavras de Hélio. Pedro comenta:

> PEDRO: — Foi o que eu te falei: de vez em quando o policial tem tanto problema que isso aí para ele [a morte de colegas] já é normal, entendeu? Não é o primeiro. E toda hora tu liga em grupo de WhatsApp de policiais, toda hora tem um [que morreu]. Você ficou sabendo de um que se suicidou, fez ao vivo no Facebook? [...] Toda hora, toda hora. Aí, você não acha... *Já não é mais novidade. Então, já é normal.* [...] *Já virou normal.* Você já não acha mais novidade, entendeu?
> EU: — O [Hélio] falou que, nos 17 anos [de carreira] dele, tem uma hora que se cria uma casca...
> PEDRO: — É, é isso aí. É isso aí. Tu fica meio que como se nada mais para você já não é normal, nada mais vai te afetar. Ah, "perdi um colega" — que acontece muito, toda hora. Como ele era policial, para aquele cara é morrer ou matar. Hoje em dia você tá perdendo. Você tem que rezar para não ser você o próximo. Você já viu tanto aquilo ali que já virou normal. Tipo, te cria uma casca ali. [Você] tem tantos problemas que parece que você já não se envolve mais com aquele problema ali. Aquele problema ali, ele já não te incomoda mais. Entendeu? Já incomodou um dia, mas hoje em dia já não incomoda mais.
> EU: — Não choca mais?

> **PEDRO:** — Não choca mais, é isso aí. O termo certo é esse. Não é que não te incomoda, já não te choca mais. *Quando você trabalhou* [...], *matar, matar... "Eu não te choco". Você já não fica mais abatido por aquilo ali.* Entendeu? (Grifo meu)

Esse mesmo tipo de reação é também percebido por Eduardo. Outro efeito da vivência no mundo penoso é a torpeza, uma tonalidade afetiva caracterizando muitas lembranças e experiências correntes. As coisas do mundo não causam mais interesse, não despertam mais as reações antes normais (mesmo que fossem de raiva, tristeza situada, busca pela família, amigos ou igreja, entre outras possibilidades).

Quanto aos atletas do Renascer, vê-se como as próprias pessoas podem se tornar elementos do mundo penoso, agindo em detrimento dos cadeirantes, prejudicando a "retomada" e a ressignificação de suas vidas. Como Fred comenta, preocupado sobre Melissa:

> — Cara, [ela] é também do esporte. Mas ela teve uns problemas lá no condomínio dela. Ela mora na primeira casa, mas são uns sessenta degraus de escada. Ela tentou construir uma rampa, arranjou tudo sozinha, ia começar... O síndico impediu. *Aí, fica difícil. A cidade é quase contra a gente.* Aí, ela parou de vir treinar. Tá um tempão sem vir. E em março já tem regional, né? (Grifo meu)

A ação dos vizinhos (sobretudo do agora ex-síndico) de Melissa colocou em risco seus treinos, logo, a vida dela no esporte, pois há disputas de *ranking* influenciando o planejamento de um ano inteiro para esses aletas. Chega-se ao filtro do mundo penoso por escutar "banalidades" de outros, sentir-se esquecido ou ter de lidar com demais ações de desrespeito (reforçando as lembranças das situações de ferimento, tensão e morte).

Nesse mundo, coloca Adinea, eles se sentem apenas como: "mais um número. É um número. Ele não tá produzindo mais? Bota no cantinho". A pessoa sente-se obsoleta, um estorvo para outros, como se fosse menos (redução das possibilidades de *self*) do que quando tinha as capacidades físicas agora perdidas. Lucas me contou sobre um amigo seu de fora do Renascer, que reclamava ter muitos problemas, estar desestimulado. Para lhe dar outra perspectiva de sua vida, convidou-o para conhecer o Renascer:

> – [Falei:] "Pô, tu tá com problema, cara? Um dia vou te levar num lugar, cara. Vou te levar num lugar numa terça-feira. Tá de folga? Vou te levar onde que eu treino". [Então], trouxe o cara aqui. Tava numa roda, todo mundo conversando. Aí, [falei para um cadeirante]: "Conta a tua história pro cara aqui. Fala tua história pro cara". Falei [depois para o amigo]: "e aí, tu tá com problema?". Ele virou assim: "É, tô reclamando de barriga cheia". A gente fica sentado 24 horas, cara. Então, a gente depende de uma cadeira de rodas. É cansativo. [...] É cansativo, é estressante. Ficar sentado numa cadeira, pô. Tu já acorda sentando, cara, na cadeira. Já levanta da cama, já senta na cadeira, já corre pro banheiro para tomar banho, já vai fazer exercício, já vai tomar café, já tá na hora do treino, já tá na hora de almoçar, para vir e voltar do treino... [É na] cadeira. [...] Pô, cara, cansado de ficar dentro de casa. Porque, assim, se tu não resolver sair de casa, você vai morrer dentro de casa, cara. Vai ficar deitado na cama, só dentro de casa... Estressante. Ficar dentro de casa, fechado. Tu não sai de casa. Cara, força de vontade tem que ter grande. É difícil? É difícil. A dificuldade é grande. Ainda mais para quem depende de ônibus. O cara que vem de ônibus, irmão, tem dia que o cara nem... Vai num ônibus, não funciona [o mecanismo para cadeirante], vai no outro, [também não]. Eu sei porque eu andei de

> ônibus para caramba. Não funciona, o motorista não sabe mexer, a acessibilidade é zero. Se tu não tiver força de vontade, não vai conseguir não. Porque é foda, viu?

O desestímulo está sempre à espreita e a desistência é um grande risco do viver no mundo penoso, onde a pessoa se sente "descartada". As ações sempre exigem muito sacrifício para serem efetivadas, como colocam também algumas das mães do NAVI. É ainda algo enfrentado por aqueles buscando apoio na religião e participando ativamente de missas e cultos. Melissa se lembra:

> MELISSA: — [O] problema maior deles é achar que a gente tá tudo com falta de fé.
>
> EU: — Já [te falaram isso]?
>
> MELISSA: — Muito! Ih, não é pouco, não, muito. "Ah, você está aqui por falta de fé porque você não pede, porque tem algum problema, porque se Deus quiser, ele te tira daí". Entendeu? [...] A maioria [dos evangélicos fala isso]. A maioria. Que escutam muito isso. Caraca, muito. Nos últimos cinco anos, eu escutei muito. Então, a gente se sente meio assim, descartado, sabe? Só porque a gente tá aqui é porque a gente não tem fé? É porque a gente não merece? Aí, você procura outras religiões. Umas não procuram, outras preferem continuar no evangélico mesmo. [...] Eu sempre fui dessa coisa, eu acredito e confio em Deus. Peço a ele da maneira... Entendeu? Se eu quero muito alguma coisa, aquela minha semana ali vai ser pedindo, vai ser orando. E até hoje é assim. Sendo que, quando eu fiquei na cadeira, eu falei assim: "Olha, eu não vou para a igreja". Foi a primeira coisa que eu fiz. Porque eu falei assim... Porque existem aquelas pessoas que vão querer comprar a minha fé. Vão ter aquelas que julgam, vão julgar minha fé. E vão ter aqueles falsos pastores que vão falar: "Levanta". E eu não vou levantar e vou ficar pior. "Ah, mas aí você já não está tendo fé, você

> dizendo que não vai levantar". Pô, isso daí depende da vontade de Deus. Não vai ser a minha vontade, não vai ser a tua vontade, não vai ser a vontade do pastor. Vai ser a vontade de Deus. Acho que é só ele que modifica isso.

Melissa, como outros do Renascer, lidam constantemente com outros reduzindo seus seres, normalmente em situações em que se veem depreciados. Mais de uma vez, ela nega ser "meia-mulher", meia-pessoa. Os seres-humanos que a fazem se sentir (por mais que em uma situação passada, agora carregada nas lembranças) dessa forma são os principais actantes do mundo penoso. Nesse mundo, tristeza, torpeza, sensação de apatia, desânimo e falta de interesses são os mais potentes afetos, emoções e atmosferas. Elas tensionam as lembranças-imagens e as experiências correntes dos estudados; e a mudança (no futuro) parece longe de acontecer.

Metafísicas morais

Uma abordagem compreensiva (Weber, 2001) estabelece o entrelaçamento entre pragmáticas comportamentais situadas (Werneck; Talone, 2019) — as práticas nos mundos penoso e hostil, as *épreuves* de humanidade enfrentadas pelos seres, suas experiências extremas e as lembranças delas — e metafísicas de sentido (intersubjetivas). Explorarei agora esta segunda dimensão. Nas *épreuves* de humanidade, em que veem seus seres reduzidos por uma força os afetando negativamente, as pessoas podem definir diversas situações de sua vida — ou mesmo modelar enquadramentos compreensivos — como o "pior cenário possível", ordenando suas práticas com base nisso. Seus "vocabulários de motivos" (Wright Mills, 1940), complexos de sentido operando como base para a conduta, parecem atuar segundo lógicas "distópicas" (marcadas por lembranças-dor e por lembranças-sofrimento).

Os atores articulam sentidos em relação às experiências extremas, compõem um "quadro de significações" (Porto, 2006) com base na "violência" observada/sofrida/apontada. São visões de mundo por meio das quais as pessoas tentam explicar e conferir significado às situações que vivenciam, são projeções servindo de orientação para suas ações (Weber, 2000). São as representações da força dos entes que tecem uma realidade permeada por lembranças-dor e por lembranças-sofrimento e a convertem em metafísica moral: um quadro de sentido ao qual os atores fazem referência e que, assim, é capaz de orientar ações. Ordens baseadas na força (nesse caso, física, "diminuindo o ser", uma "violência") podem ser entendidas como metafísica moral no sentido de serem uma abstração sobre o mundo operada pelos atores sociais (Werneck; Teixeira; Talone, 2020), que servem de horizonte para sustentar suas ações e suas definições de situação concretas[124].

Os "piores cenários possíveis" projetado pelos seres – metafísicas conectadas a ações práticas no mundo – ligam-se ao mundo hostil ou ao mundo penoso. Aqui, serão nomeadas de distopia (da sociabilidade violenta ou existencial) ou de retrotopia. As visões de mundos temerários são sustentadas pelas experiências extremas vivenciadas no passado e por sua presença em lembranças. Por outro lado, a vivência nessas distopias ou retrotopias podem reforçar tais reminiscências e suas tonalidades afetivas, tornando ativas certas definições de situação reduzindo *selves* (cf. modelo na Introdução). Exemplo: um cadeirante do Renascer toma o ambiente externo a sua casa como perigoso, foca o seu próprio "esquema de relevância" naquilo que pode o ferir novamente (pessoas agressivas ou localidades perigosas),

124. E os mesmos "blocos de sentido" a respeito da violência (Porto, 2006) podem ser partilhados, como é o caso das mães do NAVI, dos cadeirantes do Renascer e dos PMs do batalhão.

sentindo medo ou tremores no corpo. São práticas e fenômenos constatados e lembrados pelas pessoas do "pior cenário possível", conduzindo suas ações correntes e seus planejamentos futuros. Os efeitos "negativos" se colocam segundo uma pluralidade finita de consequências, carregados pelos atores em suas memórias actanciais, indicando os mundos e as metafísicas com que devem lidar. Ao constatar, nomear e lembrar das consequências, as pessoas "provocam os comportamentos" (Wright Mills, 1940) correntes e guiados por metafísicas morais.

Um retorno à sociologia pragmática francesa é apropriado, agora em relação ao "enquadramento das *cités*" (Boltanski; Thévenot, 2020) e ao modelo de competência confrontando as capacidades práticas efetivadas pelas pessoas. Em primeiro lugar, para se falar em e se compreender metafísicas morais, deve-se ressaltar a prática e as comprovações de realidade. Essas envolvem objetos por meio dos quais as pessoas, no caso dos estudos dos autores franceses, avaliam-se e indicam suas "grandezas relativas"; isso em acordo com os princípios superiores comuns vigentes nas sociedades modernas, mapeados em suas obras. Os conjuntos de objetos e de pessoas (como vimos com os mundos analisados neste capítulo) são associados a diferentes ordens pelos próprios seres, que tem capacidade cognitiva moral (Boltanski; Thévenot, 1983, 2020; Boltanski, 2000; Thévenot, 1990).

É uma construção em dois níveis, o das pessoas particulares (Capítulos 1 e 2) e o da generalidade superior (Capítulo 3), ligado a metafísicas. Boltanski e Thévenot vinculam à vasta matriz empírica de suas pesquisas, pela qual depreendem os princípios superiores comuns aos quais as pessoas se referenciam para estar em acordo, seis obras de filosofia política como metafísicas, na medida em que essas definem humanidades ligadas a um bem comum que ultrapassa os benefícios particulares de cada pessoa. Tais filosofias são ressaltadas por conterem os princípios fundamentadores dos ordenamentos justificáveis entre pessoas[125]. As metafísicas e o recurso a princípios de ordem que transcendem a situação tornam possível a identificação das situações e a seleção de arranjos pertinentes.

E, como Werneck (2019, p. 10) ressalta, Boltanski e Thévenot tomam dessa ideia "sua imagem como abstração modelar, sua dimensão de utopia". Boltanski (2000) associa a ideia de *cité* à de "utopia realizada": uma forma abstrata cuja manifestação no mundo deve ser buscada pelos atores sociais, efetivando-se nas possibilidades de existir no mundo real dispositivos que a concretizem (um mundo correspondente). Todos nós temos capacidade metafísica. Esse é o ponto que nos interessa mais: quando falamos das lembranças-dor e das lembranças-sofrimento, ligadas a um tipo de *self* (desmotivado, zumbi, máquina etc.), as pessoas parecem ligá-las a realidades "trágicas", "inacreditáveis" — distópicas e de retrotopia, em termos analíticos. Os mundos hostil e penoso, concretos e coerentes, observados no dia a dia, tem uma

125. Deve-se destacar: os autores não colocam que os membros comuns da sociedade tenham lido as obras de filosofia destacadas. Mas as ordens formalizadas nessas filosofias políticas estão inscritas nos dispositivos que compõem as situações da vida cotidiana. É por meio da experiência ordinária e de suas comprovações que as pessoas acabam por se comportar de acordo com os princípios de bem comum indicados. Por exemplo, no próprio *De la Justification*: um comprador que adquire um automóvel comprova o mundo mercantil com procedimentos de ação/engajamentos que retornarão a sua memória em diferentes situações futuras, como em uma queima de estoque maciça em uma loja de departamentos: "É indo à concessionária ou ao supermercado, e não à biblioteca para ler Adam Smith, que adquirirá a capacidade de se engajar em situações com base no princípio de justificação de natureza mercantil" (Boltanski; Thévenot, 2020, p. 185). As *cités* e as obras políticas são delineadas ao longo do livro citado acima, sobretudo na Segunda Parte. Comentários e resumos sobre elas podem ser encontrados em Corrêa e Dias (2016) e em Werneck (2012, p. 77-116).

ordenação, estão ligados a certos princípios. São ordenamentos, metafísicas flexíveis (Werneck, 2019) — e não normatividades incontornáveis — ligadas aos mundos vividos. É algo como a gramática gerativa, de Noam Chomsky, organizada em torno da ideia de competência[126]. O mais importante é dar conta do rebatimento no mundo das metafísicas, ou seja, da configuração de mundos. Toda *cité*, utopia, forma abstrata, "tem um mundo irmão, concreto" (Werneck, 2019) por meio da operacionalização de dispositivos pragmaticamente estabelecidos.

Boltanski (2000) fala de "utopia realizada", da forma como se relaciona um ordenamento, uma construção ideal de que os atores sociais lançam mão e as situações que definem. Há um laço entre utopia imaginada e vida social pragmática. Em seus termos (2000, p. 144):

> [As] velhas construções utópicas, visando um ideal inacessível, não têm nada a ver com as pessoas de nosso mundo que, não tendo em sua maioria nunca aberto um livro de Hobbes, de Saint-Simon ou Rousseau, nada têm

---

126. Como mostramos em Werneck e Talone (2019), Lemieux (2018, p. 58) afirma que o conceito pragmático de gramática se afasta do modelo gerativo de Chomsky. Argumentamos na nota 23: "O autor concentra sua distinção na parcela mais etiológica/naturalista da abordagem do linguista, segundo a qual o aprendizado das línguas conta com uma fundamentação biológica inata e de acordo com a qual não se deve tomar a performance como medida da eficácia linguageira — embora não explicite a discordância com a maneira como Bourdieu [...] se apropria do termo para tratar de seu 'estruturalismo gerativo'. Ora, como não se trata de uma teoria das origens da apreensão das competências, mas de sua operatividade, a descrição pragmática de gramática é fundamentada justamente no conceito de competência, central para Chomsky, e se beneficia ainda justamente da geratividade, o caráter flexível/criativo do exercício prático da metafísica gramatical" (Werneck; Talone, 2019, p. 52). Estendo o mesmo comentário à definição de competência e de gramática em Ogien e Quéré (2005, p. 22)

> a ver com eles. São termos como 'utopia' ou 'ideal', colocados de forma oposta à 'realidade', que servem de pivô à crítica. Eles não podem ser mobilizados sem exame porque a utopia existe. É possível construir mundos imaginários apresentando pelo menos um certo grau de sistematicidade e coerência. [...] Devemos então ser capazes de diferenciar não apenas entre utopias impossíveis e utopias realizáveis, mas também entre utopias realizáveis e utopias realizadas. [...] Uma utopia é realizada, e merece o nome de cité, quando existir na sociedade um mundo de objetos a permitir agenciar as provas cuja avaliação supõe o recurso ao princípio de equivalência dos quais essa utopia implemente sua possibilidade lógica.

As utopias são, deste ponto de vista, diferentes metafísicas convertendo a diferença situacional de "grandeza" dos seres em uma simulação de igualdade, em "equivalência". E, portanto, justas, legítimas, aceitáveis pelos atores. Esta construção foi proposta, pois os autores constataram por pesquisas que as pessoas, quando questionadas, operam por justificações referenciadas a diferentes tipos de bem comum (Boltanski; Thévenot, 1983, 1999). Tal procedimento é considerado legítimo pelos outros na medida em que fazem referência a uma dessas *cités*. Logo, deve haver a condição de realização de uma utopia, seu rebatimento no mundo real dos atores por meio da mobilização de dispositivos de objetos que a atualizem nas situações pragmáticas. Na prática, não é apenas possível projetarmos uma utopia realizável, mas lidamos igualmente com referências dadas no mundo sobre ela: há utopias realizadas.

Os atores operam verificações constantes por meio de formas variadas de realizar comprovações, ancorando na realidade a mobilização de uma utopia — por meio de coisas do mundo, dispositivos (materiais ou não) — para que as pessoas possam colocar suas grandezas em prática. Importa, aqui, captar as metafísicas morais orientando a utopia (a idealidade) das ações sociais e mundos constituídos por meio delas, de forma que há distintos quadros referenciais para diferentes mundos. Esses correspondem à vida prática, às situações pragmaticamente constituídas. Logo,

> Boltanski e Thévenot [...] para "operar" as *cités*, descem da abstração de metafísicas morais em direção aos "mundos comuns", habitados por variados actantes, pessoas, coisas, discursos, entre outros elementos, compondo planos de dispositivos mobilizados pelas pessoas para constituir provas de competência vis-à-vis gramáticas de sociabilidade (nesse caso, do justo) (Werneck; Talone, 2019, p. 43).

Ora, como exposto em Talone (2015) e em Werneck e Talone (2019), foi possível observar empiricamente que os atores também operam formas de fundamentar as ações no mundo baseadas não apenas no "melhor dos mundos possíveis" (uma utopia), mas no pior dos mundos possíveis (uma distopia). Nesses textos, foi considerada uma forma de distopia a da sociabilidade violenta, ancorada em "atores que veem suas rotinas permeadas por diferentes e específicas possibilidades e formas de perigo, possíveis para eles por precedentes já observados em suas rotinas que rompam com uma possível confiança estabelecida" (Werneck; Talone, 2019, p. 43). Mas, por meio dos dados recolhidos na presente pesquisa, nota-se uma outra forma de distopia (a existencial) e uma forma de retrotopia (ligada a um mundo presente "violento" e avesso ao ideal, mas cujo princípio fundamental é a comparação e a valorização em termos positivos do passado, como um tempo/espaço desejado). Elas englobam os fundamentos do mundo onde a humanidade "ideal" foi ou está colocada em jogo.

Falo de distopias e de retrotopia, pois o esquema de relevância definindo uma situação (como se vê o ambiente, as visões de mundo em que um ser se insere) restringe negativamente a emergência de *selves*, liga-se à supressão daqueles possíveis (James, 1890a). Os mundos ligam-se a concepções de realidade projetadas (de sofrimento e de dor) e, de fato, vivenciadas pelas próprias pessoas (algo constatado pela força gerando efeitos em suas vidas). Essas são apontadas pelas "relevâncias" das situações assim definidas a partir das lembranças e de suas tonalidades afetivas. As próprias metafísicas morais são mobilizadas como dispositivo pelos atores. Há o diálogo entre metafísicas distópicas ou de retrotopia e um conjunto de dispositivos por elas irradiados, permitindo que as ações que representam "como rotineiras sejam possíveis em alguns momentos de ruptura da rotina" (Werneck; Talone, 2019, p. 33). São gramáticas "que se impõe aos atores como um pano de fundo, base ou referência para a vida em comum" (Werneck; Talone, 2019, p. 35). As pessoas comprovam os mundos e suas ordens com lembranças e tonalidades afetivas que retornam as suas memórias em diferentes situações presentes e futuras. Tais recordações e afetos/atmosferas/emoções dão preensão efetiva a essas ordens, são vigentes para as pessoas, que definirão situações com base nelas.

DISTOPIA DA SOCIABILIDADE VIOLENTA

Os princípios desta distopia — explorada a fundo em Talone (2015) e Werneck e Talone (2019) — configuram o mundo hostil. Eles guiam ações com o futuro como urgência, pois a integridade física e a própria vida estariam a todo momento em risco por uma alteridade cruel. O outro é nocivo e/ou desrespeitoso, reduz possibilidades de *selves* das pessoas pela grande força que carrega e efetiva, sobretudo, por crimes e por acidentes, o que se observa no mundo pelas estatísticas, pelas rodas de conversa e pelas próprias lembranças e suas tonalidades afetivas. A atmosfera é de tensão e exige um "estado alerta", uma atenção desperta buscando a proteção antecipada, pois a sensação no presente é marcada por uma "antecipação temerosa" (Das, 2007). Trata-se do cenário descrito principalmente pelos PMs, onde o perigo de violação ou de morte não está no passado, mesmo que no trabalho interno. A cada operação e a cada história escutada há a confirmação de um Rio de Janeiro marcado pelo medo — o que é historicamente constatado em outras pesquisas (Muniz, 1999; Batista, 2003). Os policiais são os principais seres a vivenciar esta distopia.

Muito mobiliza-se a metáfora da guerra (Leite, 2012; Grillo, 2019): "Isso aqui é guerra, cara"; "Todo dia enfrentamos uma guerra"; "O Rio de Janeiro está em guerra" — colocam PMs do batalhão. Tal metáfora, como exposta por Leite (2012), faz sentido para eles, marca ou entra em seus "vocabulários de motivos" por meio da bagagem de experiência carregada ao longo de suas carreiras. Para Fábio, a polícia ainda seria um "moedor de carne". Ela direciona os PMs à guerra e apenas os substitui por outros quando morrem ou são feridos.

> — E os números são de guerra, né? É uma guerra e os caras tão tomando muito tiro e recebendo ordens ríspidas dos oficiais. Essa pressão tá ligada uma com a outra. Resultado: os caras não estão aguentando. Cresce o número de aptos C, o de licenciados. Eles não podem falhar. Tudo pode falhar, mas eles não. É que nem o goleiro de um time. O policial é o goleiro da sociedade. Se falhar, perde. Aí, perde a vida, perde a cabeça. Olha a pressão, olha o estresse. É um problema da realidade mesmo, não é da cabeça deles. O problema tá na própria situação, na atuação, nas condições. É uma carreira de margem de erro zero com humanos que vão errar. [...]

> O policial ele se sente o lixeiro da sociedade, eles falam isso. [...] Porque, assim como os lixeiros, eles lidam com o que a sociedade não quer, com aquilo que ninguém quer mexer, com a parte suja da vida. E é "eles que se virem", que nem com os lixeiros. Ninguém quer saber como vai ser feito, nem onde o lixo vai parar. Mas quer olhar para a própria rua, para o seu bairro, e ver que está limpo. Aí, não tem mais problema. Então, os policiais são tratados assim, como lixeiros da sociedade.

Esse cenário que exige "falha zero" no lidar com aquilo que a sociedade não quer ter contato — como os portadores de uma sociabilidade violenta (Machado da Silva, 2004; Werneck; Talone, 2019) — ainda geraria estresse e depressão. São as principais causas de afastamento do serviço nos quartéis do estado[127]. É demonstrando viver nesta distopia que eles mobilizam o número de licenças médicas concedidas pela PMERJ, indicando o abatimento dos policiais devido à insegurança quanto a uma alteridade violenta. Em 2017, o Brasil bateu o recorde e teve o maior número de homicídios da história com sete mortes por hora, de acordo com o Anuário Brasileiro de Segurança Pública. Essa informação circula entre os PMs, cuja função exige justamente lidar com essas ocorrências, compondo a metafísica moral distópica atualizando-se em suas práticas. Pedro fala sobre a "tensão" dos PMs, no sentido do

---

127. Segundo o Núcleo Central de Psicologia (NuCePsi) da PMERJ, em 2016 foram realizados 20 mil atendimentos psicológicos para um universo de 2.296 pacientes. Desses, 46% estavam na ativa. No momento da pesquisa que conduziram, 98 psicólogos se espalhavam pelo estado atuando em 32 batalhões, dois hospitais e quatro policlínicas, trabalhando para 47 mil policiais na ativa, ainda contando com aposentados e familiares. O número de psicólogos diminuiu desde então. Em 2017, quando realizei a pesquisa empírica, 15.978 concessões de LTS foram feitas em função de problemas físicos ou psicológicos.

"estado alerta", a partir dos números de mortos que acompanhava a todo momento, inclusive em grupos de policiais pelo WhatsApp (Adinea e Nádia fazem o mesmo): "Nossa profissão tá morrendo muito. Eu perdi a contagem, mas acho que já passou de 58 [policiais mortos]. Da última vez que eu vi, tinha 58 só nesse ano. [...] Mas acho que já aumentou mesmo. Quer dizer, só essa semana... A maioria é de folga" — constata preocupado.

Eduardo comenta sobre trabalhar como policial no Rio de Janeiro:

> A gente entrava [no morro] às 8 horas da manhã e saía 10 horas da noite. 12, 10 horas, 24 horas. Tá na rua. *Tá na casa do inimigo*, né? *Ele pode aparecer a qualquer momento, em qualquer lugar, a qualquer hora, tem que ficar sempre alerta. Não pode relaxar um minuto.* (Grifo meu)

Suas experiências na rua somam-se ao que observa hoje no trabalho administrativo: "É todo dia ocorrência. É prisão, prisão, prisão, prisão, e não para de ter prisão e assalto porque a área [do batalhão] é complicada assim mesmo. Todo dia tá aprendendo arma aí. Todo dia".

Parte do incomunicável sobre o sofrimento ou a lembrança-sofrimento, como destacado por Pollak (1990) e por Wilkinson (2001), diz respeito a esta realidade que "só quem vive sabe", justamente porque ela seria a "pior possível" (uma distopia). É a singularização de uma experiência, então, absurda:

> — Tá na favela o dia inteiro, quer ir no banheiro. E aí? Como é que faz? Complicado. Às vezes, tem que usar um local que tenha mata para você usar igual índio mesmo, na mata ali. *É tipo guerra de verdade. É igual ver num filme. Isso aí mesmo. É guerra.* Só que as pessoas não têm acesso a isso. Não vê isso. A gente também não pode

> passar isso. Mas é guerra, cara. É guerra. [...] *Uma coisa é eu estar te contando, outra coisa é você viver aquilo ali. Vivenciar e viver, acompanhar*. [...] Vou te contar tudo e você não vai saber como é que é se tu não passar. É a mesma coisa quando a mãe de alguém morreu. Você sabe que é triste, mas não foi a tua. Quando a tua mãe morrer, você vai ver como é que é. Entendeu? Mais ou menos por aí. Tem que estar ali no meio para poder ver. É difícil demais. (Grifo meu)

Na "guerra", tornam-se comuns a exaustão e o adoecimento, pois — como Adinea avalia — o PM nunca pode desligar o alerta, potencialmente podendo "[ficar] tenso e neurótico" ao longo da carreira, deixando de relaxar e dormir; "estourando a panela de pressão". É o *self* policial máquina. A "vagabundagem", a "criminalidade" ou a "bandidagem" compõem esse cenário e demandam o alerta. O "incomunicável" dessa visão de mundo, por exemplo, para Zélia, se traduziu na atmosfera/afeto e nas emoções sentidas ao descobrir sobre o espancamento e a morte de sua filha, carbonizada e ficando "apenas [em] cinzas" pelas ações de criminosos. O "horror" de saber sobre o feto atrofiado, o único meio de se provar que o corpo encontrado era de Ludmila, é um actante que se registra na mente (mobilizado para definir situações futuras) e dá forma à distopia da sociabilidade violenta — onde vive o *self* desmotivado.

Quanto ao NAVI, como visto no mundo hostil — rebatimento da distopia da sociabilidade violenta —, temos o Rio de Janeiro como "cidade de óbitos" no trânsito: "O óbito, principalmente, aumentou muito. Perda de familiares, a gente vê bastante aqui [no DPVAT]"; "Porque, tipo assim, você não tá livre de acidente. Se você tem carro, você tem moto, cara, você tem vários fatores que você pode causar um acidente ou ter um acidente"; "Lidamos com morte o tempo todo". Em 2017, quando fiz a maior parte do trabalho de campo, os funcionários do NAVI-DPVAT mobilizavam dados do Anuário Estatístico do Detran-RJ de 2016, mostrando que, no Rio de Janeiro, a cada cinco horas uma pessoa havia morrido no trânsito, chegando a 38.266 pessoas feridas em acidentes e 1.902 mortes. Esses números davam o molde às experiências das assistidas do NAVI, compunha as suas "visões de mundo". Maria José, Joana e Roberta chegam a comentar em nossas conversas sobre a quantidade de "crimes de trânsito" colocando fim a várias vidas e deixando muitas famílias de luto. A própria cidade do Rio de Janeiro fica marcada pelas mortes e pelo "desrespeito" no trânsito. É "vestida de carro" que a alteridade cruel desta distopia figura para as assistidas do núcleo.

Tal alteridade, por fim, toma forma pelo desrespeito e pela força com que atua. Como coloca Melissa a respeito de seu conflito com moradores de seu condomínio:

> Meu marido, vendo como as pessoas são, até colocou uma câmera na entrada de casa porque ele tem medo que façam alguma coisa comigo. E ficou com medo de se rolar, a gente nunca saber quem foi. Agora tem uma câmera lá na entrada e um monitor que fica na sala. Olha isso, não tem segurança.

O efeito da experiência extrema também se concretiza no "destrato agressivo" subsequente, perdurando na vida dos seres e modelando suas definições de situação.

A ideia de uma ordem baseada na força (física) pode ser entendida como uma metafísica (Werneck; Talone, 2019) por ser uma abstração sobre o mundo operada pelos entes sociais, servindo de horizonte para sustentar suas definições de situação e suas ações. Independentemente de a sociabilidade violenta e a alteridade cruel "estar no mundo ou não como objeto discreto não representacional — isto é, presente nos âmagos dos atores que, movidos por ela, agiriam 'violentamente' —, ela está nas cabeças das pessoas" (Werneck; Talone, 2019, p. 26), mas não como "fruto da imaginação" e sim como uma matéria dotada de actância o suficiente para ser elevada à posição de metafísica de efetivação (Werneck, 2012), articulada à distopia realizada. Ela indica maneiras como os seres experimentam o mundo (no caso, hostil), é algo abstrato de que se pode lançar mão. A "alteridade cruel" e suas ações "violentas" — que dão origem às experiências extremas — dependem da aposta, situada, "em uma metafísica segundo a qual toda a lógica do social possa ser 'violenta' — ou seja, baseada na imposição por uma força enormemente desproporcional de forma regular, cotidiana" (Werneck; Talone, 2019, p. 39). A "bandidagem", o "criminoso" (inclusive, de trânsito), o outro cruel, são personagens marcantes deste ambiente social distópico, onde a vida baseada perenemente na força desproporcional torna-se uma metafísica-guia das definições de situação.

DISTOPIA EXISTENCIAL

Esta distopia, rebatida no mundo penoso, tem como princípios o tempo disperso (de espera sem fim por "dias melhores" ou normais, de expectativas nunca realizadas), a ausência de coisas ou pessoas "relevantes", ou seja, que despertem motivações para ações corriqueiras ou mesmo para planejamentos de vida e, então, um "vocabulário de motivos" desordenado, falhando em se manter coerente ao longo dos dias. Nela, o corpo/a mente é marcada por dores difusas, confusão e apatia. A atmosfera fornecida por esta distopia ao mundo penoso é "preta" (de luto) ou incolor (sem graça, maçante, desencantada). O mapa/guia fornecido por esta metafísica moral é "desbotado" e deixa as pessoas inertes por sua orientação vaga.

Aqui "residem", em alguns momentos de suas vidas, grande parte das assistidas pelo NAVI e dos atletas cadeirantes do Renascer

— embora PMs na ativa também possam frequentar este cenário. Nele, Joana vive "a maior dor do mundo", pois lida com algo "antinatural": esse aspecto (acontecimento) da realidade não visto como natural, seja pela perda de um filho (algo nunca esperado por seus pais) ou pela mudança brusca do corpo, dá o tom da distopia existencial, em que "não era para estar acontecendo isso". Para Joana, vivenciar o seu "maior medo" impactou diretamente seus planejamentos de vida (constituindo uma dor singular).

> — Porque você perde... [Você] não vive mais você. Você quer, vive, respira aquela criança. Você já idealiza o quê que ele vai ser: "eu quero que meu filho seja feliz". Você vai ver qual é a educação adequada para ele. Você vai fazer de tudo, entendeu? Ah, a perspectiva de um dia [ter uma] casa, ter filhos, ser avó, entendeu? Isso meu foi tudo tirado. Foi arrancado de mim. Eu não vou ser avó, entendeu? Então, esses sonhos todos foram interrompidos, né? Sonhos interrompidos.

Sua realidade torna-se a da gravidez às avessas, a de uma dor que vai se entranhando em seu corpo a cada dia e a de uma ausência nunca suprida. Alguns relatos do livro organizado por Maria José também buscam dar conta do sentimento de "não natural" da morte da prole, ocasionando a "maior dor":

> *Dizem que perder um filho é a maior dor que um ser humano pode sentir, é uma dor que extrapola toda as outras.* Inicialmente, fiquei em estado de choque e, mesmo tendo passado alguns meses, ainda não acreditava no que tinha acontecido. Brusco e repentino como foi, não deu tempo de nos prepararmos para o adeus. Se a sua morte fosse ocasionada por doença, talvez houvesse um pouco mais de tempo para nos despedirmos com serenidade. Enfim, *a natureza humana não aceita a morte, ela*

> *é uma aberração, uma afronta à nossa natureza*. Para o ser humano, a morte constitui um drama e uma angústia (Amaral, 2012, p. 60-6, grifo meu).

São visões de mundo em que se é uma peteca (por apanhar e receber golpes), uma flor murcha (por se sentir abandonada) ou um navio naufragando (pela tristeza e apatia), como Cláudia expressou ao longo de atividades no NAVI. A sensação grave de sofrimento e de dor é presente: "desde o momento em que eu enterrei o meu filho, eu fui junto. [Eu] acho que muitas pessoas pensaram isso também [...]. Diziam para mim: 'Olha, achei que você não ia aguentar, você não ia suportar. Eu vi você lá no fundo do poço. Para mim, você não ia ter volta'". A distopia existencial está ligada a uma vivência no mundo penoso em que parece "não [haver saída]". Marcela fala de suas experiências nesse mesmo sentido, do estado vulnerável, da sensação de sufocamento e de pessoas que querem "esmagá-la como uma formiga": "Porque a gente acaba entrando dentro de um buraco negro". Portanto, há o navio naufragando, o buraco negro, a gravidez às avessas, o fundo do poço: são figuras das tonalidades afetivas de uma distopia existencial.

Somam-se ainda o tempo futuro imponderável de melhora e a atmosfera/afeto de solidão, pois ninguém no mundo ocupa o espaço de relevância deixado pelos entes queridos falecidos. Roberta comenta:

> — Mas não é fácil, não é fácil. É só o tempo. Realmente, é só o tempo. Só o tempo. Só o tempo. Porque é muito difícil. É muito difícil. Não desejo para ninguém, entendeu? Porque é o seguinte, têm pessoas que têm perdas, mas mal ou bem, têm filho, têm outros filhos, têm marido, têm um companheiro, têm alguém assim, né, que continua próximo da pessoa, que continua ali com a

> pessoa. E não é o meu caso, entendeu? Não é o meu caso. As únicas pessoas mais próximas agora são os meus sobrinhos. E [foi] depois que eles também me acolheram mais, ficaram mais atenciosos comigo e tal. Não que eles não dessem atenção, mas não é como hoje em dia. Hoje em dia, eles me acolhem mais, me dão mais carinho, me dão mais atenção. Querem estar sempre comigo. Eu com eles também. Então, eu falo: é diferente. É diferente. Tem uma amiga também que perdeu o marido, mas ela tem filhos, ela tem netos, ela tem irmãs, entendeu? [...] Agora, quando você não tem marido, não tem filhos, não tem uma família grande, assim, unida e tal, é muito difícil. É difícil.

Para ela, sua realidade é de tristeza e de preocupação extremas (ímpares), pois teria perdido as únicas pessoas de "verdadeira proximidade". Por mais que receba apoio de sua família após as mortes de seus entes queridos, ela se sente "desorientada" e solitária. Maria José levantou exatamente os mesmos pontos quanto ao seu pós-morte, pois sua mãe e sua filha eram as parentes próximas que amava e com quem planejava sua vida:

> Eu me senti muito só, na verdade, com minha perda. [...] E, às vezes, você se perde... Você acaba se tornando um morto-vivo. [...] Você acaba se tornando um morto-vivo porque você se torna uma vítima da depressão.

Essa distopia é o local dos "mortos-vivos", dos "zumbis", isto é, de pessoas vivas organicamente, mas sem motivação, sem vontade de viver, como coloca a própria Maria José.

Tendo perdido sua filha caçula, Zélia também frequenta essa distopia, por vezes se sentindo um zumbi, pois: "É difícil aguentar a situação. [...] Também, né, porque isso é um sofrimento. E eu já vi várias mães morrerem, cara! Por causa dessas coisas de morte [de filho]". O plano abstrato guiando suas ações tem a própria morte ou, ao menos, mais sofrimentos como caminhos possíveis/prováveis. É a regra de experiência (Weber, 1993) apontada no seu dia a dia. Como resumido no livro de relatos: "A perda de um filho é algo impensável. Certamente foi e continuará sendo a maior dor de minha vida. *Ainda carrego o sofrimento da perda* e, apesar do peso, tento continuar caminhando" (Amaral, 2012, p. 9, grifo meu).

Quanto ao Renascer, essa distopia toma forma pela "vontade de desistir" e pela apatia ou "tristeza constante", normalmente acompanhadas por dores permanentes no corpo e por desrespeitos sofridos cotidianamente, enfim, por todas as mudanças derivadas da alteração grave do próprio corpo. Lucas coloca:

> — Porque é um baque para tu quando sofre o acidente. Pô, tu se cobra. Você não anda mais. Pensa: "Caralho, velho, o que eu vou fazer da minha vida?". Se o cara é solteiro, então, ferrou. O cara fica maluco da cabeça: "caralho, mais nenhuma mulher vai me olhar. Caraca, ninguém vai mais me olhar".

Ao tornar-se cadeirante a partir de um acidente, uma série de projeções de situações se colocam às pessoas: quanto às ocupações possíveis e a manutenção da própria saúde (Fred), à acessibilidade na própria moradia (Melissa) ou às atividades motivadoras para a vida (Lucas), por exemplo. Suas potencialidades para lidar com cada uma dessas projeções são colocadas em xeque pelas próprias limitações dos ambientes (quase nunca acessíveis) e das pessoas (pelo estigma aplicado). Os atletas comunicam vivenciar (o que chamei de) *épreuves* de humanidade a todo momento. Seus "vocabulários de motivos" são desafiados em afrontamentos e desrespeitos no dia a dia afetando negativamente suas resiliências — a tonalidade afetiva circulante torna-se a de preocupação ou de torpeza. Quanto a demais PMs e civis atendidos pelo Renascer, Adinea comenta sobre um caminho comum seguido por eles após a situação de ferimento:

> — Ah, é encaminhado para o hospital da PM mesmo. O médico vai ver, vai dizer [o que é], vai fazer os procedimentos necessários. Depois é direcionado para a [DAS]. Lá tem o apoio. Eles veem o que pode ser feito, como fazer. *Mas muitas vezes não é o suficiente. Tem aquele primeiro contato, depois o policial fica em casa parado sem saber como tocar a vida.* [...] Teve um caso aqui que a gente foi à casa da pessoa. A pessoa tava com ideação suicida, né? E já há algum tempo. Depois ele tentou por duas vezes o suicídio. A mãe dele estava extremamente preocupada. Ele sofreu um acidente de moto. Era civil, muito jovem, muito jovem. E, aí, a gente não desistiu dele. A gente ficou o tempo inteiro em cima dele. Por mais que ele não queria nem contato com pessoas com deficiência. Não queria. Não queria saber. E, aí, um dia, por conta das Paraolimpíadas, ele se mobilizou e viu que podia ter uma luz no fim do túnel. [...] Porque, assim, uma preocupação é se eles voltam a andar ou não. Cara, enquanto você não tem a resposta... Porque alguns médicos também não afirmam se [eles] vão ou se não vão [voltar a andar]. Até porque a gente sabe que a tecnologia hoje tá tão avançada, né, que ele fala hoje que não, mas a gente sabe que pode mudar ou alguma coisa. Sei lá, acontecer. Enfim, ele nem tinha feito a cirurgia que ele tinha que fazer [devido aos danos no corpo]. Então, ele não sabia. Eu falei: "Pô, enquanto você não sabe se pode ou se não pode, cuida da tua saúde, da tua qualidade de vida. Não perde tempo. Você vai ficar em casa assim, você vai adoecer, você vai ter outros problemas". *Porque é o que acontece, a pessoa fica em casa, ela não faz os procedimentos de retirada de urina, ela não cuida da saúde. Então, ela se entrega.* (Grifo meu)

Ficar parado em casa, sentir-se abandonado, não poder exercer a ocupação outrora desempenhada, ter ideação suicida, estar desmotivado, não aceitar ser cadeirante, ter dúvidas sobre estar ou não permanentemente para/tetraplégico, a espera por boas notícias a cada ida ao médico e se "entregar" são apenas algumas das situações encaradas na distopia existencial, onde residem os *selves* desmotivados. É a lógica abstrata do mundo penoso, enfrentada justamente pelas rodas de conversa com "pessoas estabilizadas" e pela resiliência estimulada, como veremos adiante.

RETROTOPIA

Por fim, as *épreuves* de humanidade, tanto no mundo penoso quanto no mundo hostil, podem se conectar à retrotopia. Seja por sentir-se em perigo constante, tornando-se apto B ou C, tendo de realizar trabalho interno; por não ter mais a presença em vida de um ente querido; ou por não ter mais certos movimentos no corpo, idealiza-se positivamente um momento no passado anterior às situações de proximidade com a morte. O presente e o futuro são *lócus* de sofrimento em comparação com esse passado em que a carreira na PMERJ era vista como uma forma de apoiar corajosamente a sociedade, em que um ente querido estava vivo e preenchia a vida de sentido e em que o corpo "funcionava normalmente", sem qualquer limitação "fora do normal".

E ainda: por mais que todos, em seus relatos, dizem ter tido problemas rotineiros (sobretudo, financeiros) no passado, anterior às *épreuves* de humanidade, não se tinha na memória as lembranças-imagens de corpos sem vida e ensanguentados; os afetos de dor no corpo; as atmosferas inomináveis quanto a "algo estranho" sentido; e a tristeza, a raiva e a solidão que agora os marcam. A retrotopia é uma metafísica próxima e resultante das outras, mas cujo guia no mundo liga-se ao desejo de fazer as coisas "serem como antes" (o tempo presente e futuro não importariam), dando lugar à negação da realidade atual. Deixa-se de se alimentar, trabalhar, sair de casa, lidar com demais parentes ou amigos, cuidar da própria saúde etc., pois o presente é um "pesadelo" e assim ele é justamente pela comparação com um pretérito idealizado.

O futuro imaginado (urgente ou de espera) é temido de antemão por se desejar o "paraíso do passado" (Bauman, 2017), como o pretérito anterior ao contato com a morte é retrospectivamente idealizado depois de ter sido perdido e arruinado (Bauman, 2017). Os grupos atuam buscando a ressignificação da vida, pois aqueles vivendo em retrotopia (seja no mundo penoso ou no hostil) ficam em permanente "romance [...] com sua própria fantasia" do passado (Boym, 2001, p. 13 *apud* Bauman, 2017, p. 8), com baixa "potência de agir". Na retrotopia, o pretérito idealmente projetado é sustentado pela noção de ter sido perdido, roubado ou abandonado (Bauman, 2017): a alteridade cruel – mesmo se amorfa, como seria no caso de Deus – e os acidentes evitáveis são responsáveis pelo rompimento com tal passado normal, hoje ideal. Para as distopias desembocarem na retrotopia, as esperanças de melhoria ao longo do luto, quando tomam forma, descartam o futuro incerto e duvidoso e são investidas "no passado vagamente relembrado, valorizado por sua suposta estabilidade e confiabilidade" (Bauman, 2017, p. 12). Trata-se da esperança de voltar a andar; de ir fardado às ruas ou de pegar em armas sem sentir tremedeiras no corpo ou medo; de acordar no meio da noite e ver que o filho está vivo, pois tudo não passava de um pesadelo etc.

Comunicações como as de Cláudia sobre seu filho, lembrando dele em datas comemorativas, ansiando por sua companhia, são comuns: "agora só ficou a saudade"; "[beijo] em seu coração, meu amor da minha vida. Descanse em paz. Saudades eterna". Joana comenta, por vezes, sentir falta das projeções que fazia de ser avó e desejar e sonhar com Juliana sorrindo, avançando na carreira. Marcela conta como as saudades de beijar e de abraçar seu filho caçula já a levaram a abraçar outras crianças e a compará-las com seu “pequeno”. Roberta fala do presente como “uma situação que nunca [imaginou] que ia passar na vida”, pois sente falta de sua casa como antigamente e de poder celebrar datas importantes, estando agora “sozinha e preocupada”. Zélia diz ter parado no tempo, constantemente “voltando ao passado” por suas lembranças, desejando abraçar Ludmila. Quanto ao Renascer, há os sonhos em que ainda se pode andar; o querer praticar esportes convencionalmente; o desejo de acordar e de poder se levantar da cama sem ter de recorrer à cadeira de rodas, com completa autonomia sobre o próprio corpo; as lembranças de quando não se era estigmatizado, entre outras possibilidades. Nessa metafísica moral, atuam como guia os aspectos “genuínos ou putativos do passado, considerados bem-sucedidos no teste da experiência e indevidamente abandonados, ou cuja erosão foi tolerada com negligência, [servindo] de pontos de orientação/referência essenciais para a confecção [de seu] mapa” (Bauman, 2017, p. 15).

A vivência em luto

O luto a partir do rompimento com a crença

Após uma situação de ferimento, tensão e morte, a *épreuve* de humanidade pode ser interpretada como uma das dimensões de um “processo de luto”, em que as ações são efetivadas no mundo penoso ou hostil. Mas o esquema de relevância de cada pessoa não é estático, total ou definitivo e, após as rupturas sofridas, pode ser alterado significativamente e de acordo com “circunstâncias externas e internas específicas” (Chalari, 2009, p. 3), ou seja, com a combinação de expectativas sociais e de preocupações pessoais. Nesta seção, me aprofundarei no luto, mobilizando-o como categoria analítica:

a. a partir de uma teoria substantiva relacionada às assistidas do NAVI, ou seja, com base fincada no discurso das participantes do núcleo, que muito abordam o "luto";
b. a partir de uma teoria substantiva relativa ao rompimento gerado pela experiência extrema do "PM por vocação" e/ou quanto ao "corpo normal" anterior a um acidente[128].

Proponho a compreensão dos "estados de normalidade", anteriores à experiência extrema, como aquilo nomeado por Peirce (1877) de crença. O sentimento de crença é uma indicação mais ou menos segura de se encontrarem hábitos em ações regulares e estabelecidos na natureza, no ambiente e no próprio *self*. A essência da crença seria justamente a criação de um hábito (Peirce, 2008)[129]. Para James (1890b, p. 283), essa crença diz respeito principalmente a ações ligadas a um tipo de sentimento, aliado a certas emoções; ela estaria associada a uma comoção "comum" no corpo. Nos termos de minha pesquisa, a crença (e os procedimentos de ação a ela correspondentes) é sentida pelas tonalidades afetivas

---

128. Nos dois tópicos seguintes, as descrições relativas ao NAVI são mais volumosas, pois abordo o luto (termo diretamente mobilizado por elas) a partir de suas próprias definições, descrições e narrativas. Realizo o mesmo com PMs e com alguns atletas do Renascer por meio das mudanças em seus corpos, das relações e das práticas cotidianas relativas aos efeitos das violências sofridas.

129. Cocchieri (2015) destaca que, para Peirce, quando uma crença é acolhida como verdadeira, ela acaba por se traduzir em um hábito e esse, por sua vez, consolida-se em relações indutivas. A indução leva à regra que estabiliza a ação. Quando um hábito se torna inseguro ou é rompido, devido às resistências impostas pela realidade, surgem limites quanto à permanência de tal comportamento – se instaura um comportamento hesitante, de dúvida. O hábito funciona como o guia no mundo das ações que o organismo humano é capaz de levar a cabo no meio em que está inserido, produzindo efeitos passíveis de serem confirmados em ações futuras (Cabral, 2014).

conhecidas e despertadas sem grandes alterações ao longo de atividades cotidianas e pelo ambiente comum, *taken for granted*, encontrado. Por exemplo, a vida com o ente querido antes de seu falecimento, o início de carreira do PM por vocação e o corpo sem graves sequelas possibilitariam um leque de ações "normal", tido como natural, compondo uma visão de mundo que sempre foi daquela forma. A vida cotidiana e cada uma das ações compondo-a eram conduzidas tomando como dados a saúde do corpo, a "alta motivação" no trabalho exercido e a presença de certos actantes. As situações eram definidas levando-os em conta como dispositivos efetivos (Werneck, 2012, 2014a), mas as pessoas mudam a forma como se sentem em relação às suas lembranças a partir das experiências extremas, dão cores diferentes às vivências passadas, presentes e futuras, alterando os seus próprios *selves* "vigentes". Destrinchando isso, podemos captar as mudanças características e caracterizantes do luto e de seu encadeamento.

Para Dnilda, o "luto é bem, bem complicado. Uma das coisas mais difíceis de se trabalhar". A ruptura brusca com hábitos passados, a sensação de estar no mundo hostil ou penoso (junto das lembranças-dor e das lembranças-sofrimento) e a busca por um novo estado e/ou *selves* estáveis seriam um dos trabalhos mais árduos para com as assistidas do grupo. Os PMs sofrem com o luto — no sentido aqui trabalhado — por terem suas crenças rompidas (tornar-se apto B ou C; sentir-se "deixado de lado" pela corporação; ter pesadelos recorrentes; interpretar uma redução das suas possibilidades de *self*) e pela perda de colegas. Isso exige um trabalho de investigação na realidade para definir novos sentidos e procurar novas motivações. Mas, nos casos dos PMs, é mais comum a negação ou o "engolir o sofrimento", modelando situações guiadas pela retrotopia ou pela distopia da sociabilidade violenta. O guia a seguir compreende o encadeamento do luto, do rompimento à nova crença, elaborado a partir daquilo comunicado pelas próprias pessoas:

1. CRENÇA (HÁBITOS INDUTIVOS) → **2. ROMPIMENTO** (EXPERIÊNCIA EXTREMA) ↔ **3. DÚVIDAS** (REDUÇÃO DO SER, LEMBRANÇAS-SOFRIMENTO E LEMBRANÇAS-DOR) ↔ **4. INVESTIGAÇÃO** ↔ **5. NOVA CRENÇA** (NOVOS HÁBITOS)

QUADRO 1 | Guia de encadeamento do luto. FONTE: O autor (2023)

Não se trata de uma sequência de estágios por uma passagem linear do número um ao cinco. As pessoas transitam pelos pontos e voltam aos anteriores ao longo do tempo, ainda dependendo se são vítimas diretas ou consequentes-próximas, o contexto da morte, se tem ou não apoio da família, se participam ou não de um grupo de apoio, entre outras possibilidades. No NAVI e no Renascer, o vetor do número quatro ao cinco é marcado pela ressignificação e pela resiliência, respectivamente, ideias muito trabalhadas entre eles, e entende-se não existir um "final do luto". A nova crença apenas pode marcar um novo equilíbrio, uma forma de estar engajado no mundo sem uma vivência constante em distopias e em retrotopia. As provações de humanidade compreendem conjuntamente os pontos dois, três e quatro.

No caso das vítimas consequentes-próximas, Joana argumenta com base em sua experiência e as de suas colegas: "O luto tem várias fases. Então, é natural. Nem todo mundo sente na mesma ordem, mas passa pelas mesmas coisas que todo mundo passa". As assistidas reconheceriam as fases do luto umas nas outras, pois seria algo comum no pós-morte. Roberta diz que poucas pessoas têm "conhecimento de luto", pois luto não "é botar uma roupa preta [e se] recolher, [mas é] uma coisa muito mais profunda [que se aprende] a conviver, [tornando-se] um processo menos pesado". Aprende-se a viver no processo, respeitando o próprio tempo e seus encadeamentos.

Maria José me exibiu um texto retirado do grupo Unidos Pela Saudade. Sua amiga teve um filho que foi assassinado e escreveu um texto com uma descrição precisa (para Maria José) sobre o luto da perda de um ente querido:

> O luto é o início do rompimento do laço apertado entre duas pessoas que se amam incondicionalmente. O luto nos separa sem que isso seja uma decisão nossa. [...] O luto não é fácil, ele não pede licença para entrar e muito menos deixa pistas de que um dia irá terminar. O luto se instala nas entranhas, passou a fazer parte da minha vida, do dia a dia. O luto me fez chorar, me fez rir, me fez enxergar o que antes eu sequer poderia imaginar. O luto não é só tristeza, é aprendizado, é solidariedade, é caridade, é amor, é amizade, é aproximação com Deus, é evolução espiritual, é exploração de novos pontos de vista, é a transformação do que nunca mais seremos para o que podemos ser. [...] O luto me mostrou que a minha transformação era necessária, para o melhor. [...] É bem verdade que a separação me machucou, mas fui tratada, fui acolhida, fui cuidada, depois de um tempo me senti fortalecida. Através da minha dor e quando consegui dividi-la com outras pessoas, pude constatar que essas pessoas dividiam sua dor comigo.

Para a fundadora do NAVI, esse texto resume bem as fases e os sentimentos envolvidos no luto.

O apego ao passado e a dor das lembranças são comuns entre os seres deste estudo, mas parece ser algo mais moroso/penoso para as mães. Fred, Lucas, Melissa e Adinea, por mais que relatem um desejo de voltar às "coisas como antes", buscam rapidamente o "prosseguir com a vida". Ou seja, buscam ser gratos pela existência ou pela lesão menos grave do que poderia ter sido, mas deixam a crença anterior e a experiência extrema no passado de forma a não "assombrar" as novas motivações. Almejam atividades e formas de estar no mundo renovadas – embora valorizem os pontos três e quatro, para eles, as rodas de conversa e a descoberta de um esporte. A relação buscada com o passado é distinta: PMs e cadeirantes tentam compreende-lo como definitivamente pretérito, algo a que não adianta atentar senão como qualquer outra pessoa (devido à actancialidade ampla da memória, por exemplo), pois significa uma vida em retrotopia. Para as assistidas, o passado (dos entes queridos vivos) deve ser lembrado saudavelmente e verbalizado com orgulho. Isso apenas acontece em fases avançadas e "equilibradas" do luto, na busca da harmonia entre o ponto um e o ponto cinco. A retrotopia seria evitada pela assimilação e pela ressignificação das experiências pretéritas, dando nova potência de agir. PMs, por sua vez, podem pular do dois para o cinco ou sentirem-se sempre na seta entre um e dois, pois suas realidades continuam marcadas pelas possibilidades de violação e de desrespeitos a que antes foram expostos – algo pujante em suas lembranças. A chegada ao cinco, o estabelecimento de uma nova crença, trata-se de uma dinâmica de correção e de ampliação de novos hábitos tangenciados pela aceitação do contexto presente.

Explorei nos capítulos anteriores o que seriam os pontos um, dois e três do encadeamento. Nas seções seguintes, ao discutir as demais fases do luto, penso ser fecundo recuperar como Dewey (1938) desenvolveu a ideia de investigação, que se relaciona com o rompimento de uma crença – dedicando espaço ao ponto quatro. A investigação (como um momento do luto) é um processo contínuo, de efeito cumulativo, visando a convergência das velhas e das novas lembranças e das situações com que as pessoas se deparam. É um possível "acordo" com a realidade a partir de uma série de tateamentos (Auray, 2011). Tal processo varia de acordo com a constituição de cada pessoa e com a sua história.

Do rompimento à dúvida e à investigação: dor e sofrimento em distopias e retrotopia

Por normalmente não estarmos prontos para abandonar a nossa *atitude natural* em relação aos mundos comuns de nossas vidas (Schütz, 1945), um choque específico pode nos marcar quando somos violentamente retirados deles, forçando um diferente acento sobre a realidade. A experiência subjetiva deste choque é a modificação radical na tensão de nossa consciência antes cotidiana: a experiência de *self* específica aos mundos antes vividos sofre alteração na passagem crença → rompimento → dúvida.

Joana, que se diz uma pessoa de "equilíbrio", conta como foi movida pelo sentimento de "fazer justiça" após a morte da filha, buscando por filmagens e por testemunhas sobre o que "realmente aconteceu" e amargando um processo judicial que não esperava:

> – No ano em que a minha filha morreu, não tinha esse pardal que tem aqui [perto de onde ela foi atropelada]. Não tinha nada. Eu procurei todas as câmeras para saber o que realmente aconteceu porque o cara parou tudo, comprou todo o processo. O pai do garoto é um advogado famoso, comprou tudo. Comprou perito, comprou tudo. Então, eu tive que... Você pensa "que dinheiro vai trazer para minha filha"? "Minha filha valia quanto"? Não era isso. [...] Porque eu não tive essa oportunidade de falar com o juiz. Porque eu queria que ele [que causou o acidente] pagasse uma pena em uma creche. Então, não tive essa possibilidade. *Então, tive que trabalhar também isso, né? Para não ficar vivendo com essa angústia.* (Grifo meu)

O choque com a morte da filha única, a "razão de sua vida", no dia do aniversário de sua mãe, e o "processo comprado" pelo atropelador, traduziu-se em um contexto de forte rompimento sofrido por Joana – foi a entrada no mundo penoso. A incerteza sobre o que fazer, a ausência da filha e as lembranças do ocorrido foram acompanhadas pela queda de seus dentes e pela catarata repentina.

Cláudia não teve apoio da família, apenas de sua irmã. Ela evitou de voltar para casa nos dias seguintes à morte do filho: "Eu pedi a ela se, por enquanto, eu podia ficar na casa dela. Eu fiquei durante dois ou três meses na casa da minha irmã". O momento de rompimento marcou a vontade de se distanciar de casa, de não mais realizar o que antes fazia (mesmo afazeres domésticos) e a suspensão de sua alimentação (coisas antes realizadas *taken for granted*, em estado de crença). Outros conflitos, como com o seu marido, eclodiram de forma mais acentuada, tendo ela o deixado após descobrir sobre suas traições e ter sido agredida ainda no pós-morte imediato: "[Eu] não vivia a vida normal. Eu falei para ele: 'Eu não vou passar, eu não vou lavar, eu não vou cozinhar. Eu não vou ter uma vida normal'". Tornou-se o momento de dúvida, de vida no mundo penoso ligada a uma distopia existencial. E ela permaneceu ali por um longo tempo, algo traduzido, por exemplo, nos três anos sem comer apropriadamente. Não mais se vivia a "vida normal".

Marcela comenta sobre o pós-rompimento: "acho que essa é uma parte muito pesada, né? O luto... Você se envolve com o sofrimento de uma coisa que não tem jeito. A morte não tem jeito". Isso traduziu-se em querer ficar sozinha e deitada, trancada em um quarto (mundo penoso). A retrotopia ligou-se a este momento de seu luto por sua vontade de "fechar os olhos e abraçar crianças", imaginando o seu filho. O apoio recebido nos momentos de dúvida, após a experiência extrema, foi limitado: "As pessoas só ficam do seu lado naquele momento, o enterro, e acabou. [...] Amigos, tive da igreja, mas aquele negócio: na semana fica todo mundo agarrado contigo, mas depois — entendeu? — é você sozinho". Aqui, vivenciou a distopia existencial, marcada por esta singularidade da dor, onde só a própria pessoa entende o que está passando, sentindo-se sozinha – vasculhando lembranças, notando mudanças no *self*/no corpo. Dois meses após a morte, Marcela foi forçada pela família a dar entrada no DPVAT para ter acesso ao dinheiro da indenização, fazendo-a sofrer devido ao contato com os documentos. Afastando-se dessa parte da família, ela comenta sobre a indenização com base em conversas com outras assistidas do NAVI, investigando outros sentidos relativos à quantia:

> [Na verdade,] o dinheiro acaba ali te ajudando porque... Não vai trazer seu filho de volta, nem nada. Mas, às vezes, a gente perde a estabilidade, entendeu? O enterro é caro. Então, te ajuda de alguma forma. E sua vida dá uma parada, dá uma embolada, entendeu? Você querendo ou não.

Esta "vida estagnada" por uma dor singular encontra-se entre os pontos dois e quatro, quando as assistidas do NAVI chegam ao núcleo e participam de reuniões para "ressignificar".

Roberta, em seus "altos e baixos" no luto, tinha dificuldades de ficar na própria casa. Sentia-se sozinha e deprimida pelas lembranças-imagens e pelas tonalidades afetivas suscitadas ou ativamente recuperadas. No rescaldo do rompimento, ela: "fazia atendimento lá mesmo [perto de casa]. [...] Dependendo da necessidade, no início, [ia] duas vezes na semana". Apesar de ter tido alta em seu tratamento, ela coloca: "depois eu tive uma pequena recaída. Eu tive que retomar o tratamento". A variação nas fases do luto é relatada como normal pelas assistidas, pois as lembranças-dor ou as lembranças-sofrimento podem surgir repentinamente, levando-as a momentos de dúvida e de árdua investigação novamente (a vida em distopia existencial ou em retrotopia). Por isso, Roberta diz ter desenvolvido doenças até anos depois das mortes de seus entes queridos, lidando com elas ainda hoje através do NAVI e da religião.

Maria José, em um primeiro momento, não conseguia ir ao trabalho e sentia-se completamente sozinha. Afirmava não ter assimilado o que tinha acontecido com ela, isto é, o rompimento com "hábitos" passados, permanecendo em um forte momento de dúvida (mundo penoso). Como descrito em seu relato:

> *Fiquei em choque.* O Natal passou e fiz o que minha mãe deixara por fazer; já nem me lembro quem estava comigo. Veio a missa de sétimo dia e depois fui passar uns dias em Rio das Ostras. Lá me medicava com psicotrópicos e dormia. *Às vezes, quando acordava, não sabia se aquilo era verdade. Quando "caía na real", chorava muito.* Alguns pediam para eu não chorar, mas como não chorar a dor que me invadia a alma, fazendo doer meu corpo? Dias depois, me olhei no espelho e vi que era tempo de despertar. Retornei ao trabalho. Lembro-me de que algumas pessoas fugiam de mim e eu me sentia abandonada. Hoje sei que era a forma de não me dizer nada. Afinal, o que dizer diante de uma situação como essa? No trabalho, quis me recolher, mas muitas vezes não me entenderam, quis falhar, mas me cobraram, e *a vida seguia, enquanto me reerguia em minha solidão* (Amaral, 2012, p. 85, grifo meu).

Os seus primeiros momentos de luto foram marcados fortemente pelo *self* zumbi, pela solidão na dor singular.

Zélia diz ter ficado prostrada em um primeiro momento – seus trinta dias "em cima da cama", de *self* zumbi, quando conseguia apenas dormir e chorar. Após um tempo, ela e sua filha percorreram diversos lugares (inclusive, outros estados) para buscar respostas ao assassinato de sua filha e apoio à investigação. Nessa fase de dúvida e inquirição, como Joana, ela diz ter sentido muita raiva – brigando com Deus, como antes exposto, por ele não ter intercedido em favor de Ludmila: "E, assim, briguei com ele:

'Porra, filho da puta!'. Né, xinguei ele durante algum tempo. Muito tempo brigada. Não queria nem ouvir falar, nem passar perto de igreja, nem nada, nada, nada, nada. Durante muito tempo". Essa raiva somou-se à sensação cada vez maior de indignação por não saber quem matou a sua filha por um longo período: "Como eu fiquei à caça de quem matou, de quem fez, foi uma peregrinação". Após um primeiro momento "morta-viva", Zélia imbui-se de raiva e de desejo de justiça, mas sempre encontrava percalços e tinha de lidar com as suas lembranças em diversos momentos. Movida pelo medo de Ludmila estar mal e perdida no pós-vida, ela ainda procurou por psicografias: "Ajudou saber que seu filho está passando bem. Porque você pensa: 'Ah, está passando frio, está passando fome, está lá no cemitério, está sozinho, né?'". Seriam ações de choque com a experiência extrema: "Porque essa dor, essa apunhalada que você leva, para recuperar, é como doses homeopáticas. É uma gotinha que cai a cada dia". Em pequenos passos é que se prosseguiria no luto rumo a um novo equilíbrio.

Para Dnilda, em sua formação e experiência como psicóloga, é importante deixar a pessoa enlutada lidar com as suas próprias dúvidas e avançar na vida conforme julgue ser mais adequado para si mesma. Considera-se as particularidades de suas memórias actanciais e como lidam com seus lutos:

> — Já ouvi muitas [assistidas] dizerem o quanto foi importante ouvir o "se permita". Se permita chorar, se permita sentir, se permita fazer o que tem vontade. Porque tem algumas histórias tipo: "morreu? Tem que tirar as coisas dentro de casa até sete dias". Gente, quem em sete dias já tem condições de estar se desfazendo das lembranças de quem você mais amou? Então, não existe tempo. Então, é isso que elas precisam ouvir, sim. "Não escuta ninguém". Tem gente que gosta de ver foto, tem gente que não gosta, não quer, sofre muito. *Não tem certo ou errado. Faça aquilo que você tem vontade.* Isso faz toda a diferença. (Grifo meu)

Essa é a mensagem trabalhada pelos profissionais do núcleo com as assistidas.

Quanto aos policiais do BPM, o rompimento se dá a partir dos tiroteios vivenciados, da perda de colegas e das sensações de possível violação nos deslocamentos pela cidade. Nádia, por exemplo, não vê sinais de melhora na "guerra" do Rio de Janeiro. Ela perdeu amigos desde a formação, preocupa-se com sua própria segurança e a de seu marido, sente-se presa ao mundo hostil. O que fez, até o momento de realização desta pesquisa, foi transferir-se ao trabalho administrativo. Pedro teve de deixar as ruas ao se tornar apto B, transferido por "punição informal" de um oficial. Agora ele tem de fazer um trajeto perigoso pelo Rio de Janeiro, questionando a própria vontade de ser PM (embora tenha decidido não deixar a carreira). Ele afirma com veemência não ser traumatizado. Diz ter se acostumado com situações complicadas e de contato com a morte, alterando seu *self,* mas não como "maluco". Assim como Eduardo, ele se sente "brutalizado" pela experiência policial, tornando-se diferente de quando ingressou na carreira, em que esperava por outros tipos de vivência. Eduardo, inicialmente um PM por vocação, hoje sente o peso das mortes constantemente observadas e das questões pessoais/familiares. O rompimento por eles enfrentado quanto às crenças anteriores — do PM por vocação agindo heroicamente em nome da sociedade —, leva-os a buscarem novos sentidos na vida policial em convergência com as bagagens de experiência desenvolvidas. No entanto, por vezes, parece haver uma tentativa de passagem direta do dois ao cinco: "as coisas são assim mesmo", "faz parte da profissão", "a gente está sempre na mira, é isso aí", "temos que se virar". A vida policial exigiria a permanência em um "hábito indutivo" (Peirce, 1877) ou a passagem direta a outro, sem questionamentos e explorações, devido aos riscos de vida imediatos e ao futuro urgente de um mundo hostil.

Em relação aos atletas do Renascer, os cadeirantes passariam primeiramente pela fase de negação após o rompimento: Fred teve grande choque ao perceber que não mais andaria, Lucas permaneceu anos em casa sem querer ir às ruas e Melissa ignorava as dores e não quis passar às muletas até o tombo derradeiro levando-a à cadeira de rodas. Nessa fase, busca-se o afastamento para com outras pessoas (Lucas apenas lidava com sua esposa e Melissa separou-se do namorado) e sente-se vergonha da cadeira de rodas, pois revelaria uma "fraqueza" do *self* ao olhar de terceiros. Adinea comenta ser comum eles ficarem intolerantes e/ou chegarem a pensar em suicídio. Seria apenas conhecendo outras pessoas que vivenciaram as mesmas experiências, participando de rodas de conversa, interessando-se por esportes e começando a redescobrir o próprio corpo que se chega ao ponto cinco.

Sobre o momento de dúvida, Adinea coloca: "Depois da ocorrência, a pessoa se vê com um corpo novo. Como eu disse, não é mais a mesma coisa. Não se controla mais a urina, as fezes. Feridas vão aparecendo. É um corpo novo". A investigação passa por lidar com a própria corporeidade e suas potencialidades no ambiente vivido. Fred diz ter ficado "em um buraco", sem se aceitar, com um desejo pulsante de voltar a andar; Lucas ganhou muito peso ao ficar sete anos em casa, prejudicando ainda mais a própria saúde. As dificuldades de deslocamento e a falta de viaturas da PMERJ, para auxiliar o Renascer, reforçam a vida em retrotopia. No início, o incômodo de estar sempre dependendo da cadeira de rodas seria forte. E a vivência no começo da lesão é "pior" se a pessoa "não tiver cabeça boa", "só ficar em cima da cama", "[tiver] vergonha de tudo, [de] tirar urina, usar fralda".

Melissa diz ter se forçado a não ficar deprimida, uma vez que sua lesão foi menos grave do que o previsto: "Escutei a notícia e segui. *Engoli o baque*. A minha lesão subiu na vertical, podia ter sido bem pior. Podia ter perdido tudo" (Grifo meu). Ela demorou a "se aceitar", continuou a vida após o atropelamento como se nada tivesse acontecido. Ao evitar um total rompimento, dispensando as muletas, fez a prova física para o concurso de bombeiro e andou forçosamente até levar um tombo; ainda escondeu o problema de pessoas próximas. Hoje Melissa muitas vezes se vê presa em seu condomínio, pois não há estrutura para a sua locomoção independente. Adinea fala: "Eu chamo ela de Rapunzel. É, ela fica presa na torre. E graças a Deus, assim, o fato de ela ter vindo para cá, ela tá mudando a perspectiva dela e tá buscando uma série de coisas para ela. Inclusive, botou na justiça". Lutar pelos próprios direitos e aceitar a mudança do próprio corpo seria algo alcançado a partir do ponto 4.

Quando falo de investigação, refiro-me às experimentações dos seres como tateamentos incertos (Auray, 2011). Não é uma simples abertura ao inesperado, mas uma prática ativa consequente do evento perturbador, "integrando-o, assimilando-o, vinculando-o a um estado anterior e relacionando-o a uma sucessão de eventos e ações" (Auray, 2011, p. 31). No caso desta pesquisa, há a expectativa de cessamento dos "choques" ou das tonalidades afetivas de surpresa, diferentemente do que acontece na pesquisa de Nicolas Auray. A investigação como tateamento é uma forma dos *selves* fragilizados e marcados por incompletudes geradas na experiência extrema se engajarem com o ambiente de uma nova forma. Falo de "tateamento", pois é algo feito sem um plano geral, mas na busca pela mudança na potência de lembranças definindo situações correntes de acordo com a violência sofrida. Ou seja, busca-se outra forma de engajamento com as coisas e com o ambiente, uma nova forma de estar e ser (Thévenot, 1990, 2006), calibrando novas preensões junto à realidade. O tateamento liga-se à provação vivida, que torna incerta as relações antes instituídas (Pollak, 1990; Lemieux, 2008). Nas *épreuves*, marcadas por investigações como tateamentos, os seres saem transformados, mesmo que a mudança consista na reafirmação da antiga crença (PMs) ou do antigo *self* vigente (cadeirantes). Assim, o processo de luto pode conter experiências de aprendizado (Davies, 2005), mesmo que composto por tonalidades afetivas intensas de dor. Há tateamento, pois as perdas relatadas nesse livro não puderam ser antecipadas, não há "treino" ou "preparação possível" para esta provação: o contato com a morte violenta fratura os engajamentos correntes e, junto com as lembranças geradas, é gatilho para as fases de dúvida do luto.

Ressignificação e resiliência

Aqui lidamos com a passagem do ponto quatro para o ponto cinco (investigação → nova crença). Nessa parte do encadeamento, as pessoas alcançam diferentes relações com as suas próprias lembranças-imagens e tonalidades afetivas, permitindo definições de situação de acordo com as potencialidades de um *self* não reduzido por violências e por desrespeitos. Busca-se limitar a energia emocional negativa afetando o leque de ações possíveis. Deliberações internas conjugadas com os contextos vividos (o ambiente e as relações com terceiros) levam à ressignificação e/ou resiliência. Esses são conceitos explorados no NAVI e no Renascer por psicólogos e por assistidos a partir, principalmente, das rodas de conversas e de reuniões. Apesar de a origem do uso dos termos se ligar aos profissionais dos grupos, as mães e os atletas têm as suas próprias concepções a respeito deles — por vezes, anteriores à chegada e ao aprendizado nos coletivos.

Como destacado no Capítulo 1, na parede da sala de reuniões do NAVI há frases cujo objetivo é "adiantar" para os recém-chegados como é possível a (difícil) passagem do luto à nova crença — nos termos deste livro, de superar as distopias ou a retrotopia modelando situações. Uma das frases foi selecionada por Joana, retomando o poema "Gravidez às avessas": "O dia 17 de junho ainda é estranho. Mas cheguei à conclusão de que o dia 17 também se tornou um aniversário dele. É o dia em que o Gabriel nasceu do outro lado. Fica mais leve pensar assim". O final do poema seria, para ela, um exemplo da ressignificação promulgada pelo núcleo e buscada pelas mães.

Para Joana tratou-se, primeiramente, de lidar com a culpa e com as suas próprias necessidades na continuidade da vida: "Porque a culpa de comer... Como que você consegue comer, como que você consegue ter sede e ter perdido uma filha? Mas não é assim. A gente sente sede, a gente sente fome". Sua forma de pensar sobre atividades comuns ou mesmo naturais (como a alimentação) no cotidiano foi mudando com o tempo e o apoio recebido. Sua saída foi buscar "alterar as cores" das lembranças sobre a filha, estimulando aquelas de alegria, permitindo um viver estável e sem culpa:

> — [Ela] era muito linda, muito sorridente. Muito. Então, eu falei assim: "Ah, eu vou atrás dessa luz", né? Eu vou atrás dessa luz... Aí, fui entendendo, né? O prazer de ter sido mãe, pelo menos, da Mariana. Eu sou mãe ainda. Porque não existe ex-mãe, né? [...] E ter essa força. Porque buscar um significado para sua vida, ressignificar... Eu chegava, falava assim... Usavam muito esse termo [ressignificar] e eu falava "mas eu não consigo", né? [...] Só que você vai trabalhando, vai conhecendo outras mães. Aqui no grupo, vai chegando mãe nova: "ah, eu tenho isso", "ah, eu não comi mais aquilo", "ah, eu fiquei com a memória... Vou procurar um psiquiatra porque eu tô com a memória fraca". É natural. É tudo natural. [...] É impressionante. E eu passei a ajudar.

Na passagem da investigação levando à ressignificação, "você vai quebrando tabus", ou seja, volta a comer, a trabalhar, a lidar com os pertences do falecido. Ainda é desenvolvido o intuito de auxiliar outras vítimas consequentes-próximas. Altera-se a potência de agir. Após anos em atendimento com psicólogos, Joana conclui que sua filha vive por meio dela, que deve guiar o caminho positivamente e não por "negatividades": "Então é isso que eu quero na minha mente. É isso que eu quero para mim, essa alegria dela, entendeu? Não posso deixar isso se apagar. É meu anjinho que tá lá. É como se fosse uma luz, né, que eu dei, é minha luz. Tá iluminando o meu caminho para eu seguir da melhor forma possível".

Cláudia voltou aos poucos a se alimentar adequadamente, deixando de "testar" sua própria saúde/vida em resposta à morte de seu filho. Tendo chegado uma "planta murcha", o NAVI a "regou" fazendo-a "renascer". Ela decidiu ser "outra pessoa": alimentando-se, andando sozinha pelas ruas e discorrendo sobre seu filho com segurança. Cláudia costuma fazer postagens no Facebook com fotos do ente querido e dizeres de saudade e de amor por ele. Seria algo com que aprendeu a conviver. O que chamo de "nova crença", assistidas como Cláudia e Marcela tratam como "recomeçar as vidas", algo possível pela ressignificação das próprias lembranças a partir do contato com outras pessoas que vivenciaram experiência semelhante. Marcela, antes de se mudar de estado para conhecer outra parte de sua família, colocou: "vamos carregar nossos entes queridos sempre em nossos corações, mas agora temos um novo recomeço em nossas vidas". O luto não é o avanço em um período de tempo (variável) em vias do esquecimento de uma dor, mas é um processo em que se aprende a lidar com as experiências de contato com a morte, as lembranças-imagens e as tonalidades afetivas envolvidas, no sentido de estabilizar um conjunto de *selves* definindo situações para além da dor e do sofrimento.

Para Roberta, os enlutados "tem que aprender a viver e a conviver com aquela situação" de perda. Seria um exercício árduo e possível apenas com a passagem do tempo e com cuidados com a saúde emocional (frequentando psicólogos e grupos de apoio):

"E vamos levando, vamos caminhando. Mas só o tempo. Só o tempo para curar. [...] Mas não é fácil, não. Tem dias que é um pouco difícil. Tem dias que bate uma saudade muito grande". Roberta, em seu processo de investigação, mudou o layout de sua casa e tentou nela permanecer sem se deprimir – algo que julgava impossível na fase de rompimento e dúvida. Sobre ressignificar, ela diz:

> [Eu] vejo que é [...] dar um novo sentido à vida. O que significava para você de uma forma, agora passa a significar de outra forma, de outra maneira. Você começa a ter uma outra visão. Então, aquilo significa algo diferente para você. Pela visão que você tem, pelo o que você passa a sentir.

Ela busca carregar as lembranças de seus entes queridos pela felicidade de ter partilhado a vida com eles.

A ressignificação para Maria José concretizou-se na própria criação do NAVI, quando aprendeu o quanto a "mudança de sentido" se tornava possível no contato com outras vítimas consequentes-próximas:

> – E eu acho que o maior fator terapêutico que eu tive [...] foi poder trocar a minha experiência com essas pessoas. Sabe, eu acho que isso foi um fator de cura para mim [...]. [No] dia seguinte, a minha vida tinha que seguir, entendeu? Eu colocava minha roupa, ia trabalhar, entendeu? E o meu sentimento se dava mais, assim, na intimidade, entendeu? Então, quando eu pude também falar de mim, o que que acontece? Quando você fala, você também se ouve, entendeu? E, aí, isso vai te ajudando a ressignificar a sua dor, o seu sofrimento, entendeu? Então, quando eu pude falar verdadeiramente do que me afligia internamente, isso me causou um maior conforto por eu ter encontrado pessoas que igualmente passavam por isso, né? E poder,

> de alguma forma, ir me fortalecendo. Isso, para mim, foi assim... muito grande, sabe? O carinho de algumas pessoas foi muito importante. Os grupos de mútua ajuda realmente são muito importantes, entendeu?

Para ela, trata-se de "dar um significado diferente [à] perda" — algo até hoje compartilhado entre profissionais e assistidas do NAVI —, o que é possível apenas pelo trabalho em grupo e com a passagem do tempo (que "suavizaria" a dor). Como também foi o caso de Joana, Cláudia e Marcela, um passo importante é não mais singularizar a dor, não em termos de minimizar o próprio sofrimento, mas de se pensar solitariamente na experiência extrema. O núcleo permitiria essa generalização da causa (Boltanski, 2000) do sofrimento cujo efeito é subjetivo para as pessoas. Elas passam a tolerar e a conseguir carregar as suas pesadas bagagens de experiências de lembranças-dor e de lembranças-sofrimento. Aqui há a transição para o *self* engajado: reconstrói-se o "quebra-cabeças" de *selves*, agora não mais reduzidos pela violência sofrida, e a dor é mobilizada para motivar ações de conscientização:

> MARIA JOSÉ: — Por exemplo, eu posso ver a minha perda como uma coisa muito negativa. Mas quando você para e pensa, "Caramba, mas por que comigo?" ... [Por outro lado] Mas por que com o outro? Entendeu? Então, você vai entendendo que a gente tá na vida, que a gente tá sujeito a isso tudo. Isso vai te dando, assim, uma resignação maior. Vai te ajudando a se resignar, a aceitar melhor seu luto, a sua perda, entendeu? Então, você acaba dando um significado novo internamente a isso tudo. Cada vez que você mexe, você vai se rearrumando internamente, entendeu? Você se despedaça e depois vai arrumando os pedaços... Através da forma que você passa a ver aquela dor, aquele sentimento e o sofrimento que emerge da perda.

EU: – [Algumas] mães comentam que buscam não definir a lembrança de seus filhos pelos acidentes, mas tentam, nas reuniões de grupo, justamente lembrar deles pelos momentos de alegria. Você acha isso importante?

MARIA JOSÉ: – Com certeza. Olha só, no começo vem a dor. A dor, com o tempo, ela vai suavizando. E quando a dor vem suavizando, aí vem a saudade. Aí, surgem as mudanças, né? Aí, é uma música, é um lugar na mesa, é uma cor, um passeio, uma comida. A gente tem muitas lembranças e muitas lembranças boas, entendeu? Lembrança de carinho, lembrança de tudo, lembrança de todas as coisas. Então, quando a gente começa a dizer assim: "Caramba, eu posso agradecer a Deus por ter me dado a oportunidade de ter vivido pelo menos esses anos com essa pessoa". Porque tem pessoas, Vittorio, que nascem desprovidas de tudo, entendeu? Nascem com doenças graves, nascem com uma série de problemas. Então, ter tido o privilégio de passar alguns anos com a pessoa e ter lembranças tão felizes também é muito importante. Você não pode ser ingrato com Deus porque você viveu, assim, uma dor tão significativa. Porque, no meio dessa dor significativa, né, antes dela, você já viveu momentos infinitamente felizes, momentos que você guarda na lembrança de uma forma tão importante.

Joana, em acordo, coloca: "Por que aquela mãe pode perder um filho e eu não? Lógico que ninguém quer perder. Então, você perde aquele egoísmo e vai entendendo que foge ao controle da gente, né? [...] Quer dizer, se coloca no lugar do outro". Como confessa Zélia, sua experiência no NAVI foi uma forma de "extravasar" as suas dores e de encontrar pessoas para elaborar sobre a perda de entes queridos e os problemas consequentes. Parte da "força para continuar" está em oferecer essa mesma força como suporte para outros, algo que se torna possível apenas na reelaboração sobre a própria memória actancial. Como coloca Dnilda sobre as reuniões do NAVI: "[A vítima] ouvir alguém que já passou e não está mais assim, dá a ela realmente a certeza de que não é papo de quem quer 'ah, deixa para lá, isso vai passar'. Não é isso, né? É alguém que realmente passou por isso e [realmente] 'vai passar'". É dessa forma que os profissionais auxiliam as assistidas sobre o luto, mostrando como outras pessoas enfrentaram situações semelhantes e hoje conseguem seguir "com muita força". Simone, a partir de seus anos de experiência, define:

> — Ressignificar é justamente mostrar para elas que é possível continuar com a dor. Porque a dor não vai passar nunca, né? A Dnilda costuma muito falar que a gente não supera, né, a gente aprende a lidar, aprende a seguir. Então, é possível voltar ao trabalho, quem trabalhava antes. [E] é possível pensar numa nova coisa a fazer quando existem aquelas mães que [viviam] para os filhos, que não trabalhavam fora e tal, e fazia tudo pelo filho e, aí, o filho morre. E aí? Como é que é? Então, muitas das mães fazem isso. Às vezes, os filhos que já tinham projetos, já gostava de fazer doações, alguma coisa. E o filho que vai e depois de algum tempo a mãe consegue assimilar todo o luto, né, toda a dor. A mãe consegue continuar o trabalho que o filho fazia. Então, isso é ressignificação. É buscar um novo sentido à vida.

Como reafirmam constantemente, o "ressignificar" envolve aprender "a conviver com a ausência" da pessoa, nunca a superar ou a esquecer. Por isso, é possível de se voltar aos estágios anteriores de luto, não há um corte final para com a sensação de rompimento ou uma nova crença inteiramente independente dos esquemas de relevância pretéritos. E, embora seja possível retrabalhar as lembranças e suas tonalidades afetivas, muitas reminiscências permanecem como antes, podendo retornar repentinamente como atmosferas hostis, de tristeza ou prejudicialmente nostálgicas.

No Renascer, Adinea descreve a resiliência a partir dos cadeirantes que se descobrem de forma repaginada: "se redescobre o corpo, se conhece o corpo novo, aí muda o sentido, o objetivo na vida". A independência conquistada em relação a terceiros seria o principal:

> — [É] no contato com os outros [cadeirantes], vendo gente até em situação pior conseguir atingir uma série de objetivos, que para eles parecem impossíveis, que se chega à autonomia e autoestima. E sabe o que mais? Se recobre a autoeficácia. Eles frequentando aqui já começam a falar em dirigir, juntar dinheiro e comprar carro. Fazem tudo sozinhos. Não querem ajuda. Vão conseguindo sozinhos. Se levantam, fazem os exercícios, procuram a gente, vem para cá, ajudam os outros. A eficácia vai sendo retomada. Eles descobrem que podem ter de novo. De um jeito diferente, mas pode. E é importante também no contato com os outros ter isso. Não só de escutar dos mais velhos [de idade], mas também dos mais velhos — aqueles que passaram por todos os problemas e hoje em dia estão levando uma vida cheia de objetivos — para os mais novos. Partilhar a experiência em que se venceu, em que buscou fazer as coisas darem certo. Isso dá outra perspectiva a eles.

De acordo com as suas falas e as dos cadeirantes entrevistados, também há o movimento de se dessingularizar a dor ou o sofrimento: "Enquanto ele tá preso no 'Por que que aconteceu comigo?', ele não consegue ampliar a visão dele. Agora, quando ele começa a dar sentido e resolver essa questão do acidente, [...] acalma fisiologicamente. [...] Resolveu relaxar". A distopia e/ou a retrotopia seria pujante se a experiência extrema for pensada como atuando somente sobre si: saber dos acidentes de outros colegas, das dificuldades enfrentadas e superadas por demais civis e policiais seriam fatores essenciais à investigação/ao tateamento dos cadeirantes em vias de novos hábitos e nenhuma experiência (rompimento) seria tão grave a ponto de a melhor saída ser a morte. É algo partilhado pelos coordenadores e pelos atletas do Renascer, principalmente com aqueles que demonstrariam traços de depressão. Tornando-se um *self* resiliente, pode-se chegar a um novo viver estável.

Fred comenta como o Renascer o deu "uma nova luz", abrindo várias possibilidades de ação e de esporte para ele, agora um atleta paraolímpico de destaque no mundo. Da situação de tiroteio à negação da cadeira de rodas e à circulação opulenta de lembranças de quando podia andar, ele conseguiu reelaborar os actantes de sua memória, "batalhando muito" diariamente para construir e sustentar seu novo *self* (resiliente). Lucas comenta como o cadeirante deve vencer o medo de não mais ter o movimento das pernas, assimilando a nova situação. Para ele, "a vida não acabou", o rompimento não pode "definir o resto [da] vida". Com o apoio de sua família em todo o processo, ele não abaixa mais a cabeça perante os andantes. Diz ser um igual como qualquer outro, não tendo mais vergonha como antes era o caso — as rodas de conversa foram essenciais para ele nesse sentido. A resiliência passa pelo aceite do próprio corpo/*self* pós-acidente e pelo desejo de alcançar novos objetivos (chegar aos novos hábitos):

> — Depois que você SE aceitar, as pessoas começam a TE aceitar. Se você não se aceitar, não muda nada: "Ele não se aceita, por que eu vou aceitar ele?". Cara, se tu for ver, tem um senhor que vem aqui, o cara é policial militar. [Ficou] na cadeira, não mexia mais nada... O cara falou: "Cara, não aguento mais. Não aguento mais". Ficou com a gente uma semana, duas semanas. O cara chegou aqui pra baixão mesmo. Aí, hoje o cara vem para cá sorrisão, sorrindo, barba feita, cabelo cortado, o filho traz. [Ele

> fala]: "E aí, tudo bem? Vamos jogar". Então, mudou a autoestima do cara. Você vem para cá, as coisas mudam, cara. Aqui você começa a conviver, você começa a conhecer. O esporte, pô, ele te ajuda muito. O esporte faz você fazer coisas que você não esperava fazer.

No caso de Lucas, todo o processo de tateamento, chegando à ressignificação e à resiliência, passou pela prática do esporte. Em sua mente, deixaram de ser pujantes as lembranças da "vida como antes". Para Melissa, o novo passo veio quando decidiu aceitar a ajuda de seu pai e de sua amiga, retomando o relacionamento com o namorado e assumindo a cadeira de rodas. Pela participação nas rodas de conversa do Renascer, diz ter começado a se afirmar frente a outros, não querendo mais se sentir presa em casa, deixando de ir às ruas, ou culpada "por dar trabalho". Ela afirma ser necessário "peitar" aqueles a ofendendo.

Quando uma conduta é impedida (rompimento pela experiência extrema), a transação que acontecia até aquele momento sem entraves entre o organismo e seu ambiente (a preensão, as definições de situação) é perturbada (choque). A perturbação rompe com os hábitos da vida: os seres deixam seus regimes de conduta habitual (ponto 1) e elaboram uma experiência reflexiva (Cefaï, 2019) (pontos três e quatro). A "tomada de consciência" (Cefaï, 2019) induz a uma nova experiência do ambiente, de si mesmo e do outro (tateamento/investigação) e a perturbação vai, aos poucos, se especificando — as consequências do contato com a morte vão sendo delimitadas e reelaboradas. Quando se pensa no contato de assistidas e de atletas do NAVI e do Renascer entre si, respectivamente, tem-se a adoção da "perspectiva de um público" (Cefaï, 2019, p. 5), tornando possível aos membros se distanciarem da situação problemática — lidando com os componentes de suas memórias actanciais — e de a transformarem em um objeto de investigação, interrogação e intervenção. Os núcleos estudados, tanto pelo papel dos psicólogos e dos coordenadores quanto pela ação dos assistidos, seriam fundamentais nos pontos três, quatro e, sobretudo, na passagem do quatro ao cinco. Introduz-se, como actantes para as lembranças dos seres, exemplos de aceitação e de superação, descrições detalhadas sobre afetos no corpo e sobre emoções sofridas e modificadas com as quais eles se identificam, novos *selves* possíveis tomando forma em meio a distopias e retrotopia, múltiplas possibilidades e desafios que podem os motivar a partir de então, entre outros elementos. Tudo isso pode se tornar actante em definições de situações futuras.

Em uma *épreuve* de humanidade, o antigo *self* proeminente pode se desintegrar e novos *selves* surgem (zumbi, morto-vivo, máquina, maluco, mas também engajado e resiliente). Segundo Mead (1913), uma solução quanto aos "choques" é alcançada pela construção de um novo mundo que harmoniza os interesses conflitantes nos quais entra o "novo *self*". Mas, neste trabalho empírico, os seres, antes de tudo, harmonizam-se "internamente" e se aceitam frente a um mundo/metafísica moral que não têm controle. E, nesse ambiente, passam a buscar por atividades que permitem a continuidade de suas vidas. Posteriormente, sim, podem buscar mudanças no mundo.

Neste tópico, lidei com os membros do NAVI e do Renascer, pois os PMs na ativa, ainda que possam vislumbrar e buscar um porvir distinto ao do presente distópico, não "ressignificam" as suas experiências da mesma forma abordada aqui: como uma releitura de seus rompimentos e das respectivas consequências com o objetivo de ressaltar actantes "positivos" em suas lembranças. Para os policiais, as situações de tensão e de ferimento são reinterpretadas no sentido de realçar o absurdo e a singularidade dessas vivências, com o intuito de evitar possibilidades futuras de perigo (antecipação). Não há exatamente um futuro melhor a ser alcançado pela ressignificação ou pela resiliência, mas um porvir "menos arriscado" por se saber e se levar a sério os riscos vividos no presente e no passado.

Novos hábitos

Trata-se do ponto cinco do encadeamento do luto. Joana classifica este período como um presente de busca pelas "coisas boas" e uma retomada de atividades básicas (trabalhar, cozinhar, encontrar amigos etc.). Seria o momento em que a vontade de vivenciar novas experiências superaria as tonalidades afetivas negativas. Para Joana, é o desejo de prosseguir no trabalho, dar suporte a sua mãe, auxiliar vítimas recentes de acidentes no trânsito e se engajar em mais atividades de conscientização. Ela busca desenvolver seus próprios projetos, como exemplo:

> – No Sul, tem uns pais que perderam filho já tem muitos anos. E eles abriram uma ONG, Vida Urgente. E lá eles conseguem, onde tem um acidente, uma morte, eles desenham uma borboleta branca. Então, você imagina pegar a [Avenida] Presidente Vargas e um motorista vindo cheio de borboletas no chão... Vai chocar, não vai? O cara vai pensar, entendeu? Aqui a gente já não pode fazer isso. Eu até tentei fazer esse projeto.

É um momento de se permitir novas ações, de acordo com Joana, a partir da ressignificação: "Tem que mudar só isso. [...] Não é 'por que que aconteceu?', é 'para que?'. 'Para que que aconteceu isso?'. Entendeu? Para ter um objetivo na vida. Tem que fazer alguma coisa". As próprias ações no dia a dia e em datas especiais também mudam:

> — No dia das mães, aí, fizeram uma surpresa. As meninas pegaram e compraram bolo. Foi no mês passado. Que dia nove é... A Mariana morreu no dia nove de maio. Então, foi um dia difícil para mim. Por quê? Porque dia nove, eu de manhã vou ao cemitério e depois eu tenho que respirar fundo e celebrar a vida da minha mãe porque é aniversário dela. Olha que complicado. Então, eu tenho que fazer isso. [...] [Hoje] para que não vai celebrar a vida dela? Tem que celebrar, né? E, aí, eu vou no cemitério, que é lá em Sulacap. Aí, eu pego e boto flores, faço o meu ritual. E volto para casa, tomo banho e vou pro outro ritual que é celebrar a vida da minha mãe. Não é fácil, não, mas eu consigo fazer isso. E é melhor para mim até.

Para chegar aos novos hábitos, Cláudia compara a sua situação — o que é parte do processo de dessingularização — com a de Joana: "Eu tenho que mudar minha vida. Eu tenho que continuar seguindo. Porque eu fico imaginando, eu tenho minha filha, eu tenho neto. Eu fico imaginando a [Joana, que não tem outros filhos ou netos]". Joana gosta de servir de exemplo/comparação para as outras mães, sobretudo por estar em uma fase estável. Cláudia vem desenvolvendo novas ações: "Eu almocei [pela última vez] dia 29 de maio de 2014. Agora voltei a almoçar dia 29 de agosto de 2017. Mas só almoço uma vez na semana. Para quem ficou três ano e três meses sem almoçar e jantar, está bom [...]. Mas o importante é que estou bem com a ajuda de todos vocês, amigos". Ela relembra todo o processo:

> — [Eu] falei para minha filha, falei: "[...] eu vou mudar essa semana agora, tá?". Eu falei para minha filha que eu ia mudar. Eu comecei caminhando sozinha e agora eu vou mudar. Ela disse: "O que você vai fazer, mãe?". Eu falei: "Ué, eu vou fazer uma mudança na minha vida, eu comecei a caminhar sozinha, agora vou começar a

comer". Aí, a minha netinha de sete anos falou: "Vó, eu não acredito. Vó, você vai voltar a comer novamente? Vó, que felicidade, eu tô muito feliz, minha vozinha". [...] Aí, quando foi no dia 29, que completou agora três anos e três meses [...]. Eu tive na casa da minha filha dia 28. Aí, dia 29 de manhã [minha filha disse]: "quando chegar em Campo Grande, aí almoça logo". [...] Aí, quando cheguei lá em Campo Grande com ela, aí passamos num lugar para almoçar. Aí, minha neta falou: "Vó, você vai almoçar hoje, né? Você falou que vai passar a almoçar". Eu falei: "Não, ô, eu falei que era essa semana, não falei que era hoje". Minha filha falou: "mãe, mas hoje é dia 29, tá fazendo três anos e três meses e a senhora falando que a partir dessa semana você ia ter uma mudança". Falei: "Mas logo hoje, não pode ser outro dia? Hoje faz três anos e três meses". Ela: "Mãe, por que não pode ser hoje?". Falei: "Caramba, não acredito". Aí, minha netinha: "Vó, pelo amor de Deus. Vó, vamos comer comigo hoje". Aí, falei: "Ah, eu não acredito". Aí, pedi uma comida, minha filha botou uma comida para ela lá e eu botei. Minha neta: "Vó, vamos comer nós duas juntas". Aí, tinha até uma menina na hora lá, eu fiz até questão de pedir para ela bater uma foto. Aí, eu botei no Face[book]: "Gente, depois de três anos e três meses, sem almoçar e sem jantar, olha aí, eu agora tenho uma nova vida". Daqui para frente vou ter uma nova vida. Eu botei na minha cabeça e hoje eu comecei a almoçar novamente. Eu botei na minha cabeça que eu ia ser uma nova pessoa, que eu queria ser diferente. Estou sendo diferente. Hoje faz três anos e três meses que eu não me alimentava. E tô me alimentando novamente.

Cláudia afirma estar passando a escutar, a enxergar e a caminhar – a "viver novamente". O seu "quebra-cabeça" não estaria mais "tão embaralhado". Por fim, ela decidiu voltar ao colégio, retomando os estudos de onde parou quando jovem, em um curso noturno para se formar no ensino médio, o que desejava há muito tempo.

A mudança de Marcela se deu por meio da viagem para o Rio Grande do Norte, no intuito de redescobrir sua família por parte de mãe e de tentar ser feliz em um "ambiente novo". Ela, que havia parado de trabalhar nos anos seguintes à morte de seu filho, voltou a atuar em um salão de beleza. Conta também que quer amar os seus outros filhos o máximo possível. No caso de Roberta, tratou-se de estar em harmonia com sua própria casa (sem que ela seja um gatilho para lembranças-dor e lembranças-sofrimento), de se envolver em atividades físicas visando a melhoria de sua saúde e de frequentar o máximo possível grupos de apoio e consultas kardecistas — trabalhando o lado espiritual, algo essencial para ela.

Maria José teve como seu ponto cinco a criação e a atuação em diversos grupos de apoio, agora uma atividade de décadas. Ela diz não ser possível "fugir" do lidar com vítimas de trânsito: "Eu devo precisar disso. Isso deve ser importante para minha evolução e para a minha vida". Suas novas práticas têm como foco criar espaços de partilha de experiências e dar suporte àqueles em proximidade com a morte (direta ou indiretamente). Zélia faz o mesmo: após o assassinato de Ludmila, ela passou a ajudar policiais civis e as mães de policiais civis mortos em serviço ou na folga. O trabalho em sua associação seria o foco dos novos hábitos, algo em nome da filha e dos policiais em geral, diz ela. Mas para além dos trabalhos de apoio, ambas procuram uma vida de lazer e de afazeres cotidianos afora ambientes marcados pela experiência extrema: Maria José morou em Brasília e agora reside em Cabo Frio; Zélia deixou sua antiga casa e busca viajar quando possível (para "suavizar" os pensamentos).

Fred e Lucas veem-se completamente envolvidos pelo esporte. A vida deles gira em torno dos treinamentos, rankings e competições, ou seja, do próprio Renascer e de suas atividades. Fred iniciou atividades físicas como cadeirante e mantém seus aquecimentos e treinamentos com "muita seriedade". "Resolveu na cabeça dele o aceitar", diz Adinea, fazendo sua perspectiva de vida mudar "para melhor". Lucas, antes frequentemente "trancafiado dentro de casa", agora sistematiza toda a sua rotina em função das práticas do Renascer, de suas participações em eventos e das atividades de sua esposa, que o auxilia no deslocamento pela cidade. Lucas comenta sobre sua adaptação ao novo estado a partir da história com um colega:

> — Um dia desses chegou um rapaz aqui [na] cadeira de rodas. Fechadão o cara. Aí, convidamos ele para jogar [...]: "Quero jogar isso, não. Quero fazer isso, não". Não queria fazer nada. Perguntei: "Posso te fazer uma pergunta? O que que tu quer fazer?". O cara: "Eu quero me matar". Perguntei: "Por que você quer se matar, cara?". [Ele respondeu]: "Estou inválido, numa cadeira de rodas". [Daí, perguntei]: "Tem filho, cara?". [Ele respondeu]: "Tenho". [Perguntei]: "Quantos anos tem seu filho?". [Ele respondeu]: "Meu filho tem cinco anos". [Perguntei]: "Tem esposa?". [Ele respondeu]: "Tenho. Estou casado há dez anos, tem um filho de cinco anos e uma filha de 12". [Perguntei]: "Tu quer se matar?". [Ele respondeu]: "Quero". [Disse]: "Tem certeza? [...] Tu tá vivo, meu irmão. Aprende a viver nessa porra dessa cadeira de rodas". Entendeu? Pode dirigir... Cara, eu dirijo, eu vou à praia, eu vou pra cachoeira, eu vou pra campo de futebol, eu vou para tudo que é canto. Eu não deixo de fazer nada. Vou para campo, para acampamento. Minha esposa gosta de acampar, eu vou para acampamento. Eu não deixo de fazer nada. A cadeira de rodas não me impede a nada. Simplesmente eu tenho que me adaptar à minha cadeira. Então? Eu tenho que [entender] que eu preciso de ajuda. Não adianta falar que eu tando na cadeira de rodas não

> preciso da ajuda de ninguém: "nunca vou precisar". Você que anda precisa de ajuda, eu que tô numa cadeira de rodas preciso de ajuda. Todo mundo precisa de ajuda de alguma coisa, entendeu? Isso que as pessoas precisam pôr na cabeça, que elas precisam. Dizem assim: "Ah, eu não preciso da ajuda de ninguém". Você precisa de ajuda! Você que anda precisa de ajuda, eu que tô de cadeira de rodas preciso de ajuda, o cara que tá lá vai precisar de ajuda. Todo mundo precisa. Só que o cara na cadeira de rodas ele não aprende. Ele bota na cabeça que: "Não, eu não quero depender de ninguém. Eu não vou pedir nada para ninguém". Não existe mais isso. As pessoas precisam aprender a lidar com a cadeiras de rodas.

Pensando desta forma, Lucas diz ter chegado em uma fase boa: "Hoje em dia quando [minha esposa] tem que fazer plantão, três dias fora, eu sento, tomo banho, faço a minha comida, volto para a cama [sozinho]". Seu aprendizado sobre o próprio corpo e a compreensão sobre as próprias necessidades o levaram à crença presente.

Melissa voltou a trabalhar na contabilidade de um salão de beleza, agora aproveitando mais o tempo com o seu marido (usufruindo de momentos de lazer, o que não fazia antes do acidente), treinando para manter a saúde ideal e buscando "conquistar pessoas" – como a sogra, antes desafeta, mas que a defendeu frente a ofensas de vizinhos, iniciando-se uma nova relação entre elas. Situações de desrespeito levaram Melissa a refletir sobre as diferentes "fases" de sua vida e a valorizar aqueles que estão "a seu lado".

Para PMs, como Nádia, Eduardo e Pedro, a mudança para o trabalho interno, deixar de atuar em operações "perigosas de rua", preferir lidar com os elementos burocráticos e administrativos da polícia, já se mostra como uma mudança de crenças/hábitos. A vida policial de atividades grandiosas e de façanhas frente à "criminalidade", a ideia de si como inabalável pela vocação que se carrega, é deixada pelo reconhecimento de múltiplas vulnerabilidades — principalmente, quanto ao bem básico. Com isso, "prender bandidos", "desarticular o crime organizado", realizar grandes "apreensões de armas e drogas", dão lugar ao agir discreto, afastado dos riscos de vida registrados nas lembranças. A intenção presente torna-se a manutenção da própria saúde, o sustento da família e a espera do tempo para a aposentadoria. Apenas os entrevistados visando subir de patente dentro da hierarquia de oficiais, como Antony e Hélio, comunicaram ações para a "transformação positiva" de suas vidas ativamente na polícia: ingressar em novas funções, aumentar o soldo, estar em uma posição de maior destaque. Enfim, desejam uma continuidade longa dentro da PMERJ.

Ao longo do trabalho de campo, o encadeamento de pontos aqui citado variava pelo tateamento (Auray, 2011) dos seres em suas investigações dos elementos que se apresentavam para eles e/ou das lembranças recuperadas em suas memórias. No curso da pesquisa empírica, causas projetadas a partir de uma situação vivida e sensações relativas a terceiros ou à atmosfera de certos ambientes eram reinterpretadas. Isso altera a "caminhada" deles pelo guia descrito, um dos motivos pelos quais recuperei anteriormente a ideia de abdução de Peirce. Nas vidas pessoais, há diferentes trajetórias possíveis e retraçáveis (Strauss, 1999; Chateauraynaud, 2011). Como operando por uma balística sociológica (Chateauraynaud, 2011, p. 18), tratou-se de se observar a maneira pela qual atores orientam ou reorientam as causas de suas experiências extremas e desrespeitos, projetando sobre seus efeitos, alterando suas condutas presentes e planejamentos futuros.

Os seres teorizam e interpretam as suas trajetórias e fazem malabarismo (Chateauraynaud, 2011) com diferentes escalas (pessoais, situacionais e contextuais). Para compreender os seus novos estados de "crença", foi necessário prestar atenção nas suas lembranças de rompimentos e nas causas por eles projetadas, direcionando o caminho seguido posteriormente no encadeamento do luto. São experiências de vida marcadas pela incerteza, "de modo que cada novo engajamento cria tantas aberturas de futuro quanto pontos de irreversibilidade" (Chateauraynaud, 2011). O caráter indeterminado de tais trajetórias pessoais advém de fricções irredutíveis, múltiplas e largamente imprevisíveis em seus efeitos de influência, como o ricocheteio (Chateauraynaud, 2011, 2016) de uma bala. Por isso, foi necessário pensar a memória multitemporalmente, ponderando simultaneamente sobre as projeções de futuro e as reformulações do passado operadas pelos seres. Esse processo permitiu uma compreensão mais aprofundada das ações por eles *efetivadas* (Werneck, 2012) no presente.

Do porvir

A ressonância de lembranças e de tonalidades afetivas nos grupos

Os grupos que promovem ações coletivas são relevantes para o presente e para os planejamentos futuros de seus membros tanto pela dessingularização das experiências (no caso do NAVI e do Renascer) quanto pela ressonância transmitida/sentida entre seus integrantes — que pode dá-los "força" para agir, alterar a composição de suas lembranças ou suavizar/agravar a violência pretérita persistindo por meio da memória. O núcleo e o projeto estudados conduzem os assistidos para a "generalidade do problema" e do sofrimento (Boltanski, 2000, 2004) a partir das rodas de conversas e das reuniões. A isso normalmente se segue o direcionamento para ações de conscientização e de apoio: "divulgam" a causa, fazem a informação de suas atividades chegar a outras pessoas e buscam angariar recursos financeiros. Inclusive, para as assistidas do NAVI, por meio dessas atividades, o lidar com o dinheiro deixa de ser um problema, seja para lidar com indenizações ou para pedir apoio financeiro a suas causas para terceiros. Aqui passam a se apresentar conexões possíveis e cotidianas de suas vidas íntimas com os recursos monetários (Zelizer, 2011a), esses deixam de ser interpretados como valores dissonantes (Huter; Stark, 2015).

Nesse processo, é delineado um "mal a ser combatido" como um mal moral (Boltanski; Claverie, 2007), no sentido de algo impedindo o ideal (a utopia realizável) de ser concretizado: são as "violências", obstruindo o prosseguir de muitas vidas, e os desrespeitos prejudicando a saúde emocional e física de diversas pessoas. Este "mal" é demonstrado como reparável (Boltanski; Claverie, 2007), ou seja, identificam-se as razões da violação, os responsáveis por ela e suas vítimas e são definidas punições ou formas de impedir o "mal" de ser repetido[130]. Retomo essa construção de Boltanski e Claverie devido às afinidades com as formas de ação operadas pelo NAVI e pelo Renascer: para serem eficazes e dar suporte a diversas vítimas e combater o "mal" apontado, os grupos buscam constituir uma grande força composta pela

130. Deve-se destacar que, em seu enquadramento do "bem" como diferentes e finitos princípios substantivos de ação, Werneck (2012) mostra que o "mal" só existe em uma sociologia da moral e compreensiva como representação: "Admitir que o mal possa ser um princípio de ação seria imaginar alguma ação que não represente o bem para ninguém — o que, no mínimo, recusa (absurdamente) a actância do praticante, aquele que, salvo demonstração em contrário, será o beneficiário da ação. 'Mal' ou 'mau', dessa maneira, não são senão adjetivos, atribuições conferidas às ações dos outros — e eventualmente, às próprias. Sim, o bem também é um adjetivo. Mas é, antes disso, um princípio de efetividade. O pressuposto primeiro de uma sociologia da moral é que não há nada dotado de bem ou de mal a priori. O segundo pressuposto, vimos, é que o bem é a resposta à pergunta: o que faz uma ação acontecer? O bem (de alguém) é o que toda ação busca" (Werneck, 2012, p. 300).

convergência de forças individuais – uma mobilização (seja pela prática de esportes, pelas disputas anuais, pelas ações de conscientização ou pelo ato inter-religioso). A reunião de diferentes pessoas associadas ao mesmo tipo de experiência extrema, por suas composições de memória (de lembranças-imagens e de tonalidades afetivas comuns) e pela maneira como definem situações tensionadas "negativamente" pelas reminiscências, é essencial à causa. Para haver engajamento, deve-se poder compartilhar a mesma indignação (Boltanski; Claverie, 2007).

Assim, convergindo com diferentes pesquisas empíricas, pode fazer sentido a afirmação de Honneth (2007) de que a "luta por reconhecimento" aparece inicialmente em uma forma negativa, como pela experiência de violação, humilhação ou desrespeito – ataques à identidade pessoal ou coletiva, logo, limitadores de *selves*. Atento à busca dos atores por diferentes formas de reconhecimento (lesadas no presente), o pensador analisa a reserva de energias psíquicas (inicialmente negativas) que "dota todo sujeito de um grande número de possibilidades inesgotadas de identidade" (Honneth, 2003, p. 141). O elo psíquico conduzindo do sofrimento à ação ativa seria cumprido por "reações emocionais negativas", como as constituintes da vergonha, da ira, da vexação ou do desprezo[131]. Tais sentimentos negativos constituem o aspecto afetivo do deslocamento do esquema de relevância para as expectativas frustradas em uma sequência de ação planejada. E é reforçando este sentimento, pelo contato com outros com uma vivência semelhante e que se sentem da mesma forma, que se busca a ação engajada ou de conscientização (o *self* engajado ou resiliente). A

131. Coelho (2010) mostra como a humilhação, o medo e a impotência podem formar, juntamente com a raiva, um complexo emocional dotado de uma dinâmica específica, fornecendo um guia para a compreensão da experiência subjetiva ligada a diferentes percepções sobre a violência e seus efeitos.

nova crença, a energia emocional benfazeja, parece tomar impulso pela partilha de experiências, lembranças e tonalidades afetivas próximas. Com isso, é possível chegar aos "fatores positivos" da participação em grupos, isto é, à mudança dos futuros possíveis — não mais marcados apenas por violência, dor ou sofrimento. Uma violação e o "mal" que a causou, a ser combatido, agregam pessoas com bagagens de experiência análogas, cujas energias antes negativas podem ser conjugadas e convertidas em força para uma ação transformadora quanto ao porvir.

Em relação ao NAVI, Joana salienta o trabalho do núcleo pelos profissionais e pelas assistidas e reitera sobre hoje "ser uma pessoa nova":

> JOANA: — E quero enfatizar bem que o grupo faz toda essa diferença. Não estaria assim hoje se não existisse esse grupo. Aí, tem pessoas que falam assim, ó: "Ué, mas o grupo? Mas você já tem seis anos e frequenta o grupo?". Frequento. Por quê? Porque eu tô recebendo, acolhendo outras mães também, eu tô ajudando o NAVI. O NAVI ele sabe a parte psicológica, né? Eu sei na pele, na prática, né? [...] [Aqui] a gente pode chorar, aqui a gente pode falar, a gente pode... Entendeu? Aqui a gente pode tudo. E isso é bom para a gente. Você vê, ontem eu fui encontrar com as meninas. Foi tão bom que eu cheguei meia-noite em casa. Eu hoje, olha como que eu tô. Tô calma, tranquila. Porque a gente tem troca de energia [...]. É diferente, entendeu? A gente encontra e a gente vai observando, a gente vai contando, desabafa. Porque não têm... Têm assuntos que passa em casa que não quero conversar com ninguém. Isso a gente vai conversar [no grupo] e não vai sair dali. Ninguém vai julgar. Pelo contrário, a gente vai falar [no máximo] só: "ó, não faz mais isso", "Pelo amor de Deus, abre os olhos". Então, é diferente, é uma coisa bem legal. Bem legal.

EU: — Você passa isso para as mães que vão chegando ao NAVI?

JOANA: — Sim! Sim. Isso daí é fundamental. Elas veem as histórias, olham para mim, veem: "Nossa, como ela tá bem". [...] E se identifica. E, de repente, toca o meu telefone, é uma pessoa: "[Joana], é a fulana. Se lembra de mim? Ah, como foi essa fase assim com você? Como que é isso quando...". Então, é bom porque existe uma troca, né, de experiências.

Movidas pelas atividades organizadas pelo núcleo, a base que permite o agrupamento é a partilha de lembranças e de sentimentos comuns. Reelaborados e ressignificados em conjunto, são a fonte da "força" para ações presentes e futuras. Marcela comenta que, quando uma pessoa "abraça outros" que passaram pela mesma experiência, "um recado, um sentido foi passado a eles", de que não estão sozinhos e de que é possível mudar aquela "energia". O grupo, como foi no seu caso, auxilia na vivência pelos pontos três e quatro do encadeamento do luto — fortalece as mães também no intuito de elas, no ponto cinco, terem como nova crença, conjuntamente, o trabalho de conscientização e de suporte.

Para Roberta, encontrar com outras vítimas consequentes-próximas e partilhar experiências com elas não se trata apenas de comunicar tristezas, mas de buscar formas de se sentir positivamente (*i.e.*, com "força"):

— É muito bom porque, nós que já estamos lá há algum tempo, podemos passar para [as recém-chegadas] o aprendizado que nós tivemos e o aprendizado que nós temos até hoje. Mostrar a elas que aquelas reuniões, conforme eu havia comentado antes, não é reunião só para você ficar chorando, ficar recordando, ficar se lamentando, não. Você também passa boas experiências para ela. E você passa também um pouco de carinho,

> você passa um pouco de apoio para elas, entendeu? Para elas se sentirem bem. Aí, elas vão percebendo que realmente não é só coisa triste. Que você vai para lá só para chorar, só para se lamentar. Nada disso. Claro, em certos momentos, certos depoimentos que nós damos, nós nos emocionamos, né? Mas é bom que nós estamos um pouco mais fortalecidas que elas. Aí, nós podemos passar um pouco mais de carinho, de atenção, de força.

Da experiência extrema – uma violação ainda gerando energias negativas ao reduzir a efetivação de *selves* possíveis –, busca-se orientar colegas para ações positivas/construtivas quanto as suas próprias vidas. Roberta, por exemplo, começou a fazer artesanato pelo NAVI, uma das atividades que mais gostava e, hoje, continua trabalhando junto de uma amiga:

> – Nossa, eu gosto dessa parte de artesanato. Até eu ajudo uma amiga minha que ela cuida de angolanos. Então, ela manda as coisas lá para Angola. Isso é muito bom para a sua mente. Isso é muito bom para sua mente porque, enquanto você está ali trabalhando, mexendo com as mãos etc., você não está pensando em nada. Nada negativo, sabe? Você só está pensando em coisas boas. E nós brincamos e nós rimos, entendeu? São, assim, momentos de alegria. Momentos de alegria.

Tais "momentos de alegria", por sua vez, tornam-se actantes de uma memória actancial para um momento futuro.

Cláudia afirma que cada uma das assistidas "responde diferente" às atividades do grupo. Mas o sofrimento é o mesmo, ou seja, a base as unindo é convergente, o suficiente para estarem juntas se apoiando e partilhando sobre o grupo em diversos espaços: "Um ajuda o outro. [...] Faz sentir melhor". No ato inter-religioso de 2018, Margarida – uma das assistidas do NAVI, que frequentou as aulas de dança, mas que não entrevistei/conversei sistematicamente — concedeu seu relato a uma funcionária do DETRAN para destacar os benefícios proporcionados pelo núcleo a pessoas enlutadas, alterando suas "energias" em vista de um "futuro melhor":

> — O NAVI, para mim, é muito bom. Um grupo incrível. Eu cheguei aqui há oito anos. [...] [Nos eventos], a energia é outra, você se sente melhor. Se eu pudesse, faria todo dia essas aulas de dança. É bom encontrar as pessoas aqui. As atividades com as mãos também. Porque distrai a nossa mente, né? Ocupa a nossa cabeça. Não ficamos pensando no que aconteceu com a gente. Mas podemos ficar tristes, felizes, confusos, felizes de novo. Faz parte. Tem o acompanhamento. Um lado pedagógico muito bom.

O presente de sofrimento brando e as possibilidades de futuro felizes, como se almeja com as investigações/buscas/tateamento, também compõem a base de "convergências" das assistidas pelo núcleo.

Maria José, ao comentar sobre a criação do NAVI e as perspectivas de sua operação, elucida como a sua existência a partir de experiências negativas deve estar orientada à "luta" por uma causa (uma pauta universalizada): um trânsito menos agressivo onde leis e vidas sejam mais respeitadas e responsabilidades sejam distribuídas e cobradas por uma justiça célere. Nela, a energia da dor (toda a tonalidade afetiva que a compõe) e a potência da situação de morte devem ser convertidas em ações, seja de suporte cotidiano às vítimas ou judiciais:

> — [Você] pode escolher, entendeu? Continuar chorando a vida inteira ou você pode transformar o seu sofrimento em ação, entendeu? Chegar em algum lugar e não

> por você. Mais do que você, [para] ajudar a humanidade. Porque, a partir do momento que esses movimentos são criados, né, é um ponto importante não para mim somente, mas para também ensinar o caminho a essas pessoas. Então, é sair realmente dessa situação, para que você possa se fortalecer através de uma luta, através de uma pauta. Isso daí é muito importante, entendeu? Participei desse movimento da lei seca, participei de muitas coisas, entendeu? Isso foi muito importante porque é histórico, entendeu? Você poder ter participado, poder ter estado com tantas pessoas durante tanto tempo. É, infelizmente, assim.

Ela já havia reforçado a ideia de "fortalecimento" pela luta (em um momento antes marcado pela vulnerabilidade) anos antes, no próprio livro de relatos que organizou: "Quando perdi minha mãe e minha filha única de apenas quatro anos em um acidente de trânsito, meu luto se converteu em uma ação para conhecer melhor os direitos das vítimas de trânsito e garantir que fossem respeitados. Também procurava manter a luta por justiça, em busca de um trânsito pacífico e humanizado" (Amaral, 2012, p. 11)[132]. Demais relatos de pessoas, naquela época, atendidas por Maria José também buscam comunicar essa ideia: "Até hoje não sei definir este vazio e, em família, seguimos com muita saudade. Parece que a luta ajuda a suavizar a dor" (Amaral, 2012, p. 167). E:

> Algum tempo depois, fomos convidados a participar do Grupo de Solidariedade Telefônica, com Maria José, no qual outras vítimas sofridas, infelizmente pela mesma dor, eram consoladas por nós, que já nos encontrávamos

132. Sobre exemplos da relação entre o luto e a "luta" a partir das ações de mães de vítimas de violências, ver a análise de Vianna e Farias (2011) e a de Scabio (2016).

> mais "fortes". Decidimos que, entre enlouquecer, gritar, quebrar tudo ou fazer justiça com as próprias mãos, é melhor mudarmos alguma coisa e fazermos com que outros jovens não percam a vida como nossas filhas. Assim, distribuímos folhetos de alerta e conscientização e participamos de entrevistas em TV e jornal, visando a prevenção (Amaral, 2012, p. 113).

O ponto cinco – chegar ao *self* engajado ou resiliente, ressignificar as lembranças compondo a memória actancial – pode ser composto pela "luta" dessingularizada, embora seja sempre destacada a partir das lembranças do próprio ente querido e dos efeitos íntimos da perda. A "luta" canalizaria a dor difusa pelo corpo, a atmosfera de tristeza, a raiva, a saudade – e suas energias "negativas" circulantes por lembranças ativamente recuperadas ou pulsantes –, dentre outras tonalidades afetivas possíveis, dando-as um direcionamento corrente e imediato: com isso, desloca-as da caracterização de distopias e retrotopia para as disputas de justiça em *cités* (Boltanski; Thévenot, 1999).

Movimentos similares são encontrados no Renascer, embora a "luta" esteja mais voltada para a prática de esportes, o cuidado com a depressão, o combate contra os desrespeitos diversos enfrentados no dia a dia e, em geral, a acessibilidade física relativa a qualquer ambiente. Como Adinea explica sobre a existência e o funcionamento do grupo:

> – Tem gente que vem para cá e nem gosta de fazer esporte. Não é o estilo da pessoa. Mas gosta é da conversa, da troca de experiência, de jogar papo fora, ver os colegas conseguirem algo. Nós temos medalhistas paraolímpicos aqui, sabia? [...] *Na hora mexe, muda a pessoa. Muda as perspectivas dela, o sentido que ela dá à vida.* É a promoção de resiliência. É dar um futuro a essas pessoas. Isso que fazemos no grupo, pelo esporte e

> pelas conversas. [...] É essa troca aqui, para mim, é o que a gente mais aproveita. Principalmente... No caso, é para os dois lados. Aquele que tá mais experiente se sente bem ajudando o outro a encontrar a luz no fim do túnel. E aquele que está chegando adora encontrar uma luz no fim do túnel. (Grifo meu)

A luta para continuar vivo e ativo (chegar ao ponto cinco) liga-se à resiliência, permitindo que os atletas atribuam novas motivações a suas vidas e construam um futuro possível, o que não parece viável em distopias ou em retrotopia. As ações para chamar a atenção para as suas causas — civis e militares feridos na "violência urbana" (por um "mal") e "esquecidos pela sociedade" e que precisam enormemente de suporte físico, financeiro e psicológico — são mais localizadas (quando um membro do alto comando da PMERJ visita o CFAP, por exemplo) e produto das práticas e dos resultados nos esportes. Assim como acontece no NAVI, o contato com membros mais "fortalecidos" e as rodas de conversa visam transmutar as energias emocionais negativas em força e resiliência por uma nova vida.

Fred explica que o Renascer proporciona atividades não imaginadas como possíveis pelos atletas, sobretudo, após se tornarem cadeirantes. Em uma roda de conversas, um rapaz que praticava arremesso de dardos e badminton contou ter sido chamado por uma repórter para assistir a um jogo de futebol no Maracanã. Ele se dizia "fanático por futebol" e a intenção da profissional era o acompanhar em sua jornada até o estádio como cadeirante. Alguns acharam isso uma "besteira", pois ela não seria uma pessoa interessada no Renascer e em, de fato, prestar suporte. Outros, como Fred, apoiaram-no a participar da reportagem, pois ele seria filmado, frequentaria o camarote do estádio e iria se divertir. Fred diz:

> Viu, Vittorio. É assim que a gente faz. As coisas vão aparecendo assim e tem que aproveitar. Aproveita mesmo, Léo. Vai lá e frequenta essas paradas. É sem querer que acontece, mas é isso. Porque querer, ninguém aparece aqui querendo, a gente se joga nessas situações aí.

As atividades proporcionadas pelo projeto permitiriam certa visibilidade aos cadeirantes, abrindo-os a oportunidades — se não transformadoras — ao menos positivas, ou seja, divertidas e novas, indicando outros mundos possíveis. A "divulgação" de suas atividades e do próprio projeto poderia se dar como um resultado não esperado, como consequência imprevista de ações intencionais (Weber, 2004) em uma escala íntima. Criar situações de novas oportunidades e estar aberto para elas seria algo fundamental alcançado a partir da ressignificação, algo a que se encorajam por meio de rodas de conversa. A mudança de perspectiva (quanto às próprias experiências, suas lembranças e tonalidades afetivas) é acompanhada de um porvir possivelmente "feliz", algo central para a manutenção da saúde emocional das vítimas diretas assistidas pelo projeto. Como Fred conclui em uma de nossas últimas conversas:

> — E, Vittorio, tem esporte, pódio e tudo mais. Mas a verdade mesmo é que esse é um projeto de salvar vidas. Esse é um projeto para salvar vidas. Eu digo porque eu passei por isso. A Adinea me achou e me tirou do buraco. Eu tava muito mal. [...] Agora eu tô treinando, eu tô outro, meu casamento tá outro. A vida continua, mas a gente precisa saber disso. Eu não quero ser só um número. Eu preciso levar isso para quem está passando pela mesma coisa. Imagina, um cara fica sem andar, [ainda] novo. Tem muito policial aí com arma na mão. Ele vai se matar. Esse é um problema sério, o suicídio. Tem gente que faz, tenta e vão continuar tentando. A gente tem que chegar até esse

> policial. A gente aqui também faz com todo mundo, com civil. A gente aceita todo mundo que precisa de ajuda. A gente quer salvar vidas, retribuir o que aconteceu comigo mesmo. Eu já consegui tirar um [da depressão], graças a Deus, e quero continuar contribuindo. Esse grupo é para a vida. O grupo é para mostrar que ainda tem coisas para serem feitas. Muitos acham que a vida acabou depois do acidente. Isso é verdade. Olha para mim, olha isso [aponta para as pernas], não posso usar. É como um pássaro na gaiola que quer voar, mas não dá para voar. O grupo ajuda a encontrar uma forma.

O Renascer o auxiliou nesta transformação, convertendo suas tonalidades afetivas em energia para a prática de esporte e de suporte aos outros. Lucas comenta sobre os efeitos do projeto no mesmo sentido: o esporte teria os juntando inicialmente (é o "chamariz"), mas o verdadeiro foco é a troca de experiências e de auxílios no dia a dia:

> LUCAS: — Cara, o esporte é o de menos aqui. O bate-papo é o melhor. Para pra conversar de vez em quando, junta a roda. O cara conversa contigo, fala umas coisas que tu não sabia, te passa uma coisa que tu nem imaginava fazer. Você vai vendo aí a troca de informações aqui. [...] Cara, do nada. A gente não tem nada para fazer. Aí, a gente: "Vamos parar aí, vamos conversar". Aí, fica, troca uma ideia. Às vezes, um precisa de alguma parada: "Pô, preciso de um remédio". [Alguém responde]: "Eu tenho em casa". [Outro fala]: "Preciso de uma sonda". [Alguém responde]: "Eu tenho em casa. Eu tenho lá cara". Preciso de alguma coisa? Vai um trocando informação com outro para poder chegar num fim. Senão, não aguenta.
> EU: — Vocês conversam sobre tudo?
> LUCAS: — Tudo, tudo, cara. Tudo. Tudo o que você pensar, a gente conversa. Tudo. Até de putaria a gente

> conversa. É foda [...]. Pô, o esporte serviu para juntar a gente na realidade. O esporte juntou a gente. Porque, assim, você chega num lugar que não conhece ninguém. Os caras lá com medo de chegar em você e medo de chegar no esporte. Aí, você começa a conversar. Quando você vê, tá todo mundo em cima de você conversando: "O que aconteceu? O que? Tal, aonde?". Aí, pô: "Vamos visitar fulano que não quer sair de casa". [...] Vira e mexe junta quatro ou cinco e vai visitar um policial que não sai de casa. Cadeirante que não consegue sair de casa com vida. "Vamos lá [no Renascer], cara, para tu conhecer". E, assim, ele vai.

Sua maior conquista no Renascer seria o aprendizado que teve, o cuidado e a amizade recebidos de diversas pessoas prezando por sua saúde. E isso ele pretende continuar retribuindo para outros. Por isso, valoriza mais o projeto, aguentando os seus "altos e baixos", do que patrocínios individuais (que o dariam certa autonomia em relação às flutuações de recurso materiais do Renascer), pois suas tonalidades afetivas e energias são canalizadas no suporte coletivo e na promoção da saúde a todos os cadeirantes. Isso é algo prioritário para Lucas:

> — Não é só o dinheiro. A questão é a amizade, a conversa, é parar para conversar contigo. Tu vai chegar lá [com patrocínio individual], aí, tu vai ter a obrigação de fazer aquilo. Aqui não tem obrigação, não. Se tiver um problema aqui comigo: "Aí, não vai dar para mim ir hoje aí não, cara" "O que é que você tem?" "Tô com febre, não vai dar para ir aí não esses dias, cara" "Beleza, se cuida aí". Aí, daqui a pouco um fala: "Pô, cadê o [Lucas]?" "O [Lucas] não veio" "O [Lucas] tá com febre, cara". Aí, me ligam e já sabem que eu tô com febre: "Não, cara, toma isso e isso". Aí, outro me liga num outro dia: "Pô, tá com

> febre, cara? Quer ajuda, quer algum remédio?". [...] Pô, aqui os caras competem ali [fora, no mesmo esporte], mas um ajuda o outro, cara. "Pô, tá jogando muito fraco, não sei o quê". É amizade, não é só competição. Se não tiver isso, cara, pode parar. Aqui, se eu chego agora: "Pô, tô precisando trocar uma cadeira". O cara: "Vamos lá, pô, vamos lá". Quando eu venho aqui de manhã, de vez em quando eu venho mais cedo para puxar um peso. Aí, eu chego aqui [...], os caras se prontificam a te ajudar [com cadeiras de rodas na mala etc.]. Onde tu vai encontrar isso? Tem [esse círculo de pessoas] que estão dispostas a te ajudar. Tem que respeitar isso. Respeitar essa gente que está aqui.

O futuro como *lócus* de otimismo começa a ser construído nos pontos três e quatro por mediação do grupo, auxiliando na provação de humanidade vivida por cada um. Melissa também exalta a roda de conversas com seus colegas, em que a verbalização de um problema pode o tornar "menos dramático" (a "suavização" pela fala), direcionar a uma resolução/alívio e/ou dar a perspectiva de ser algo vivenciado por muitos (dessingularização):

> MELISSA: — No caso, a gente troca experiência. Por exemplo, outro dia vi que as mesmas coisas que eu tenho de não ter sensibilidade, mas da perna sentir, o Léo tem, entendeu? A gente vê que um está cabisbaixo. [Um colega], ele tinha um problema que, poxa, ele ficava chateado porque não estava funcionando direito [sexualmente]. [...] Eu era amiga dele antes, no Facebook, do que todo mundo. Então, poxa, conversa comigo, tenta se explicar, sabe? Eu sou mulher, mas eu posso tentar interagir. Porque eu tinha, antes de vir para cá, eu já tinha contato com outros cadeirantes. Então, vamos conversar. E eu tô vendo que é legal, falar. Para trocar experiência tem que falar, né? Senão, a gente fica quieto com algum tipo de vergonha. Então, eu falava para ele vir conversar

comigo e ele falava as coisas para mim e eu falava para ele a experiência, procurava saber de outros garotos. Eu perguntava sobre isso pros outros amigos e os garotos falavam que eu era muito cara de pau. Aí, eu falava que era de um amigo que tá tendo [problemas de ereção]. Aí, eles viam e conversavam com aquele amigo, entendeu? Que era melhor um para o outro, conversando com ele aqui... Que ele toma um remédio que eu teria de tomar a minha vida toda por causa da minha doença, que é um remédio para não dar inflamação na urina, e eu já não tomo mais esse remédio por causa de chá. Eu vou revezando com chá, que eu tenho que tomar. [...] [É] bom para a gente tentar pelo menos entender o que está acontecendo. Eu penso assim. Se mal não faz, né? Não faz mal você acreditar.

EU: – [Acreditar] em que sentido? [...]

MELISSA: – Que não é nenhum castigo. Se você tá passando por aquilo dali é porque você precisa passar por aquilo dali, entendeu? Tudo tem um porquê. Se for um castigo ou algo desse tipo, cê está passando por aquilo dali, né? Amanhã ou depois você vai estar melhor por isso.

O isolamento, a depressão, a falta de acessibilidade e o desrespeito seriam o "mal" a ser combatido por meio das rodas de conversa e da prática de esporte (as situações de generalização). A singularização da dor e do sofrimento, como pela ideia de estar enfrentando um castigo, bloquearia a visualização de um "futuro melhor" em que as coisas podem mudar. Isto se assemelha ao que Pollak (1990, p. 244) destaca do trabalho de Halbwachs como comunidade afetiva. É um grupo cujo efeito é atenuar, nas lembranças individuais, o isolamento, os conflitos desoladores, os "traumatismos" provocados pelas experiências extremas seguidas de processos judiciais/criminais, a angústia para com outros e a recusa de contato com terceiros após a proximidade com a morte. A depender da gravidade dos acontecimentos, para certas pessoas, o sofrimento "exigiria" a ancoragem em uma memória geral (Pollak, 1989)[133]. Portanto, a ação coletiva (Cefaï, 2009) observada aqui se organiza remodelando os ambientes e produzindo, simultaneamente, critérios de experiência a permitir que seus atores se orientem, compreendam o que fazem e lidem com aquilo exigido pelas circunstâncias. Nos termos do encadeamento do luto, esses grupos mediam os processos de investigação, o tateamento dos seres e orientam as operações de coordenação de seus membros, de como eles organizam e reorganizam suas memórias actanciais (dando nova preensão à realidade).

Quanto aos policiais, o grupo (na forma dos colegas de BPM) muitas vezes acaba servindo como reverberação das realidades de perigo, tensão e risco de vida já actantes em suas lembranças. Embora não promova "ações coletivas" no mesmo sentido que o NAVI e o Renascer, certamente tensiona e orienta as lembranças e as tonalidades afetivas de seus membros em direção a certas definições de situação. As histórias escutadas, as informações que circulam, as mortes reiteradas, a falta de apoio psicológico que relatam, o castigo e o desrespeito por parte de superiores, são todos fatores orientando suas visões de futuro como conduzidas por distopias ou retrotopia. Não há exatamente a ideia de um "mal" a ser reparado, nos termos dos grupos anteriores, e, logo, uma canalização de energias para tal. O "mal" é muitas vezes substantivado na ideia do portador da sociabilidade violenta (Machado da silva, 2004; Werneck; Talone, 2019) que odeia PMs, um

---

133. Como destacado anteriormente, Pollak refere-se a sobreviventes de campos de concentração na Segunda Guerra Mundial. A "memória geral" de que ele trata seria a da própria humanidade — uma memória que não dispõe nem de porta-voz nem de enquadramento adequado —, tamanha a gravidade das violações cometidas.

problema cuja resolução se encontraria no conflito físico direto, o que por sua vez gera mais mortes e ferimentos (uma distopia). Após mencionar seus anos de serviço nas ruas e os problemas que descobriu da PMERJ ao se transferir para o trabalho administrativo, Eduardo comenta:

> — O meu filho tem a paixão, queria ser que nem eu. Falei: negativo. Não vai mesmo. Vai para qualquer lugar, menos para a polícia militar. Vai para o exército, aeronáutica, pro bombeiro — que apesar de ser estadual, é diferente. Agora para cá, meu amigo... [...]. Eu falo: "É, a gente anda pro lado perigoso, entendeu? É o lado perigoso. Não filho, a sua vida vai estar o tempo inteiro em risco. Você não pode andar direito na rua, você perde sua liberdade. Entendeu?".

A visão de seu presente molda a construção dos mundos futuros (hostis) para seu filho. É uma realidade permeada de perigos e de riscos, algo reiteradamente confirmado para eles, modelando as situações vividas pelo conjunto de elementos dando forma à memória actancial (inclusive, por actantes internos da corporação). Um dos principais tópicos abordados por Pedro era a falta de apoio oficial àqueles "arriscando a vida" pela sociedade, exemplo de como a polícia, na realidade, maltrataria o PM. A ressonância afetiva com o grupo se dá no sentido de atestar o estado alerta 100% do tempo (o *self* PM máquina), a necessidade de brutalização para a própria sobrevivência e o medo como estratégia em operações. Como Nádia aborda o assunto, trata-se de assumir "aquela atenção a mais, a tensão", pois o mundo hostil é potente e real.

Peters (2018) destaca como nossas vivências corpóreo-afetivas não são independentes das atmosferas interafetivas permeando as situações em que nos encontramos. Nos grupos de apoio ou no BPM, observa-se o impacto ou a ressonância de suporte ou de incerteza na mente dos seres (na composição de suas memórias, afetando o corpo). É pela ressonância intercorpórea, isto é, a capacidade de nos sintonizarmos com as "frequências" afetivas das situações em que nos encontramos (Peters, 2019), que um senso de conexão real com outras pessoas pode ser sustentado. Os grupos têm primazia sobre essa "sintonia" e também podem — sobretudo no caso dos PMs — deixar as pessoas em dissonância (Stark, 2009) com os demais actantes de uma situação: o policial que, na folga, vai à padaria ou ao shopping armado e sente-se em constante perigo, atitude levando-o potencialmente à classificação de apto C. O futuro dos PMs está em grande parte marcado pela continuidade, principalmente, da distopia da sociabilidade violenta; o porvir buscado é aquele de menores chances de risco de vida. As expectativas quanto ao futuro são como filtros (Chalari, 2009), mobilizados pelas pessoas, que levam em conta os mundos íntimo e social. Grupos específicos de pessoas, organizações e instituições têm peso no molde destes "filtros". Ao mesmo tempo, as expectativas também se constituem de prioridades e de valores pessoais conforme registrados na memória.

A energia emocional em ressonância com certos grupos, e/ou dissonante para além deles, tensiona lembranças em vias de certas definições de situação. De acordo com Collins (2004, p. 7), certos rituais (digamos aqui, as rodas de conversa nos núcleos ou os bate-papos sobre operações na entrada do BPM) são "mecanismo de emoção e de atenção mutuamente focados que produzem uma realidade momentaneamente compartilhada, que assim gera solidariedade e símbolos de pertencimento a grupo". Observa-se nos grupos uma "intensificação da experiência compartilhada" (Collins, 2004), como Collins desenvolve a partir da noção de efervescência coletiva (Durkheim, 1996). Essa forma de "intensificar" certas experiências coletivamente (pela ressignificação, pela resiliência e pelas rodas de conversa) se dá pela ação e atenção compartilhadas e pelas emoções em comum.

> Movimentos levados em comum operam para focar a atenção, para fazer participantes conscientes uns dos outros de que fazem a mesma coisa e, então, pensam da mesma forma. Movimentos coletivos são sinais pelos quais a intersubjetividade é criada. A atenção coletiva realça a expressão da emoção compartilhada; e, por sua vez, a emoção compartilhada age ulteriormente para intensificar movimentos coletivos e o sentido de intersubjetividade (Collins, 2004, p. 35).

O efeito dos grupos também se dá na compreensão e na construção do porvir, reverberando na "energia emocional individual" (Collins, 2004) e nas flutuações do íntimo — ainda moldadas por valores de coletivos "que prescrevem, avaliam, condenam, exigem e até mesmo proscrevem reações emocionais" (Coelho; Durão, 2017, p. 59). E uma causa, mesmo que interna, levando à generalização de um problema a ser combatido, torna-se o foco em que se investem as tonalidades afetivas. Logo, as experiências extremas e seus registros nas memórias podem se tornar a força de motivações ao porvir.

Futuro en train de se faire

Finalmente, abordar as memórias actanciais visa analisar o peso do passado e das lembranças nas visões de futuro. A construção da possibilidade de futuros "melhores que o presente" é algo tematizado diretamente pelo NAVI e pelo Renascer (às vezes, por arbítrio individual dos assistidos, anterior à participação nos grupos) e apenas algumas vezes pelos PMs do batalhão. No caso desses, em certas entrevistas, por iniciativas diretas minhas nas conversas visando comparar suas narrativas com as dos demais pesquisados. Por isso, e seguindo o caminho tomado por Chateauraynaud (2012a) e em seu trabalho com Torny (1999), falo de um futuro aberto, feito continuamente, nunca já definido (por distopias ou por retrotopia).

O conjunto de elementos que denominei como memória actancial não define/estrutura um caminho específico a ser seguido por uma pessoa, os seus actantes não compõem uma disposição inscrita no corpo dos atores: diferentes futuros (não antes previstos) podem ser planejados a partir das lembranças-imagens e de suas tonalidades afetivas. Dewey (2010) afirma que, por vezes, necessitamos de uma nova coordenação da experiência de forma a se produzir um ajuste entre os sentimentos e a situação presente e isso envolve um processo reflexivo de rememorar e avaliar aquilo vivenciado. A partir de pessoas cujas histórias envolvem a violação física de si ou um de ente próximo, não busquei compreender somente uma "gravidade" dessas experiências em suas vidas, mas abarcar as possibilidades de ação criadas a partir disso. Há de se pensar como ações e "saídas" tornam-se factíveis em uma distopia ou em uma retrotopia realizada. Nossas experiências presentes não se relacionam apenas com experiências passadas, por retenções e lembranças, mas também ao porvir. É a contrapartida das retenções, expressão que Schütz (1979) recupera de Husserl[134].

Joana, ao abordar sobre sua participação em palestras para grupos de motoristas imprudentes no trânsito, afirma projetar sobre si mesma como uma pessoa direta, sem "papas na língua", para fazer "diferença no mundo". Sua experiência passada aponta para um futuro de suporte a vítimas diversas:

---

134. Davies (2005, p. 11), em sua reflexão sobre a morte, coloca o sentimento de esperança como a atitude em relação ao futuro que busca antecipar um maior conhecimento e uma visão explicativa mais ampla. Por meio dessa expectativa e da antecipação, haveria um "valor de sobrevivência", enquadrando a ação no presente com a intenção de obter benefícios no futuro. Seria a mudança de "coloração dos mundos".

> — [No NAVI], falam que pode tudo. Você diz "nem tanto, né"? [...] [Mas] eu virei uma cara de pau, né? Eu sou uma pessoa que... Nossa senhora! Ah, eu não tenho mais vergonha de nada. Eu antes eu não estaria aqui falando com você. Eu, hoje, chamo o presidente [do Detran], "o senhor pode tirar uma foto com a gente?". Assim, na cara de pau, entendeu? O presidente novo. E peço as coisas assim pros outros, para ajudar os outros, eu peço na maior cara de pau. E as pessoas me olham: "Meu Deus do céu, como que você consegue fazer isso?". Mas nada cara de pau de agressivo, entendeu? Cara de pau para ajudar a pessoa.

Sua vida é marcada pelo *self* engajado, auxiliando outros em nome de sua filha.

Marcela seguirá os planos "que Deus fez" para ela, buscando agora "se permitir" viver e ser feliz. Assim como coloca Joana, é uma forma de "fazer bem" ao ente querido, *i.e.*, de viver positivamente em nome dele: "Eu não falo 'o falecido', não. É meu filho. Ele tá morto aqui para o mundo, mas dentro de mim ele tá vivo. Vai ser meu eterno filho". Com isso, afirma que seguirá o carregando: "Sempre vou carregar meu filho no meu coração e nas minhas lembranças e tendo certeza que sempre procurei fazer o melhor pra ele". O futuro em aberto é sinal de uma busca pelo "melhor possível" ao filho.

Roberta, acionando as lembranças passadas do carinho de sua mãe, quer ser mais como sua progenitora no futuro: "A minha mãe foi também sempre uma pessoa muito boa que ajudava todo mundo, largava a casa, largava marido para ajudar fulano, para ajudar cicrano etc. e tal. Então, eu aprendi isso com ela: a ser uma pessoa caridosa, fazer o bem, ajudar". Seu futuro é projetado como "dias melhores" sem "nada planejado". Para ela, é importante "mentalizar" tais projeções: "Claro que depende de alguns fatores. Mas se você não pensar em dias melhores, se você não tiver esperança de alguma coisa melhorar, então, minha filha, não vale a pena viver. Você não tem esperança mais de nada... Eu tenho". Como Joana, seu futuro é, sobretudo, planejado em termos de estar com outros e prestar apoio — não por meio da tristeza, mas da alegria de estar viva e partilhar sua vida com terceiros.

Cláudia busca retomar projetos antigos, paralisados quando se tornou mãe. Ela quer alcançar uma saúde ideal, se ocupar de atividades diversas e se formar no colégio — segundo ela, desejos confirmados por Deus:

> — Se eu fiquei três anos e três meses sem comer e continuei de pé, é porque Deus tinha um propósito muito bom na minha vida, né? Então, se Deus quis, permitiu que eu ficasse até agora aqui, daqui para frente é melhor, né? É só melhora. Só vai ter melhora. Porque, se Deus não me levou, é porque tem algum propósito na minha vida.

Embora esse propósito não seja definido de forma fechada, está ligado ao NAVI e às suas atividades. As ações de Deus — nos termos analisados no Capítulo 2 — se efetivam como afetos positivos em seu corpo (no presente) e alteram a atmosfera relativa a seu futuro. A lembrança de sua sobrevivência durante os três anos e três meses sem uma refeição adequada será actante em seu porvir, na sua efetivação de definição de situações futuras.

Maria José e Zélia colocam, separadamente, que o "futuro possível" é o da participação em grupos de apoio, auxiliando outros em seus encadeamentos do luto, ajudando-os a buscar por justiça. É a atividade de que nunca poderiam fugir, do *self* resiliente, cujas experiências e lembranças compõe uma força a ser canalizada em uma causa generalizada.

Adinea pensa o Renascer em relação às variadas perspectivas de futuro observadas por meio dos atletas, transformados pelas rodas de conversa e pela canalização de energias:

> — Aqui no grupo, eles chegam e veem alguém que tá fazendo faculdade [...], viaja, compete, que ganhou medalha de ouro em mundial, que tá rindo, que trabalha. Tem quem faz computação, pois fica em casa mexendo em computador, vai e se profissionaliza nisso. Dirige. Tem um rapaz aqui que é motorista do Uber. Um deles trabalha pro Uber. Vem aqui, trabalha, leva uma vida normal. O carro é adaptado para as necessidades dele. Aí, faz um dinheiro. E esse dinheiro ajuda, né? A pessoa pensa diferente depois de ver isso. [...] Com todos os problemas, você dá à pessoa uma perspectiva de futuro. [...] Esse menino [que chegou a pensar em] suicídio, ele hoje pensa assim: "Em novembro, eu resolvo o pagamento da minha casa. O dinheiro que sobrar, vou tirar uma habilitação". Olha o planejamento dele: "A minha habilitação e depois vou correr para comprar um carro, para alugar um carro, para fazer Uber". Você entendeu? Então, assim, ele tá tendo uma perspectiva de construção para frente que ele não tinha. O quê que fez isso? O grupo social, ele ter convivido em situações que fez ele perceber que têm possibilidades de viver. [...] Ele queria morrer, não queria contato com cadeirante [antes]. Então, assim, realmente eu falo para você, assim, é o esporte e essas ações assim de inclusão, para colocar as pessoas juntas, que dê perspectiva nova a eles, [que] transformam.

As possibilidades de futuro seriam proficuamente ampliadas pelas convivências com colegas no Renascer, como exposto por vários membros do projeto.

Enquanto Fred já está estabelecido em sua modalidade, projetando continuar em "alto nível" e atingir as primeiras colocações, Lucas ainda está "abrindo as portas" ao novo mundo alcançado pelo esporte. Nesse mundo, ele vem sendo convidado por universidades e por empresas para fazer apresentações e palestras, mesmo que pequenas. Com isso, ele tem um caminho de ação traçado:

— Eu tenho um objetivo. Meu objetivo, que é começar a competir de novo — minha terceira competição — e ganhar alguma coisa primeiro. [Algo que] dê nome para poder levar para a escola. Minha intenção é essa: levar para a escola pública, entendeu? Minha esposa vai ajudar. Ela é formada, ela é enfermeira. Ela quer fazer faculdade de educação física. Para a gente poder agregar, para a gente poder mostrar que não é só futebol que tira a criança do crime, não. Todos os esportes tiram. [...] Tem certas coisas que não tem preço. Esse é meu objetivo. Ganhar alguma coisa, ser campeão brasileiro, entendeu? Rankear. Fazer dez, oito primeiros do ranking. Aí, eu posso ter o objetivo de, pô, levar isso para a escola.

Sua experiência extrema não mais tensiona suas definições de situação pelo receio e pelo medo (como *self* desmotivado), e sim a "volta por cima" agora é actante no planejamento de ações futuras. E será uma lembrança no porvir. Melissa quer desafiar o ser-humano que estigmatiza outros pela cadeira de rodas, demonstrando toda sua potencialidade de ações. Seu ponto cinco inclui um planejamento futuro de sucesso profissional, embora continue treinando no Renascer: "Hoje em dia eu trabalho. Lá no salão vou fazer a contabilidade do salão todas as segundas, entendeu? A do curso é separado, então vou todas as quartas. E terças e quintas eu tô aqui. Arremesso, lançamento de peso".

Em relação aos PMs, em geral, a projeção de futuro diz respeito a "deixar a polícia": seja pela aposentadoria após completar os anos restantes em trabalho interno ou pelo pedido de desligamento devido às avaliações pessoais de risco de vida. Nádia, por exemplo, quer sair da PMERJ para também deixar o Rio de Janeiro, como Pedro também chegou a projetar: a cidade como um lugar de "perigo certo" para policiais não apresentaria sinais de mudança (de melhora). A saída seria a própria transferência para outro local ou a troca de carreira. Pedro afirma "só [pensar] em ir embora" do Rio: "eu vou me embora com a minha família, entendeu? Eu penso. O Rio de Janeiro é muito bonito. Eu sou carioca, nasci e fui criado aqui. Mas hoje em dia já penso em ir embora. [...] Quando eu bater meus 30 anos, eu vou embora". Seu desejo é apenas cumprir os anos necessários para se aposentar e ficar longe da violência carioca: "Porque tá muito ruim. Eu tô doido para ir embora. Só faltam oito anos para me aposentar e poder ir embora". Essa é sua projeção para o futuro.

Eduardo discorre a respeito de seus planos após iniciativa minha de conduzir a conversa neste sentido:

> — Cara, a tendência é eu seguir carreira dentro do batalhão mesmo. [...] Pra eu, tenho ainda mais 12 anos. [...] Aí, com 30 anos pode reformar. Isso se não aumentarem para 35 como tão querendo, né? Senão, é mais cinco anos. 30 anos já acho muito tempo pro tipo de serviço que a gente leva. Então, faltam mais 12 anos aí para... É, bom que tem para você estudar, fazer concurso. Fazer prova para oficial. Em termos financeiros também melhora, o salário. Quando você for para casa, vai com o salário mais alto. Vale a pena, sim. Mais tempo para estudar. E na rua não tem tempo para nada.

Ele comenta a respeito do tempo de espera para a aposentadoria e talvez, aproveitando a carga-horária mais bem definida no trabalho administrativo, estudar para tentar ser oficial e se aposentar com uma patente lhe garantindo um soldo maior — um plano em aberto e a longo prazo.

O balanço feito por cada um de suas próprias vidas e de suas "preocupações últimas" (Archer, 2013), que indicam futuros possíveis, também compõem a imagem da "identidade pessoal" (Archer, 2013) — o que chamei de *self* total, seguindo James. Como Archer destacou, temos a compreensão de quem somos também devido àquilo que nos preocupa no presente e em relação ao porvir. O *self* como construtor de futuros (Archer, 2000, p. 12) é constantemente submetido à deliberação interna sobre a continuidade de seus compromissos passados e presentes. Analisar o conjunto de dispositivos dando forma à memória actancial, incluindo as deliberações internas (Archer, 2007) – como busquei aqui –, é fundamental, pois serve de base para as pessoas para planejarem seus futuros cursos de ação, sempre falíveis e sob restrições situacionais e contextuais. Um acúmulo corrente de experiências de encorajamento (NAVI e Renascer) ou desencorajamento (BPM) pode ainda se somar a tais planejamentos pela "internalização como expectativas" (Archer, 2007). Os mundos e as metafísicas morais estão em constante mudança e as pessoas lidam criativamente (a partir de suas bagagens de experiência) com a renovação de ordens (Tarde, 2007). Os *selves* devem ser considerados em meio às diferenças impulsionadas e fortificadas no "movimento de diferenciação" de tais ordens (Tarde, 2007), apontando para distintas possibilidades futuras.

Em meio a um futuro construído continuamente, o que podemos captar são as preensões correntes dos seres sobre ele (Chateauraynaud, 2011, 2012a). Mesmo quando inteiramente preocupados com o passado, as pessoas atribuem um tempo futuro às suas questões, deliberações e "operações interpretativas" (Chateauraynaud, 2012a). No curso da vida cotidiana, produzimos um mínimo de abertura por vir e elaboramos preensões sobre o futuro. Por vezes, trata-se de um futuro próximo (até mesmo urgente, como visto para policiais) perigoso, imediatamente dentro do alcance, na continuidade de nossas atividades; outras vezes, é algo sem aparente previsão de concretização (mães e cadeirantes como "zumbis"), um futuro de espera; por fim, após a ressignificação e a resiliência, temos o porvir próximo onde ações benfazejas/

engajadas no presente levarão a efetivação de futuros-presentes favoráveis aos *selves* (ou, ao menos, não mais marcados profundamente pela dor e pelo sofrimento). Há, tratando-se da memória actancial e da recomposição de seus componentes, certo "consequencialismo aberto" (Chateauraynaud, 2012a)[135]. A lista de efeitos não é fixa, mas construída ao longo do tempo, por interações com outras pessoas, com grupos, e a partir dos efeitos de certas definições de situação — logo, entre testes de realidade e as visões do porvir cambiantes.

O que chamei de memória actancial dá conta do tempo multitemporalmente na medida em que as construções de futuro (suas aberturas possíveis) são definidas, tensionadas ou validadas pelo acesso ou pela reelaboração de reminiscências a respeito das experiências vividas, das definições atuais de situação e seus efeitos. Por isso, são futuros *en train de se faire* (Chateauraynaud, 2018). Propondo a operação da memória actancial — nos termos destacados no Capítulo 2 —, também aponto para uma sociologia das trajetórias das pessoas (Chateauraynaud, 2011), em como elas interpretam e fazem mover diferentes problemas e causas, projetando a respeito de suas etapas futuras. E não se trata apenas de seus *affaires*, mas de suas próprias noções de si/existências. O encadeamento do luto, englobando o rompimento e a provação de humanidade, abre novos ângulos de visão (Chateauraynaud, 2012b) sobre o mundo e esse processo pode ser analisado relativamente à memória. O potencial de ação das pessoas também toma forma nessa possibilidade da orientação para o futuro (capacidade projetiva), contextualizando hábitos passados dentro das contingências do momento (Emirbayer; Mische, 1998). A experiência

---

135. Chateauraynaud, aqui, se apoia na lógica abdutiva de Peirce, como analisei nos Capítulos 1 e 2, que possibilita introduzir, nas cadeias argumentativas, questões e hipóteses não antes fixadas em um sistema formal.

humana da temporalidade, segundo Mead (1932), baseia-se no caráter social da emergência, ou seja, na passagem do antigo para o novo e nas mudanças inter-relacionadas ocorridas nos vários contextos situacionais nos quais os seres humanos estão inseridos.

Para finalizar, recupero a reflexão de Krishan Kumar (1997) sobre temporalidade. O autor comenta como, ao longo de nossa história, o futuro já foi concebido em função do passado: pelo desejo da recuperação de formas mais antigas do pensamento e dos costumes. Trata-se de uma ideia cíclica de mudança. Aqui o elo com o futuro é tido como possível apenas como obra da providência, não resultando de ação humana ativa. Os assistidos nos grupos de apoio justamente sentem-se presos à própria história passada (marcada pela experiência de contato com a morte); permanecem em um *loop* (pelas lembranças) dos momentos de rompimento. Seria uma das fases mais difíceis do luto. Mas Kumar também comenta a respeito de um modelo de temporalidade que concede especial urgência e importância ao "estágio mais recente": significa a quebra com o passado e um novo começo baseado em novos princípios. A autoridade do passado é abolida e temos o ingresso em um tempo futuro.

O passado pode ser o *lócus* mais comum para o qual um assistido se volta: seja por não ter mais a presença em vida de um ente querido ou por não ter mais certos movimentos no corpo. Nesse caso, o presente e o futuro são definidos pelos sofrimentos de eventos passados e por suas consequências A pessoa pode deixar de se alimentar, de trabalhar, de sair de casa, de lidar com demais parentes, de cuidar da própria saúde etc. É justamente pela reinterpretação de certas lembranças, pelo engajamento em uma causa e pela ressonância afetiva que os grupos buscam abrir os assistidos para um futuro de novas e positivas possibilidades.

Considerações finais

Gostaria de me voltar rapidamente para o último romance de George Orwell e uma das mais famosas distopias da literatura, *1984*. Retomo aqui a dimensão da história relativa às noções de memória e de verdade. Esse livro, publicado em 1949, aborda um futuro em que a memória é o bem mais precioso para o "grupo distópico" (Claeys, 2017) que controla e governa autoritariamente a vida onde se desenvolve o enredo. O "Partido" tem o objetivo de determinar cada aspecto da vida social e pessoal de todos. Winston, o protagonista, afirma que o "passado estava morto" e que o "futuro era inimaginável" (Orwell, 2009, p. 38) justamente devido à alteração contínua, realizada pelo grupo, sobre quais seriam os "fatos reais" vivenciados por todos. A principal arma do Partido é o controle absoluto do que é a verdade: se um acontecimento não é mais adequado a seus objetivos, ele é apagado e negado; e isso deve ser feito por todos os membros do agrupamento, tanto dos registros físicos (documentos, relatos, livros) quanto das memórias particulares.

Por exemplo, o momento presente na Oceania (o superestado em que se passa a história) era sempre marcado pela batalha contra um grande inimigo, uma alteridade cruel, em eterno câmbio. A história passada que levou à guerra corrente era alterada conforme isso fosse julgado adequado às ações presentes do Partido. Winston sentia-se como o seu "pior inimigo" ao considerar os riscos para a sua integridade física, pois o registro pessoal-mnemônico que carregava da vida estava sempre em choque, dissonância, com os cenários tomados como oficiais pela sociedade (representada pelo grupo distópico), de forma que seu sistema nervoso, pelo acúmulo de tensões em seu interior, começa a expressar sintomas observáveis (de desprezo pelos companheiros, de apatia pelas atividades coletivas, de raiva das ações do governo etc.) — revelando aos outros a resistência contra a "memória coletiva oficial".

No decorrer da história, o protagonista é descoberto por, a princípio, um colega, O'Brien, que ao final se mostra um fiel participante do grupo distópico. Para ser adequado à realidade comunicada oficialmente, o protagonista é submetido a torturas que visam o fazer reconhecer como "memória oficial", como "realidade", qualquer afirmação do Partido. Esse define as preensões relativas ao mundo, fossem essas tangíveis ou não em um momento anterior. Em um debate a respeito da memória e do passado, durante o qual recebia choques elétricos, o protagonista recebe a acusação de ser portador de uma doença mental "erroneamente tomada como virtude", qual seja, a de lembrar de coisas que nunca aconteceram. O'Brien coloca: "Você acha, Winston, que o passado tem uma existência real?" — aqui o protagonista reluta e fica confuso ao tentar elaborar uma resposta, levando a outra pergunta: "Vou formular a pergunta com mais precisão. Por acaso o passado existe concretamente no espaço? Há em alguma parte um lugar, um mundo de objetos sólidos, onde o passado ainda esteja acontecendo?" (Orwell, 2009, p. 291). Winston responde que não, o que para O'Brien seria o suficiente para negar a existência do passado. Em seguida, ao retrucar e mencionar os registros, os documentos e a própria mente pessoal (a "memória humana"), O'Brien o responde: "Nós, o Partido, controlamos todos os documentos e todas as lembranças. Portanto, controlamos o passado". E complementa:

> Você acha que a realidade é uma coisa objetiva, externa, algo que existe por conta própria. [...] Mas eu lhe garanto, Winston, a realidade não é externa. A realidade existe na mente humana e em nenhum outro lugar. Não na mente individual, que está sujeita a erros e que, de toda maneira, logo perece. A realidade existe apenas na mente do Partido, que é coletiva e imortal (Orwell, 2009, p. 292).

Concordemos, em parte e temporariamente, com o "vilão" da distopia: o passado não existe de forma concreta, não há um lugar/objeto para o qual olhamos, apontamos e chamamos unicamente de passado. Registros, documentos e mesmo recursos audiovisuais reproduzindo em exatidão uma situação pretérita estão submetidos a diferentes interpretações e visões de mundo. As pessoas podem se referir a um mesmo momento destacando/realçando elementos distintos dele, portanto, "enxergando-o" e o definindo de forma distinta, por diferentes correlações; não apreendendo, portanto, um mesmo passado. Por outro lado, obviamente isso não quer dizer que a memória pessoal seja falha *per se* ou que deva ser suprimida, sobretudo, por uma memória coletiva também aberta a falhas. O ponto é: o pretérito, o que nos trouxe até aqui e cada situação corrente tornando-se passado estão sempre abertos a diferentes interpretações e compreensões – ainda que para uma mesma pessoa em relação à sua própria trajetória – segundo os momentos presentes vividos e nossas projeções de futuro.

Como explora outro autor literário, Stanisław Lem, em seu romance de ficção científica *Solaris* (1961), mesmo que o passado surgisse incorporado para nós no presente, nós o vivenciaríamos de forma distinta. A história do livro, resumidamente, aborda a missão de um cientista para investigar o que se passa em uma base espacial cujo objetivo é explorar um planeta constituído de um imenso "oceano inteligente". Ao longo do livro, ficamos sabendo que diversos "exploradores" tentaram entrar em contato com e compreender tal oceano por variados métodos. A "resposta" do oceano foi enviar para cada pesquisador um "visitante", uma réplica de uma pessoa que conheceu e marcou seu passado, isto é, ele apresenta uma lembrança concretizada no presente, sobretudo, em pessoas. Um dos principais temas da trama é a dor e os conflitos dos personagens expostos a certos, digo eu, actantes de seus passados. A obra aborda o problema de o passado se tornar presente novamente, realçando sofrimentos marcantes para a constituição do, nos termos de James, *self* total de cada personagem. Como afirma o protagonista, incorporando o ponto do autor: "O homem saiu para encontrar outros mundos, outras civilizações, sem saber nada sobre seus próprios recessos, ruas sem saída, poços e portas bloqueadas e escuras" (Lem, 2017, p. 239). A memória pode estar em jogo e necessitar de estabilização em todas as escalas da vida íntima e da vida social, pois ela é necessariamente aberta, *i.e.*, passível de ser retrabalhada, reinterpretada, alterada etc., como vimos aqui.

Lidei com pessoas tendo de enfrentar situações graves nunca antes esperadas, com suas percepções a respeito do passado em intensas alterações, não contando elas com um registro ou um plano sobre como agir e/ou como apropriadamente se sentir — levando-as ao tateamento. Elas têm "bagagens de experiência" em certos mundos, mas não exclusivas desses. Essas bagagens são reminiscências passíveis de serem colocadas em questão ou de serem alteradas abruptamente, como ocorre após a vivência de situações de ferimento, tensão e morte, contribuindo para o desdobramento de contextos de sofrimento e de dor.

Para uma análise sociológica da memória dos seres, em seus foros internos e em grupos, foi apropriado compreendê-la a partir daquilo que dá preensão (Chateauraynaud, 2011, 2012b) à vida corrente e aos planejamentos futuros. Essa foi precisamente a minha intenção ao explorar o que chamei de memória actancial:

compreender os registros e as potências de lembranças específicas em sua efetividade na percepção e na ação corrente (na definição de situação). Nesse sentido, considerando os dispositivos da memória, isto é, as lembranças-imagens, os afetos, as atmosferas, as emoções, as noções de si em câmbio, pode ser encontrada uma contribuição para a sociologia ponderando a efetivação de ações e de situações. Foi destrinchando uma mecânica específica de nosso aparato mnemônico que pude explorar os efeitos diversos da proximidade com a morte (direta ou indiretamente) causada por terceiros e é com relação às consequências relativas às "experiências extremas" que pude dar conta da força da memória em níveis pessoal e em grupo, focando nas definições de situação presente dos pesquisados[136]. Nesse âmbito da análise, voltei a minha atenção para a dimensão da interioridade segundo orientações pragmatistas.

Chateauraynaud (2017), ao buscar explorar o espaço de possibilidades relativo à natureza dos elos formando as pessoas – do grau de individualização de entidades ao grau de assimetria de aderências sobre as suas relações –, identificou quatro formas elementares de concepção pragmática do elo social:

a. a coabitação de mônadas;
b. a organização hierárquica de cadeias de entidades individuais;
c. o engajamento colaborativo em redes cooperativas; e
d. o espaço coletivo de concertação colocando face a face grupos de entidades dotados de porta-vozes.

Para compreender como se formam diferenciais de apreensão, o autor indica a necessidade de tomar a dimensão da "ecologia da

136. E, para além disso, como indicado na Introdução e no Capítulo 2, da memória-hábito.

percepção", centrada nas aderências oferecidas pelos signos do mundo no entorno, e a articular com uma pragmática da interioridade. Essa seria orientada na direção de intuições e de momentos reflexivos no "foro interno", lugar ainda de deliberação ou de "conversação interior" (Archer, 2000, 2003), mas se desvinculando de uma concepção puramente personalista de análise sociológica[137]. No entanto, como destaca Mello (2019), é apenas muito pontualmente que Chateauraynaud anuncia e desenvolve a necessidade de uma "pragmática da interioridade" articulada à ecologia da percepção, referenciando o conceito de conversações interiores de Archer como subsídio.

Com isso, penso ser proveitoso levar em consideração a memória actancial como aqui desenvolvida. Com esse mecanismo, pude compreender e apreender a articulação de situações passadas ao presente e ao porvir, tensionada por tonalidades afetivas que compõem a experiência humana a cada momento. Retomando a noção de preensão por uma análise das "situações biográficas" (Schütz, 1979) e a partir de experiências extremas, tomo o primeiro conceito levando a sério o universo interno dos seres (mesmo que tensionado pela participação em grupos[138]), acompanhando como "concebem, 'tomam' e 'aderem' a si mesmos no seu engajamento reflexivo com o mundo" (Schütz, 1979, p. 169). Foi uma das teorias formais apresentadas neste trabalho.

Assim, busquei contribuir para o preenchimento de um espaço na sociologia pragmática, pois como colocam Corrêa e Dias (2016, p. 91-92):

---

137. Corrêa (2021), para contribuir com a pragmática da interioridade, esboçou formas de responder ao desafio de estabelecer a longo prazo uma escala de análise do indivíduo ou do *self*. Com isso, propõe o que chama de sociologia dos problemas íntimos.

138. Como exploram Zerubavel (1997) e Collins (2004), por exemplo, com diferentes tipos de análise.

> uma das agendas de pesquisa que permanecem em aberto é como fazer uma abordagem pragmática que abarque tanto a ideia de desacordos, controvérsias e problemas de longa duração quanto o fato de os indivíduos serem habitados por uma pluralidade de tensões, crises e problemas. Do mesmo modo que a sociologia pragmática francesa, buscando ir além do modelo de EG, propõe fazer uma sociologia dos problemas públicos, convém perguntar se é possível mudar a escala de análise e fazer uma sociologia dos problemas íntimos? Em outros termos, como pensar o desacordo durável em escala individual e tomar o indivíduo como uma das arenas [...] possíveis em que se expressam tensões, conflitos, problemas duráveis, em suma, para adaptar o título do famoso livro de John Dewey para uma versão mais próxima de G.H. Mead, o *self* e seus problemas?

O presente trabalho buscou seguir nessa direção[139].

Investi esforços em uma dimensão da memória, como evidencia James (1890a), que exige mais do que uma simples data de um fato no passado ou um hábito em repetição, mas pensada a partir do

139. Não me orientei, portanto, segundo a concepção de um passado incorporado como disposição ou como competência (Lahire, 2002, 2016), isto é, com base em uma sociologia da escala individual. Tal sociologia, inspirando-se fortemente nas obras de Bourdieu, embora busque "expandir" o *habitus* (Vandenberghe; Véran, 2016), coloca que as "disposições" não podem nos dar uma explicação coerente da interioridade dos atores. Lahire desenvolve a sociologia em escala individual como "uma sociologia disposicionalista-contextualista, por meio da qual o pesquisador pode reconstruir o universo social do indivíduo que analisa, considerando sempre o jogo entre o passado incorporado e o presente contextualizado" (Boaes; Oliveira; Assis, 2019, p. 16). Para Lahire, o passado é incorporado na forma de disposições e de competências e o presente na forma de contexto. A fórmula geral da ação seria "passado incorporado + contexto = prática" (Boaes; Oliveira; Assis, 2019) — diferente do que propus.

que é experimentado em sua ocorrência. Uma memória que tem "calor e intimidade" para os *selves*, paradigmática para suas vivências. Quanto a amplas possibilidades de estudo e de reflexão relativos à memória, voltei o meu olhar para a sua retenção em imagens e em tonalidades afetivas de situações paradigmáticas (aqui relativas ao contato com a morte); e às reminiscências que atuam em momentos presentes e futuros, tensionando a vivência corrente e, logo, a própria noção de si das pessoas a exercitando (Capítulo 2).

Por fim, isso nos auxilia a compreender a gravidade (e sua extensão) das experiências extremas — pensadas pelo contato concreto com a morte causada por terceiros e alterando profundamente a "vida como antes". A situação de perigo, tensão e morte não deve ser abordada como um momento do tempo "t = 0" para as pessoas a fim de entender suas consequências e o que dela decorre (Gayet-viaud, 2009). Devemos considerar os seres multitemporalmente para dar conta da gravidade das experiências vividas e como os levam a mundos e a metafísicas novas ou potencializadas. Nesse sentido, podemos conceber o luto (Capítulo 3) como um período (sem desfecho definido) marcado pela ausência de algo agora presente apenas por meio do dispositivo das lembranças, pela busca por uma nova estabilização de si e/ou por um estado profundo de dor e de sofrimento em que, por vezes, parece não existir "luz no fim do túnel".

Em relação aos PMs, por exemplo, é necessário abordar desde como se tornaram policiais (normalmente, por entenderem que eram dotados de uma vocação e uma potência para tal) até a vontade de deixar a corporação e/ou o Rio de Janeiro. Em contraste com os demais grupos, os PMs parecem se ver sem possibilidades tanto de saída (deixar a organização e as situações às quais são submetidos participando dela) quanto de voz (expressar as insatisfações) (Hirschman, 1973, p. 16) em relação à PMERJ e, consequentemente, ao mundo hostil. As situações de contato com a morte e os desrespeitos sofridos seriam marcados pela inacessibilidade da capacidade de deslocamento entre mundos. A compreensão do cenário "violento", como constatado pela preensão, por meio das situações antes vivenciadas e correntes, é uma aderência durável (Chateauraynaud, 2017), algo que aos PMs parece ser não contornável. Vivenciam-se os antigos hábitos na expectativa de um rompimento repentino ou buscam-se novas crenças sem uma passagem ou uma "elaboração estável" da nova fase.

Quanto ao NAVI e ao Renascer, não há o estabelecimento de uma memória coletiva, tomada pelos assistidos como válida ou representativa. O efeito conveniente de suas atuações para os seres está na passagem pela ressignificação e pela resiliência (algo ausente nos PMs), auxiliando na estabilização de novos e de antigos *selves*, no desenvolvimento de novas crenças (e hábitos) e no rompimento com as distopias ou com a retrotopia realizada. A força dessa passagem se dá pela dessingularização do sofrimento e da dor, mas no sentido não de os dilatar como "mais uma história dentre outras", e sim no de os partilhar, potencializando a inciativa de engajamento em ações de suporte àqueles passando pelo mesmo (alterando a variação de tonalidades afetivas vigente). A história pessoal, a lembrança particular ainda é aquilo movendo os seres, é o que tem maior relevância para eles, algo de grande actância quanto à preensão em relação a seus mundos e suas atmosferas. O grupo, a partilha das lembranças e a dessingularização do sofrimento atuam gerando lembranças positivas/edificantes para o porvir das pessoas, modificando suas lembranças-imagens e as tonalidades afetivas "nocivas" e potencializando ações de engajamento diversas. E isso seja no regime de justificação, no qual pessoas e coisas se engajam em uma ação justificável segundo ordens de grandeza; no regime do plano, em que a pessoa é reconhecida como um indivíduo autônomo e descolado de seu meio; ou no regime de familiaridade, no qual a pessoa e seu entorno são engajados segundo ligações particulares (Thévenot, 2006). Aqui reside a maior diferença dos grupos em relação aos PMs, que singularizam seus sofrimentos e/ou o veem com maior gravidade por fazerem parte da PMERJ ("vida de policial é assim mesmo"), dando forma a visões de mundo em que rompimentos violentos marcam a perspectiva de futuro imediato.

Analisar e compreender os actantes constituintes da memória actancial oferece um ponto de vista privilegiado a respeito daquilo que constitui "visões de mundo" sustentadas pelas pessoas (por sua vez, orientando ações), de forma que se pode dar conta de como elas vêm a perceber e a vivenciar variadas "realidades" — ou a permanecerem "presos" em uma. Os mundos "violentizados" (Werneck; Teixeira; Talone, 2020), experienciáveis em instâncias práticas tão distintas quanto "a criminalidade" e "a violência do trânsito", como vimos aqui, e as ações possíveis em seu interior são também compostos pelos dispositivos mnemônicos, definindo situações presentes a partir de ícones, índices e símbolos (Peirce, 2005) e elementos do plano afetivo registrados na mente (ainda que com sentidos cambiáveis), conferindo a preensão necessária à vida corrente. Lucas, Fred, Melissa, Joana, Cláudia, entre outros pesquisados, buscam nos grupos de apoio uma transformação na própria forma de lembrar e de sustentar compreensões vigentes do mundo. Pelas rodas de conversa e pelas atividades diversas, eles visam "enxergar o mundo com outros olhos", isto é, vivenciar de outras formas o mundo em que se inserem, alterando suas atmosferas, seus "princípios guias", visando um futuro "construtivo" minimamente possível. Uma vez compreendendo e mapeando as distintas visões de mundo e como elas conduzem ações e práticas efetivamente, podemos captar detalhes sobre a própria vida social, depurando-a morfologicamente, sobretudo ponderando as metafísicas morais. Se vivemos um cenário "hostil" ou "penoso", habitado por uma alteridade "perigosa" ou "cruel", em que o futuro está marcado pela apatia, pelo medo, pela desesperança etc., é também nas situações passadas e nas correntes — juntamente de suas tonalidades afetivas — registradas pelas pessoas em suas mentes que se encontram as pistas relevantes para o apurar.

Como já havia destacado Joseph (2000), uma pessoa "enquadra" suas narrativas por episódios significativos retidos na memória, organizando a experiência e como ela é tornada pública. As situações (e os contextos em que tomam forma) registradas na mente têm sua regularidade e sua organização; assim são efetivas para as pessoas. Nesse sentido, é dos actantes de uma situação que uma pessoa lembra: das localidades e de seus detalhes, de outras pessoas, da tensão ou da fluidez de um procedimento de ação etc. É partindo de grandes ou de "pequenos dramas" (Joseph, 2000) recordados que as narrativas tomam forma quando um relato é demandado sobre algo ocorrido ou sobre âmbitos do mundo.

REFERÊNCIAS

ALEXANDER, Jeffrey C. Toward a Theory of Cultural Trauma. *In:* ALEXANDER, Jeffrey C. *et al.* (Ed.). *Cultural Trauma and Collective Identity*. Los Angeles: California Press, 2004, p. 1—30.

ALEXANDER, Jeffrey C. *Trauma*: A Social Theory. Cambridge (UK) e Malden (US): Polity Press, 2012.

ALEXANDER, Jeffrey C; BREESE, Elizabeth B. Introduction On Social Suffering and Its Cultural Construction. *In*: EYERMAN, Ron; ALEXANDER, Jeffrey; BREESE, Elisabeth B. (Ed.). *Narrating trauma.* On the impact of collective suffering. Boulder: Paradigm Publishers, 2011, p. 11-35.

AMARAL, Maria José da Silva (Org.). *Seguindo a estrada*: Trajetórias de perdas repentinas/precoces no trânsito. Rio de Janeiro: Funenseg, 2012.

ARCHER, Margaret. *Being Human:* The Problem of Agency. Cambridge: Cambridge University Press, 2000.

ARCHER, Margaret. *Structure, Agency and the Internal Conversation.* Cambridge: Cambridge University Press, 2003.

ARCHER, Margaret. Emotions as commentaries on human concerns. *Theory and Research on Human Emotions.* [*s. l.*], v. 21, p. 327—356, jul. 2004.

ARCHER, Margaret. *Making our Way through the World*: Human Reflexivity and Social Mobility. Cambridge: Cambridge University Press, 2007.

ARCHER, Margaret. Routine, Reflexivity, and Realism. *Sociological Theory*, [*s. l.*] v. 28, n. 3, p. 272-303, set. 2010.

ARCHER, Margaret. Reflexivity. *Sociopedia.isa*, [*s. l.*], 2013. Disponível em: http://www.sagepub.net/isa/resources/pdf/Reflexivity.pdf. Acesso em: 28 ago. 2019.

ARCHER, Margaret. Explicação e compreensão podem ser ligadas numa história única? *In*: VANDENBERGHE, Frédéric; VÉRAN, Jean-François (Org.). *Além do habitus*: teoria social pós-bourdieusiana. Rio de Janeiro: 7 Letras, 2016, p. 73-94.

ARIES, Philippe. *O homem perante a morte*. Mem Martins: Publicações Europa-América, LDA, 2000.

AURAY, Nicolas. Les technologies de l'information et le régime exploratoire. *In*: VAN ANDEL, Pek; BOURCIER, Danièle (Ed.). *La sérendipité, le hasard heureux*. Paris: Hermann, 2011, p. 329-343.

AUSTIN, John L. *How To Do Things With Words*. Cambridge: Harvard University Press, 1962.

BARBOT, Janine; DODIER, Nicolas. Violence et démocratie au sein d'un collectif de victimes: Les rigueurs de l'entraide. *Genèses*, [*s. l.*], v. 4, n. 81, p. 84-103, fev. 2010.

BARBOT, Janine; DODIER, Nicolas. Face à l'extension des indemnisations non judiciaires: Le cas des victimes d'un drame de santé publique. *Droit et société*, [*s. l.*], v. 1, n. 89, p. 89-103, 2015.

BARBOT, Janine; DODIER, Nicolas. A força dos dispositivos. *Revista Sociedade e Estado*, [*s. l.*], v. 32, n. 2, p. 487-518, 2017.

BARTHES, Yannick, *et al.* Sociologia pragmática: guia do usuário. *Sociologias*, [*s. l.*], n. 41, p. 84-129, 2016.

BATAILLE, George. Concerning the Accounts Given by the Residents of Hiroshima. *In*: CARUTH, Cathy (Org.), *Trauma*: Explorations in Memory. Baltimore e Londres: The John Hopkins University Press, 1995, p. 221-235.

BATISTA, Vera Malaguti. *O medo na cidade do Rio de Janeiro*: Dois tempos de uma história. Rio de Janeiro: Revan, 2003.

BAUMAN, Zygmunt. *Modernidade líquida*. Rio de Janeiro: Zahar, 2001.

BAUMAN, Zygmunt. *Retrotopia*. Rio de Janeiro: Zahar, 2017.

BECKER, Howard S. *Métodos de pesquisa em ciências sociais*. São Paulo: HUCITEC, 1993.

BECKER, Howard S. *Segredos e truques da pesquisa*. Rio de Janeiro: Zahar, 2007.

BERGSON, Henri. *Matéria e Memória*. Ensaio sobre a relação do corpo com o espírito. São Paulo: Martins Fontes, 1999.

BERTEN, André. Dispositif, médiation, créativité: Petite généalogie. *Hermès*, [*s. l.*], n. 25, p. 33-47, 1999.

BEST, Joel, *Damned Lies and Statistics*: Untangling Numbers From the Media, Politicians, and Activists. Berkeley: University of California Press, 2012.

BETZ, Joseph. Violence: Garver's Definition and a Deweyan Correction. *Ethics*, [*s. l.*], v. 87, n. 4, p. 339-351, 1977.

BOAES, Giovanni; OLIVEIRA, Sheila Borges de; ASSIS, Rodrigo Vieira de. Sociologia(s) em escala individual. *Revista de Ciências Sociais – Política e Trabalho*, [*s. l.*], n. 50, p. 13-28, 2019.

BORGES, Jorge Luis. Funes, o Memorioso. *In*: BORGES, Jorge Luis. *Prosa Completa*, v. 1. Barcelona: Bruguera, 1979, p. 477-484.

BOLTANSKI, Luc. *El amor y la justicia como competencias:* Tres ensayos de sociología de la acción. Madrid: Amorrortu, 2000.

BOLTANSKI, Luc. *Distant Suffering.* Morality, Media and Politics. Cambridge: Cambridge University Press, 2004.

BOLTANSKI, Luc. Sociologia crítica ou sociologia da crítica. *In*: VANDENBERGHE, Frédéric; VÉRAN, Jean-François (Org.). *Além do habitus:* teoria social pós-bourdieusiana. Rio de Janeiro: 7 Letras, 2016, p. 129-154.

BOLTANSKI, Luc; THÉVENOT, Laurent. Finding One's Way in Social Space: A Study Based on Games. *Social Science Information*, [*s. l.*], v. 22, n. 4-5, p. 631-679, 1983.

BOLTANSKI, Luc. The Sociology of Critical Capacity. *European Journal of Social Theory*, [*s. l.*], v. 2, n. 3, p. 359—377, 1999.

BOLTANSKI, Luc. *A Justificação:* Sobre as Economias da Grandeza. Rio de Janeiro, Editora UFRJ, 2020.

BOLTANSKI, Luc; CLAVERIE, Elisabeth. Du monde social en tant que scène d'un procès. *In*: OFFENSTADT, Nicolas; VAN DAMME, Stéphane (Dir.). *Affaires, scandales et grandes causes:* De Socrate à Pinochet. Paris: Éditions Stock, 2007, p. 395-452.

BÖHME, Gernot. A atmosfera como o conceito fundamental da nova estética. Tradução: Diogo Silva Corrêa e Olivia von der Weid. *In:* Diogo Silva Corrêa *et al*. *Blog do LABEMUS:* Laboratório de Estudos de Teoria e Mudança Social. [*s. l.*], 2017. Disponível em: https://blogdosociofilo.com/2017/09/14/a-atmosfera-como-o-conceito-fundamental-da-nova-estetica-por-gernot-bohme/. Acesso em: 13 ago. 2019.

BOURDIEU, Pierre. *Esboço de uma teoria da prática*. Precedido de três estudos de etnologia Cabila. Oeiras: Celta, 2002.

BOURDIEU, Pierre. *Meditações Pascalianas*. Rio de Janeiro: Bertrand Brasil, 2007.

CABRAL, Caio César. A teoria da investigação de John Dewey: lógica e conhecimento. *Cognitio-estudos*: Revista Eletrônica de Filosofia, [*s. l.*], v. 11, n. 2, p. 167-176, 2014.

CALON, Michel; LATOUR, Bruno. Unscrewing the Big Leviathan: How Do Actors Macrostructure Reality. *In*: KNORR-CETINA, Karin; CICOUREL, Aaron (Org.). *Advances in Social Theory and Methodology*: Toward an Integration of Micro and Macro Sociologies. Londres: Routledge, 1981, p. 277-303.

CARUTH, Cathy. Introduction. *In*: CARUTH, Cathy (Org.). *Trauma*: Explorations in Memory. Baltimore e Londres: The John Hopkins University Press, 1995, p. 151-157.

CASEY, Edward S. *Remembering*: A Phenomenological Study. Indiana: Indiana University Press, 2000.

CAVALCANTI, Mariana. Tiroteios, legibilidade e espaço urbano: Notas etnográficas de uma favela carioca. *Dilemas*: Revista de Estudos de Conflito e Controle Social, [*s. l.*], v. 1, n. 1, p. 35-59, 2008.

CEFAÏ, Daniel. Como nos mobilizamos? A contribuição de uma abordagem pragmatista para a sociologia da ação coletiva. *Dilemas*: Revista de Estudos de Conflito e Controle Social, [*s. l.*], v. 2, n. 4, p. 11-48, 2009.

CEFAÏ, Daniel. Pragmatisme, pluralisme et politique: Éthique sociale, pouvoir-avec et self-government selon Mary P. Follett. *PRAGMATA*, [*s. l.*], v.1, p. 180-243, 2018.

CEFAÏ, Daniel. Público, Socialização e Politização: Reler John Dewey na companhia de George Herbert Mead (Parte 1). Tradução: Luana Martins. *In:* Diogo Silva Corrêa *et al. Blog do LABEMUS:* Laboratório de Estudos de Teoria e Mudança Social. [*s. l.*], 2019. Disponível em: https://blogdosociofilo.com/2019/07/04/publico-socializacao-e-politizacao-reler-john-dewey-a-luz-de-george-herbert-mead-parte-1-por-daniel-cefai/. Acesso em: 21 out. 2019.

CHALARI, Athanasia *Approaches to the Individual:* The Relationship between Internal and External Conversation. Manchester: Palgrave Macmillan, 2009.

CHARMAZ, Kathy. *A construção da teoria fundamentada:* guia prático para análise qualitativa. Porto Alegre: Artmed, 2009.

CHATEAURAYNAUD, Francis. *La faute professionelle:* Une sociologie des conflits de responsabilité. Paris: Metailie, 1991.

CHATEAURAYNAUD, Francis. *Argumenter dans un champ de forces*: Essai de balistique sociologique. Paris: Pétra, 2011.

CHATEAURAYNAUD, Francis. Des prises sur le futur. Regard analytique sur l'activité visionnaire. *In:* Retour sur la société du risque, 2011, Cerisy. *Actas do [...]* Cerisy: Centre culturel international de Cerisy 2012a, Disponível em: http://www.ccic-cerisy.asso.fr/risque11.html. Acesso em: 21 out. 2019.

CHATEAURAYNAUD, Francis. A prova do tangível: Experiências de investigação e o surgimento da prova. Tradução: Diogo Silva Corrêa. *In:* Diogo Silva Corrêa *et al. Blog do LABEMUS:* Laboratório de Estudos de Teoria e Mudança Social, [*s. l.*], 2012b. Disponível em: https://blogdolabemus.com/2018/07/12/a-prova-do-tangivel-experiencias-de-investigacao-e-o-surgimento-da-prova-parte-1-por-francis-chateauraynaud/. Acesso em: 21 out. 2019

CHATEAURAYNAUD, Francis. Pragmática das transformações e sociologia das controvérsias: lógicas da investigação em face do tempo longo dos processos. Tradução: Diogo Silva Corrêa. *SocioPhilo, In:* Diogo Silva Corrêa *et al. Blog do* LABEMUS: Laboratório de Estudos de Teoria e Mudança Social, [*s. l.*], 2016. Disponível em: https://blogdolabemus.com/2019/06/03/pragmatica-das-transformacoes-e-sociologia-das-controversias-logicas-de-investigacao-em-face-do-tempo-longo-dos-processos-parte-1-por-francis-chateauraynaud/. Acesso em: 21 out. 2019

CHATEAURAYNAUD, Francis. A captura como experiência. Investigações pragmáticas e teorias do poder. *Revista Brasileira de Ciências Sociais*, [*s. l.*], v. 32, n. 95, p. 1-21, 2017.

CHATEAURAYNAUD, Francis. Le futur a encore besoin de nous! Batailles (ar)rangées autour des ouvertures d'avenir: Intervention au premier séminaire du *Programme Cit'in*, coordonné par Jean-Michel Fourniau pour le Gis Démocratie & Participation. Maison des Sciences de l'Homme Paris Nord, 23 mars, 2018.

CHATEAURAYNAUD, Francis; TORNY, Didier. *Les sombres précurseurs*. Une sociologie pragmatique de l'alerte et du risque. Paris: Editions de l'EHESS, 1999.

CICOUREL, Aaron. *The social organization of juvenile justice*. New York: John Wiley & Sons, 1968.

CLAEYS, Gregory. *Dystopia*: A Natural History. Oxford: Oxford University Press, 2017.

COCCHIERI, Tiziana. Conceito de Abdução: Modalidades de Raciocínio Contidas no Sistema Lógico Peirceano. *Clareira:* Revista de Filosofia da Região Amazônica, [*s. l*], v. 2, n. 1, p. 75-92, 2015.

COELHO, Maria Claudia. Narrativas da Violência: a dimensão micropolítica das emoções. *Mana*, [*s. l.*], v. 16, n. 2, p. 265-285, 2010.

COELHO, Maria Claudia; DURÃO, Susana. Introdução ou Como Fazer Coisas com Emoções. *Interseções*, [*s. l.*], v. 19 n. 1, p. 44-60, 2017.

COLLINS, Randall. Three Faces of Cruelty: Towards a Comparative Sociology of Violence. *Theory and Society*, [*s. l.*], v. 1, n. 4, p. 415-440, 1974.

COLLINS, Randall. On the Microfoundations of Macrosociology. *American Journal of Sociology*, [*s. l.*], v. 86, n. 5, p. 984-1014, 1981.

COLLINS, Randall. *Interaction Ritual Chains*. Princeton e Oxford: Princeton University Press, 2004.

COLLINS, Randall. *Violence:* A Microsociological Theory. Princeton: Princeton University Press, 2008.

CONNERTON, Paul. *Como as sociedades recordam*. Oeiras: Celta Editora, 1999.

COOLEY, Charles Horton. *Human nature and the social order*. New York, Chicago, Boston: Charles Scribner's Sons, 1902.

COOLEY, Charles Horton. O self social: o significado do Eu. Tradução de Mauro Guilherme Pinheiro Koury. *Revista Brasileira de Sociologia da Emoção*, [*s. l.*], v. 16, n. 47, p. 173-192, 2017.

CORBIN, Juliet; STRAUSS, Anselm. Grounded Theory Research: Procedures, Canons, and Evaluative Criteria. *Qualitative Sociology*, [*s. l.*], v. 13, n. 1, p. 3-21, 1990.

CORRÊA, Diogo. Do problema do social ao social como problema: elementos para uma leitura da sociologia pragmática francesa. *Revista de Ciências Sociais*, [*s. l.*], n. 40, p. 35-62, 2014.

CORRÊA, Diogo. *Anjos de fuzil*: uma etnografia das relações entre pentecostalismo e vida do crime na favela Cidade de Deus. Rio de Janeiro: EdUERJ, 2021.

CORRÊA, Diogo; DIAS, Rodrigo de C. Crítica e os momentos críticos: De la Justification e a guinada pragmática na sociologia francesa. *Mana*, [*s. l.*], v. 22, n. 1, p. 67-99, 2016.

CORRÊA, Diogo; TALONE, Vittorio. *A intensidade do ponto de vista do organismo*: uma sociologia das tonalidades afetivas. [*s. l.*], 2019, Mimeografado.

CORRÊA, Diogo; TALONE, Vittorio. O esboço de uma teoria pragmatista da reflexividade: analisando os percursos do conceito pela teoria social. *Sociedade e Estado*, [*s. l.*], v. 36, n. 02, p. 407—431, 2021.

CORREIA, Carlos J. A Identidade Narrativa e o Problema da Identidade Pessoal. Tradução comentada de "L'identité narrative" de Paul Ricoeur. *Arquipélago*, [*s. l.*], v. 7, p. 177-194, 2000.

DAS, Veena. Trauma and Testimony: Implications for Political Community. *Anthropological Theory*, [*s. l.*], v. 3, p. 293-307, 2003.

DAS, Veena. *Life and Words*: Violence and the descent into the ordinary. Berkeley, Los Angeles e Londres: University of California Press, 2007.

DAS, Veena. O ato de testemunhar: violência, gênero e subjetividade. *Cadernos Pagu*, [*s. l.*], v. 37, p. 9-41, 2011.

DAVIES, Douglas J. *A Brief History of Death*. Malden: Blackwell publishing, 2005.

DELEUZE, Gilles. Sur Spinoza: l'affect et l'idée *In: Blog CIP-IdF*. Paris, 2011. Disponível em: http://www.cip-idf.org/article.php3?id_article=5631. Acesso em: 13 nov. 2019. Curso de 24 de Janeiro de 1978.

DELEUZE, Gilles. *Espinosa e o Problema da Expressão*. São Paulo: Editora 34, 2017.

DEWEY, John. The theory of emotion: I. *Psychological Review*, [*s. l.*], v. 1, n. 6, p. 553-569, nov. 1894.

DEWEY, John. The theory of emotion. *Psychological Review*, [*s. l.*], v. 2, n. 1, p. 13-32, jan. 1895.

DEWEY, John. The Reflex Arc Concept in Psychology. *Psychological Review*, [*s. l.*], v. 3, n. 4, p. 357-370, 1896.

DEWEY, John. Force and Coercion. *International Journal of Ethics*, v. 26, n. 3, p. 359-367, 1916.

DEWEY, John. Force, violence and law. *In*: RATNER, Joseph (Ed.). *Characters and Events:* Popular Essays in Social and Political Philosophy. New York: Henry Holt and Company, 1929, p. 636-641.

DEWEY, John. *Logic:* The Theory of Inquiry. Nova York: Henry Holt, 1938.

DEWEY, John. *Arte como experiência*: últimos escritos, 1925-1953. Tradutor: Vera Ribeiro. São Paulo: Martins Fontes, 2010.

DIAS, Ariley. *Para ver o futuro:* Utopia, risco e paz no Jardim Batan. 2016. 163 f. Dissertação (Mestrado em Sociologia e Antropologia) – Programa de Pós-Graduação em Sociologia e Antropologia, Universidade Federal do Rio de Janeiro, Rio de Janeiro, 2016.

DODIER, Nicolas. Review Article: Action as a combination of "common worlds". *The Sociological Review*, [*s. l.*], v. 41, n. 3, p. 556-571, 1993.

DODIER, Nicolas. Uma abordagem processual dos dispositivos. Tradução: Diogo Silva Corrêa e Carlos Gutierrez. *In:* Diogo Silva Corrêa *et al. Blog do LABEMUS:* Laboratório de Estudos de Teoria e Mudança Social. [*s. l.*], 2016. Disponível em: https://blogdolabemus.com/2016/09/11/uma-abordagem-processual-dos-dispositivos/?fbclid=IwAR3cbG2Dvrjh-9VTVj-0b4weNVlFyRthgATxmPfiCY6jZUncLwbohTkO8Ops. Acesso em: 18 jun. 2019. Conferência proferida no I Colóquio Crítica e Pragmatismo, na Universidade de Brasília.

DURKHEIM, Émile. *As Formas Elementares da Vida Religiosa*: o sistema totêmico na Austrália. São Paulo: Martins Fontes, 1996.

DURKHEIM, Émile. *O Suicídio:* Estudo de Sociologia. São Paulo: Martins Fontes, 2000.

EGAN, Marshall T. Grounded Theory Research and Theory Building. *Advances in Developing Human Resources*, [*s. l.*], v. 4, n. 3, p. 277-295, 2002.

ELLIOTT, Jane. *Using Narrative in Social Research.* Qualitative and Quantitative Approaches. London: Sage Publications, 2005.

ELIAS, Norbert. *O Processo Civilizador:* Uma História dos Costumes. Rio de Janeiro: Zahar, 1994. 1 v.

ELIAS, Norbert. *A solidão dos moribundos*: seguido de "Envelhecer e morrer". Rio de Janeiro: Zahar, 2001.

EMIRBAYER, Mustafa; MISCHE, Ann. What is agency? *American Journal of Sociology*, [*s. l.*], v. 103, n. 4, p. 962—1023, 1998.

EYERMAN, Ron; ALEXANDER, Jeffrey; BREESE, Elisabeth B. *Narrating trauma.* On the impact of collective suffering. Boulder: Paradigm Publishers, 2011.

FERREIRA, Letícia Carvalho de M. *Uma etnografia para muitas ausências*: O desaparecimento de pessoas como ocorrência policial e problema social. 2011. 309 f. Tese (Doutorado em Antropologia) – Programa de Pós-Graduação em Antropologia Social do Museu Nacional, Universidade Federal do Rio de Janeiro, Rio de Janeiro, 2011.

FREIRE, Jussara. Agir no regime de desumanização: Esboço de um modelo para análise da sociabilidade urbana na cidade do Rio de Janeiro. *Dilemas:* Revista de Estudos de Conflito e Controle Social, [*s. l.*], v. 3, n. 4, p. 119-142, 2010.

FREIRE, Jussara. Uma caixa de ferramentas para a compreensão de públicos possíveis. Um arranjo de sociologias pragmatistas. *Revista Brasileira de Sociologia da Emoção*, [*s. l.*], v. 12, n. 36, p. 720-737, 2013.

FREIRE, Jussara. Sociologia da moral, ação coletiva e espaço público. *In*: WERNECK, Alexandre; CARDOSO DE OLIVEIRA, Luis Roberto (Org.). *Pensando bem*: Estudos de sociologia e antropologia da moral. Rio de Janeiro: Casa da Palavra, 2014a, p. 71-91.

FREIRE, Jussara. "Violência urbana" e "cidadania" na cidade do Rio de Janeiro: Tensões e disputas em torno das "justas atribuições" do Estado. *Dilemas*: Revista de Estudos de Conflito e Controle Social, [*s. l.*], v. 7, n. 1, p. 73-94, 2014b.

FREIRE, Jussara; TEIXEIRA, Cesar Pinheiro. Humanidade disputada: Sobre as (des)qualificações dos seres no contexto de "violência urbana" do Rio de Janeiro. *Terceiro Milênio*: Revista Crítica de Sociologia e Política, [*s. l.*], v. 6, n. 1, p. 58-85, 2016.

FREIRE, Gilberto Martins. *Esporte adaptado e ergonomia*: Bancos de arremesso para atletas paralímpicos. 2018. 261 f. Tese (Doutorado em Educação Física) – Programa de Pós-Graduação em Educação Física, Universidade de São Judas Tadeu, São Paulo, 2018.

FREUD, Sigmund. Além do princípio do prazer, Psicologia de grupo e outros trabalhos: 1920-1922. *In*: *Obras psicológicas completas de Sigmund Freud*. Rio de Janeiro: Imago, 1996.

FREUD, Sigmund. *Escritos sobre a guerra e a morte*. Tradução: Artur Mourão. Covilhã: LusoSofia: press, 2009. Disponível em: http://www.lusosofia.net/textos/freud_sigmund_da_guerra_e_da_morte.pdf. Acesso em: 13 nov. 2019.

GARFINKEL, Harold. *Studies in Ethnomethodology*. Englewood Cliffs: Prentice Hall, 1967.

GARRISON, Jim. Dewey's Theory of Emotions: The Unity of Thought and Emotion in Naturalistic Functional "Co-Ordination" of Behavior. *Transactions of the Charles S. Peirce Society*, [*s. l.*], v. 39, n. 3, p. 405-443, 2003.

GAYET-VIAUD, Carole. As disputas de cortesia no espaço urbano: Quando a cortesia se transforma em violência. *Dilemas*: Revista de Estudos de Conflito e Controle Social, [*s. l.*], v. 1, n. 1, p. 61-91, 2008.

GAYET-VIAUD, Carole. *La réparation des accidents du travail et maladies professionnelles*: l'expérience des victimes. [*s. l.*]: L'Agence Nationale pour la Recherche, 2009. Rapport.

GLASER, Barney G. The Constant Comparative Method of Qualitative Analysis. *Social Problems*, [*s. l.*], v. 12, n. 4, p. 436-445, 1965.

GLASER, Barney G. Naturalist Inquiry and Grounded Theory. *Historical Social Research*, [*s. l.*], n. 19, p. 114-132, 2007.

GLASER, Barney G; STRAUSS, Anselm L. Temporal Aspects of Dying as a Non-Scheduled Status Passage. *American Journal of Sociology*, [*s. l.*], v. 71, n. 1, p. 48-59, 1965.

GLASER, Barney G; STRAUSS, Anselm L. *The Discovery of Grounded Theory:* Strategies for Qualitative Research. Chicago: Aldine, 1967.

GLASER, Barney G; STRAUSS, Anselm L. Discovery of Substantive Theory: A basic strategy underlying qualitative research. *In*: FILSTEAD, William J. (Ed.). *Qualitative Methodology:* Firsthand Involvement with the social world. Chicago: Markham, 1970, p. 288-301.

GOFFMAN, Erving. *Estigma:* Notas sobre a manipulação da identidade deteriorada. Rio de Janeiro: LTC, 2008.

GOFFMAN, Erving. *A representação do eu na vida cotidiana.* Petrópolis: Vozes, 2013.

GOUVEIA, Bruno. Partida. *In:* GOUVEIA, Bruno. *Blog entre mim e você*, [*s. l.*], 2011 Disponível em: http://mimevoce.blogspot.com/2011/06/para-meu-filho-gabriel-10-08-08-17-06.html. Acesso em: 07 fev., 2023.

GREIMAS, Algirdas J; COURTÉS, Joseph. *Dicionário de Semiótica.* São Paulo: Cultrix, 1979.

GRILLO, Carolina. Da violência urbana à guerra: Repensando a sociabilidade violenta. *Dilemas*: Revista de Estudos de Conflito e Controle Social, [*s. l.*], v. 12, n. 1, p. 62-92, 2019.

HALBWACHS, Maurice. *A memória coletiva.* São Paulo: Revista dos Tribunais LTDA, 1990.

HEINICH, Nathalie. *Ce que l'art fait à la sociologie.* Paris: Les éditions de minuit, 1998.

HIRSCHMAN, Albert. *Saída, voz e lealdade.* São Paulo, Perspectiva, 1973.

HONNETH, Axel. *Luta por reconhecimento:* A gramática moral dos conflitos sociais. São Paulo: Editora 34, 2003.

HONNETH, Axel. *Disrespect*. The normative foundations of critical theory. Cambridge: Polity Press, 2007.

HUTTER, Michael; STARK, David. Pragmatst Perspectves on Valuaton: An Introducton. *In*: ANTAL, Ariane Berthoin; HUTTER, Michael; STARK, David (Org.). *Moments of Valuaton*: Exploring Sites of Dissonance. Nova York: Oxford University Press, 2015, p. 1-14.

IMBUSCH, Peter. The Concept of Violence. *In*: HEITMEYER, Wilhelm; HAGAN, John (Org.). *International Handbook of Violence Research*. Nova York: Kluwer, 2003, p. 13-39.

JAMES, William. *The Principles of Psychology*, London: MacMillan, 1890a. 1 v.

JAMES, William. *The Principles of Psychology*, London: MacMillan, 1890b. 2 v.

JAMES, William. Philosophical conceptions and practical results. *University Chronicle*, [*s. l.*], v. 1, n. 4, p. 287-310, 1898.

JAMES, William. *Pragmatism:* A New Name for Some Old Ways of Thinking. Cambridge: Harvard University, 1907.

JAMES, William. *Variedades da Experiência Religiosa:* Um Estudo Sobre a Natureza Humana. São Paulo: Cultrix, 1991.

JAMES, William. O que é uma emoção?. Tradução: Raphael Silva Nascimento. *Clínica & Cultura*, [*s. l.*], v. 2, n. 1, p. 95-113, 2013.

JOAS, Hans. Pragmatisme et sciences sociales. L'heritage de l'ecole de Chicago. *In*: CEFAÏ, Daniel; JOSEPH, Isaac (Dir.). *L'héritage du pragmatisme:* Conflits d'urbanité et épreuves de civisme. La Tour d'Aiguës: Éditions de l'Aube, 2002, p. 18-61.

JOSEPH, Isaac. *Erving Goffman e a microssociologia*. Rio de Janeiro: FGV, 2000.

KAUFMANN, Jean-Claude. *A entrevista compreensiva:* um guia para pesquisa de campo. Petrópolis: Vozes, 2013.

KAUFMANN, Jean-Claude. *Identidades, una bomba de relojería.* Espanha: Editorial Ariel, 2015.

KEARL, Michael C. *Endings:* A Sociology of Death and Dying. New York: Oxford University Press, 1989.

KELLEHEAR, Allan. Dying as a social relationship: a sociological review of debates on the determination of death. *Social Science & Medicine*, [*s. l.*], v. 66, n. 7, p. 1533-1544, 2008.

KLEINMAN, Arthur. Pitch, picture, power: The globalization of local suffering and the transformation of social experience. *Ethnos:* Journal of Anthropology, [*s. l.*], v. 60, n. 3-4, 181-191, 1995.

KUMAR, Krishan. *Da sociedade pós-industrial à pós-moderna.* Novas teorias sobre o mundo contemporâneo. Rio de Janeiro: Zahar, 1997.

LAHIRE, Bernard. *Homem plural:* os determinantes da ação. Petrópolis: Vozes, 2002.

LAHIRE, Bernard. O homem plural ou a sociologia em escala individual. *In:* VANDENBERGHE, Frédéric; VÉRAN, Jean-François (Org.). *Além do habitus:* teoria social pós-bourdieusiana. Rio de Janeiro: 7 Letras, 2016, p. 39-47.

LAPOUJADE, David. *Potências do tempo.* São Paulo: n-1 Edições, 2012.

LATOUR, Bruno. *Science in action:* How to follow scientists and engineers through society. Cambridge: Harvard University Press, 1987.

LATOUR, Bruno. *The pasteurization of France.* Cambridge: Harvard University Press, 1988.

LATOUR, Bruno. Como falar do corpo?: A dimensão normativa dos estudos sobre a ciência. *In*: NUNES, João Arriscado; ROQUE, Ricardo (Org.). *Objectos Impuros*: Experiências em Estudos sobre a Ciência. Porto: Afrontamento, 2008, p. 39-62.

LATOUR, Bruno. *Reagregando o social*. Uma introdução à teoria do ator-rede. Salvador: Edufba; e Bauru: Edusc, 2012.

LATOUR, Bruno; WOOLGAR, Steve. *A vida de laboratório*. A produção dos fatos científicos. Rio de Janeiro: Relume Dumará, 1997.

LEE, Nam-In. Edmund Husserl's Phenomenology of Mood. *In*: DEPRAZ, Natalie; ZAHAVI, Dan (Ed.). *Alterity and facticity*: New Perspectives on Husserl. Berlin: Springer Science & Business Media, 1998, p. 103-120.

LEITE, Francisco. Raciocínio e procedimentos da Grounded Theory Construtivista. *Questões Transversais – Revista de Epistemologias da Comunicação*, [*s. l.*], v. 3, n. 6, p. 76-85, 2015.

LEITE, Márcia Pereira. Da "metáfora da guerra" ao projeto de "pacificação": favelas e políticas de segurança pública no Rio de Janeiro. *Revista brasileira de segurança pública*, [*s. l.*], v. 6, n. 2, p. 374-389, 2012.

LEM, Stanisław. *Solaris*. São Paulo: Aleph, 2017.

LEMIEUX, Cyril. De la théorie de l'habitus à la sociologie des épreuves: relire L'expérience concentrationnaire. *In*: ISRAËL, Liora; VOLDMAN, Danièle. (Dir.). *Michaël Pollak*: De l'identité blessée à une sociologie des possibles. Paris: Editions Complexe, 2008, p. 179-205.

LEMIEUX, Cyril. *La sociologie pragmatique*. Paris: La Découverte, 2018.

LIVET, Pierre; THÉVENOT, Laurent. Modes d'action collective et construction éthique: Les émotions dans l'évaluation. *In*: DUPUY, Jean-Pierre; LIVET, Pierre (Org.). *Coloque de Cerisy*: Les limites de la racionalité: Rationalité éthique et cognition. Paris: La Decouverte, 1997, 1 v, p. 412-439.

MACHADO DA SILVA, Luiz Antônio. Violência urbana: Representação de uma ordem social. *In*: NASCIMENTO, Elimar Pinheiro; BARREIRA, Irlys (Org.). *Brasil urbano*: Cenário da ordem e da desordem. Rio de Janeiro: Notrya, 1993, p. 131-142.

MACHADO DA SILVA, Luiz Antônio. Sociabilidade violenta: Por uma interpretação da criminalidade contemporânea no Brasil urbano. *Sociedade e Estado*, [*s. l.*], v. 19, n. 1, p. 53-84, 2004.

MACHADO DA SILVA, Luiz Antônio. Violência urbana, segurança pública e favelas: O caso do Rio de Janeiro atual. *Caderno CRH*, [*s. l.*], v. 32, n. 59, p. 283-300, 2010.

MACHADO DA SILVA, Luiz Antônio. Polícia e violência urbana em uma cidade brasileira. *Etnográfica*, [*s. l.*], v. 15, n. 1, p. 67-82, 2011. Disponível em: https://journals.openedition.org/etnografica/828. Acesso em: 21 out. 2019.

MACHADO DA SILVA, Luiz Antônio; LEITE, Márcia Pereira. Violência, crime e polícia: o que os favelados dizem quando falam desses temas?. *In*: MACHADO DA SILVA, Luiz Antônio (Org.). *Vida sob cerco*: Violência e rotina nas favelas do Rio de Janeiro. Rio de Janeiro: Nova Fronteira, 2008, p. 47-76.

MANNHEIM, Karl. O pensamento conservador. *In*: MARTINS, José de Souza (Org.). *Introdução crítica à sociologia rural*. São Paulo: HUCITEC, 1986, p. 77-131.

MARX, Karl. *O 18 de Brumário de Luís Bonaparte*. São Paulo: Boitempo, 2011.

MASSUMI, Brian. The Autonomy of Affect. *Cultural Critique* [*s. l.*], n. 31, The Politics of Systems and Environments, Part II, p. 83-109, 1995.

MEAD, George Herbert. Social Psychology as Counterpart to Physiological Psychology, *Psychological Bulletin*, [*s. l.*], v. 6, p. 401-408, 1909.

MEAD, George Herbert. The Mechanism of Social Consciousness. *The Journal of Philosophy, Psychology and Scientific Methods*, [*s. l.*], v. 9, n. 15, p. 401-406, 1912.

MEAD, George Herbert. The Social Self. *The Journal of Philosophy, Psychology and Scientific Methods*, [*s. l.*], v. 10, p. 374-380, 1913.

MEAD, George Herbert. The Nature of the Past. *In*: COSS, John (Ed.). *Essays in Honor of John Dewey*. New York: Henry Holt & Co., 1929, p. 235-242.

MEAD, George Herbert. *The philosophy of the present*. Londres: The Open Court Company, 1932.

MEAD, George Herbert. *Mind, Self, and Society*. Chicago: The University of Chicago Press, 1934.

MELLO, Fabrício Cardoso de. As transformações de Francis Chateauraynaud: percepção e reflexividade na segunda onda da sociologia pragmática francesa. *Sociologia & Antropologia*, [*s. l.*], v. 9, n. 1, p. 159-184, 2019.

MERLEAU-PONTY, Maurice. A espacialidade do corpo próprio e a motricidade. *In*: MERLEAU-PONTY, Maurice. *Fenomenologia da Percepção*. São Paulo: Martins Fontes, 2002, p. 143-204.

MIRANDA, Dayse (Org.). *Por que policiais se matam?*: Diagnóstico e prevenção do comportamento suicida na polícia militar do Estado do Rio de Janeiro. Rio de Janeiro: Mórula Editorial, 2016.

MIRANDA, Dayse; GUIMARÃES, Tatiana. O Suicídio Policial: O que sabemos?. *Dilemas*: Revista de Estudos de Conflito e Controle Social, [*s. l.*], v. 9, n. 1, p. 13-34, 2016.

MISSE, Michel. *Malandros, marginais e vagabundos:* A acumulação social da violência no Rio de Janeiro. 1999. 465 f. Tese (Doutorado em Sociologia) – Instituto Universitário de Pesquisas do Rio de Janeiro, Rio de Janeiro, 1999.

MISSE, Michel. Crime, sujeito e sujeição Criminal: aspectos de uma contribuição analítica sobre a categoria "bandido". *Lua Nova*, [*s. l.*], v. 79, p. 15-38, 2010.

MISSE, Michel. Violência e teoria social. *Dilemas*: Revista de Estudos de Conflito e Controle Social, [*s. l.*], v. 9, n. 1, p. 45-63, 2016.

MUNIZ, Jacqueline de O. *Ser policial é, sobretudo, uma razão de ser:* Cultura e Cotidiano da Polícia Militar do Estado do Rio de Janeiro. 1999. 289 f. Tese (Doutorado em Ciência Política) – Instituto Universitário de Pesquisas do Rio de Janeiro, Rio de Janeiro, 1999.

NEITZEL, Sönke; WELZER, Harald. *Soldaten*: On fighting, killing, and dying. New York: Alfred A. Knopf, 2012.

NORA, Pierre. Between Memory and History: Les Lieux de Mémoire. *Representations*, [*s. l.*], n. 26, Special Issue: Memory and Counter-Memory, p. 7-24, 1989.

OGIEN, Albert; QUÉRÉ, Louis. *Le vocabulaire de la sociologie de l'action*. Paris: Ellipses, 2005.

OLIVEIRA, Rita de Cássia. A confirmação do sujeito capaz em Ricoeur: identidade pessoal e imputação moral. *Cadernos de Ética e Filosofia Política*, [*s. l.*], v. 19, n. 2, p. 29-42, 2011.

ORWELL, George. *1984*. São Paulo: Companhia das letras, 2009.

PEETERS, Hugues; CHARLIER, Philippe. Contributions à une théorie du dispositif. *Hermès*, [*s. l.*], n. 25, p. 15-23, 1999.

PEIRCE, Charles S. The Fixation of Belief. *Popular Science Monthly*, [*s. l.*], v. 12, p. 1-15, 1877.

PEIRCE, Charles S. *The Essential Peirce*. Indianapolis: Indiana University Press, 1998. 2 v.

PEIRCE, Charles S. *Semiótica*. São Paulo: Perspectiva, 2005.

PEIRCE, Charles S. Como tornar nossas ideias claras. Tradução: Antônio Fidalgo. *Popular Science Monthly*, [*s. l.*], v. 12, 1878, p. 286-302. 2008. Disponível em: http://www.bocc.ubi.pt/pag/fidalgopeirce-how-to-make.pdf. Acesso em: 21. out. 2019.

PETERS, Gabriel. Habitus, reflexividade e neo-objetivismo na teoria da prática de Pierre Bourdieu. *Revista Brasileira de Ciências Sociais*, [*s. l.*], v. 28, n. 83, p. 47-72, 2013.

PETERS, Gabriel. *A ordem social como problema psíquico*. Do existencialismo sociológico à epistemologia insana. São Paulo: Annablume, 2017.

PETERS, Gabriel. Virada afetiva: intersubjetividade, intercorporeidade, interafetividade. *In:* Diogo Silva Corrêa *et al*. *Blog do LABEMUS:* Laboratório de Estudos de Teoria e Mudança Social. [*s. l.*], 2018. Disponível em: https://blogdosociofilo.com/2018/11/08/debate-virada-afetiva-intersubjetividade-intercorporeidade-interafetividade/. Acesso em: 29 mar. 2019.

PETERS, Gabriel. A solidão dos deprimidos: sobre virada afetiva e depressão. *In:* Diogo Silva Corrêa *et al*. *Blog do LABEMUS:* Laboratório de Estudos de Teoria e Mudança Social. [*s. l.*], 2019. Disponível em: https://blogdosociofilo.com/2019/05/21/a-solidao-dos-deprimidos-sobre-virada-afetiva-e-depressao-por-gabriel-peters/. Acesso em: 10 jun. 2019.

POGREBINSCHI, Thamy. *Pragmatismo*: Teoria social e política. Rio de Janeiro: Relume Dumará, 2005.

POLLAK, Michael. Memória, Esquecimento, Silêncio. Tradução por Dora Rocha Flaksman. *Estudos Históricos*, Rio de Janeiro, v. 2, n. 3, p. 3-15, 1989.

POLLAK, Michael. *L'experience concentracinnaire:* Essai sur le maintien de l'identité sociale. Paris: Métailié, 1990.

POLLAK, Michael. Memória e identidade social. Conferência transcrita e traduzida por Monique Augras. Edição por Dora Rocha. *Estudos Históricos*, Rio de Janeiro, v. 5, n. 10, p. 200-212, 1992.

POLLAK, Michael. A gestão do indisível. Tradução por Gabriele dos Anjos. *WebMosaica:* Revista do instituto cultural judaico, [*s. l.*], v. 2, n. 1, p. 9-49, 2010.

POLLAK, Michael; HEINICH, Nathalie. Le témoignage. *Actes de la recherche en sciences sociales*, [*s. l.*], v. 62-63, L'illusion biographique, p. 3-29, 1986.

PORTO, Maria Stela Grossi. A violência urbana e suas representações sociais: O caso do Distrito Federal. *São Paulo em Perspectiva*, [*s. l.*], v. 13, n. 4, p. 130-135, 1999.

PORTO, Maria Stela Grossi. Crenças, valores e representações sociais da violência. *Sociologias*, [*s. l.*], n. 16, p. 250-273, 2006.

QUÉRÉ, Louis. L'émotion comme facteur de complétude et d'unité dans l'expérience. La théorie de l'émotion de John Dewey. *PRAGMATA*, [*s. l.*], v. 1, p. 10-59, 2018.

RICOEUR, Paul. Memory, history, oblivion. *In*: Conferência Internacional Haunting Memories? History in Europe after Authoritarianism, 2003, Budapeste, *Anais [...]*. Paris: Fonds Ricoeur, 2003. Disponível em: http://www.fondsricoeur.fr/photo/Budapest%202003%20texte%20Angl%20%20(2).pdf. Acesso em: 06 set. 2019.

RICOEUR, Paul. *Memória, história, esquecimento*. Campinas: Editora da Unicamp, 2007.

RINGER, Fritz. *A metodologia de Max Weber*. Unificação das ciências culturais e sociais. São Paulo: Edusp. 2004.

RIOS, Fábio. Memória coletiva e lembranças individuais a partir das perspectivas de Maurice Halbwachs, Michael Pollak e Beatriz Sarlo. *Revista Intratextos*, [*s. l.*], v. 5, n. 1, p. 1-22, 2013.

ROCHA, Letícia Freire. *Transtorno do estresse pós-traumático em policiais militares do Rio de Janeiro*. 2013. 126 f. Tese (Doutorado em Política, Planejamento e Administração em Saúde) – Programa de Pós-Graduação em Saúde Coletiva, Universidade do Estado do Rio de Janeiro, Rio de Janeiro, 2013.

ROSALDO, Renato. Introduction: Grief and a Headhunter's Rage. *In*: *Culture and Truth*: The Remaking of Social Analysis. Boston: Beacon Press; Londores: Taylor & Francis, 1993.

RUSSO, Maurício Bastos. *Violência no trânsito à moda brasileira*: insegurança, letalidade e impunidade. 2012. 225 f. Tese (Doutorado em Sociologia) – Programa de pós-graduação em Sociologia, Universidade Federal do Ceará, Fortaleza, 2012.

SANTOS, Myrian Sepúlveda. Memória coletiva, trauma e cultura: um debate. *Revista USP*, [*s. l.*], n. 98, p. 51-68, 2013.

SANTOS, Myrian Sepúlveda; ARAUJO, Maria Paula N. História, memória e esquecimento: Implicações políticas. *Revista Crítica de Ciências Sociais*, [*s. l.*], n.79, p. 95-111, 2007.

SCABIO, Jeferson. Sofrimento, fé e justiça: Um estudo sobre um grupo de mães de vítimas de acidentes de trânsito e de violência policial. *Dilemas*: Revista de Estudos de Conflito e Controle Social, [*s. l.*] v. 9, n. 1, p. 111-140, 2016

SCHMIDT, Maria Luisa S; MAHFOUD, Miguel. Halbwachs: Memória coletiva e Experiência. *Psicologia USP*, [*s. l.*], v. 4, n. 1/2, p. 285-298, 1993.

SCHÜTZ, Alfred. The Problem of Rationality in the Social World. *Economica*, [*s. l.*], v. 10, n. 38, p. 130-149, 1943.

SCHÜTZ, Alfred. On Multiple Realities. *Philosophy and Phenomenological Research*, [*s. l.*], v. 5, n. 4, p. 533-576, 1945.

SCHÜTZ, Alfred. *Fenomenologia e relações sociais*. Organização e introdução de Helmut Wagner. Rio de Janeiro: Zahar, 1979.

SCOTT, Marvin B; LYMANN, Stanford M. Accounts. *Dilemas*: Revista de Estudos de Conflito e Controle Social, [*s. l.*], v. 2, n. 2, p. 139-172, 2009.

SEIGWORTH, Gregory; GREGG, Melissa. *The Affect Theory Reader*. Durham: Duke University Press, 2010.

SHINKEL, Willem. *Aspects of violence*: a critical theory. Kent: Palgrave and Macmillan, 2010.

SIMMEL, Georg. *The Sociology of Georg Simmel*. Glencoe (Illinois): The Free Press, 1950.

SIMMEL, Georg. *Questões fundamentais da sociologia*: indivíduo e sociedade. Rio de Janeiro: Zahar, 2006.

SIRIMARCO, Mariana. O Cume dos Heróis: a escritura emotiva de um relato policial. *Interseções*, [*s. l.*] v. 19, n. 1, p. 129-149, 2017

STARK, David. *The Sense of Dissonance*: Accounts of Worth in Economic Life. Princeton & Oxford: Princeton University Press, 2009.

STEINBOCK, Anthony. Spirit and Generativity: The Role and Contribution of the Phenomenologist in Hegel and Husserl. *In*: DEPRAZ, Natalie; ZAHAVI, Dan (Ed.). *Alterity and facticity*: New Perspectives on Husserl. Berlin: Springer Science & Business Media, 1998, p. 163-204.

STRAUSS, Anselm L. *Espelhos e máscaras: a busca de identidade.* São Paulo: EdUsp. 1999.

TALONE, Vittorio. *Confiança e desconfiança como dispositivos morais situacionais em trânsito*: um estudo em viagens de ônibus na cidade do Rio de Janeiro. 2015. 136 f. Dissertação (Mestrado em Sociologia e Antropologia) – Programa de Pós-Graduação em Sociologia e Antropologia, Universidade Federal do Rio de Janeiro, Rio de Janeiro, 2015.

TALONE, Vittorio. O "Bem Básico" como princípio substantivo da ação desconfiada: a economia de tensão em viagens de ônibus no Rio de Janeiro. *Mediações*, [*s. l.*], v. 22, n. 1, p. 367-389, 2017.

TALONE, Vittorio. Evitação e afastamento como dispositivos morais da gramática da desconfiança: uma leitura pragmatista do deslocamento urbano pela "violenta" cidade do Rio de Janeiro. *Dilemas:* Revista de Estudos de Conflito e Controle Social, [*s. l.*], v. 11, n. 1, p. 153-172, 2018.

TALONE, Vittorio. O contágio como a distopia realizada mais urgente. *Dilemas:* Revista de Estudos de Conflito e Controle Social, [*s. l.*], Reflexões na Pandemia, p. 1-13, 2020.

TARDE, Gabriel. *Monadologia e sociologia*: e outros ensaios. São Paulo: Cosac Naify, 2007.

THÉVENOT, Laurent. L'action qui convient. *In*: PHARO, Patrick; QUÉRÉ, Louis (Ed.). *Raisons Pratiques 1*: Les Formes de l'action. Paris: Sémantique et Sociologie, 1990, p. 39-69.

THÉVENOT, Laurent. Which Road To Follow? The Moral Complexity of an "Equipped" Humanity. *In*: LAW, John; MOL, Annemarie (Org.). *Complexities:* Social Studies of Knowledge Practices. Durham e Londres: Duke University Press, 2002, p. 53-87.

THÉVENOT, Laurent. *L'action au pluriel:* Sociologie des regimes d'engagement. Paris: Découverte, 2006.

THOMAS, William I. *The Unadjusted Girl:* With Cases and Standpoint for Behaviour Analysis. Monclair: Patterson Smith, 1923.

THOMAS, William I; THOMAS, Dorothy Swaine. *The Child in America:* Behavior Problems and Programs. Nova York: A. A. Knopf, 1928.

THOMPSON, Evan. *Mind in Life.* Biology, phenomenology, and the sciences of mind. Cambridge, Massachusetts e Londres: The Belknap Press of Harvard University Press, 2009.

TORRES, Marieze R. *Hóspedes incômodas?:* Emoções na sociologia norte-americana. 2009. 203 f. Tese (Doutorado em Ciências Sociais) – Programa de Pós-Graduação em Ciências Sociais, Universidade Federal da Bahia, Salvador, 2009.

VAN DER KOLK, Bessel A; VAN DER HART, Onno. The Intrusive Past: The Flexibility of Memory and the Engraving of Trauma. *In*: CARUTH, Cathy (Org.). *Trauma*: Explorations in Memory. Baltimore e Londres: The John Hopkins University Press, 1995, p. 158-182.

VANDENBERGHE, Frédéric. *Você sabe com quem está falando quando fala consigo mesmo?*: Margaret Archer e a teoria das conversações internas. Tradução: Gabriel Peters. 2008, Trabalho apresentado em 32º Encontro Anual da Anpocs, Caxambu, 2008.

VANDENBERGHE, Frédéric. Ser ou não ser afetado. *In:* Diogo Silva Corrêa *et al. Blog do LABEMUS:* Laboratório de Estudos de Teoria e Mudança Social. [*s. l.*], 2017. Disponível em: https://blogdosociofilo.com/2017/11/02/debate-ser-ou-nao-ser-afetado-por-frederic-vandenberghe/. Acesso em: 16 ago. 2019.

VANDENBERGHE, Frédéric. Experiments with truth. A sociological variation on William James's Varieties of Religious Experience. *Journal for the Theory of Social Behavior*, [*s. l.*], v. 48, n. 1, p. 31-47, 2018.

VANDENBERGHE, Frédéric; VÉRAN, Jean-François. Novas sociologias: um exercício de teoria comparativa. *In:* VANDENBERGHE, Frédéric; VÉRAN, Jean-François (Org.). *Além do habitus:* teoria social pós-bourdieusiana. Rio de Janeiro: 7 Letras, 2016, p. 9-25.

VIANNA, Adriana; FARIAS, Juliana. A guerra das mães: dor e política em situações de violência institucional. *Cadernos Pagu*, [*s. l.*], v. 37, p. 79-116, 2011.

VINUTO, Juliana; GISI, Bruna; TEIXEIRA, César. Apresentação ao dossiê "60 Anos do Livro *The Presentation of Self in Everyday Life*, de Erving Goffman". *Dilemas*: Revista de Estudos de Conflito e Controle Social, [*s. l.*], v. 12, n. 3, p. 465-476, 2019.

WAGNER, Helmut R. Introdução: A abordagem fenomenológica da Sociologia. *In:* SCHÜTZ, Alfred, *Sobre fenomenologia e relações sociais*. Petrópolis (Rio de Janeiro): Vozes, 1979, p. 5-54.

WEBER, Max. *Metodologia das ciências sociais, parte* I. São Paulo: Cortez, 1993.

WEBER, Max. A "objetividade" do conhecimento na ciência social e na ciência política. *In:* WEBER, Max. *Metodologia das ciências sociais, parte* I. São Paulo: Cortez, 2001, p. 107-154.

WEBER, Max. *Economia e Sociedade*: fundamentos da sociologia compreensiva. Brasília: Universidade de Brasília, 2000. 1 v.

WEBER, Max. *A ética protestante e o "espírito" do capitalismo*. São Paulo: Companhia das Letras, 2004.

WERNECK, Alexandre. *A desculpa*: As circunstâncias e a moral das relações sociais. Rio de Janeiro: Civilização Brasileira, 2012.

WERNECK, Alexandre. Sociologia da moral, agência e criatividade. *In*: WERNECK, Alexandre; CARDOSO DE OLIVEIRA, Luís Roberto (Org.). *Pensando bem*: Estudos de sociologia e antropologia da moral. Rio de Janeiro: Casa da Palavra, 2014a, p. 21-43.

WERNECK, Alexandre. Teoria da Rotulação. *In*: RATTON, José Luiz; LIMA, Renato Sérgio de; AZEVEDO, Rodrigo Ghiringhelli de (Org.). *Crime, polícia e Justiça no Brasil*. São Paulo: Contexto/FBSP, 2014b, p. 105-116.

WERNECK, Alexandre. Dar uma zoada, botar a maior marra: Dispositivos morais de jocosidade como formas de efetivação em situações de crítica. *Dados*: Revista de Ciências Sociais, [*s. l.*], v. 58, n. 1, p. 221-287, 2015.

WERNECK, Alexandre. Uma sociologia da compreensão a partir do par crítica e jocosidade. *Civitas*, [*s. l.*], v. 16, n. 3, p. 482-503, 2016a.

WERNECK, Alexandre. *Moral em movimento*: Um estudo dos conflitos entre a lei de trânsito e a lei do trânsito no Rio de Janeiro. Projeto de pesquisa ao Edital 10/2016 – Programa Jovem Cientista do Nosso Estado. Fundação Carlos Chagas Filho de amparo à pesquisa do Estado do Rio de Janeiro (FAPERJ), 2016b.

WERNECK, Alexandre. Sobre a cité hedonista: Uma ordem de grandeza baseada no prazer e na alegria. *In*: CORRÊA, Diogo Silva; CHARTAIN, Laura; CANTU, Rodrigo; LEAL, Sayonara (Org.). *Crítica e pragmatismo na sociologia*: Diálogos entre Brasil e França. São Paulo: Annablume, 2018, p. 89-116.

WERNECK, Alexandre. Sobre a tradução. *In*: BOLTANSKI, Luc; THÉVENOT, Laurent. *A justificação*: Sobre as economias da grandeza. Rio de Janeiro: Editora UFRJ, 2019, p. 9-15.

WERNECK, Alexandre. Is there such a thing as moral phenomenon or should we all be looking at the moral (dimension) of the phenomena? *In*: HITLIN, Steven; LUFT, Aliza; DROMI, Shai M. (Orgs.). *Handbook of the Sociology of Morality*, New York: Springer, 2022. 2 v.

WERNECK, Alexandre.TEIXEIRA, Cesar Pinheiro; TALONE, Vittorio. An Outline of a Pragmatic Sociology of "Violence". *Sociologias*, [*s. l.*], v. 22, n. 54, p. 286-326, 2020.

WERNECK, Alexandre; TALONE, Vittorio. A "sociabilidade violenta" como interpretante efetivador de ações de força: Uma sugestão de encaminhamento pragmático para a hipótese de Machado da Silva. *Dilemas*: Revista de Estudos de Conflito e Controle Social, [*s. l.*], v. 12, n. 1, p. 24-61, 2019.

WILKINSON, Iain. Thinking with suffering. *Cultural Values*, [*s. l.*], v. 5, n. 4, p. 421-444, 2001.

WILKINSON, Iain. *Suffering*: A Sociological Introduction. Cambridge e Malden: Polity Press, 2005.

WRIGHT MILLS, Charles. Situated Actions and vocabularies of motive. *American Sociological Review*, [*s. l.*], v. 5, n. 6, p. 904-913, 1940.

WRIGHT MILLS, Charles. Do Artesanato Intelectual. *In*: WRIGHT MILLS, Charles. *A Imaginação Sociológica*. Rio de Janeiro: Zahar, 1965, p. 9-32.

ZELIZER, Viviana A. *A negociação da intimidade*. Petrópolis (RJ): Vozes, 2011a.

ZELIZER, Viviana A. *Economic Lives*. How culture shapes the economy. Princeton e Oxford: Princeton University Press, 2011b.

ZERUBAVEL, Eviatar. *Social Mindscapes*: an Invitation to Cognitive Sociology. Cambridge, Massachusetts e Londres: Harvard University Press, 1997.

LISTA DE ABREVIATURAS E SIGLAS

ASO	Atestado de Saúde Ocupacional
B.O.	Boletim de ocorrência
BPM	Batalhões da Polícia Militar
BPVE	Batalhão de Policiamento em Vias Especiais
CAE-PMERJ	Coordenação de Assuntos Estratégicos da Polícia Militar do Estado do Rio de Janeiro
CEF	Centro de Educação Física
CFAP	Centro de Formação e Aperfeiçoamento de Praças
CRCI	Curso de Reciclagem para Condutores Infratores
DAMS	Despesas de Assistência Médica e Suplementares
DAS	Diretoria de Assistência Social
Detran-RJ	Departamento de Trânsito do Estado do Rio de Janeiro
DPVAT	Danos Pessoais Causados por Veículos Automotores de Via Terrestre

HCPM	Hospital Central da Polícia Militar
HTLV	Vírus linfotrópico da célula T humana
IML	Instituto Médico Legal
ISP	Instituto de Segurança Pública
LTS	Licença para Tratamento de Saúde
NAVI	Núcleo de Apoio à Vítima de Trânsito
NuCePsi	Núcleo Central de Psicologia
OAB	Ordem dos Advogados do Brasil
Olimpede	Olimpíada da Pessoa Deficiente
OTT	Aplicativo Onde Tem Tiro
PAF	Projétil de Arma de Fogo
PMERJ	Polícia Militar do Estado do Rio de Janeiro
QG	Quartel-general
SINA	Serviço Interno Não Armado
UERJ	Universidade do Estado do Rio de Janeiro

1ª edição | maio 2023
impressão | eskenazi
papel miolo | pólen natural 80g/m^2
papel capa | cartão supremo 300g/m^2
tipografia | more PRO e noctis